图书馆学译丛

Conversations with
Leading Academic
and Research Library Directors

International Perspectives on
Library Management

对话世界一流大学
图书馆馆长

卢敬之　赵格华　[加]曹瑞麟　[美]布拉德利·阿拉德　采访整理
程　鑫　冯　佳　徐红霞　译

国家图书馆出版社

图书在版编目（CIP）数据

对话世界一流大学图书馆馆长 / 卢敬之等采访整理；程鑫，冯佳，徐红霞译 .—
北京：国家图书馆出版社，2024.6

（图书馆学译丛）

书名原文：Conversations with Leading Academic and Research Library Directors:
International Perspectives on Library Management

ISBN 978-7-5013-7600-1

Ⅰ .①对⋯　Ⅱ .①卢⋯ ②程⋯ ③冯⋯ ④徐⋯　Ⅲ .①院校图书馆—图书馆馆
长—访问记—世界—现代　Ⅳ .① G251.6

中国版本图书馆 CIP 数据核字（2022）第 196073 号

北京市版权局著作权合同登记号：01-2024-2814

书　　　名	对话世界一流大学图书馆馆长
	DUIHUA SHIJIE YILIU DAXUE TUSHUGUAN GUANZHANG
著　　　者	卢敬之　赵格华　［加］曹瑞麟　［美］布拉德利·阿拉德 采访整理
	程鑫　冯佳　徐红霞 译
责任编辑	邓咏秋　张晴池
封面设计	项梦怡

出版发行	国家图书馆出版社（北京市西城区文津街 7 号　100034）
	（原书目文献出版社　北京图书馆出版社）
	010-66114536　63802249　nlcpress@nlc.cn（邮购）
网　　　址	http://www.nlcpress.com
排　　　版	九章文化
印　　　装	北京科信印刷有限公司
版次印次	2024 年 6 月第 1 版　2024 年 6 月第 1 次印刷

开　　　本	710×1000　1/16
印　　　张	24.75
字　　　数	400 千字
书　　　号	ISBN 978-7-5013-7600-1
定　　　价	199.00 元

"图书馆学译丛"出版说明

改革开放以来，特别是进入 21 世纪以来，我国图书馆事业取得了长足的进展，图书馆学研究领域的优秀成果不断涌现。与此同时，专业领域的国际交流要求也日益迫切。

图书馆学专业图书是我社主要出版方向之一。为了加强图书馆学领域的国际交流，借鉴学习国外优秀的研究方法与研究成果，我社策划了这套"图书馆学译丛"，遴选国外图书馆学领域优秀的、经典的出版物，陆续翻译出版，包括从牛津大学出版社引进的《美国公共图书馆史》(*Part of Our Lives: A People's History of the American Public Library*)，从爱思唯尔公司引进的《对话世界一流大学图书馆馆长》(*Conversations with Leading Academic and Research Library Directors*)等。

希望这套丛书能为图书馆学领域的中外交流增加一扇窗，在研究方法、研究视角等方面为中国图书馆学界和业界同人提供参考借鉴。当然我们也深知，阅读中的批判性思维、活学活用，远比简单地盲从照搬更有价值。我们也期待，通过加强交流，更多的中国图书馆学著作能走出去，向世界展现中国图书馆界的理论创新与实践创新成果。

国家图书馆出版社

2024 年 6 月

目　录

作者介绍 ……………………………………………………………（ 1 ）

序一 ………………………………………… 英格丽德·帕伦特（ 3 ）

序二 ………………………………… 伊丽莎白·布莱克斯利（ 6 ）

第一章　萨拉·托马斯博士，哈佛大学主管图书馆的副校长兼大学
　　　　图书馆馆长 ………………………………………………（ 1 ）

第二章　苏珊·吉本斯博士，耶鲁大学图书馆馆长兼主管馆藏和
　　　　学术交流的副教务长 ……………………………………（ 12 ）

第三章　格雷戈里·翁博士，麻省理工学院图书馆主管馆藏的
　　　　副馆长 ………………………………………………………（ 25 ）

第四章　弗吉尼亚·斯蒂尔，加州大学洛杉矶分校图书馆诺曼与
　　　　艾博塔·鲍威尔馆长 ……………………………………（ 36 ）

第五章　黛博拉·雅库布斯博士，杜克大学图书馆馆长兼主管图书馆
　　　　事务的副教务长 ………………………………………………（ 53 ）

第六章　詹姆斯·希尔顿博士，密歇根大学主管学术创新的副教务长
　　　　兼图书馆馆长 …………………………………………………（ 63 ）

第七章　温斯顿·塔布博士，约翰·霍普金斯大学图书馆馆长兼
　　　　博物馆馆长 …………………………………………………（ 76 ）

第八章　迈克尔·戈尔曼，加州州立大学弗雷斯诺分校亨利·马登

　　　　图书馆荣休馆长 ……………………………………………（ 94 ）

第九章　理查德·奥文登，牛津大学博德利图书馆馆长 …………（101）

第十章　马克·珀塞尔，剑桥大学图书馆主管研究型馆藏的副馆长 ……（112）

第十一章　伊尔卡·肯德，柏林自由大学图书馆系统馆长 ………（123）

第十二章　安德烈亚斯·德克维茨教授，柏林洪堡大学图书馆馆长 ……（133）

第十三章　拉斐尔·鲍尔博士，瑞士苏黎世联邦理工学院图书馆馆长 …（141）

第十四章　维尔玛·范·维森比克，代尔夫特理工大学图书馆馆长 ……（148）

第十五章　海伦·申顿，都柏林圣三一学院图书馆馆长兼档案馆馆长 …（157）

第十六章　黛安娜·布鲁克斯沃特，阿伯丁大学图书馆馆长 ………（170）

第十七章　威廉·威德马克，斯德哥尔摩大学图书馆馆长 ………（185）

第十八章　菲利普·肯特，墨尔本大学图书馆馆长 ………………（197）

第十九章　霍华德·阿莫斯，新西兰达尼丁市奥塔哥大学图书馆馆长 …（208）

第二十章　朱强，北京大学图书馆馆长 ……………………………（227）

第二十一章　彼得·西多科，香港大学图书馆馆长 ………………（241）

第二十二章　路易丝·琼斯，香港中文大学图书馆馆长 …………（255）

第二十三章　古尔辛·克里布，新加坡管理大学图书馆馆长 ……（266）

第二十四章　布勒·姆班博 - 塔塔博士，南非大学图书馆原执行馆长 …（278）

第二十五章　克里斯托弗·巴思，美国军事学院图书馆馆长 ………（287）

第二十六章　丹尼尔·德·西莫内，福尔杰莎士比亚图书馆中心馆

　　　　　　埃里克·魏因曼馆长 …………………………………（295）

第二十七章　琳达·哈里斯·梅尔博士，美国电影艺术与科学学院

　　　　　　玛格丽特·赫里克图书馆馆长 ………………………（306）

第二十八章　迪特里希·内勒博士，德国生命科学信息中心（德国

　　　　　　国家医学图书馆）馆长 ………………………………（317）

第二十九章　埃琳娜·伊万诺娃，杜布纳联合核子研究所科学

　　　　　　图书馆馆长 ……………………………………………（328）

第三十章　尼古拉·卡列诺夫教授，俄罗斯科学院自然科学
　　　　　图书馆馆长 ······································（338）

结　论 ···（345）
索　引 ···（367）
译后记 ···（379）

作者介绍

卢敬之博士（Dr. Patrick Lo） 2024年起担任中国香港大学教育学院高级讲师。曾任日本筑波大学（University of Tsukuba）图书馆、信息与媒体科学学院副教授（2012—2018年）。他在英国布里斯托大学（University of Bristol）获得教育学博士学位，在中国香港理工大学获得艺术学硕士学位（专业是设计管理），在加拿大麦吉尔大学（McGill University）获得图书情报硕士学位，在加拿大蒙
特爱立森大学（Mount Allison University）获得艺术学学士学位。1990—1991年，他赴德国图宾根大学（University of Tübingen）进行了为期一年的学术交流。他精通中文（粤语和普通话）、英语和德语。他在各地和国际性工作会议、研讨会、论坛上就图书馆学、人文学科和教育学发表了约200篇研究论文和报告。他的研究兴趣和专业领域包括图书馆学情报学的比较研究、图书馆设计与艺术以及信息素养。

赵格华博士（Dr. Dickson K. W. Chiu） 1987年获中国香港大学计算机科学学士学位，后在香港科技大学（Hong Kong University of Science and Technology）荣获计算机科学硕士学位（1994年）和博士学位（2004年）。在学习期间，他还创办了自己的计算机公司。他曾在香港的几所大学任教。他的教学和研究兴趣是信息管理、服务计算、图书馆学和在线跨学科学习，涉及工作流、软件工程、信
息技术、代理、信息系统研究和数据库等。其研究成果已在230多种国际出版物上发表（其中大部分已被SCI、SCI-E、EI和SSCI收录）。他在2004年第37届夏威夷国际系统科学会议上获得了最佳论文奖。他是《国际系统和服务驱动工程》（*International Journal on Systems and Service-Oriented Engineering*）期刊的创始主编，并在几家国际期刊的编辑委员会任职。他联合创办了几家国际工作室，并共同撰写了多期期刊特刊。他是美国计算机学会（ACM）和美国电气与电子工程师学会（IEEE）的资深会员，中国香港电脑学会终身会员。

曹瑞麟（Allan Cho） 从2008年起担任加拿大不列颠哥伦比亚大学（University of British Columbia）的图书馆员。他拥有教育技术学硕士学位，还在不列颠哥伦比亚大学获得历史文学硕士学位（2004年），并在该校图书馆、档案和情报研究学院获得图书情报硕士学位（MLIS）（2007年）。他在中国、日本和美国等地以及国际会议上发表了多篇关于社交媒体、新兴技术、数字人文和跨文化图书馆学的研究论文。

作为社区外联和参与（community outreach and engagement）领域公认的专家，他是北美唯一的亚洲作家节 LiterASIAN 的创始人，目前担任加拿大第一份亚裔加拿大艺术和文化杂志《米纸》（*Ricepaper Magazine*）的编辑。他曾在菲沙河谷大学（University of the Fraser Valley）图书馆和信息技术专业以及不列颠哥伦比亚大学教育学院任教。

布拉德利·阿拉德（Bradley Allard） 美国肯塔基州温切斯特市（Winchester）克拉克县公共图书馆（Clark County Public Library）参考和外联图书馆员。他获得了肯塔基大学（University of Kentucky）的图书情报硕士学位、圣路易斯华盛顿大学（Washington University in St. Louis）的日语语言文学硕士学位和肯塔基大学的英国文学学士学位。他也曾以交换生的身份在日本国际基督教大学（International Christian University）和筑波大学学习。他的研究集中在公共图书馆弱势群体服务、国际学生服务以及大学图书馆国际化方面。

序　一

能为本书作序，我感到非常高兴，也非常荣幸。与世界各地的大学图书馆领导直接对话并将内容结集成书，是一项独特而重要的工作。我在担任图书馆馆长的几年中，曾经对学术环境下领导力的内涵有过诸多思考。在我们所处的数字时代，信息的生产和传播呈指数级增长——越来越多的主张，越来越多的研究，越来越多的任务——给图书馆人带来了巨大的压力，催促他们在不断变化的环境中始终跟上时代的步伐。世界各地的图书馆是如何应对这些问题的？通过访谈的形式，本书为大学图书馆和信息行业提供了何为有效应对、何为无效应对的洞见。

读者可以从以下三个层面来了解本书中杰出领导者的工作。第一，成为领导者意味着什么？好的领导者具有许多特质，虽然领导风格因人而异，但我坚持认为，每位成功的领导者必然具备远见卓识，并且具有通过与大小团队合作来实现愿景的人际交往能力。领导者既是变革的发起人，也是变革的实践者，能够动员和吸引员工参与变革并不断进步。

第二，成为大学的领导者需要什么素质？大学校园的特点就是日益增长的教学、学习和研究活动以及辅助服务，这些活动和服务共同形成了知识环境，为推动世界各地、社会各方面的发展和进步作出贡献。同时，大学校园也是一个高度竞争的环境，它不鼓励跨机构的合作，而更倾向于自给自足和追求更高的排名。晋升制度和终身制作为已经存在了几十年的传统仍然根深蒂固。当然，无处不在且不断发展的数字环境影响着图书馆的各个部门，为既定秩序提供了机遇，同时也带来了威胁。长期以来，既定秩序倾向于在尽可能少扰乱现有活动和项目的基础上使用数字技术。既要在理解这种变化缓

3

慢、依旧传统的学术环境的前提下，为大学图书馆找到充分参与校园决策的"契合点"，又要在某些情况下引领学校决策，这仍然是所有大学图书馆领导者共同面临的挑战。尽管有许多难题需要攻克，但图书馆始终处于从横向角度认识这些趋势的优势地位：一般来说，图书馆会比学校的其他部门更早地充分认识到数字革命对教育和信息的影响。图书馆的领导者既需要在学校层面发挥影响力，支持用创新手段来实现学术目标，又需要始终关注图书馆的优先需求。

第三，也是最重要的，在这种复杂且细分的学术知识环境中，图书馆领导应该如何提供体现图书馆传统功能的馆藏和服务，以及提供随时可访问的数字化信息？无论是什么类型的图书馆，也不论其规模大小，其馆长都不可能孤立工作。我们生活在一个相互依存的数字化世界，与我们周围的环境（无论是在地域环境、国家环境还是全球环境的层面上）相互联系；某一个层面的发展会极大地影响其他层面。合作，不管是现在还是未来，都是实现个人和集体目标的关键。

为什么管理和领导大学图书馆如此困难？因为这是一个极其复杂且不断变化的领域。对图书馆领导者来说，典型的一天是什么样的呢？他们的日程包括：与各种各样的工作人员和利益攸关方不停地开会；与图书馆项目捐赠者建立关系；处理员工问题（包括人事方面的挑战以及激发员工的工作热情）；审核一周或一个月的预算，并据此作出决策；接待访客；参与大学高级管理者出席的战略会议；出差参加研讨会和理事会工作会议；开展专业研究，撰写和发表论文。他们所做的这一切，都是为了始终对信息环境和校园中的新趋势和新变化保持敏锐的洞察力。领导者需要表现出对发展趋势的高度了解，能够（相对）迅速地作出应变，以应对不断变化的用户需求，承担可控风险，最终以高度的信心来克服障碍，引导图书馆进入可能的未知领域。

这正是本书中所描述的个人故事令人感动且振奋的原因。图书馆领导者积极而投入，他们通过自己的见解来帮助塑造我们的信息行业。他们展现了在模拟和数字混同环境中我们作为信息提供者所扮演的角色。图书馆员一直有着分享专业知识和相互支持的传统，本书通过世界各地的实践为读者提供了许多可供效仿的创意和案例。

作为图书馆的领导者，我们能否群策群力应对我们在大学和图书馆环境中面临的挑战？我相信通过一贯的鼓励创新和协作，勇敢应对，我们一定能！

让我们继续培养我们的图书馆领导者，继续分享他们的故事，为实现改善人类生活的终极目标而持续学习和成长。

英格丽德·帕伦特（Ingrid Parent）
加拿大不列颠哥伦比亚大学图书馆馆长
（UBC University Librarian，2009—2016）
国际图联（IFLA）① 主席（2011—2013）
2017年5月

---

① 国际图联，全称为国际图书馆协会与机构联合会（International Federation of Library Associations and Institutions），主页是 http://www.ifla.org。

序 二

通常，会议中最有价值的部分便是交流环节。此时就有机会与其他机构的同事进行小组讨论或一对一交流，从而了解到各自工作现状、面临的问题以及影响工作的新趋势。对图书馆从业人员而言，这是司空见惯的常事。而对图书馆学学生来说，尤其是在图书馆管理和组织相关的课程中，典型的作业就是要采访图书馆的部(室)主任和馆领导，以了解他们所做的工作和图书馆。虽然这些个人见解往往比满书架的教科书(无论是纸本的，还是电子的)更有价值，但能获得与图书馆的部(室)主任和馆领导访谈机会并进行启发性对话，却实属不易。

本书汇集了对30位图书馆管理者的访谈实录，提供了他们的观点，并回答了读者可能遇到的问题。他们接受了由卢敬之、赵格华和曹瑞麟等组成的国际团队的采访。受访者回答了他们所在图书馆的当前运营状况、个人的工作经历和学术背景等一系列问题。有些问题是标准化的，如个人信息或图书馆业务数据，这为希望开展全球大学图书馆比较研究的读者提供了有益的参考；另一些问题则针对不同受访者各自所处环境和独特的背景量身定制，并根据需要敏锐跟进，通过进一步询问来了解特藏、特色服务，或是重要经历和资历的相关细节。在数字时代，图书馆之间比以往任何时候都联系更加紧密，本书的编者以广博的国际视角努力探索，发现不同地域的图书馆间仍可能存在的显著差异。不过相较于差异，访谈发现大学图书馆所面临的问题有更多的相似性，而这一点是更为重要的。因此大学图书馆可以携起手来，为实现更高水平的信息获取及数据保存共同寻找解决方案。

伊丽莎白·布莱克斯利(Elizabeth Blakesley)

华盛顿州立大学图书馆副馆长

(Associate Dean of Libraries, Washington State University)

《大学图书馆学报》(*The Journal of Academic Librarianship*)主编

第一章

萨拉·托马斯博士，哈佛大学主管图书馆的副校长兼大学图书馆馆长

简介

萨拉·托马斯（Sarah Thomas）博士是世界大学图书馆界声明赫赫的人物。托马斯博士在圣地亚哥大学图书馆举办的2015年图书馆庆典晚宴上发表了题为《和勇敢的新图书馆回到未来》（*Back to the Future with the Brave New Library*）的公开演讲。本书的编撰正是受到了这篇演讲的启发。在这次演讲中，托马斯博士公开声明："我们（图书馆员）不是研究人员的仆人。"

2013年起，托马斯博士一直担任哈佛大学主管图书馆事务的副校长兼图书馆馆长、文理

▲ 萨拉·托马斯博士

学院罗伊·拉森①学科馆员（the Roy E. Larsen Librarian for the Faculty of Arts and Sciences）。在加入哈佛大学之前，托马斯博士曾担任牛津大学博德利图书馆（the Bodleian Libraries）馆长。在此之前，她曾任康奈尔大学图书馆卡尔·克罗克馆长（the Carl A. Kroch University Librarian at Cornell）。哈佛大学图书馆前馆长罗伯特·达恩顿（Robert Darnton）对萨拉·托马斯在业界的成就和地位给予高度赞誉："如果我们在全世界进行搜索，并深入银河系（那里

---

① 罗伊·拉森是这个图书馆员称号前的冠名。下文中的"卡尔·克罗克馆长"也是如此，"卡尔·克罗克"是冠名。——译者注

有外星图书馆员在网络空间绘制新的路径），在最优秀的图书馆员名单上，莎拉·托马斯将位居榜首。"

在对托马斯博士面对面的访谈中，她坦率地分享了作为哈佛大学图书馆馆长的收获和挑战，以及作为第一位女性和第一位非英国公民担任牛津大学图书馆馆长的经历。

首先请您做个自我介绍——比如您的培训、教育经历和专业特长。

我的本科专业是德国文学，硕士是在西蒙斯［学院］（Simmons［College］）[①]攻读图书馆学专业。然后，就读于约翰·霍普金斯大学研究生院，在那里获得了德语硕士和博士学位。

至于我在图书馆工作方面的专长，应该说，最初是编目，然后是数字图书馆业务与合作。

为什么选择德国文学专业？

我母亲家是德国人，但这不是根本原因。我生长在一个大约只有1000人的工业小城。在我8岁时，我就读的当地小学来了一群人，想教我们德语。当时学习德语等外语的人数在不断下降，于是他们专程来找尚处于语言学习黄金期的学童来教。之前，我从来没有见过像他们这样的外国人。而且，我喜欢文学，我感到这是能把我从小天地带到大世界的机会。

在做图书馆员期间，我对出版产生了兴趣，于是研究了作者与出版社之间的关系。我认为尽管有所谓创作天分和文学想象力之说，但实际上，出版物是出版社与作者之间的一种伙伴关系。这就是我在论文中所研究的奥地利诗人、戏剧家雨果·冯·霍夫曼施塔尔（Hugo von Hofmannsthal），以及他与岛屿出版社（Insel Verlag）[②]两位编辑安东和凯瑟琳娜·基彭贝格（Anton and Katharina Kippenberg）夫妇的关系。

听起来，这似乎和我正在从事的行政管理工作相去甚远。但就你所问的"德国文学博士学位对您的工作有什么贡献？"这个问题，我认为，在写论文时，就是在学做研究，学习如何分析一篇文章，理解它的意思，并确定关键主

---

① 西蒙斯学院主页：http://www.simmons.edu/。

② 岛屿出版社主页：http://www.suhrkamp.de/insel-verlag_67.html。

▲ 哈佛大学威德纳图书馆（Widener Library）

题。所写的论文会被品评，因此要学会清晰地表达所思所想。就算写一封电子邮件、一份报告甚至一封信，也是一样的。我可以轻松地应付海量阅读，也很喜欢写作，这都得益于论文写作。另外，我的大学工作让我更懂得教师和研究生们的需求，而他们正是大学图书馆的用户。

了解用户的工作环境对图书馆工作非常有用。我已经很多年没有继续做自己的专业研究了，我大部分时间都在思考如何开展工作，如何让事情更有效地进行，而不是专注于某个特定的狭窄话题。管理者通常是多面手，相对而言，教师是依靠在自己的领域不断深耕来取得成就的——这是我非常尊重的能力。

您为什么会选择从事大学图书馆工作，而不是做学者？

实际上我从来没有想过做学者。之前说过，我很小就开始学德语，然后我在离家很近的地方读大学。在美国的大学里，人们把为尝试新的想法而背井离乡的行为看作冒险。我一直离家很近，20岁时去欧洲，经历了令人兴奋的冒险并接触新的思维方式。1970年我大学毕业时，当时的美国正处在反越战的高潮期，并不鼓励年轻女性去工作。我妈妈只想让我结婚，而工作仅仅被看作在丈夫发生不测时的"不时之需"。当时，有两股力量在起作用：一股是巨大的社会和政治动荡；另一股是性别角色的变化，女性开始接受法律、商业或其他原先由男性主导的职业教育。

大学毕业后，我对自己想做什么一无所知。这和如今的情况大不相同，现在的学生可以通过实习或其他经历通往特定职业。而当时，我根本没有什么志向可言。大学毕业之后，很偶然的机会我来到了哈佛大学。有个朋友在哈佛大学[①]所在的马萨诸塞州剑桥市有一处公寓。我在那儿租了一间房，因此需要一份工作来付租金，我找到的工作刚好是在哈佛大学图书馆。

此前在我读大学本科时，我就曾在校图书馆工作过，获得了一些图书馆工作经验。然后，我又去了德国。回美国后，我决定要攻读图书馆学学位，让自己成为专业人士。与此同时，我也在思考我想成为一名什么样的图书馆员。我想成为一名采编馆员——一个挑选可入藏的德文书籍的人。通常拥有专业硕士学位是获得图书馆职位的必备条件。攻读硕士学位期间，我非常喜欢大学氛围，决定继续学习，完成论文。

您一直从事图书馆工作吗？在成为专业图书馆员之前还从事过其他什么职业？

没有，我一直从事图书馆工作。

在图书馆工作的几十年里，您是否有过其他想法或遗憾？

在我的一生中，我从未想过成为德国文学教授。作为一名图书馆员，我很幸运有美好的经历，并与许多有趣的机构建立了联系。我的图书馆员职业生涯很棒，所以我真的没有任何遗憾。在图书馆管理工作中，也有我喜欢的其他方面。我也适合去读商学院，从事金融或企业管理方面的职业。

我儿子今年29岁，他在Audible.com工作，这个公司销售可下载的有声书籍，隶属于亚马逊。我想："如果我今天才开始就业的话，我想成为涉足信息领域的科技公司中的一员。"如何运用媒体的力量，这个问题令人非常兴奋。我工作过的许多机构都有几个世纪的历史，虽然使命重大、遗产丰富，但有时我会觉得它们不能像初创企业或年轻组织那样灵活或富于创造力。

您认为哪些使命有时会面临挑战？

在哈佛，我们拥有2000万册藏书，因为这些丰富的馆藏而引以为傲。但与此同时，我们需要妥善收藏和保护好这些藏书。它们既是宝藏，也是一项重大责任。

---

① 哈佛大学主页：http://www.harvard.edu/。

哈佛大学图书馆馆长和哈佛大学负责图书馆的副校长——这两个岗位在功能上有什么不同？

没有任何实际的功能差异。大学图书馆馆长是在美国大学与研究型图书馆界最常用的头衔，副校长则赋予我在大学中的地位。

2007年到2013年期间，您曾担任牛津大学（University of Oxford）[①]的图书馆馆长，并且是第一位担任这一职位的女性和非英国公民。这背后有什么文化和政治含义？

我认为女性这一点并不重要，因为那时，大学已经招聘了许多女性担任高级职务。但最重要的是，雇佣非英国公民意味着我们正在进入一个全球化的时代，牛津大学和许多其他大学越来越看重国际化。看看牛津大学的学生群体，尽管本科生主要是英国人，但研究生中可能三分之二是国际学生。如果希望员工群体也能像学生群体一样国际化，那么招收来自其他国家或地区的员工，就是大学迈向国际化的自然过渡。

为什么说员工群体像学生群体一样国际化很重要呢？

人们希望拥有多元化的员工和多元化的学生构成，因为我们得益于来自不同文化、不同背景的不同人们带来的多元思想。之前我可能没有提到过，我的

▶ 哈佛大学拉蒙特图书馆（Lamont Library）

---

① 牛津大学主页：http://www.ox.ac.uk/。

本科大学是一所女子大学——学生清一色是女生。

有时候，我会去曾就读的本科大学——西蒙斯学院开会，我会想："有什么可奇怪的吗？"有许多女性担任重要的领导职位，而如果是20年前的美国大学，教师中75%是男性，大学的领导层全是男性。如果你不是大多数，你会感到自己被排斥或没有得到充分代表。但如果有一群不同的人，你不仅可以找到与你观点相同的人，而且可以开始欣赏他们所带来的不同价值。如果所有人的想法都一样，我们会得到什么？我们还不如做绵羊。

英国有那么多经验丰富的图书馆馆长，为什么他们会选择您？

我认为有许多因素在起作用。第一，英国的大型和综合性图书馆数量有限。其中三个最大的是英国国家图书馆、牛津大学图书馆和剑桥大学图书馆，其他大学图书馆在规模和综合性方面都不可同日而语，如帝国理工学院（Imperial College London）①，这是一所非常好的大学——但它主要侧重于自然科学，所以（图书馆馆藏）范围不同。我认为牛津大学正在寻找的是能够管理大型的综合性机构并且已经做到这一点的人，而不是尚未有这种经历还需提高的人。第二，牛津大学图书馆馆长所需的另一特质是有筹款经验。英国的大学图书馆最近才开始像美国同行一样直接关注筹款活动。第三，随着规模的扩大，英国的图书馆形成了高度保守的风格。我并不是说在政治意义上，而是说通过保存和保护馆藏而传承，不去冒险，努力确保所拥有的宝贵遗产代代相传。而我很可能是被当作"变革推动者"，我领导了从纸本到数字化的过渡，开展了数字出版实验。

您在牛津大学或英国筹款时，面临的最大挑战是什么？

在新机构筹款的挑战首先是要与支持者发展关系。这就是作为新任馆长的职责。确实需要了解文化背景。记得有一次，我与一位慈善家和她基金会的执行董事见面。我们谈论的是在牛津大学建立人文图书馆。我们讨论了很长时间，她提出了一些带有批评性的问题。当我们即将结束讨论准备离开之际，我感到："天哪，怎么能讨论了一个半到两个小时，而对下一步应该做什么还是一头雾水呢？"于是，我对她说："好吧，如果我们这样、这样、这样，那么您愿意接受我们的提议吗？"同桌的其他人都因为这种直截了当的表达倒吸了一口气，慈善家说："别担心。她是美国人——这是他们的做事风格！"

---

① 帝国理工学院主页：http://www.imperial.ac.uk/。

当您尝试对牛津大学的馆藏进行现代化改造时，面临的挑战是什么？

我用一个项目来说明吧。我刚来的时候，图书馆正在筹建一个远程书库（一种存储设施），打算把书从城中心的图书馆搬到城市边缘。我的同事告诉我不用担心——计划都已经做完了，只需要市政府的批准。事实证明，这是一个极富争议的项目，市政府认为这将破坏牛津的景观。牛津被称为"梦想尖塔之城"，因为这里有大大小小的许多教堂和城堡式的建筑，顶上有塔楼和尖塔。

从山上鸟瞰小镇，你会看到所有这些不同的尖顶形成了一个美妙的轮廓，因此许多人认为我们的建筑（影响整体景观）在其中会是一个败笔。最终项目还是被否决了。在我的坚持下，我们开始另外寻找新地点，一个牛津城外驱车一个小时可以到达的地方，一个更工业化的地区，那里有更多的仓库，没有任何文化景观与之冲突。

最终，我们找到了合适的地点。但是，工作人员又担心书库离得太远。他们说，有用书需求时，不希望书在路上花两个小时，而是希望在20分钟之内能拿到。我说："是的，只要把低使用率和高使用率的书分开，把高使用率的书放在牛津市中心，低使用率的书可以送到远程书库。"他们说："不能这么做。"我问："为什么不能呢？"曾经有一个叫爱德华·尼科尔森（Edward Nicholson）的博德利图书馆馆长，他从1882年到1912年一直是博德利图书馆的负责人。100多年前，尼科尔森发明了一种图书分类法。这种分类是按书的大小存放，馆员们觉得这种分类方式非常有效，因此他们只想按照以往的分类方式拿取和移动所有的书。

我说："不行，我们必须对所有书进行条形码处理，还要分析它们的使用率。"他们说如果我们给书加条形码，将花费数百万英镑。最后，我们设计了一个非常有效的策略，以低成本、快速的方式进行条形码编码，从而改变了我们的服务方式，将高使用率的资源放置在开架区，而将低使用率的资源放置在密集储存库中。

再说说尼科尔森，他创建了一种分类法并传授给一名员工。那个人在博德利图书馆工作了40年。他工作期间又把这种分类法教给了第二个人，那个人在图书馆工作了大约47年。到我来的时候，就好像你爷爷制定了一条神圣的法则，这是不能违背的。除了局外人，他们中的任何人都很难想象书籍还能按其他方式进行组织。

所以您说服他们所花的时间要比实施这些改变所花的时间还要长？

是的。经常是这样，在图书馆或其他工作中，通常你都知道应该做什么——问题不在于知道该做什么，而是让其他人了解各种可能性。

在您的领导下，博德利图书馆因其卓越的馆藏而被授予女王年度纪念奖。根据评选标准，委员会为何会授予您的图书馆该奖项？

这个奖项不光是授予图书馆的，荣誉属于牛津大学的图书馆、博物馆和植物园三家机构。我起草了参选申请书供审查委员会评议。牛津大学的这三家文化机构都拥有杰出的藏品，该奖项表彰了上述机构在向公众开放藏品方面所做出的努力。例如，面向中小学生和其他群体举办各式各样的活动来与公众共享藏品、扩大藏品使用范围。

美国图书馆员与英国图书馆员相比，工作态度和工作风格有何不同？

其实我觉得并没有太大差别。有些英国大学的图书馆馆长到美国大学图书馆做馆长。我觉得英国的大学与研究型图书馆员非常友好、知识渊博。大家关注的问题都一样：开放获取、用户服务、评估等。

您能否简要介绍一下哈佛大学图书馆的服务？

哈佛大学图书馆是哈佛大学众多专注于不同学科的图书馆的联盟，是一个非常庞大的体系，拥有700多名员工，是美国最大的大学研究型图书馆，馆藏量巨大，预算庞大（1.75亿美元）。作为图书馆，它的使命是收集和保存信息，让人们可以获取这些信息以促进知识进步。

哈佛大学图书馆的馆藏和服务有哪些亮点？

我们有极好的外文资料馆藏。例如，哈佛燕京图书馆（Harvard-Yenching Library）[①]有许多我们已经数字化并免费提供的稀有中文资料。我们还有杰出的中东和拉丁美洲馆藏。无论你说任何一个地理区域，哈佛都有该区域的杰出馆藏。我们的19世纪美国文学馆藏非常强大，像诗人艾米莉·狄更森（Emily Dickinson）或散文家拉尔夫·瓦尔多·爱默生（Ralph Waldo Emerson）的作品。我们有100多万张地图、1000万张照片。馆藏规模之大，很难只专注于一个领域，因为领域太多了，就像连绵的山脉，而不只是一座高峰。

---

① 哈佛燕京图书馆主页：https://library.harvard.edu/libraries/yenching。

您能描述一下哈佛大学图书馆的人员结构吗?

我们有一个图书馆领导团队。哈佛大学由许多学院（school）组成〔商科、设计、牙科、医学、神学、教育、工程与应用科学、哈佛学院（Harvard College）、政府、法律、文理学院（Faculty of Arts & Sciences）、医学和公共卫生〕。学院通常有自己的图书馆，有的学院是一个，有的甚至有几个。典型的模式是，每个学院的图书馆馆长都是学校图书馆领导团队的成员。我们有"共享服务"机制，包括访问服务、信息和技术服务，以及保存、保护和数字成像服务。这些"共享服务"为所有学院图书馆提供综合服务。

您能描述一下您工作日典型的一天吗?

典型的工作日就是需要参加很多很多的会。我们正在计划举办一场馆藏主题的研讨会：21世纪的馆藏建设正在发生什么变化？有一名员工即将离任，我要开会讨论在她走后如何安排她分管的工作。我们正在翻修科学图书馆，我得花时间和建筑师们一起研究要在该馆使用的家具、织物和材料。我和大学的首席信息官见面，讨论图书馆下一年的优先工作计划。然后，还有一个预算工作会议，之后与我们图书馆的一位负责人共进午餐。这是相当典型的一天。会

▲ 2016年10月20—21日举办的"大学图书馆馆藏的转型：纪念丹·哈森（Dan C. Hazen）学术研讨会"

议中反映出的不同观点可以帮助我来制定政策和战略。

能否描述一下您的领导和管理风格，以及您如何看待现代技术对管理服务的影响？

我想我的管理风格是尽可能高度协作，我请大家分享观点，进而对战略达成共识。我认为，当技术走下神坛时，它的价值就很高。

前几天，我开车回家时听到收音机里说劳动力转型的话题。广播里有人说，20年后，世界上将有两种工作：一种工作是人告诉计算机该做什么，另一种工作是计算机告诉人该做什么。他说，如果你有了自动驾驶的汽车和货车，你不再需要卡车司机。如今，卡车司机是不需要什么学历就能获得高薪的人。这类工作即将消失，越来越多的劳工阶层的工作将被自动化所取代。

作为图书馆馆长，你应该要做的就是告诉电脑你想让它做什么，而不是让电脑告诉你该做什么。你要去教育那些正在做决策、编写算法、思考如何做事才合乎道德的人——这就是我认为我们应该在图书馆中使用技术的原因。技术帮助我们更好地工作——不是盲目地做，而是有意识地去做。

除了图书馆，欧洲尤其是英国，越来越多的艺术、教育和文化机构正在期待运用美国模式在营销、馆外延伸服务、筹款和领导力特别是创新等诸多方面进行变革。您怎样看待这种现象，您认为什么是美国管理模式成功的原因？

正如我之前所说，我认为这些差异正在缩小，所以我不会把英国和美国之间的差异说得那么尖锐。商业公司当然对营销他们的产品感兴趣，对利润感兴趣。而现实是，哈佛大学图书馆的2000万册藏书，它们的使用量正在下降。所以我应该学会市场化手段——找到一些方法，不是从中获利，而是让这些资源变得可见、更容易获得、更多地被使用、更有价值。在我们生活的世界，权威并不能决定一切，而吸引公众参与和举办文化活动显得极其重要。我们需要重新思考，我认为美国管理的一个优势可能是他们对允许用户定义服务内容更加开放。我们一直在讨论图书馆系统的搜索策略，用户希望在其中包含各种功能，但同时发现用户只去访问谷歌，而且对搜索结果满意。这就是说，要么我们需要做好工作，向读者推介我们的系统，让读者了解为什么说我们的系统更好，能得到更相关的结果；要么我们就得承认，我们向读者推介的就是他们眼中的"苦药"，他们不想要。我们需要做出调整，让读者感到我们主导的资源有价值，值得使用。

请评价一下康奈尔大学、牛津大学与哈佛大学：这些精英大学对图书馆服务的总体态度和期望在很多方面是相同还是不同？

是有差别的。哈佛大学在大城市，康奈尔大学在农村地区，牛津大学在英格兰南部较小的城市，其不同之处着实令人惊讶。例如，在哈佛，有成千上万（可能是几十万）的访问者想要参观威德纳图书馆（Widener Library），但由于人数太多，图书馆根本无法全部接待。当我在康奈尔大学时，如果有人锲而不舍爬上山顶并找到停车位，我们可以让他们都进去。因为没有那么多人，所以我们的大门是敞开的。和我共事过的所有图书馆员以及所有的学者和学生都是认真的，有着明确的目标。他们尊重学习，热爱自己的图书馆，并且非常关心自己的图书馆，所以各学校之间也有共同之处。

我们注意到哈佛大学的数字存储服务（Digital Repository Service，DRS），您如何看待这项服务对文理学院以及世界范围内学术团体的学习和研究的影响？

这是一个保存我们数字资产的存储库，我们称之为DRS。在数字化时代，它通过对资源的长期保存和知识的长久传承助力研究和学习。

您觉得工作中最有价值的部分是什么，而令人沮丧的部分又是什么呢？

我工作中最好的部分是，我遇到的所有人，他们带给我不同的想法，他们拥有丰富的知识并乐于分享。这对我来说是非常特殊的经历。令人沮丧的是，当有一个对自己来说显而易见的好主意时，我却不得不耐心地、多次和别人沟通。

在结束这次采访前，您可以给读者一些寄语吗？

我认为成为图书馆员，无论是传统意义上的图书馆员，还是新时代的信息专家，都是一份美好的工作。我上女子学院的时候，生活在一个由80名年轻女性组成的小集体中。工作后，其中有三人成为主要的研究型图书馆的领导。曾经在接受采访中，其中一人说："我选择图书馆工作是因为这是一个我永远不必为我所做的事情道歉的职业。"她认为从事这项职业是高尚的、诚实正直的。如果从事了金融和政治，难免置身于驱使你做出对人类不利的选择的境地。她觉得我们作为图书馆员，总是高举美德的火炬。我曾反复考虑过这个问题，做图书馆员是对个人和社会都有益处的职业。

第二章

苏珊·吉本斯博士，耶鲁大学图书馆馆长兼主管馆藏和学术交流的副教务长

简介

耶鲁大学成立于1701年，是为了纪念英国东印度公司总裁伊利胡·耶鲁（Elihu Yale）而命名的，就历史悠久而言，在美国排名第三。除了校园里的哥特式建筑外，耶鲁大学还以培养了大量著名的校友和教职员工而闻名，他们每个人都在各自的领域中有杰出的表现，包括皇室成员（如瑞典王储妃）、美国总统（如乔治·布什和比尔·克林顿）以及演员和导演（如奥利弗·斯通、梅丽尔·斯特里普、朱迪·福斯特和苏珊·西格妮·韦弗等）。

▲ 苏珊·吉本斯博士

苏珊·吉本斯（Susan Gibbons）博士负责管理这所拥有无与伦比的历史和声誉的常春藤联盟研究型大学的图书馆系统的整体服务和运营。吉本斯于2011年成为耶鲁大学图书馆馆长，并于2016年被任命为主管馆藏和学术交流的副教务长。在加入耶鲁大学之前，吉本斯博士曾在马萨诸塞大学和罗切斯特大学的图书馆工作。吉本斯博士主修中世纪历史，直到25岁左右，出于现实原因，她才决定选择图书馆事业作为终身职业。在接下来的采访中，吉本斯博士与读者分享了当前的信息环境对耶鲁大学图书馆服务的重塑，以及她对有意加入耶鲁大学图书馆的年轻人所应具备素质的期待。

首先请您做个自我介绍。例如，您的专业训练和背景，您在大学学习过什么，以及您是否来自图书馆员家庭？

我的名字是苏珊·吉本斯，我是耶鲁大学[①]的图书馆馆长兼主管馆藏和学术交流的副教务长。我的专业学位包括中世纪历史硕士、图书馆学硕士、MBA和高等教育管理博士。我喜欢上学，而且花了很长时间读学位。

我妈妈是图书馆员，所以我在图书馆长大。当我还是个小孩的时候，图书馆是我的"日托中心"。对我来说这是一个自然的去处。

在选择图书馆事业之前，您还从事过其他非图书馆行业的职业吗？

没有，我为了成为中世纪历史学家一直在学习，但在学校时，我意识到这对我来说并不是可行的选择。所以我迅速转向图书馆学，直接攻读了图书馆学硕士学位。

您在人生的哪个阶段选择了图书馆工作作为您的终身职业？这是一种实用性的选择，还是对图书馆事业的强烈渴望或激情？

大概在22岁。其实这个选择对我来说是相对务实的，我以前在图书馆工作过，对图书馆非常熟悉。同时，我也很想留在大学工作，因为我很喜欢这里的知识氛围。除了当教授之外，留在大学最切实可行的办法似乎就是在图书馆工作。这就是图书馆吸引我的原因。

您能描述一下您目前作为耶鲁大学图书馆馆长的角色和职责范围吗？

我担任这个角色已有大约五年半的时间。我负责耶鲁大学的图书馆总分

---

① 耶鲁大学主页：http://www.yale.edu/。

▲ 耶鲁大学拜内克图书馆（Beinecke Library）外观

馆，它是美国第二大大学图书馆，大约有500名员工，专业人员和我们所说的文书与技术人员各占一半。我们有大约1400万册藏书，并且有非常庞大的档案收藏——如果将所有纸张放在一起，大约有30英里长。我们还负责大约1亿字节（100万GB）的数字资源。我们要确保图书馆服务于大学的所有（学术资源）需求。耶鲁大学有很多学院（人文、艺术、建筑、管理、医学等），我们的工作是确保馆藏资源可以有效支持他们的工作。

身兼数职的您是如何分配工作时间的？

我每周花大约一天时间为图书馆筹款，不是从大学方面筹资，而是从毕业生、基金会等方面筹措。筹到的钱大部分用于图书馆硬件的升级改造。然后，再花一天的时间考虑图书馆的预算并设法弄清楚。图书馆有700多项的捐赠基金——其中一部分用于馆藏建设的经费没有太多限定，而有些经费则限定得非常具体，比如专门资助用速记法（shorthand）写的书籍。我必须找到合适的方法为这700多项不同来源的经费找到匹配的项目，以满足学校的需求。财务分析是一项很繁杂的工作。

那么，在您的员工中，有一些不是图书馆员，而是销售或筹款人员，他们将全部精力都投入筹款和财务管理中吗？

是的，我们有一位同事只负责筹款，一位同事负责营销和沟通，还有大约四五个人组成我们所说的业务办公室来处理财务工作——包括预算规划、发票处理、付款，等等。

鉴于美国目前的经济形势，筹款是否变得越来越困难？

总的来说有点难，但是耶鲁大学的校友非常忠诚，向学校捐款是一种习惯和期望。在某些方面，这比在其他地方筹集资金更容易。

耶鲁大学或其他学术机构的筹款与博物馆相比，会有什么主要的区别或相似之处吗？

我认为不会有很大的不同，但对大学来说更容易，因为大学非常清楚可以向谁筹款。换句话说，你获得过学校的学位，有一种想要回报的想法——这个学位为你打开了通向社会的大门，你想确保下一代学子有同样的机会。我认为这就比博物馆容易得多，博物馆的访客有随机性。

您作为大学图书馆馆长和负责馆藏和学术交流的副教务长，两者有何不同？

在馆藏方面，我们指的是耶鲁大学的所有馆藏，博物馆馆藏也算在内。作为副教务长，我想做的是帮助协调三个博物馆和图书馆的活动。因此，诸如数字资产管理、IT基础设施和存储库之类——我们可以拥有通用平台并共享数字工作室——以此协调耶鲁大学所有藏品一起合作。这就是我所负责的馆藏方面的角色，不仅限于图书馆。学术交流方面，就是耶鲁大学出版社[①]向我汇报工作。

这两个角色经常是相辅相成还是互相冲突的呢？

有时候会有利益冲突。例如，当大学出版社以较低的价格出售他们的资料时，图书馆受益；反之，出版社为了生存必须盈利，需要提高价格，这样图书馆就得多花钱。我正好处在这两个冲突的中间。但是，他们之间相辅相成的点是，如果我们考虑到未来学术界的学术交流，我们有出版社进行出版，正是通过图书馆购买这些资源，才有接下来的循环。副教务长的职责就是作为首席学术官负责职称评聘和晋升。所以，在某种程度上，我可以从这三个角度来看校

---

① 　耶鲁大学出版社主页：http://yalebooks.com/。

15

园的整个循环。

能否介绍一下您与耶鲁大学美术馆①以及其他三个博物馆和艺术中心的隶属关系？

这三个博物馆是校园里最大的三个博物馆，我们也还有一些规模较小的。这三个博物馆包括两个艺术博物馆和一个自然历史博物馆。正如我之前所说的，我想要做的就是把这些资源都聚拢到一起，思考我们共有的东西。例如，在整个耶鲁大学，我们的教职员工和学生可以用馆藏来教学。所以，你不只是在教科书上读到它，也可以使用这些馆藏。因此，我们的理想是创建一个发现系统，在这个系统中，可以搜索耶鲁大学的所有系统，而不必单独搜索。这就是战略计划之一，即把所有的馆藏目录整合在一起。

能否简要介绍一下耶鲁大学的历史、学生人数及图书馆服务？

耶鲁大学成立于1701年，对于美国来说算是老牌大学，但对世界其他地方来说却还算年轻。耶鲁大学是由12名专职牧师联合创立的，他们把书放在一起来为康涅狄格州建立一所大学。这就意味着从耶鲁大学历史开端，书和图书馆就是大学的一部分。所以，耶鲁大学拥有图书馆，这是从创始之初就有的传统。

就学生构成而言，耶鲁大学约有本科生（攻读学士学位的学生）5400名和研究生5000名。因此，我们是美国规模较小的常春藤联盟学校之一，学生人数不到11000人。

您认为耶鲁大学的悠久历史对您作为图书馆馆长提供服务和管理馆藏构成挑战吗？

我们拥有悠久的历史，有时候也会被紧紧束缚在其中。因此，引入新的服务（例如数据管理或数字保存服务）就会遇到困难，因为我们不断被带回到我们的历史中，我们的历史是印刷品和实物馆藏。还有，因为图书馆从一开始就在那里——我们的建筑相当古老，被视为历史古迹。因此，改变图书馆使其能够符合当今的需求也极具有挑战性。

您的意思是要扩建实体建筑，还是仅对内部进行设计装修？

主要是内部装修。我们其中一幢建筑是哥特式大教堂风格。因此，很难把计算机和技术手段引入教堂。我们力图尊重最有历史意义的空间，然后尽量把

---

① 耶鲁大学美术馆主页：http://artgallery.yale.edu/。

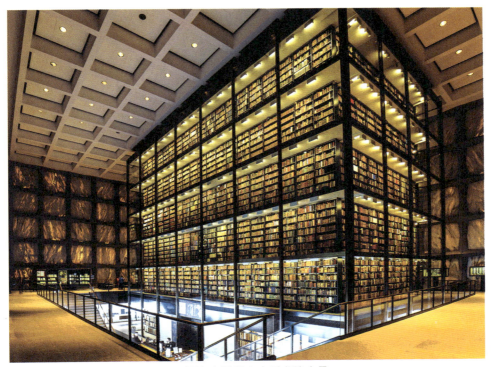

▲ 耶鲁大学拜内克图书馆内景

技术嵌入适当的位置。当我们真的把技术投入时，需要花额外的时间来整合，而不仅仅是加装空调这么简单——还需要把所有的机械装置藏在木质屏风和类似的东西后面，这样就规避了现代感。我们需要以某种方式保持历史感，确保继续保持视觉上的美感，传递传统、庄严的大学气息。这是图书馆应有的一种学术庄严。因此，如何将技术和协作学习区甚至咖啡厅都设置在同一空间内，同时还要保持这个空间的严肃性——这就是挑战。

可否介绍一下目前图书馆馆藏的规模以及馆藏和服务的重点？

我之前提到过，我们的收藏大约有1400万册图书和摆放起来可达30英里的档案资源。很难说什么是我们的重点。我们的藏品从古代纸莎草纸和巴比伦的泥板一直扩展到数字档案。其中包括许多稀有的地图和奇怪的东西，例如罐子里的人的大脑。我们有脑外科医生的档案，所以档案中就包含人的大脑。因此，图书馆也有责任保护这些藏品。我们的馆藏太过宽泛，很难被定义为某一类，实际上，收藏的广度恰恰就是馆藏的特点。馆藏中有许多美国著名作家、

20

国家领导人和政治家的论文，亨利·基辛格博士（Dr. Henry Kissinger）就是其中之一。我们还收集了大量有关传教士和宗教的资料。

为了管理或维护这些特殊馆藏，在某些时候会需要招聘专门的历史学家或档案员，而不是靠现有的图书馆员吗？

是的，我们招聘了很多，比如历史学家等。我们最近就聘请了一位同样拥有美国外交政策博士学位的档案员，因为我们需要处理亨利·基辛格博士的论文。如果档案员不了解所研究的对象，就无法整理好这部分馆藏。目前，我们正在招聘一些数字化保护管理员。现在所有这些数字内容都是我们收藏的部分。例如，如果我们得到一份现代作家的稿件，她可能不会给我们纸本文稿，而是给她的硬盘，然后说"这是我的文档"。因此我们要保存的就是硬盘上的内容。

对于像基辛格专藏这样非常大的收藏，需要进行很长时间的研究，从事这项研究的人因此会获得永久岗位。但是，我们可能会请人来处理有关整形外科的文章，那会是个临时岗位。我们需要找到一位了解医学的档案管理员，花两年的时间来处理该馆藏，但随后他们将转岗去做别的工作。

耶鲁大学与哈佛大学、普林斯顿大学或其他常春藤大学相比，用户对大学图书馆和服务的期望、需求和态度是否有所不同？

没有什么太大不同。至少从列举的三个学校来看，我们合作得非常紧密，目的是协力应对一些共同的挑战。例如，读者期望我们三家成为所谓的"存储图书馆"，就是我们永远都不剔除任何一本购进的书，可以指望我们始终都能提供某本书。现实中，规模较小的图书馆没有太多存储空间，不得不剔除部分藏书，为新书腾出地方。我们不会这样做，我们所做的是把书都保留下来，即使没有立即看到当下的用途，因为我们知道全国的图书馆都希望我们这样做。我们在共同努力寻找既能平衡好在国家和国际层面所肩负的责任，又能同时满足用户需求的方法。

请描述一下耶鲁大学图书馆的人员结构？

我们有一个约25人的信息技术团队。还有一个"技术服务"小组，他们的主要工作是获取材料、支付费用并获得内容许可，负责解决如何获得馆藏问题的团队，这个团队大约有85人。我们的特藏部有近200人。此外，我们有安保人员，因为我们楼里收藏有稀见资料，需要有安保措施来保障藏品和人员安全。另外，我们有大量的馆员专注于在特定学科的专业知识，他们的工作是决定我们应该购买什么类型的馆藏来支持该学科，然后与教师和学生合作，教他们如何最好地利用我们的馆藏。学校的每个学科都有一名获得该领域硕士或博士学位的学科馆员做联系人。

耶鲁大学图书馆是否把安保工作外包给公司了？

不，没有。一方面，了解如何保护馆藏需要花时间进行培训；另一方面，如果业务外包，将会有不同人员来轮岗。我们倾向于找非常了解工作的人，这样安保人员就能了解我们和我们的用户。

他们的主要工作是检查包包，并确保馆藏的安全，不会被挟带走。过去我们的藏品曾发生过一些相当引人注目的盗窃案，所以安保人员需要确保来访者只能通过特定的通道进入大楼。他们负责确保我们将稀见资料从一个图书馆转移到另一个图书馆时，全程受到保护。但是，不能靠胡椒喷雾，也不能靠手铐——那是大学保卫处的安保措施。

您能描述一下您工作日典型的一天吗？

唯一典型的事情是整天开会。我每天平均要参加七到八个会，大部分工作似乎都是坐在会场上，听听发生了什么，把得到的信息带到另一个会上，以确保其他人也能理解。我是他们之间的沟通渠道。例如，我参加大学校长的办公会，了解大学里正在发生的事情，把这些信息再开会传达给员工，共同思考图书馆能为实现这些倡议提供什么帮助和支持。所以，我典型的一天就是整天开会。

可否介绍一下您的领导和管理风格、其背后的理念以及您作为领导者的经历？

在我看来，领导就是服务。因此，领导力就是让自己站出来为组织提供支持和服务，帮助组织获得成功。基于这种理念，我对告诉别人如何做自己的工作不感兴趣。我尽量招收在他们所从事的工作上比我知识渊博的人，继而听他们讲述所做工作的进展，并设法帮他们克服障碍、获得成功，或者是给他们提供完成工作所需的条件。我认为这是一种更加放手的领导风格，但要强调沟通的重要性，努力做到非常透明。因此，当我们为图书馆制定预算时，我们会与全体员工分享——经费用来做什么并不是什么秘密。你可能不赞同这些决定，但你至少能看到这些决定是什么。我会与所有员工分享我向大学校长提交的工

19

作目标，并接受他们的意见。我尽量做到公开透明，这样所有人都能明白我们为什么要做现在所做的事情。

在招聘新人时，您希望年轻的候选人具备什么样的素质？

在耶鲁大学，我们很幸运，不必只招收图情专业人士。学校没有限制我们只聘用该专业学位的人，有很多大学都要求图书馆只能招收有这个学位的人。事实上，我们要找的是在某个学科领域有专长的人，无论是某个特定的学科，还是在技术、数据管理等方面。我们认为即使他们没有图书馆经验，我们也可以引导他们适应在大学图书馆的工作。我们不可能把图书馆员培养成数字保存管理员或数据图书馆员，因为学科基础知识是不可替代的。因此，我们希望招聘到的人有学习意愿，能认识到耶鲁大学图书馆是个庞大而复杂的组织——这里有500多名员工，一个人需要花数年才能见到每个人。这个人必须要有一定程度的耐心，还要认识到完成一件工作可能需要更长的时间，因为沟通渠道和汇集各方需求都需要时间，毕竟我们是个人数众多的大单位。这个人还必须保持谦逊，"我认识到这是一个庞大的机构，有很多东西要学"。我认为我们也在寻找认同图书馆工作是服务性工作的人——所做的工作是为工作对象服务，并专注于所服务对象的成功而不是自己的成功。

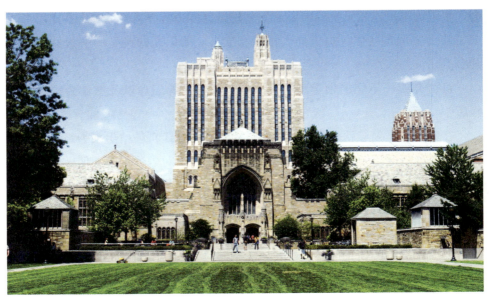

▲ 耶鲁大学斯特林纪念图书馆（Sterling Memorial Library）

当您说耶鲁大学是一个非常复杂的机构时，您会把它描述为非常扁平化的组织或者非常有机的组织，还是官僚化的组织呢？

应该说是偏官僚化的，层级非常清晰，我们有五个大学图书馆副馆长，他们之下有很多部门。我们要做的是跨越这些部门。例如，在大学图书馆系统中，工作人员在我们15个不同的图书馆工作，我们希望做同类工作的人能把彼此当成同事，分享最佳实践经验。我们正在整个组织中探索鼓励这种做法的办法，而不是凡事只能自上而下垂直处理。但是，挑战在于耶鲁大学的各个图书馆分布在45英里的范围内，相距遥远，所以我们无法聚在一起开会。没有足够大的空间可以同时容纳那么多人，而且距离又分散，仅仅通过一个战略规划就需要很长时间——需要开很多很多次会，因为要与团队合作，来确保每个人同步并听到相同的想法。

您认为大多数成功的图书馆馆长有哪些个性特征或特质？

我认为成功的馆长都是真正理解大学运作方式的人。不成功的馆长感到沮丧，因为他们觉得大学不理解图书馆，大学没有给图书馆提供所需的资源。我认为，成功的图书馆馆长明白，唤起大学领导层中其他成员的共识是他们的职责，他们必须成为倡导者。与此同时，馆长们需要花时间理解校长、教务长和

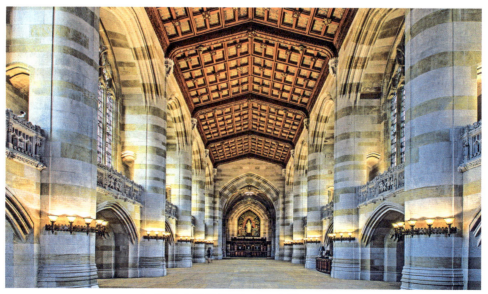

▲ 耶鲁大学斯特林纪念图书馆入口大厅

副校长正在努力应对的挑战，并思考如何成为其中的合作伙伴。所以，不要只是不停地把你的问题告诉你的老板，说"我想要更多的钱，我想做这个做那个"，而是说"我看到你正在努力应对这个特殊的挑战，以下是图书馆可能提供的帮助"。因此，把图书馆创建为战略合作伙伴，能改变人们对图书馆的看法——图书馆不仅是存放书籍的地方或书籍博物馆，而是为大学提供服务和战略资源的地方——这才是真正成功的馆长。

作为耶鲁大学图书馆馆长，您觉得工作中最有意义和最令人沮丧的部分是什么？

我认为，最有意义的部分是与学生合作，让学生从我们的馆藏中找到他们想要的，他们让我意识到我们花了大量时间建立起来的馆藏十分有价值。

最令人沮丧的是图书馆依赖于大学其他机构服务的时候。例如，尽管图书馆有大量的IT员工，但我们依靠大学来提供数据存储、服务器群组以及类似的东西。如果他们与我们沟通不畅，我无权做出改变。我必须花费大量时间为员工和IT部门建立沟通渠道，并确保将来的运行更加顺畅。当你意识到问题确实存在，却无权改变时——就只能尝试通过沟通协作来实现改变。

当前的信息环境是怎样的？它是如何影响着整个大学的学习、教学和研究，并重塑耶鲁大学图书馆提供的服务？

显然，对我们来说，最大的变化是从实体内容到数字内容的转变。特藏姑且不论，我们将大约70%的预算花在数字内容上。我们会思考如何以对用户有意义的方式提供数字内容。如果我们想得不够完善，这些数据将变成几十个孤岛。

其他的变化是我们现在要对我们的研究数据负责，必须帮助我们的研究人员考虑如何保存和组织他们的数据，以方便未来使用。对我们来说，这是一种全新的服务内容。

对我们，尤其是现在的美国来说，另一个领域就是数字人文，将计算分析应用于传统的人文研究。这是我们另一个新的服务领域。

通过移动设备学习，是否也成了一种趋势？

我们也在提供移动终端信息服务。医学院决定让每个医科学生都有一个iPad，并且通过该iPad传送信息。对于大多数学生，如哲学或类似的专业，并没有同样的要求。不同专业对移动设备的需求不同。

不断变化的信息环境是否也影响了您的员工对信息素养培训课程的设计？

同事们确实非常注重所谓的数字素养。我们要确保我们的学生知道如何找到高质量的信息，以及如何判断信息的质量。在网上，你可以找到任何东西，但要学会分析。我们在这方面花的时间比10年或15年前多一些。但是，我认为这些并没有改变我们的基本教学使命，我们仍然是教给学生如何使用馆藏，如何正确引用它们，以及如何对它们进行评价。

您的图书馆用户培训人员与各个院系合作紧密吗？

是的，他们和老师合作。当老师们有特定的研究任务时，我们首先与他们一起思考：什么是学生可以用来完成此研究任务的最佳资源？可能是数据库和电子期刊，也可能是档案与特藏。我们帮助老师设计研究任务的内容，然后参与进去，指导学生，确保他们掌握了做好这项工作所需的技能。

有时，老师们会提前来找我们，我们就能够提前开展工作。有时，老师们只会提前一周来电话，说要来上课。图书馆有教室，他们可以经常带学生来。如果需要教学生如何使用特藏，出于资源安全原因，就要与档案管理员合作。更多的时候，我们经常敲开教授的门，说："我们可以和您的班级谈谈吗？"有些人开门迎接，有些人并不感兴趣。但是，一旦我们与教授合作，他们往往会年复一年地进行下去。

我们还有一些项目，比如"专属图书馆员"（Personal Librarian）项目。就是每一位新生都与一位对应的图书馆员结对，他们建立直接联系后，馆员会全年联系他们，关注他们的研究论文进展情况，询问他们是否想一起喝杯咖啡、聊聊天。这是在学生选定专业之前的一种人际互动。一旦学生选定了专业，专门负责联系他们的图书馆员就会把他们介绍给学科图书馆员（他也是该领域的专家）。

对有志成为图书馆员的年轻人，您会给出什么建议？

我会鼓励他们认真考虑图书馆技术层面的问题，因为我认为这是大部分工作的增长点。数据管理和数字保存是两个热点领域，在这些领域我们总是招不到足够的馆员。因此我建议，入职图书馆不一定非要学图书馆学情报学专业。进入图书馆工作的方式有很多，比如通过数字保存进入。这其实和刑事取证非常相似，你可以通过一台计算机来分析嫌疑人在这台电脑上实施了什么犯罪行为；运用同样的技术，你可以查看作家的笔记本电脑，不以任何方式进行任何更改，同时对其进行分析。有些人对图书馆职业很感兴趣，但一旦意识到需要学图书馆学情报学专业才能进入这个行业，就发现图书馆对他们的吸引力变小了。我真的觉得没必要，我认为这个专业太窄了。在未来，我们需要越来越多的人从其他学科进入这个领域，而不是创造一个筛子，上面写着"非图情专业莫入"。

您认为大学图书馆事业的未来是什么？

从高级管理视角看，我认为正在发生的趋势之一是图书馆员实际上还扮演着其他角色。因此，美国的大学出版社向大学图书馆馆长汇报工作并不鲜见。现在博物馆和图书馆开始共同合作也并不罕见。事实上，图书馆员的职责范围似乎有所增加，这非常有趣。

学术出版社或大学出版社向图书馆馆长汇报工作有什么好处？

我认为其中的一点好处是，就像博物馆一样，公共基础设施的共享。数字文件的一端是大学出版社，他们需要将这些文件放在某处。我认为出版社与图书馆之间也有合作的机会。学术出版社也在甄别，并不是他们手里的文档都值得出版成书。他们倒很希望把学位论文出版。图书馆很可能成为大学出版社的另一个出版渠道。

第三章
格雷戈里·翁博士，麻省理工学院图书馆主管馆藏的副馆长

简介

麻省理工学院（Massachusetts Institute of Technology, MIT）稳居世界顶尖大学之列，STEM学科（科学、技术、工程、数学）是麻省理工学院的传统优势学科。除了在自然科学和工程技术上的优势，麻省理工学院在其他学科上也优势显著，如语言学、管理学、视觉与表演艺术以及其他人文和社会学科。

格雷戈里·翁博士（Dr. Greg Eow）自2015年8月以来一直担任麻省理工学院图书馆主管馆藏的副馆长。翁博士拥有莱斯大学（Rice University）的

▲ 格雷戈里·翁博士

美国历史学博士学位、匹兹堡大学（University of Pittsburgh）的图书情报硕士学位（MLIS）、亨瑞克斯学院（Hendrix College）的文学学士学位。就职于麻省理工学院之前，翁博士曾就职于耶鲁大学，担任主管馆藏的副馆长以及负责美国、英国和英联邦历史馆藏的卡普拉诺夫图书馆员（Kaplanoff Librarian）[1]。他还曾就职于哈佛大学，担任负责美国历史馆藏建设的查尔斯·沃伦书目专家（Charles Warren Bibliographer）。就职于哈佛大学期间，翁博士参与了多项对哈佛大学整个图书馆体系具有重要战略意义的项目，如参与开发哈佛大学与

---

[1] 卡普拉诺夫图书馆员是一个荣誉头衔，其中"卡普拉诺夫"是冠名。下面的查尔斯·沃伦书目专家也是如此，"查尔斯·沃伦"是加在这个"书目专家"前的冠名。——译者注

HathiTrust数字图书馆共享数字资源的合作项目。

在下面的访谈中，翁博士与我们讨论了如何拓展馆藏，在这一大的话题下，他谈论了书目专家（biobliogropher）如何发挥其不断变化却不可或缺的作用。访谈还讨论了多样化和包容性在招聘大学图书馆员时的价值——在全球化的大背景下，图书馆行业正日益受到技术发展的驱动。

请您做个自我介绍好吗？比如，介绍您接受过的职业培训、您的教育背景，以及您是何时决定成为一名图书馆员的。

我1994年大学毕业，大学所学专业是历史。毕业后，我在华盛顿特区工作了几年，担任过不同职务。我在国会山（Capitol Hill）和史密森尼学会（Smithsonian Institute）①工作过，也做过筹款工作。

在史密森尼学会工作期间，我认识了一些在史密森尼学会档案馆工作的档案管理员，从他们那里我了解到档案馆的管理工作。作为历史专业出身的人，我对档案本来就很有兴趣。这促使我申请到图书馆学院进一步深造，专攻档案学。不得不说，当时我对图书馆学情报学并不太了解，但我对这些领域很有兴趣，想要学习更多这方面的知识。我很幸运，被顺利录取，并获得匹兹堡大学②的奖学金。在匹兹堡大学，我师从理查德·考克斯（Richard Cox）教授和伊丽莎白·亚克尔（Elizabeth Yakel）教授，学习档案管理，两位教授当时都是"匹兹堡档案项目"的成员。

1998年，我从图书馆学院毕业，在一个小型非营利组织迪卡尔布历史中心（DeKalb History Center）③工作了几年。这个中心位于亚特兰大，集图书馆、档案馆和博物馆于一体。我很喜欢这份工作，但我依然希望能继续历史学研究，并获得历史学的最高学位——获得历史学博士学位一直是我的梦想。在亚特兰大工作几年后，我重返校园去实现我的梦想。我去了休斯敦的莱斯大学④，花了6年时间攻读历史学博士学位。这6年时光非常美妙。我于2007年获得博士学位。之后，我在耶鲁大学图书馆担任负责美国历史馆藏的卡普拉诺夫图书

---

① 史密森尼学会主页：http://www.si.edu/。
② 匹兹堡大学主页：http://www.pitt.edu/。
③ 迪卡尔布历史中心主页：http://www.dekalbhistory.org/。
④ 莱斯大学主页：http://www.rice.edu/。

馆员，差不多有6年左右。之后，我就职于哈佛大学，担任相似的职务，在哈佛大学图书馆担任负责美国历史馆藏的查尔斯·沃伦书目专家。从去年开始，我在麻省理工学院图书馆①担任高级行政管理工作。这是一项令人兴奋的工作，但与作为书目专家（专业人员）的工作非常不同。这就是我到目前为止的经历了。

请问您的家人中有无图书馆员或历史学家呢？

没有，我的家人（大部分）都是医生。

能请您谈谈您是如何成为麻省理工学院图书馆主管馆藏的副馆长的吗？

那就从2007年我在莱斯大学获得博士学位说起吧。博士毕业后，我开始工作，在耶鲁大学图书馆担任学科书目专家，我全身心地投入这份工作中。这是一份很好的工作，完美结合了我历史学研究的学术训练和我对图书馆、馆藏、档案的兴趣。但是，我刚到耶鲁大学工作不久，金融危机爆发。我很幸运地（也可以说是不幸地）被派到了一个工作组，任务是探索在资源减少的情况下耶鲁大学图书馆如何尽可能高效地运转。这一工作经历真正拓展了我对行政管理的认识。那时我开始思考，什么是我的最终职业目标。对我来说，最大的抉择在于，是继续做领域专家（专业人员），还是担任领导职务从事行政管理工作。从那时起，我就一直在这两个选择间徘徊，因为两者均有其独特的优势。大约一年半前，麻省理工学院联系我，称他们在物色新的主管馆藏的副馆长。他

▲ 麻省理工学院巴克工程图书馆（Barker Engineering Library）

---

① 麻省理工学院图书馆主页：https://libraries.mit.edu/。

们与我进行了诸多交流，使我下定决心转入行政和领导工作。这样我就到麻省理工学院图书馆来工作了。

您能给非图书馆行业的读者讲讲书目专家是做什么的吗？

传统意义上，书目专家是图书馆的工作人员，他们的职责是借助其学科专业知识为图书馆馆长提供建议，制定图书馆采编方案，建立和完善馆藏。因此，书目专家一直是大学图书馆馆藏建设的关键一环。我曾在两个不同的机构担任书目专家，这两个机构在管理方式上有诸多不同。在耶鲁大学，我曾担任学科专家联络员/选书员，该职位的全称是负责美国、英国和英联邦历史馆藏的卡普拉诺夫图书馆员。这对一个历史学专业出身的图书馆员来说是一个天赐的职位。其职责包括公共服务、与教师和学生开展合作、教授书目指导课程、参与信息素养教育等。这一职位还负责馆藏建设预算，以充实完善馆藏。所以，在耶鲁大学，书目专家的职责是复杂多样的。我认为，真正找到一种方式尽可能多地让书目专家开展外联服务，与教师和学生进行实质性的互动，这是大势所趋。

虽然哈佛大学和耶鲁大学在许多方面极其相似，但它们的组织模式相当不同。在哈佛大学时，我隶属于威德纳馆藏发展部（Widener Department of Collection Development）。在这个部门，藏品专员（curators）和书目专家被视为从事"领域研究"的人员。他们的职责很明确，即建设馆藏，而不是进行公共服务。虽然工作中也会涉及教师和学生，但这不是工作的重点。为当前和未来的使用开展馆藏建设才是他们的工作重点。在哈佛大学图书馆，专门有一个负责公共服务、资料查询、信息素养教育和师生服务的部门。我曾和这个部门的一个历史学联络员有过合作。也就是说，耶鲁大学有两类职位：历史学联络员和馆藏建设部的全职书目专家。在如何发展馆藏及服务师生上，耶鲁大学和哈佛大学的模式不同。

在数字时代，我们还需要书目专家吗？

这个问题很重要。随着审批计划和其他采购模式的出现，如需求驱动采购的兴起，书目专家模式在过去的几十年里受到了很多质疑。一些人认为，书目专家在某种程度上已经过时了，是旧图书管理时代的"老古董"，我们可以依靠其他采购模式和工作流程来打造"按需生产"式的馆藏，满足当前用户需求，而不需要专门的馆藏人员。我对这种模式持怀疑态度。在我看来，无论怎样，我们总是需要有某种形式的选择。问题是，这意味着什么？我们是通过审

▲ 麻省理工学院海登纪念图书馆（Hayden Memorial Library）

批计划将选购职能外包给供应商吗？还是我们要通过需求驱动采购将选购职能外包给用户？虽然这样做也有好处，特别是在提高效率和节约成本方面，但这种采选只适合于建立课程相关馆藏。在我曾工作过的所有单位，大家都坚信，建设馆藏不仅仅是为了服务当前的课程体系，还是为了捕捉并保存文化记忆和文化遗产。以长远的眼光来看，我认为没有任何一种方式能够取代长久以来书目专家所承担的采访职能，以及建设、策划馆藏的职能。还有人担心，如果将采访外包给商业公司，会对学术交流的生态系统造成影响。作为一个管理者，我当然知道最大化效率和选购以及外包采访的吸引力。但作为一个曾经的书目专家，我知道，采访根本不适合外包这种方式。这就是真正有趣的问题所在——如何高效且有战略性地建设丰富而又具有长尾效应的馆藏。

您在莱斯大学获得了历史学博士学位。历史专业的背景对您从事图书馆员的工作有帮助吗？

历史专业的背景对我在耶鲁大学和哈佛大学担任学科专家和书目专家的工作来说，是非常宝贵的。这一背景帮我很好地了解历史系教师、研究生和本科生的需求。撰写毕业论文的过程让我真正认识到了研究生对资源的需求，我对他们所面临的压力以及他们何时会感受到这些压力有着感同身受的理解，这有助于我和他们建立起良好的关系。这些经历也提醒我，可以在公共服务和馆藏建设方面为他们提供支持与帮助。

作为一名管理者，特别是在麻省理工学院这所拥有出色的人文学科却以其杰出的理工学科而闻名的大学做管理者，历史专业的背景与我目前的工作有何联系？这很有意思。而且我认为二者确实有联系。我认为，"数字时代的馆藏应该是什么"是一个重要的存在主义问题。目前，学术交流、出版和馆藏这些领域里有诸多问题亟待界定，而如何界定也至关重要。历史学者熟知过去，接受着书籍的熏陶，浸淫在印刷文化之中，这的的确确为当下学术交流环境的转变带来眼光长远的视角。在很多方面，图书出版和馆藏当下的境遇与15世纪40年代（即印刷术发明）后的那一个世纪很像。印刷术这项新技术花了近一个世纪的时间开拓和巩固市场，这与当前信息环境的发展对数字媒体的响应有相似之处。我发现，把目光放长远会带来令人难以置信的好处，有时甚至令人欣慰。我想说的是，历史学者的视角让我看到后印刷时代中的历史发展连续性，而不是其不连续性。这种视角是我非常欣赏的。

您能描述一下目前您的职责范围和角色吗？

在麻省理工学院[①]，我是主管馆藏的副馆长，向馆长汇报工作。我也是图书馆四位副馆长之一。另外的三位副馆长中，一位副馆长负责学术和社区服务，这一块就是我们的公共服务职能；一位副馆长负责技术；还有一位副馆长负责行政。馆藏（我负责的）包括三个部门：（1）学校档案和特藏；（2）学术交流和馆藏战略；（3）采访和拓展。我还分管第四个方面，即分管数字保存项目。该项目负责人直接向我汇报工作，这是因为数字保存影响着馆藏工作的方方面面。

作为麻省理工学院图书馆主管馆藏的副馆长，您能描述日常工作中典型的一天吗？

和许多管理者一样，我日常工作要参加很多会议。事实上，我几乎能开一整天的会，要么就是写一整天的邮件。因此，每天我要留一些时间进行阅读和安静地反思。这样做可以避免把收件箱变成一个"待做清单"，否则我就没法

① 麻省理工学院主页：http://web.mit.edu/。

很好地专注于图书馆的长远战略和发展。

目前，麻省理工学院图书馆的藏书规模是怎样的呢？能否请您为我们说说其馆藏的亮点有哪些？

麻省理工学院图书馆现存超过130万册纸质书籍。同时，还有100多万册纸质期刊和约2.3万延展英尺（linear feet）的档案资料。

麻省理工学院图书馆有一个活跃的善本和特藏计划。我们的馆藏包括一些极其珍贵的科学史和工程学史的善本，罗奇图书馆（Rotch Library）[①]专门收藏艺术家珍品，这里藏有精彩的艺术类书籍，它们集视觉艺术、工程设计和建造于一体，风格极具麻省理工特色。

我们还有其他的馆藏亮点。阿加汗文献中心（Aga Khan Documentation Center）[②]便是其中之一。这里藏有记录中东地区的建筑和视觉文化的纸质图书、手稿和影像资料。这是一个令人兴奋的项目，属于区域研究馆藏。另一个我想要介绍的亮点是开放获取数据库。2009年起，麻省理工学院图书馆开始全力实施麻省理工学院教师的开放获取政策。自从这项政策实施以来，44%的教师发表了期刊文章，这些文章通过我们的机构知识库被捕获，并向全球开放，我们对这一点感到自豪。如果只能选择一个馆藏作为亮点来介绍，我认为这就是我们的开放获取馆藏。因为它真正代表了麻省理工学院在建设馆藏、培育健康的学术交流环境、促进信息在全世界最广泛的传播方面所做出的努力。

能讲讲您的管理和领导风格吗？

我就领导力这个问题思考良多，尤其是我从书目专家转行担任高级领导职位时。业务专家与领导者的区别在于，业务专家从事具体工作，通过自己的努力便可以干得优秀。而作为一名领导，工作是通过他人来完成的，通过赋能他人，让他们获得成功来完成。领导就是要倾听和学习。这就是说，你要聘用优秀的、有天赋的、有创造力和专注力的人，为他们提供必要的工具，打造有助于他们成功的环境和组织文化。这意味着要对馆藏的建设有目标和展望，然后让每个人都知道，他的工作有人看到、有人欣赏，每个人的付出对实现共同的愿景来说都至关重要。这就是我对领导力的看法。进一步说，这也是为什么职

---

① 罗奇图书馆主页：https://libraries.mit.edu/rotch/。
② 阿加汗文献中心主页：https://libraries.mit.edu/akdc/。

业指导如此重要。如果说领导力就是要赋能他人，通过他人的成功来完成自己的工作，那么职业指导就是其中至关重要的一环。怎样培养人才？怎样指导人才？怎样营造一种氛围，使得每名员工都能够取得成功？这很重要。

我想要着重阐明一个至关重要的观点：领导不是管理。尽管二者相似，但他们是完全不同的角色。管理者和领导者都需要明白，成功是建立在他人成功的基础上的，都要知道如何招募并培养有天赋的员工。但作为领导者，还需提供宏观的愿景和表述——我们的目标是什么，在这个愿景中每个人应如何与愿景相适应。领导者不仅要能讲清楚工作是什么，还要能讲明白工作为什么重要。或者换句话说，管理者会把工作做好，而领导者则会决定什么是正确的工作。

在您看来，麻省理工学院图书馆员的工作哪些最有意义，哪些最令人沮丧？

我想这个问题与上一个问题密切相关。看到我身边的人取得成功，这最令我感到满足。在我从书目专家转行从事行政时，当时我担心的一件事就是我会怀念馆藏建设工作。任何一个书目专家都会有这样的忧虑。我当然怀念馆藏建

▲ 麻省理工学院罗奇图书馆内景

设工作，以及作为书目专家每日开展藏书相关工作的日常。但可以肯定地说，赋能他人让他们获得成功，这种快乐令我觉得非常满足。我很高兴自己做出了这样的转变。

什么工作对我来说最具挑战？我热爱我在麻省理工学院的工作，我很庆幸拥有这份工作。在工作之初，有一些挑战使我需要做出相应的调整，这包括时间投入、会议安排和作为高级行政管理员的日常工作节奏。这些都和作为书目专家的工作差异甚大。但可以负责任地说，在麻省理工学院工作了一年多之后，我从看到他人取得成功而收获的快乐远远大于我所面临的任何挑战。所以并没有什么真正令我感到沮丧的事。

我了解到，在麻省理工学院图书馆，多元、包容和公平正义的价值观正变得日益重要。您能具体谈谈这些价值观以及它们给您工作带来了怎样的影响吗？

多元和包容是麻省理工学院秉持的重要价值观，我们图书馆是麻省理工学院的一部分。我们必须考虑以下问题：如何录取多元化的学生？如何招聘多元化的员工？作为一个全球化的教学机构，我们相信，包容的环境会孕育出最高水平的研究和教学，让我们离实现使命更近一步。

在图书馆这一环境下，我们清楚地意识到，图书馆的人员结构与学生群体的情况有些脱节。图书馆员工在种族或民族构成上不如学生群体那样多元化。我们正在招聘、留用和员工发展方面积极做出改善，以弥补多元化不足的问题。这些对我们来说都是重要的问题。在我看来，多元化就是要招聘多元种族和民族的员工。而包容则有所不同。包容意味着打造一种文化和环境，在这种文化和环境中，我们积极欢迎不同的观点、视角和经历。仅仅是招聘多元背景的员工还不够，我们还希望积极创造一种人人受欢迎、人人能取得成就的文化。

对我而言，公平正义与权力有关，我们需要对权力关系如何影响组织机构工作、馆藏和学术交流活动有充分的认识。人们对学术交流中的商业利益开始渐渐有认识。如果购买有授权许可条件的资源，或者有悖于我们实现开放获取和信息获取民主化的承诺，那我们就要意识到，这种购买实际上是在助长与我们价值观相悖的模式。秉持公平正义的观念，就要秉持信息获取公开化、在全球范围内将知识获取公开化的价值理念，并且有意识地把这些价值观应用到我们所有的活动中。比如，我们最近向国会图书馆（Library of Congress）提交了一封信，要求变更编目的主题词。其中一个需要变更的主题词是"非法外国佬"（illegal aliens）。我们在信中强调，希望更改这一术语。我们认为这一术语存在问题，可能会冒犯他人，令人不快。我们担心，这样的术语会向用户传递有关我们价值观的错误信息。公平正义、多元和包容这些价值观影响着我们的采购工作、编目工作，以及开放哪些文献，这些价值观也会体现在我们所有的工作中。

许多世界知名学者和科学家都隶属于麻省理工学院。您和他们同在一个学校工作并对他们的研究和日常学术活动起着重要的保障作用。您的感受如何？

非常兴奋！这很振奋人心，也催人奋进；但同时也提醒着我们所肩负的使命。作为一所大学，麻省理工学院致力于解决世界上的重大挑战。图书馆就是一座资源库、一个好伙伴，帮助我们的学生和研究人员尽可能地取得成功。就馆藏而言，麻省理工学院图书馆正日益成为一个开放获取的平台。通过开放获取这种模式，麻省理工学院与全球共享其研究成果。虽然和麻省理工学院的同学与教师一起工作是鼓舞人心的，但是在图书馆里，更多的是深深地感受到巨大的责任。图书馆的责任是作为一个平台，将麻省理工学院的研究成果和知识产出传播到世界各地，这个责任很重大。我们不仅是在为麻省理工学院进行科学研究，也是在为世界进行创造。我们要让麻省理工学院的研究和资源对外界开放，让他们获取这些研究成果和资源像校内师生一样便捷。

您想对图书馆学专业的学生和想要进入图书馆这一行的其他专业学生说些什么呢？

我想要引用毕业于麻省理工学院的著名科学家理查德·费曼（Richard Feyman）的一句话。费曼不仅是一名杰出的科学家，还拥有优秀的个人品质。在他的课程开讲前，他会对学生说这句奇妙的话："我已经等不及要告诉你们这件荒谬的事，因为我发现它太好玩了！"我喜欢这句话，因为我认为图书馆正面临着生存性问题。在数字时代，图书馆的意义是什么？什么是图书馆的馆藏——数据库和预印本是否可以等同于书籍来计量？书籍的未来是什么？什么样的版权和知识产权环境才能促进创造力与创新？这些未解之题，可能会让人感到困惑、失去斗志，甚至倍感沮丧。但对我来说，当我们面对后印刷时代的种种挑战时，我想起了理查德·费曼。我欢迎所有人加入这一行业，因为我们要解决的问题意义重大。它们令人愉悦！我热爱我的工作。

在您的职业生涯中有什么遗憾吗？若有机会重来，您会用什么不同的方式来处理呢？

就职业轨迹来说（选择图书馆学专业，决定去耶鲁大学工作，然后去哈佛大学，再到麻省理工学院工作），我没有遗憾。在我的职业生涯和所做的选择上，我都非常幸运。我很满意自己的职业轨迹。如果说对这个轨迹中什么具体的事情感到遗憾，那么是的，当然有了！非要举个例子的话，就比如，我曾花了几年时间建设馆藏，后来才认识到获取资源并不等于保存资源，全面认识藏书的完整的生命周期对馆藏建设来说至关重要。我认为，金融危机之后，人们都想着做事情要尽可能高效、尽可能有效。这种压力让我高估了许可使用的电子资源的价值。如果能够有效地购买电子资源，就可以尽可能减少采访。但如果在这一过程中，没有考虑到馆藏的长期保存需求，那么，在授权的电子资源上就会花费越来越多的馆藏预算，也会对更大的学术交流环境带来不利影响。我用了几年才悟出来这个道理。如果能重来，我会早点儿弄明白。但这也是个学习的过程。

作为本次访谈的结语，您还有什么鼓舞人心的话想和我们分享吗？

图书馆，当然还有图书馆馆藏，目前都面临着生存性问题。这些问题很重要。我们如何回答这些会带来不同的后果。这也就是我热爱这份工作的原因——这些问题很重要，答案也是开放的，问题的回答有深远的影响。档案馆和图书馆是当下令人兴奋的地方，也是重要的地方。对此感兴趣的人，我也鼓励你们加入进来。

第四章

弗吉尼亚·斯蒂尔，加州大学洛杉矶分校图书馆诺曼与艾博塔·鲍威尔馆长①

简介

加州大学洛杉矶分校（University of California, Los Angeles, UCLA）是全球最好的研究型公立大学之一。该校同时致力于教育、研究与公共服务，三者相互裨益、彼此促进。学校坐落在韦斯特伍德（Westwood）校区，风景秀美，位于以多元化与活力而闻名的洛杉矶市。通过与该地区及全球的学术界、团体组织、项目组的积极合作，加州大学洛杉矶分校的教学和科研范畴远远超越了校内的课堂、办公室和实验室。

▲ 弗吉尼亚·斯蒂尔

加州大学洛杉矶分校拥有多元化的学术群体，在校生包括来自125个专业的3万多名本科生、来自80多个研究领域的1.3万多名研究生，教职员工约有4300名，其中包括诺贝尔奖获得者、罗德学者（Rhodes Scholars）、麦克阿瑟奖获得者（MacArthur Fellows），菲尔兹奖（Fields Medal）、美国科学奖章（National Medal of Science）、普利兹克奖（Pritzker Prize）和普利策奖（Pulitzer Prize）获得者，以及奥斯卡金像奖（Oscars）、艾

---

① "诺曼与艾博塔·鲍威尔馆长"是该馆馆长的荣誉头衔，其中"诺曼与艾博塔·鲍威尔"是冠名。——译者注

美奖（Emmys）、托尼奖（Tonys）和全球奖（Golden Globes）获得者。2016—2017年，加州大学洛杉矶分校在上海交通大学世界大学学术排名榜中位列第12名，在伦敦《泰晤士报》（*Times*）高等教育世界大学排名榜中位列第14名，在《美国新闻与世界报道》（*US News and World Report*）的世界大学排名榜中位列第10名。该校有40个硕士与博士专业在美国国家研究委员会（National Research Council）的排名中位列前10名。

弗吉尼亚·斯蒂尔（Virginia Steel）于2013年7月开始担任加州大学洛杉矶分校图书馆馆长，管理其服务和运营。该校图书馆是北美一流的研究型图书馆之一。就任前，斯蒂尔曾在加州大学圣克鲁兹分校（University of California, Santa Cruz）图书馆担任馆长八年。在此期间，她负责了校内最大图书馆的扩建和翻修工作。这是一项耗资高达1亿美元的项目。在职业生涯早期，斯蒂尔曾任华盛顿州立大学（Washington State University）图书馆馆长（2001—2005）、麻省理工学院（Massachusetts Institute of Technology）主管公共服务的副馆长（1997—2001），并在加州大学圣迭戈分校（UC-San Diego）（1988—1997）与亚利桑那州立大学（Arizona State University）（1981—1987）担任过不同职位。

在职业生涯中，斯蒂尔注重了解教职员工和学生的信息需求，并通过改善服务和建设馆藏来满足这些需求。为提升服务、更好地支持师生员工，她与学校各机构、慈善家、企业和基金会达成了战略伙伴关系，并不断推进这一关系，为师生提供更多实体和虚拟空间来促进创造力、参与度和在知识方面广泛的兴趣。

在接下来的访谈中，斯蒂尔将讲述她的职业经历（包括从事学术期刊编辑运营的经历）如何帮助她更好地理解大学图书馆不断发展变化的职能和作用，理解大学图书馆如何赋能和激励专家学者和学生探索、获取、创造、分享和保存知识。

开始采访前，请您先做个自我介绍吧，比如您接受的专业训练和您的教育背景，曾就读于哪所大学，是否有从事图情工作的家庭背景？

我从家庭背景开始说吧。我并没有从事图情工作的家庭背景。事实上，据我所知，家里亲戚中唯一从事这个职业的人，是我的一个远房表亲，并不是很近的亲戚。我大学学的是文科，专业是比较文学。本科毕业时，我对未来的职业并没有清晰的想法。但我记得，在大一的新生欢迎会上，我们做过一项能力测评，测试我们可能会喜欢哪些领域的工作。我的测评结果说我应该会做化学家或者图书馆员。我知道化学应该不适合我，所以大学期间就把图书馆员这个职业一直记在心里。我当时还跟我所在大学的图书馆员聊过，以便更多地了解这一职业和他们的工作内容。

本科毕业后，我搬到芝加哥，后来在芝加哥大学（University of Chicago）①工作。起先，我在经济系为一名经济学家工作，之后又在芝加哥大学出版社②的一个经济学期刊社工作。那个时候，我了解到芝加哥大学有一个图书馆学院。我还记得大一入学时的那个能力测评，于是我想，既然我一直都喜欢图书馆，为什么不试试呢？所以我真的就尝试了。这也成就了今天的我。

您在非图书馆领域的工作对您现在的大学图书馆员工作有什么帮助呢？

我曾在芝加哥大学一个事务繁忙的学院工作过，这一经历让我对高等教育机构的运行和职能有很好的理解。学院的运作与职能与大学图书馆非常不同。通过学院的工作，我对申请资助、处理学生事务、为学院的教学和科研提供支持有了更深的理解和更多的经验。当时我为学院一名教师工作，他笔耕不辍，产出丰硕。我有机会近距离观察他的科研产出过程，这对我也很有帮助。

后来我到芝加哥大学出版社工作，有机会体验一本顶尖期刊出版的整个流程。这让我能从出版者的角度来洞察学术出版过程。我当时在编辑部工作，负责处理所有投稿的稿件以及同行评审工作。编辑分配同行评审任务，我们负责分发稿件和追踪流程。我们不做编审，但是会进行校对，同时在这一过程中为期刊产出过程贡献一份力量。这一段工作经历让我了解了期刊产出过程，也见证了技术在相对较短的时间内如何改变期刊产出甚至编辑工作。刚开始工作时，我们只有打字机，甚至没有任何文字处理机（word processor），更不用说电脑和电子邮件了。但我在之后的工作中，参与了引入文字处理机和其他工具以提升期刊产出效能的工作。这是一段非常有意思的经历，开阔了我的视野，

---

① 芝加哥大学主页：http://www.uchicago.edu/。

② 芝加哥大学出版社主页：http://www.press.uchicago.edu/index.html。

让我对教师撰写文章和投稿过程中真正经历了什么有了深入的理解。

您能具体描述一下上述提到的科研过程以及它是如何助力您的职业生涯发展的吗？

对我而言，这段经历是宝贵的，让我受益良多，它让我知道科研工作和论文撰写需要多么自律，是多么困难，需要老师们投入多少时间。现今，这些挑战有增无减，甚至更大。老师们的时间会分给学生，他们要应对与学生沟通的需求；还会被其他同事占用，同事们会给他们打电话或请他们评阅论文；老师们还需要参与学院的决策过程及各项活动。在此之外，他们要尽力挤出时间来搞科研和写论文。写论文是一个漫长的过程，通常一天只能写出来一点点。了解这一过程，令我眼界开阔。

▶ 加州大学洛杉矶分校鲍威尔图书馆（Powell Library）

了解他们的需求对您最终成为图书馆员有很大的帮助，您应该也是这么认为的吧？您能举例说明吗？

是这样的。我们为教职工提供尽可能有用的资源和服务。了解老师们所肩负的多种责任，让我对图书馆服务有了不同的想法，让我想要提升服务效率，减少老师和学生可能遇到的阻碍，让他们使用图书馆的过程变得尽可能透明且友好。

就出版流程而言，我曾在期刊社工作，这是发表的接收端，接受所有的投稿，这一经历让我了解到完成稿件外审、收到评审意见需要多么长的时间，也让我了解到发表和出版的时间线。知道这些非常有益。尤其是对要竞聘终身教职的员工来说，时间不等人，他们必须在终身教职评审前完成发表。

您在职业生涯中的什么阶段决定要成为专业的图书馆员？

大约在大学毕业三年后，我决定去图书馆学院深造。最开始我只选修了几门课程，因为当时我还有一份全职工作。后来我决定辞职，在图书馆学院脱产读书，拿到学位。我想要完成图书馆学的学位，转行成为图书馆员。

您能谈谈是怎样成为加州大学洛杉矶分校图书馆馆长的吗？在此之前，您在其他公共图书馆、私立图书馆或大学图书馆工作过吗？

我曾在多家图书馆工作过。我最早担任图书馆员是在亚利桑那州立大学[①]。在我入职之后不久，该图书馆就出现了预算危机，图书馆不再招聘新人手。因为这一原因，我在职业生涯早期就承担起了院系层面的管理和指导工作。这是我走上管理和行政道路的开端。在亚利桑那州立大学之后，我先后在加州大学圣迭戈分校[②]、麻省理工学院、华盛顿州立大学、加州大学圣克鲁兹分校[③]就职，现在来到了加州大学洛杉矶分校。我所工作过的图书馆大多是公立高等研究机构。但我也有在私立图书馆工作的经历——麻省理工学院图书馆就是私立的。

您是否曾在图书馆的不同部门工作过？

刚开始，我的工作是参考咨询馆员和商学学科馆员。后来我在加州大学圣

---

① 亚利桑那州立大学主页：http://www.asu.edu/。

② 加州大学圣迭戈分校主页：https://ucsd.edu/。

③ 加州大学圣克鲁兹分校主页：https://www.ucsc.edu/。

迭戈分校从事读者服务。我们的职责包括很多具体服务，如馆际互借、图书流通、设施设备维护、书库管理、图书馆安全、期刊阅读室管理。在此期间，馆内高层管理人员出现了一些变动。于是我代理了大学助理馆长一职，负责公共服务。担任这一职位时，我负责所有公共服务相关单位，包括本科生图书馆、研究服务部门、读者服务部门，以及其他许多部门，这让我接触到很多服务领域。我向来勇于承担新的责任，在需要人手或需要帮助的时候，我总是愿意尽力帮忙。这让我在图书馆的许多不同领域都有直接的经验。

能谈谈现在您在加州大学洛杉矶分校负责哪些领域吗？

我对加州大学洛杉矶分校图书馆的所有事务负责。该馆有8个不同的实体图书馆，馆藏超过1200万册。这些图书馆涉及艺术、人文、社会科学、工程与理科等领域，为本科生和研究生教学与科研提供支持。但是，有一些图书馆不属于我的负责范围，比如英语阅览室、民族音乐学档案馆和法学图书馆。

加州大学洛杉矶分校图书馆系统中有多少员工？

图书馆现有员工约380名，其中包括图书馆员（librarian）、全职员工（staff）和学生助理（student employee）。我们是全校雇用学生最多的组织之一，有许多学生在图书馆工作。

在图书馆做兼职的学生，您会让他们做流通服务或馆外延伸服务吗？或者是让他们担任学生大使，吸引其他学生前来图书馆？

几乎在图书馆的每个部门里，我们都有学生助理在工作。他们在流通服务台帮忙，也承担了许多图书归架工作。事实上，大部分的归架工作都由学生助理完成。在本科生图书馆，我们有一个叫"同伴查询专家"（Peer Inquiry Specialists）项目，就是由学生助理为其他同学提供查询帮助。图书馆招聘并培训这些学生助理，他们有固定的办公时间，也为其他学生提供参观和指导服务。在我们的编目部也有些学生助理，通常是因为这些学生可以看懂我们员工和馆员看不懂的语言。学生助理在图书馆的许多领域都发挥着不可或缺的作用。

雇用学生助理肯定有好处，但他们人员变动大，这一特点是否会成为问题呢？

这对我们而言是一个挑战。在聘请学生助理时，我们会尽量讲清楚要求。在安排工作时，我们也会充分考虑到学生能来的时间。我们知道，临近期末的那段时间里，学生有其他更重要的事要做。他们上学是为了学习，而不只是来图书馆工作的。

有些学生助理一直参与我们的工作，他们整个大学四年都会在图书馆工作。暑假期间，他们可能另有安排，但是秋季开学就会回归图书馆，我们也欢迎他们的回归。总的来说，学生助理对我们而言非常有益。

能简要介绍一下加州大学洛杉矶分校图书馆的历史和体系吗？

加州大学洛杉矶分校是一所比较年轻的大学。它成立于1919年，前身是洛杉矶州立师范学校（Los Angeles State Normal School），一所师范类院校。成立之时，加州大学洛杉矶分校的定位是加州大学体系的"南部分支"，而加州大学伯克利分校基本就是加州大学"本部"。加州大学洛杉矶分校的图书馆在成立之初，馆藏是2.4万册，在不到100年的时间里——我们很快将迎来百年校庆——馆藏量从2.4万册跃升到1200万册。这一增长令人瞩目。

加州大学洛杉矶分校是否获得了许多资助或者其他校外赞助来帮助你们扩大馆藏？

这是肯定的！首先，这些年来，学校领导一直很重视图书馆的发展，坚

▲ 加州大学洛杉矶分校查尔斯·E.扬研究型图书馆(Charles E. Young Research Library)

信建设强大的图书馆对学校发展意义重大，在经费上一直尽可能地支持我们。同时，随着加州大学整体体系的发展，伯克利分校和洛杉矶分校被选定为建设最大研究馆藏的两个校区，而在其他更新的校区，则不会建设同样大规模的图书馆。这一决定让我们获得了更多的经费。此外，随着加州大学洛杉矶分校拓展出新的研究领域、扩大了研究生招生的专业，学校意识到，支持图书馆建设对吸引最优秀的学生和研究人员、对提高学校排名都至关重要。

　　另外，我们非常幸运，还获得了洛杉矶一些私人基金会的大力支持，他们对我们的特藏建设帮助良多。阿曼森基金会（Ahmanson Foundation）[①]便是其中之一，过去数年来它给我们提供了极大的支持。还是之前说过的，对一个建馆不到百年的图书馆来说，我们的特藏异彩纷呈，且极具深度与广度，其中的一些特藏领域是我们首创的。这在很大程度上归功于学校和私人机构的共同支持。

加州大学洛杉矶分校图书馆哪些学科门类的馆藏是最著名的？

　　我们的生物医学图书馆很棒，我们的医学史和科学史特藏也尤为优秀。其他卓越的特色馆藏涵盖了各个时期、各种类型的出版形式，包括精美的印刷品、由阿尔都斯·马努蒂乌斯出版社（Aldus Manutius）出版的书籍、有数千年历史的刻有楔形文字的泥板、日美研究项目的历史资料、美国流行音乐档案、《洛杉矶时报》（*Los Angeles Times*）摄影档案以及理查德·纽佐尔（Richard Neutra）与迪翁（Dion）父子的论文。除了这些特藏，我们的区域研究馆藏也很强大，资料丰富，覆盖了美国以外的多个国家和地区，藏品来自非洲、拉丁美洲、中东、东亚、太平洋岛屿、西欧和斯拉夫国家等。

　　我们图书馆位于洛杉矶，是娱乐产业的聚集之地，也是电影和电视产业的发端之地。所以我们有许多有关影视行业历史的独特馆藏，这些藏品来自知名演员、导演、制片人、作曲家和设计师。比如雷电华电影公司（Radio Keith Orpheum，RKO）广播电影工作室档案就是一个典型例子。我们还有丰富的档案馆藏，尤其是与洛杉矶城市历史相关的档案。这些藏品是我们这些年努力收集来的。洛杉矶是一个非常庞大且多元化的城市，聚集了许多族裔，而洛杉矶也是除他们的祖国外这些族裔最大的聚居地。比如，不久前我听说了一组令我惊讶的数据：墨西哥最大的城市是墨西哥城，第二大城市是瓜达

---

① 阿曼森基金会主页：http://theahmansonfoundation.org/。

拉哈拉（Guadalajara），而洛杉矶的墨西哥裔人口数量比瓜达拉哈拉的还多。许多定居于洛杉矶的其他族裔也是如此。近年来，我们专门投入精力与这些族群建立联系并保存他们的记录，他们在大学图书馆已有馆藏中往往并未得到很好的体现。

在服务方面，加州大学洛杉矶分校图书馆有没有什么独一无二的服务呢？

我们发挥先锋作用的一项服务是与人文和社会科学专业的教工合作打造数字人文服务。我们通过积极提供场所、图书馆员的人力支持、软件以及其他技术，来支持数字人文的教学和研究。这项工作我们已经坚持了约十年了。教职员工把我们看成他们真正的合作伙伴。这就意味着，我们已经成功将图书馆融入学校的研究和教学当中，而并不是每个图书馆都可以做到这一点的。图书馆对教工和学生来说是不可或缺的资源，他们已经习惯于在工作和学习中寻求我们的帮助。他们充分认识到了图书馆对他们的成功的价值。

您谈到的数字人文是指各院系（尤其是人文学科院系）建设一些数据库或知识库来提供便捷获取资源的平台吗？这些数据库里既包括纸本的数字化，也包括本来就是数字化形式的资料。是这样的吗？

我们与学校教师一起开展了许多合作项目来做这样的工作。老师们到特藏馆里来，找到他们想要在课堂上以数字化形式使用的资料原件，然后我们就会将这些资料数字化，再和老师们合作，使这些资料易于获取。老师们选定资料，我们则确认其他资料。这是我们提供服务的一部分。

但除此之外，数字人文的内容远不只局限于此，还包括在教学和科研中使用新媒体和新技术对原始资料进行开发，以新的虚拟格式产出的大学出版物。我们提供馆藏、服务和设施来支持所有这些活动。

图书馆的哪个部门负责与不同院系合作来打造这些数字人文项目呢？

图书馆的多个部门都参与了这项工作。有些人来自研究型图书馆主馆的馆藏部门、研究部门和信息服务部门，还有些人来自电子图书馆项目、特藏部门、学术交流和知识产权部。这些项目需要从图书馆各个部门汇集专业力量，因为数字人文领域的教师和学生有各式各样的需求。

与院系接触，与他们合作、沟通，征询他们的需求并告诉他们图书馆有什么，询问他们需要把哪些资料电子化，在这些过程中有哪些困难呢？

困难体现在不同方面。有时候，老师们到特藏区找资料，他们会和馆藏负责人交谈。这样的谈话可能引发开展进一步合作的讨论，以及我们是否能将这些资料数字化。图书馆员可以到老师的课堂上，或者老师可以把学生们带到图书馆，在图书馆用这些资料上课。其余时间，我们的图书馆员会拜访各院系，开展联络工作。许多馆员有联系具体院系的任务，需要与院系师生互动，了解他们的工作，并就这些工作进行沟通。

有时候，老师们会来找我们，说他们有非常好的收藏，需要人协助管理。我们经常与老师们交流，了解他们收藏的资料，以及我们能为他们提供多少帮助。我们试着弄清楚老师们的收藏是否的确适合我们图书馆。毕竟你也知道，我们无法接收所有收藏。有些收藏过于庞大或者过于复杂，我们只能遗憾地拒绝接收。但我们尽可能地去支持老师们，与老师们保持良好关系。

随着电子书和电子馆藏资源的出现，纸质书的馆际互借需求量是否因此而减少了？

的确有小幅下降，但是馆际互借仍然活跃。一部分原因在于我们没有足够

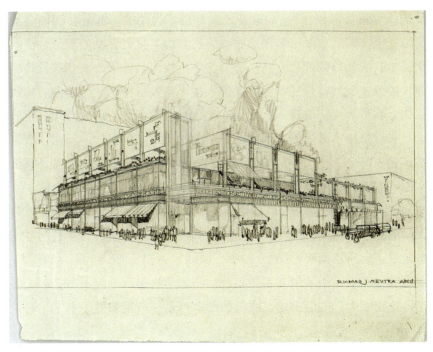

▲ 加州大学洛杉矶分校图书馆特藏中的建筑与景观设计图（UCLA Architecture and Landscape Architecture in Library Special Collections）

的预算把所有需要的书都购买下来，虽然与其他研究型图书馆相比，我们的预算已经很充足了。我们一直在努力解决这一问题。幸运的是，我们有一个与加州大学其他10个校区共享资源的系统。所以馆际互借仍然是用户经常使用的服务。我本人就常常使用。有些因工作需要想要或应该阅读的资料，我们馆并没有，我就会用到馆际互借。

借阅率极高的书，通常是教科书吗？还是课程指定阅读书目？或是旧的已经绝版的资料呢？

如果是课程所需的阅读资料，我们有一项叫作"课程储备"的服务。如果所需资料没有电子版，那我们会购买足够多的纸本来满足选课学生的需求。我们会根据选课学生人数计算需要购买的复本数。这种类型的需求我们通常不会通过馆际互借解决。但我们一般不会购买教科书作为馆藏，大多数加州大学的图书馆也不会。我们很少这么做。

但我们有另外一项创新服务：与教师合作，为学生找免费或者价格低廉的课程资料来代替昂贵的课本和其他需要学生购买的课程阅读资料。这项服务叫作"平价课程资料倡议"，这也是开放教育资源运动的一部分。我们会给教师提供奖励资金，同时会派一名图书馆联络员与每名接受奖励的教师合作。这些教师认真考察所使用的课程资料，努力为学生找出其他更方便获取且价格更低的资源。最近，我们将目光锁定在选课人数多且教材昂贵的课程上。我刚收到一份报告，我们为一门选课人数达800人的课程找到了免费、可开放获取的课本。这意味着学生不必像以前那样再花钱去购买了。仅仅这一门课，节省的花费总数高达5.7万美元！只要老师一直在课程中使用这本免费课本，那么以后的学生也不用再花这笔钱了。

与加州大学伯克利分校[①]、哥伦比亚大学（Columbia University）[②]和其他顶尖大学的图书馆相比，加州大学洛杉矶分校图书馆的读者对学校图书馆的期待和态度是否有所不同呢？

我对其他图书馆的了解并不如我对加州大学洛杉矶分校图书馆那么多。但相比于哥伦比亚大学的图书馆，我们的图书馆是一所很新的图书馆。哥伦比亚

---

① 加州大学伯克利分校主页：http://www.berkeley.edu/。
② 哥伦比亚大学主页：http://www.columbia.edu/。

大学图书馆有数百年的历史，而我们连百年还不到。他们有卓越的特藏和其他许多优秀的馆藏。而与伯克利分校相比，我们在卫生健康科学领域有一系列优势学科——我们有医学院、口腔学院、护理学院。因此，我们的馆藏、特藏和专门服务是有针对性地围绕这些学科的教学和研究进行的。

我前面谈到过，我们图书馆拥有洛杉矶不同族裔群体的独特资料和记录。比如，我们藏有北美规模最大的亚美尼亚语（Armenian-language）资料。可以说，我们与美国其他顶尖大学图书馆在许多方面可以比肩。我们在技术上具有前瞻性，在数字图书馆项目上投入很大。事实上，在许多更广泛的议题上，我们和其他顶尖大学图书馆之间有频繁的合作。

请您谈谈贵馆的员工结构。

从组织架构图上来看，我们的员工结构是很传统的。有一位常务副馆长和一位首席财政官，他们负责行政部门的管理；另有一位负责特藏、国际研究和东亚图书馆事务的副馆长；还有一位副馆长，负责用户参与、馆藏与学术交流及研发，这包括数字图书馆项目与许多技术方面的工作。

但组织架构图有误导性，因为它只反映了汇报关系，并不能说明我们到底是如何一起开展工作的。过去数年里，我们致力于实现矩阵式组织（matrixed organization）的管理。目前，服务与用户需求之间的界限非常模糊，所以整个组织的员工必须协同合作才能满足这些需求。举个例

▲ 加州大学洛杉矶分校图书馆电影和电视研究特藏藏品

子来说，在特藏部工作的员工也在做数字图书馆项目的工作，他们与数字图书馆项目的员工合作。中东研究馆员正在采集的资料可能最终会存放在特藏区，他可能还需要与数字图书馆项目的员工合作，与提供课程指导的图书馆员以及其他各部门的人员合作。我们有许多图书馆工作人员参与到教学工作中，每天都和具有专业学科知识和技术知识的同事一起工作。所以仅仅看我们的组织架构图会被误导，因为不同部门的人员常常具有共同的职能或者利益。

能讲讲您日常工作中典型的一天是怎样的吗？

这是个好问题，但不好回答。我估计，我每天有30%—40%的时间用在募集资金和与馆外人员的交流上。只要在办公室，我几乎就是在不停地开会——我想，大概平均每天要开7个小时的会。有些会在图书馆里开，有些会得去学校其他地方开。我的职位属于加州大学洛杉矶分校的院长级别，因此常参加院长委员会的会议以及其他需要院长出席的会议。我经常出差，所以不在办公室的时间很多。我还积极参与许多国家与国际组织的活动。比如今天早上6点，我参加了联机计算机图书馆中心（OCLC）①的会议，与会者来自世界各地。这意味着每天我很早很早就要开始工作，但这只是我一天生活的一小部分。

您在为图书馆募集资金和宣传上花费了那么多时间，那贵馆有没有制定一些口号？

我们的确有使命宣言，是一年前制定的。开头是这么说的，我们是一个充满朝气的交汇点，我们将不同思想、馆藏、专业知识、空间汇聚于此，用户在这里能为当地和全球的挑战提供应对方案。我们希望大家把图书馆视为一个积极向上且充满活力的组织，而不仅仅是一个装满书籍的大仓库。时至今日，我仍会遇到一些人，他们还是认为图书馆就是藏书的地方。我也会遇到一些人，他们说："我们已经有了谷歌和互联网，为什么还需要图书馆？"所以，我努力做好普及工作，改变这些想法，告诉他们图书馆已经演变了，但核心价值始终没有变。在数字时代，图书馆依然不可或缺，因为我们依然在建设馆藏，依然在收集资料并提供这些资料的免费获取。并且，我们仍然致力于知识的保存与代际传承的问题。

---

① 联机计算机图书馆中心主页：https://www.oclc.org/en/home.html?redirect=true。

为什么有全球化视角很重要？

我认为原因有很多。首先，我们的教师是全球化的。有研究探讨了我校教师开展的国际合作数量以及和世界其他国家的团队合作撰写的论文数量。一张互联互通的全球化大网已经形成，我们的教师在其中往返穿梭，学生也是如此。加州大学洛杉矶分校的学生来自世界各地，也去往世界各地开展学习和研究。我们生活在高度互联互通的世界，所以图书馆馆藏和服务应当对此提供支持。我们高度重视这一点，认为这里有我们发挥作用的一席之地。在国际收藏方面，加州大学洛杉矶分校一直拥有实力非常强劲的研究领域和项目，而且多年来我们一直得到联邦政府的资金支持，收集了许多领域的藏品。过去几年里，我们开始将重要的新型资源添加到传统纸质收藏中——比如临时资源（ephemeral resources）和数字临时资源。我们派了一个团队前往国外，和那里的机构合作，捕捉临时资源，其中有许多都是以数字形式诞生的，这样那里的机构就可以收藏这些资源，而我们可以获得副本用于保存和使用。

招聘新员工时，您看重哪些品质？

对图书馆的工作，我们有一套具体的工作职责和要求。对不同的岗位，我们会考察这一岗位需要什么，哪些技能和专业知识是必需的。我们也愿意招聘灵活度高、对新鲜事物感兴趣、有创造力和愿意承担风险的人。总的来说，我们图书馆有许多优秀的人才，员工整体素质高，因为我们培养了这些品质，我们支持员工外出交流、获取新知识、体验不同经历。

您提到学生的学习需求正在改变，您的意思是说，他们正从应试型转向基于项目的合作式学习吗？

学生的学习需求出现了许多变化，我们正努力为此提供支持。在图书馆的研究公共区域有我们称之为"研讨舱"的地方。研讨舱配备桌椅，可以容纳6—12人不等，还配有可共享的大屏幕显示器与白板。学生可以在这里合作完成小组作业或者用多种方式尝试和使用技术。为支持其他的一些新兴学习需求，图书馆还为学生的项目提供了一台3D打印机。比如，有一个班想要使用3D打印机重现南美洲的一些遗址，需要打印出那里的断壁残垣制作缩微模型。在我当学生的时候，学校是不可能有这些服务的。

您认为，参考咨询问题的本质是否在变化？

当我还是参考咨询馆员时，那时的咨询问题基本就是了解事实，了解应参考的权威资源是什么。如今不再是这样了，因为一般来说人们自己就可以找到这些问题的答案。他们拿出手机就可以解决——或许他们找不到最权威的资源，但是总能得到一个答案。所以许多的咨询问题变得更加复杂。这些问题变成了"请协助我们创建数据库"，或是与某个主题的项目相关，协助他们如何构建研究问题，并找到要使用的资源。

您是否认为学习的本质发生了变化？

这与学科有关。在艺术和人文领域，我认为已经改变了。在社科领域，一定程度上也是。而在理工科，学习依然是以事实为基础、以解决问题为基础。当然，学习的媒介可能变了，比如更多地使用3D打印技术。当然，这也不是绝对的。

能谈谈您的管理和领导风格吗？说说您在管理和领导上的经历？您管理风格背后的理念是什么？

我坚信每一位图书馆员工都能做出他们各自的贡献。所以我着力打造的组织文化是让每个人做有成就感的工作，在如何开展工作和开展什么样的工作上都有自己的话语权。我的管理风格倾向于开放式的和咨询式的。我们面临的是诸多复杂的问题和工作流程，而通常来说，单凭某一个人并不能解决全部问题。所以我们需要携手合作。我的理念就是海纳百川，要尽可能地包容，努力打破现有界限，鼓励沟通和交流。

相互尊重也十分重要。这里是靠资质和能力说话，唯贤是用，而不是仅仅关注等级阶层，这是我非常喜欢加州大学洛杉矶分校的一点。我在麻省理工学院也感受到了这一点。学校关注的是你的技能和能力能为学校带来什么。

崇尚唯贤是用、唯才是举是否有弊端呢？

有时会出现抢夺资源的竞争，这会导致挑战、冲突和彼此之间挖墙脚。这些情况确实会发生，但我想这是美国人的天性。

在大家富有效率地协同合作时，我们对此进行肯定和嘉奖，这是我们努力在做的一件事。团队合作与协同工作的需求很高，因此我们对协同合作进行嘉奖，并把协同合作作为组织的核心价值观。没人可以独自完成所有的事，我们需要合作，这是我们向员工不断灌输的理念。这样，每个人都能做得更好，大家共同把加州大学洛杉矶分校和我们图书馆建设得更好。

在您看来，那些最成功的图书馆馆长有哪些共同特点？

我想，他们都要能够对高等教育、信息技术的发展和用户需求的变化有宏观的把握。这是一种纵观全局的能力，但同时也要能够捕捉细节、理解细节，然后确定战略方向，并将它融入图书馆的具体工作中。募集资金是另一个方面的能力——能够宣传图书馆，让人们对我们的工作感兴趣也是能力的一部分。能够清晰阐明图书馆是如何通过众多途径为大学教学、学习、研究和学术提供支持的，这或许是图书馆馆长最重要的特质。

作为加州大学洛杉矶分校图书馆馆长，您的哪一部分工作让您觉得最有意义？哪一部分工作最令您沮丧？

这很难讲。我工作中的绝大部分内容都让我很满足。最让我沮丧的应该是很多繁文缛节。仅仅因为某个文件整理归档的需求，我们就得填写大量的表格和做大量的事情。我们的一些工作程序是几十年前确定的，确实需要更改，但是很难有时间专门来做这些变动。但总的来说，我认为这份工作很好，我十分享受这份工作。

您能谈谈目前影响大学教学、学习和研究以及重塑加州大学洛杉矶分校服务的信息与文化大环境吗？

加州大学洛杉矶分校致力于推动本科生接触并参与学术研究。学校领导相信，这是研究型大学的教育中最重要的方面之一。所以我们积极同负责本科生科研项目的人员沟通，思考如何让图书馆成为更积极的合作伙伴，帮助改进教育体验，融入更多的研究。

本科生做研究和研究生做研究有何不同呢？您能举个例子说明吗？

二者有各种各样的不同点，研究形式和规模各不相同，也需要学生具备不同的技能储备。从某种程度上说，理科的研究更难，因为需要学生有一定的知识基础。如果是需要开展实验的研究，教师们有时并不太愿意让学生参与。因为他们更需要学科知识更深厚或熟悉实验流程的人。但在人文社科领域，学生可以通过其他方式参与科研。我们学校的本科生开展科研项目的一种方式是让学生参加校外活动，在中小学校或者公共图书馆参与一些项目的工作。我认为学生有许多机会参与研究。在美国，我们有"在服务中学习"这一概念，我不知道其他国家是否也有这样的概念，但这个概念的意思是，在参与和提供服务的过程中学习。

这一新举措是由图书馆发起的吗？还是有合作伙伴？

据我所知，（鼓励本科生做研究）这一举措是由学校发起的，大部分本科生都在学习课程。学校有相关的职能部门（鼓励本科生做研究），他们与我们的一些馆员联系并开展交流，发现我们有很多共同之处——我们可以并且也应该进行合作。这个职能部门正试图更多地和学生接触，但他们位于一栋比较远的行政楼里，而我们图书馆则每天挤满了学生，学生们每天都在图书馆来来往往。如果他们想要接触到学生，图书馆是最佳场所。在各个层面，我们都有可以合作的空间。

58

您当图书馆员这么多年，有过什么遗憾吗？

我没有什么遗憾。不过我会想，现在能做一名大学生是多么令人激动啊！看到现在这些学生做的一些令人惊叹的事情，看到这些学生那么兴奋、那么投入，我会想："天哪，要是能重返青春、从头再来，该多好啊！"

如果有年轻人受到鼓舞想要成为图书馆员，您会给他们什么建议呢？

我会建议他们充分利用能抓住的一切机会，时刻准备尝试新事物，不要害怕做出改变。这是一个非常棒的职业。图书馆在不断发展，但我们坚守的价值是始终不变的。图书馆这一机构既重要又有趣。成为其中的一员，去探索、去预测、去满足人们对信息的需求，这是很有意义的事。

第五章

黛博拉·雅库布斯博士，杜克大学图书馆馆长兼主管图书馆事务的副教务长

简介

黛博拉·雅库布斯博士（Dr. Deborah Jakubs）是杜克大学图书馆的丽塔·迪贾洛纳多·霍洛威（Rita DiGiallonardo Holloway）①馆长兼主管图书馆事务的副教务长。雅库布斯于2005年1月开始担任馆长，她所领导的图书馆总分馆系统既为杜克大学师生服务，又吸引着来自世界各地的学者。杜克大学图书馆系统由六个图书馆、一个大型的异地密集书库以及杜克学习创新中心组成。杜克学习创新中心的工作重点是教学法和在线教育。2015年秋，鲁宾斯坦图书馆（Rubenstein Library）重新开放，她在开馆仪

▲ 黛博拉·雅库布斯博士

式上发表了讲话。重新开放的鲁宾斯坦图书馆提供全新的研究空间和现代化的教室，以及可以便捷使用的杜克大学特藏，还为杜克大学师生及社会提供充足的展览空间。在雅库布斯博士的带领下，杜克大学图书馆业已跻身全美私立研究型图书馆前十名榜单。

---

① "丽塔·迪贾洛纳多·霍洛威"是杜克大学图书馆馆长前的冠名。——译者注

我们的访谈就从您的自我介绍开始，可以吗？您可以从专业训练和教育背景谈起。您毕业于哪所大学？您的家人中有图书馆员吗？

我在威斯康星大学麦迪逊分校（University of Wisconsin at Madison）[①]获得了西班牙语和拉丁美洲研究的学士学位，然后就读于斯坦福大学（Stanford University）[②]，取得了拉丁美洲史的博士学位。说来话长，这其中有好多故事，这里就不再赘述了。长话短说，我在写毕业论文时（在阿根廷开展了14个月的研究后），获得了加州大学伯克利分校（University of California at Berkeley）[③]图书馆学学院（现在已更名）的董事会奖学金（Regents Fellowship），得以进入该学院就读。所以我有斯坦福大学的历史学博士学位和加州大学伯克利分校的图书情报硕士学位。我的家人里没有从事图书馆工作的，但是我们家十分重视教育。我父亲是美国海军（US Navy）的一名口腔外科医生，母亲全职在家。我父母生有两个孩子。我哥哥是地理学/城市规划学教授。

您一直都在图书馆工作吗？您能更详细地讲述一下您是如何成为杜克大学图书馆馆长兼主管图书馆事务的副教务长的吗？

研究生时期，我曾在斯坦福大学图书馆做兼职工作。刚开始是在负责拉丁美洲和伊比利亚专藏的典藏专员（Curator of Latin American and Iberian Collections）手下工作，后来做藏品评估鉴定协调员，协调来自不同领域的研究生一起进行一系列的馆藏评价。后来我为研究型图书馆组织（Research Libraries Group）工作，这是一个图书馆联盟，当时总部设在斯坦福大学校园内［后来并入联机计算机图书馆中心（OCLC），称为"OCLC研究联合会"］。我在研究型图书馆组织中担任馆藏建设管理者，并负责Conspectus这种馆藏评估工具，这种评估工具被用作协作馆藏建设的基准。虽然这些年来，我逐渐转向行政管理岗位，负责（并学习了许多）技术服务、公共服务和信息技术，但在我图书馆员的职业生涯中，我的工作一直围绕着馆藏这个主题。我在杜克大学[④]担任过许多不同的职务（虽然我绝大部分职业生涯都在同一家机构工作，但工作和职责却有很多变化），从书目专家到馆藏建设部主任，再到国际和区

---

① 威斯康星大学麦迪逊分校主页：http://www.wisc.edu/。
② 斯坦福大学主页：https://www.stanford.edu/。
③ 加州大学伯克利分校主页：http://www.berkeley.edu/。
④ 杜克大学主页：https://www.duke.edu/。

域研究部①创始人——很明显，我的职业发展路径和努力从一个角度反映出图书馆及整个大学朝着全球化发展的趋势——再到负责馆藏服务的大学图书馆副馆长，最后成为大学图书馆馆长兼主管图书馆事务的副教务长。

您是同时拥有大学图书馆馆长和主管图书馆事务的副教务长两个头衔吗？如果是，这两个职位在角色和职责范围上有什么不同吗？二者是否有时会出现利益冲突，还是说这两者一直都是互补的呢？

这两个职位并不存在什么冲突。我有一个加了冠名的职位，即大学图书馆馆长（类似于院系主任）——全称是丽塔·迪贾洛纳多·霍洛威图书馆馆长，这个名字是已故杜克大学前董事本杰明·杜克·霍洛威（Benjamin Duke Holloway）为纪念他的妻子丽塔而冠名的。丽塔也曾是图书馆咨询委员会委员。大学图书馆馆长这个头衔反映了它的职责。而作为负责图书馆事务的副教务长，我和其他副教务长一样，分别负责学校各个重要领域的工作，并且向教务长汇报工作。

您有拉丁美洲历史学的博士学位，这对您从事大学图书馆员这份工作有什么帮助吗？

作为一名图书馆员，我很幸运地能将自己的兴趣和拉丁美洲研究的学术背景结合起来。1983年，我从研究型图书馆组织离职，到杜克大学做书目专家，主要工作是挑选社会科学领域的图书并协助相关研究。1986年，我担任拉丁美洲和伊比利亚专藏馆员，直到1998年成为主管馆藏服务的图书馆副馆长前，我一直担任这份工作。我非常喜欢建设杜克大学的拉丁美洲、西班牙和葡萄牙相关的馆藏，也和老师、学生一起开展了许多研究项目。拥有博士学位对我从事管理工作很有帮助，因为这是一个标志，让教师们、院长们和其他人知道我是真正做过学术研究的。

目前作为杜克大学图书馆馆长兼主管图书馆事务的副教务长，您要扮演怎样的角色、承担怎样的责任呢？

我全面负责杜克大学图书馆的各项工作（但这几个学院图书馆不在我负责的范围内——法学图书馆、医学图书馆、商学图书馆、神学图书馆——这些图书馆向所在学院的院长汇报工作），还包括学校档案、杜克大学的机构知识

---

① 杜克大学图书馆国际和区域研究部主页：https://library.duke.edu/about/depts/ias。

库和杜克学习创新中心（前身是教学技术中心）[①]。我花了相当多的时间（大概35%吧）来募集资金（在杜克大学最近的募资活动"推动杜克向前发展"中，图书馆的募集目标是4500万美元，而我们募集到了近6300万美元）。近几年我的另一项工作重点是图书馆的修葺维护。修葺维护的重点有大卫·鲁宾斯坦珍本与手稿图书馆（David M. Rubenstein Rare Book & Manusscript Library）及鲁珀特研究、技术与合作公共空间（Ruppert Conmons for Research, Technology, and Collaboration，通常被称为the Edge）[②]。我还需要参加很多校园里的会议与会面，有的是与个人谈话，有的是参加集体会议。杜克大学图书馆馆藏为750万册，员工总计250人，年预算约为3400万美元。

1996—2002年，您曾任研究型图书馆协会（Association of Research Libraries）全球资源项目（Global Resources Program）的主任。全球资源项目的宗旨和功能/服务是什么？担任该项目主任的工作性质和职责范围是什么？请您给我们具体讲讲。

我当时是研究型图书馆协会客座项目官员（visiting program officer），职责是撰写要提交给安德鲁·梅隆基金会（Andrew W. Mellon Foundation）的拨款申请，并负责创建全球资源项目和该项目的协调。作为客座项目官员，我是从杜克大学借调到研究型图书馆协会的，只是兼职在那里工作。与此同时，我继续在杜克大学做常规工作，但每个月有几天会去位于华盛顿特区的协会办公室办公，我还参加了该协会的所有成员会议。我在杜克大学办公的时间里，也会处理一些全球资源项目的工作。全球资源项目创立于1997年，由梅隆基金会赞助，并得到了研究型图书馆协会和美国大学协会（Association of American Universities）[③]的联合资助。全球资源项目致力于帮助学者和学生更便捷地获取国际研究资源，特别是通过合作机制和新技术，来帮助图书馆控制相关开支。该项目的创立也是为了应对"外文资料采访危机"的影响，这一危机影响了对美国之外出版研究资料的获取——主要是非英语语言的研究资料。尤

---

① 杜克学习创新中心主页：https://learninginnovation.duke.edu/。

② 杜克大学鲁珀特研究、技术与合作公共空间主页：http://calendar.duke.edu/events/show?fq5id%3ACAL-8a0870ee-4a9f65f8-014a-c63451bf-00003181demobedework%40mysite.edu。

③ 美国大学协会主页：https://www.aau.edu/。

塔·里德-斯科特（Jutta Reed-Scott）在《学术、研究型图书馆与全球出版》（*Scholarship, Research Libraries, and Global Publishing*，华盛顿特区：研究型图书馆协会，1996）一书中着重强调了这一危机。要应对这样的复杂问题，必须采取多维度的方式方法，全球资源项目的创建便是这一多维度方法的体现。只能通过创新性的战略来解决这一问题，这意味着需要（个人和机构）做出行动上的改变、增加对各种合作伙伴的依赖以及建立一个全新的经济刺激体系。全球资源项目在非洲、德国、日本、拉丁美洲、南亚和东南亚资助了多个项目。现在，全球资源项目已进化为全球资源网（Global Resources Network），与研究型图书馆中心（Center for Research Libraries）整合并继续发挥其积极作用。

　　我很喜欢在创建全球资源项目过程中遇到的挑战，也为有机会与国内外不同背景的个人和机构共同工作而感到开心。

　　您能为我们简单介绍一下杜克大学图书馆的历史及服务吗？

　　要完整回答这个问题，需要花很多时间和篇幅。杜克大学创建于1924年。建校之初，图书馆服务主要集中在东校区。学校的第一座图书馆于1927年在东校区开放。1928年，主图书馆在主（西）校区开馆，1948年馆内增加了多层书库区。1968年，图书馆迎来大规模扩建，增加了一栋新盖的大型配楼，即威廉·帕金斯图书馆（William R. Perkins Library）。到20世纪90年代，东校区的旧图书馆进行了小规模翻新，并更名为莉莉图书馆（Lilly Library）。2005年，一座新图书馆——博斯托克图书馆（Bostock Library）开放。这座新图书馆与帕金斯图书馆有四个楼层相连通，同时开放的还有兼具咖啡厅和自习功能的冯·德·海顿阳光大厅（von der Heyden Pavilion）。最后，始建于1928年的综合图书馆（General Library）在2013—2015年进行了彻底的翻新和改造，改建后成为大卫·鲁宾斯坦珍本与手稿图书馆。

　　目前杜克大学图书馆包括其特藏的馆藏量有多少？您能谈谈其馆藏及服务的亮点吗？

　　就全校范围来看，我们的馆藏数量约为750万册。我们的大部分馆藏在位于东校区的帕金斯图书馆/博斯托克图书馆和莉莉图书馆，北卡罗来纳州海岸杜克海事实验室还有一座图书馆。鲁宾斯坦图书馆保存着原始的和稀见的资料，尤以丰富的英美文学、美国历史和经济思想史领域的稀见资料著称（我

▲ 杜克大学帕金斯图书馆冯·德·海顿阳光大厅

们藏有许多著名经济学家的论文，其中包括12名诺贝尔奖获得者的论文）。鲁宾斯坦图书馆里最珍贵藏品链接如下：http://library.duke.edu/rubenstein/about/library。

请您介绍一下杜克大学图书馆的员工结构。

图书馆分为不同部门，每个部门要向一位副馆长汇报工作，这些副馆长轮流向我汇报工作［同时向我汇报的还有版权和学术交流办公室主任、杜克经典书籍计算合作实验室（Duke Collaboratory for Classics Computing）主任］。图书馆的五位副馆长分别负责：数字化战略和技术；研究、馆藏及学术交流；发展与交流；行政服务（预算、建筑、人事）；鲁宾斯坦图书馆。

组织架构图链接如下：http://library.duke.edu/sites/default/files/dul/about/orgchart.pdf。

能讲讲您典型的工作日情况吗？在工作中有没有典型的一天呢？

在日常工作日，我一天要参加四五个会议，一些是在图书馆里，一些则是在校园其他地方，和其他管理人员或副教务长开会，也可能是和老师们开会。杜克大学是三角研究图书馆网络（Triangle Research Libraries Network，

TRLN）①的成员。这个组织是北卡罗来纳州"研究三角区"四所大学组成的联盟。该组织的相关会议我也需要参加。我经常出差，去参加会议、受邀发表讲话、参加各种董事会或协会会议。

能讲讲您的管理和领导风格吗？职业指导（包括指导与被指导）是领导力中重要的组成部分。可以说说您在指导与被指导两方面的经历吗？您的管理理念是什么呢？

在我书桌附近，我贴着一段杜克大学前校长南·基欧汉（Nan Keohane）的话。她是我的职业导师之一，我非常仰慕她的成就与领导风格。这段话是这样的："我认识到，身边有一群优秀的人，这是多么重要，因为仅凭一己之力是干不成事的。做一名领导，最宝贵的就是要知道如何挑选正确的人、如何与他们共事、如何启发他们并从他们身上得到启发、帮助他们、批评他们、鼓励他们正确而有见地地批评你。"这段话是我管理理念的重要部分。

我坚信，我们应该雇用最优秀的人才，应该组建由专家组成的资深员工团队，这些专家能在大学的各个领域里独立而自信地发挥作用。比如，我们主管数字化战略与技术的副馆长与主管研究的副教务长一起，为图书馆的数据和知识库服务争取到了额外的资金支持。这位副馆长知识渊博，学校同事们为之折服，促成了许许多多富有成效的合作。同样，我们主管研究、馆藏和学术交流的副馆长担任了位于中国昆山的杜克大学新校区（昆山杜克大学②）的联络人。他们随时与我保持沟通，我和他们可以讨论任何有争议或需要我反馈的事情，我鼓励他们在各自负责的领域发挥主观能动性。

图书馆的所有员工组成了一个紧密联系的集体，朝着共同的目标向前迈进。虽然我们为了方便年度总结也有一个组织架构图，但我鼓励并希望员工能跨部门合作，推出创新项目，推进图书馆的目标，更好地服务读者用户。我坚信要尊重和赋能每一位员工，我也关心他们每个人。每周我开放两个时段接待来访，任何人想要和我讨论任何事情，都可以来找我。我还很重视与每个部门的年度会议，我轮流和各个部门开会，每个部门都开一次。

①　三角研究图书馆网络主页：http://library.unc.edu/about/dept/university-libraries/triangle-research-library-network/。

②　昆山杜克大学主页：https://dukekunshan.edu.cn/。

在您看来，最成功的图书馆馆长有什么共同的特质和特点？

耐心、毅力和对所从事事业的热爱。他还要善于交际，了解学校政治权力的复杂性。他还应致力于建立一个强大的领导团队并与团队协同合作。

担任杜克大学图书馆馆长最令您感到欣慰和满足的是什么？

最令我满足和欣慰的是听到师生对图书馆员工工作的赞许和正面反馈，看到我们的努力促成了校园里坚韧的合作关系，看到我们用户在研究和学习上取得了成功。

最让您沮丧的是什么呢？

最让我沮丧的莫过于每年必须对增加预算作出说明，说明我们增加预算是为了满足馆藏和新服务需求以及支持提供这些服务的员工。我理解，预算是有限的，而且学校里有许多"嗷嗷待哺的对象"。但是，图书馆在学术生活中扮演着至关重要的角色，我们为校园中的每一个人提供支持和服务。在过去十年中，图书馆经历了巨大的变化，学校里没有任何其他部门像我们这样。所以，

◀ 杜克大学帕金斯图书馆书架间安静学习的一隅

为了实现我们的使命，为了继续为杜克大学师生提供优质和响应及时的服务、广博而深入的研究馆藏，图书馆需要更多的资源。

您能描述一下图书馆当前所处的信息环境吗？这一信息大环境对大学整体的学习、教学和研究产生了什么影响？这些影响又将如何重塑杜克大学图书馆所提供的服务呢？

要回答这个问题需要很长的篇幅，我在这里没有办法很细致地回答。显而易见，科技进步以及移动设备／移动端获取信息成为主流，对大学和图书馆产生了巨大影响。我们应对这一变化的反应体现在新员工聘任上。举个例子来说，我们的数据与可视化服务部和数字学术部（仅以这两个部门为例），他们的员工接受过地理信息系统（Geographic Information Systems）的训练、拥有数据管理的能力和数字人文的专业知识，等等，而这些技能通常不是图书馆学科会教的。我们数字化战略与技术部门的很多员工如果在其他行业工作，会有更高的薪资。为了留住这些新兴领域的高级人才，我们不仅要和其他大学竞争，还要和其他行业竞争。所以，在开发用户日益增加的需求的服务过程中，技术和数字学术带来的冲击非常大。

随着研究人员越来越多地将数据纳入他们的工作，参与需要长期储存的数字化项目，也随着图书馆将更多独特藏品数字化以便更广泛地分享，并且随着我们获得的藏品从纸本形式变为数字化特藏，图书馆面临着数字储存成本与日俱增的问题，也面临对馆藏保存和未来使用的担忧。与此同时，尊重和保护我们现有的海量纸本馆藏也很重要，这些馆藏对许多领域的研究至关重要。如今，图书馆协会的成员正加大投入，在大规模纸本保存工程上开展合作。这是出于对纸本藏品的（校园内）存储空间有限的担忧。现在图书馆里越来越多的书架空间正被改建为读者空间。

另一个趋势是越来越多的合作项目。我们看到更多的学生参与到合作型和跨学科的作业及研究项目中。这得益于图书馆为他们的合作活动提供了合适的空间，也得益于专业馆员的帮助及其他具有不同专业知识员工的支持。

另一方面，版权、知识产权和公共政策问题对大学和研究型图书馆越来越重要。我们图书馆有两名馆员拥有法学学位，他们解答了许多教职员工和研究生提出的问题，并且时刻对国内外相关问题保持关注。

作为大学图书馆员，在这么长时间的职业生涯中，您是否有过遗憾或有过

疑虑？

没有，从来没有过。我这一路走来，遇到了非常好的机会。

83 **如果一个年轻人想要选择图书馆员作为职业，向您寻求意见，您会对他/她说些什么呢？**

我会说，现在是投身图书馆事业的最佳时刻。图书馆在许多重要议题上都处在最前沿。这些议题包括平等和开放的信息获取、技术进步、版权和学术交流、全球化，当然还有教育与研究。从事这一职业，你会与学生一起工作、为他们的学习过程提供支持、和教师们一起合作开展数字化项目，以及参与其他形式的学术活动，这些都让人非常满足。

等您退休后，您最希望为人铭记的是什么？

这个问题问得好。退休后，我希望人们记得，是我负责了杜克大学图书馆的翻修工作，让它变成了学校的学术和社交活动中心。我也希望人们记得，是我在图书馆/校园内打造了一种合作的文化，因此催生了与教师们的牢固合作伙伴关系，催生了既重视科研内容又重视技术的合作项目与方案。

第六章

詹姆斯·希尔顿博士，密歇根大学主管学术创新的副教务长兼图书馆馆长

简介

　　密歇根大学（University of Michigan）成立于1821年，它的建校时间甚至比密歇根州的正式设立时间还要早，是密歇根州历史最悠久的研究型大学。密歇根大学是一所承担高端研究活动的大学，一直稳居美国顶尖大学之列。密歇根大学图书馆在许多数字化项目新举措中发挥着引领作用，如JSTOR和谷歌图书（Google Books）数字化项目。

　　詹姆斯·希尔顿博士（Dr. James L. Hilton）是这座著名图书馆的掌舵人。

▲ 詹姆斯·希尔顿博士

他一生都生活在大学文化氛围中。和其他许多图书馆馆长不同，希尔顿博士没有图书馆学情报学专业的教育背景，他之前是密歇根大学的心理学教授。作为大学图书馆馆长，希尔顿博士一贯支持技术创新，比如他支持开展Sakai项目，该项目为促进教学、学习和研究打造了一款开源软件。在下文的访谈中，希尔顿博士叙述了他是如何以非常规方式走上图书馆管理道路、他的管理理念以及他对大学图书馆如今所面临的挑战的思考。

请您先做个自我介绍吧。比如您接受的专业培训、教育背景，就读大学时曾修读的课程，以及家中是否有人从事图书馆行业。

我家并没有在图书馆行业工作的传统，但我父亲是一名英文教授，所以我在大学城长大——就在阿巴拉契亚州立大学（Appalachian State University）[①]，位于北卡罗来纳州的山区。我本科就读于得克萨斯大学（University of Texas）[②]，研究生就读于普林斯顿大学（Princeton University）[③]。我的专业并不是图书馆学，我其实是一名社会心理学家。1985年，我取得了博士学位，到密歇根大学[④]心理学院就职，做了21年的心理学教授。但到2000年前后，我开始帮学校的教务长做一些项目，有一年的时间都在做关于知识产权、版权法和新媒体技术的工作。那是一份完美的工作——不需要交付成果、没有人需要向我汇报工作、我可以参加任何我想要参加的会议。那就像一次学术休假，我用一年的时间学习任何我想了解的关于版权方面的知识。

大概也是在那时候，密歇根大学就谷歌图书数字化项目展开讨论，我也参与其中。2001年，我在行政职务上晋升，成为密歇根大学的副教务长，还兼任学校的首席信息官（Chief Information Officer，CIO），一直担任到2006年左右。与此同时，我承担着帮助当时的大学图书馆馆长和大学图书馆向教务长汇报工作的联络人的角色。2005年，前任馆长因为身体原因辞职，我兼任临时馆长，同时还做副教务长的工作。我在这个位置上干了一年，之后弗吉尼亚大学（University of Virginia）聘请我担任该校副校长兼首席信息官。我去那里工

---

① 阿巴拉契亚州立大学主页：http://www.appstate.edu/。
② 指得克萨斯大学奥斯汀分校，其主页：https://www.utexas.edu/。
③ 普林斯顿大学主页：https://www.princeton.edu/。
④ 密歇根大学主页：http://umich.edu/。

作了七年。后来，2013年我又被密歇根大学聘回，担任图书馆馆长和主管学术创新的副教务长。

您能描述一下目前您在密歇根大学扮演的角色和职责范围吗？

在某种程度上，我负责密歇根大学图书馆的运行。作为大学里所有图书馆的总馆长，我是院长委员会（Dean's Cabinet）成员，要定期与19个学院代表组成的委员会开会。我职务的特殊之处在于我还同时担任副教务长，这些职务之间的联系并不太大。我基本上是做两份工作——图书馆馆长和主管学术创新的副教务长。

作为图书馆馆长，我要负责图书馆良好运行，这与正常运行有所不同。如果图书馆运作不良，那就是我的问题。但我主要负责制定图书馆的战略方向、

▲ 从中央校区中心的绿地远眺哈伦·哈彻研究生图书馆（Harlan Hatcher Graduate Library）

提高图书馆（在校内外的）知名度、募集资金、确保经济状况良好，以及从某种程度上来说最重要的一点是，确保图书馆的发展与教务长和校长的理念、规划保持相关及一致。我的职责领域就是在一个图书馆的性质不断变化、人们对图书馆的理解和对图书馆存在必要性的认知不断变化的世界里，做图书馆的馆长。我的工作就是要保证图书馆在学校教职工和行政人员的认知中占有一席之地，保证图书馆在学校预算中占有一席之地。我同样也要花许多时间与副馆长开会，商讨图书馆的运行。我需要她和其他同事负责图书馆运行，向我提出建议，并帮助我们选择正确的战略方向。

是什么让密歇根大学称得上是一所拥有世界上最大规模和最具创新性图书馆体系之一的大学？

部分在于统计数据。如果你从数据上来看，我们拥有大约1300万册书籍，450—700名员工，是世界上规模最大的图书馆之一。无论是全美排名，还是在大学与研究型图书馆协会（ACRL）排名中，我们的排名通常在第5—8名，这取决于不同的排名标准。在美国公立大学中，我们能排到第一或是第二位。

但我认为，除了这些数据，密歇根大学图书馆在许多其他方面也长期处于领先位置。我们是首批设立善本阅览室的图书馆之一，也是首批加入开架书库系统的图书馆之一。我们在数字化领域也一直发挥着引领作用。JSTOR这一计

▲ 密歇根大学哈伦·哈彻研究生图书馆

划就诞生于密歇根大学。我们是同意加入谷歌图书数字化项目的五所发起大学之一，我们也称之为密歇根数字化项目。密歇根大学全身心参与其中，并提出："数字化任何能够数字化的内容，我们不关心这是否超出版权要求，我们相信有合理使用条款允许这样的行为。"谷歌图书数字化项目的其他发起合作学校在这方面的顾虑则要多得多。我们有发挥引领作用的历史。大约六个月前，我参加了一个主题是数字化保存和管理的会议。在我所在的分论坛上，我分享了我们在密歇根大学的做法。听众中有人提问，咨询一所图书馆应如何在这方面起步。我开始回答他的问题，但这名提问者却说："我不想再听密歇根大学的分享了，因为你们领先大家太多了。我想知道其他大学的图书馆要怎么应对这个问题。"我并不是在夸耀，只是想说，发挥引领的作用确实是我们图书馆的传统和精神。

您能多谈谈校园里各式各样的创新举措吗？哪些是最成功、最受欢迎的创新呢？

学术创新（Academic Innovation）工作在我来密歇根大学之前就已经开始了。在兴起的慕课（Massive Open Online Course，大型开放式网络课程，MOOC）浪潮中，密歇根大学是最早与Coursera①开展合作的四所院校之一。我就任副教务长时，获得了一项基础预算和一个在建的视频制作设施。在我就任后的第一年里，我雇用了一个叫詹姆斯·德瓦尼（James DeVaney）的人。他负责学术创新办公室。MOOC这个缩写名字不好，但它包括在线学习体验和数字化参与。现在，我们有大约100门已发布或制作中的慕课（MOOC）课程，有约600万人参与这些慕课的学习。从一开始，我负责学术创新工作的任务就是弄清楚应如何使用数字技术，以区别于寄宿制教育（或为"全日制教育"）。我从未受到任何激励去创建一所在线大学或创收赚钱，开设慕课课程的目的是想弄清楚如何使用这一技术来体现在线课程与实体课程的差异。这一任务影响重大，因此我们并不急于定义慕课是什么，而是进行了各种各样的实验和尝试。我们的投入不局限于慕课，也对学习分析工具的研发进行投资。学术创新最好的一点是，我们有一个教师团队，他们来自学校19个学院中的18个学院，我们是在与200名不同学院的教师一起开展项目。学术创新就是去催动

---

①　慕课平台之一。——译者注

实验和催动学习。这最初只是我们与Coursera的合作，如今已经成为一项校长倡议，催生了与之相关的一系列丰硕成果。

有没有哪个学科的学生或教师比其他人更热衷于参与建设这种教学、学习和研究的电子平台？

说起参与人员和什么样的学科，我认为，图书馆现在需要从更广泛的学科和兴趣中汲取知识。图书馆面临的挑战一部分就是因为我们常常不愿意放弃。我们的纸质馆藏规模是美国公立大学中第二大的。我们不能就这么放弃它们，而是需要对其进行管理保存，必须想出办法将纸质馆藏留给我们的下一代。这之中涉及许多传统的图书馆专业技能。就数字化保藏和数据管理而言，目前还没有人真正清楚该怎么做。之前我和一些主管科研的副校长在华盛顿特区开会，他们都在设法应对目前对公共资金支持的研究机构相对较新的要求，那就是将数据开放，并在资助到期后保持数据可获取。如何管理这些数据？如何保证100年后这些数据依旧可读？或许我们不知道怎么办，但这正是图书馆学情报学院系要解决的问题。与此同时，图书馆也越来越依赖信息系统、用户对网页和搜索功能的体验。这些问题和困难实实在在地扩大了图书馆的工作范畴。

您的职业生涯是从学者开始的，之后做信息主管。许多职位都要求有美国图书馆协会（ALA）认可大学所授予的图书情报专业硕士学位。您之前的经历背景对您来说是优势还是劣势呢？

没错，有很多人都问我这个问题。实际上，我从小就在大学校园里长大。我是一名终身教职人员，在大学里担任过许多不同的职务，有许多不同的经历。我了解这所大学是如何运作的，也知道这所大学的行政和机构是如何运作的，各类情况是怎样发生的。我对研究型大学发挥的作用以及在过去50—100年间这些大学是如何塑造我们的经济和社会结构有着极大的兴趣。我对图书馆在其中发挥的作用，尤其是图书馆在研究型大学中发挥的作用，也极有兴趣。因为我认为，像忠于职守的教师一样，我可以和其他教师一起对图书馆忠于职守，去了解图书馆需要向哪些广泛领域前进，以继续跟上学术界不断变化的步伐。同时，在图书馆领域，我是他人眼中的异类。在那些有志于从事图书馆行业的人看来，我的职业路径并不符合传统模式。对于那些非常想要投身图书馆行业的人来说，我可能在某些方面被视为威胁。他们注意到，我在领导一家图书馆，但我不是从图书馆行业晋升上来的。图书馆行业的一些人认为这很了不

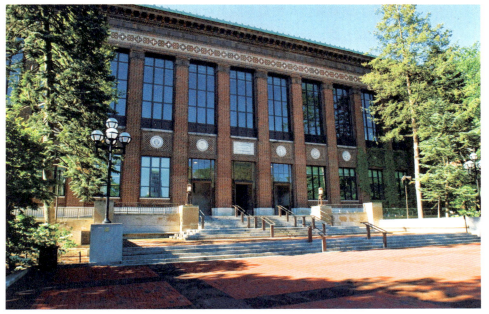

▲ 密歇根大学哈伦·哈彻研究生图书馆正门入口

起，一些人认为采用哪种方式入行都无所谓，还有一些人则认为这样不好。对我来说，密歇根大学教职工、教务长和校长的想法才真正重要。

您能简单介绍一下密歇根大学的历史及图书馆服务吗？

密歇根大学的建校历史非常久远。学校图书馆始建于1838年——与学校同年。尽管严格来说，我们认为密歇根大学的创办时间是1817年，在底特律创立，当时学校名称是密歇根尼亚大学（University of Michigania）。1838年，州立法机构在安娜堡（Ann Arbor）资助创办密歇根大学。图书馆的资金也是从那一年开始划拨。正如我们在当地传说中说的那样，接下来的三年，学校董事持续为图书馆的建设拨款，尤其是购买了奥杜邦（John James Audubon）的《美国鸟类》（*Birds of America*）一书，当时的购书花费是970美元，这在当时是一项巨大的研究投入。我们也是最早开设本科生图书馆的学校之一。在许多大学，研究生图书馆被视作学者做研究的区域，而本科生图书馆则被视为教学和学习区域。我们也是拥有大规模纸莎草文献馆藏的图书馆之一。我们的亚洲馆藏也十分丰富，尤其是韩国、日本和中国相关的文献馆藏。馆藏一直在发展。

您能介绍目前的馆藏规模和馆藏与服务中的亮点吗?

根据不同的计算方法,我们有约800万本图书,共计约1200万卷。纸莎草文献数量也有不同。纸莎草文献馆藏的数量,我们图书馆是名列前茅的。在特藏中,约瑟·拉巴迪专藏(Joseph A. Labadie Collection)是重要馆藏,收录了有关抗议运动和激进想法的资料。我们有独立电影制片人特藏,数学和天文学资料馆藏也令人惊叹。

在服务方面,我们致力于做好所有方面。图书馆中有许多人参与教学和学习。我认为,这有助于大学解决信息素养问题。我们与学院共同开设了一门关于虚假信息、事实解读以及信息评估的课程。在某种意义上,健康科学图书馆也居于领先地位,因为这里没有实体图书。如果有人想求助于他们,他们可以进行检索。但是医学院越来越注重图书馆员在支持研究和教学中所发挥的作用。因此,这些图书馆员在健康科学图书馆里被叫作"信息专家",并加入基金项目团队。他们帮助医学院师生制定数据管理方案、管理数据库访问并在医学研究和临床护理方面发挥重要作用。我们也在加速发展地理信息系统(GIS)和数据管理服务。我想,我们也是首个将大学出版社纳入图书馆常规部门的学校。大多数出版社都有社长,他们直接向教务长汇报工作,密歇根大学出版社由图书馆副馆长主管。在我上任后的一两年内,出版社不再是辅助单位,而是改为由图书馆下拨预算的常规部门。这是因为出版是图书馆的使命之一。目前我还不知道哪所大学的出版社与图书馆之间的关系像我们学校这样密切。

您能描述一下贵馆的员工结构吗?

图书馆有一名常务副馆长,她是我的副手,有权代表馆长发言。我们在图书馆战略和实践方面都是很好的搭档。另外还有七名副馆长,分别主管馆藏、信息技术、学习和教学、研究、出版、健康科学和图书馆运营。我们有许多高级管理人员,员工结构还在不断发展。密歇根大学有一个特点就是,作为一所大学,其管理是高度分散的,这种风格也体现在图书馆中。现在图书馆的组织结构是由上一任馆长保尔·库兰特(Paul Courant)所推行的。我曾问过他:"为什么要建立一个有这么多副馆长的体系?"他说,因为他考虑过数字化时代的图书馆,他思考过在这个时代什么依然有意义、什么依然重要。他为每一个领域都设立了一位副馆长,以确保向数字化转型时我们在这些领域不会落后。

我理解保尔这样做的理由,我震撼于这些方面之间相互依存的关系。我认

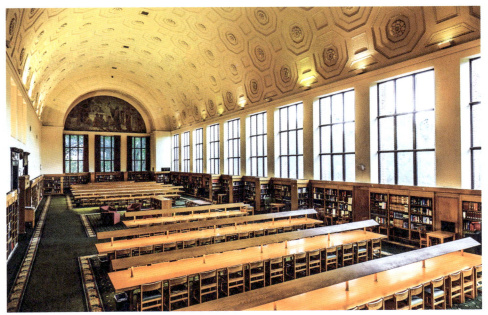

▲　哈伦·哈彻研究生图书馆内的阅览室

为馆藏与学术研究发现之间不是割裂的。我现在面临的挑战是，组织结构里每一个领域都有很大的自主性。这点很特别——每一名副馆长都按照自己的想法管理他们的领域。我回到密歇根大学后，所做的一件事就是慢慢向集中式管理靠拢。我认为，目前看来，下一个挑战就是高级管理人员的定位以及如何让图书馆各领域能够真正相互依赖。每一名副馆长都想要将其分管的领域打造得独一无二，但是这些领域之间的相互依赖性远比组织结构所表现出来的要高。

能讲讲您典型的工作日情况是怎样的吗？有没有典型的一天呢？

一天中大多数时间我都在开会。我在图书馆会议和学术创新相关会议上花的时间基本对半。每周我都要和教务长开会，参加教务长的高级职员例会。我的生活就是开会！这既是件好事，也是个挑战。

我深信，图书馆需要比现在更大的协作力度。许多人听到"协作"（collaborate），就想到"合作"（cooperate），好像二者是同义词。对我来说，二者意义并不相同。合作的标准低：你对我好，我就对你好，这就是个例子。协作则更加费力。协作需要建立相互依存关系，认识到我们的命运（比如纸质资料的保存）是绑在一起的。没有一家图书馆有能力保存所有馆藏，而且也没

92

71

有一家图书馆可以收藏所有资料。在网络联通、信息丰富的世界，我们必须弄清楚各图书馆该如何合理制定馆藏战略，以打造共享设施，实现相互依存。

您能说说自己的领导和管理风格以及背后的理念吗？职业指导是领导力的一个重要部分吗？

我认为，我们生活在一个复杂、拥有自适应性系统以及新兴事物不断涌现的世界。许多战略规划其实是关于发展方向的，我把它们看作北极星，为我们指引方向。所以，规模、相关性、多元性和包容性都很重要。我相信要围绕共同愿景达成协作，在实现愿景的过程中赋予每个人能力，并共同承担责任，所以总的来说就是协作、赋能与责任。责任有三种形式。第一种是对共同愿景负责，第二种是对同事负责，而第三种是对上级负责。但是第三种是我最不愿强调的。相较于人和组织，我对管理的想法是十分不同的，其他人从层级分明的角度看待管理。我们也有层级的划分，但是我努力在做的是打造一个高效、团结的团队。我想让副馆长之间协同合作，对彼此尽心尽力，对他人的成败感同身受。这个目标很高，不好达成，但这就是我想实现的目标。

▲ 哈伦·哈彻研究生图书馆内的书架

▲　特藏研究中心（Special Collection Research Center）的图书

　　我从不同的角度来看待职业指导。其中一种是从业务持续性和防患于未然的角度来说的。许多副馆长在进行职业指导时有不同的风格，但是我们所强调的是交叉培训，确保不会把所有事情积压在一个人身上。我们有职业发展的机会，也会出资支持员工的继续教育。我们资助他们参加会议，培养他们的技能。

　　提到一般意义上的指导，我认为所有这些指导活动都是组织工作的一部分。而说到改变人一生的指导，对于我来说，是我的上司或者同事，他们交给我一个项目或者让我肩负一些责任，并对我说："你能做到的。"

　　我说过好多次：很多学术交流、委员会会议等一切事情其实都是有关无为而治的。几年前我刚来这里的时候，我的常务副馆长还只是图书馆负责某一项目的馆员。我在她身上看到了巨大的潜力。她对图书馆事务极为上心，也十分关心图书馆里的每个人。她和我对图书馆面临的挑战以及我们不得不做出的艰难抉择有相同的看法。最重要的是，她不怕和我争论。即使她因同上司争论而心有不快，也依然会积极工作。如果你发现有人愿意且能够明智地承担风险时，你一定要好好培养。他们会成为未来的领导人。

您认为成功的图书馆管理者具有某种共同的特质或行为方式吗？

从某种程度上说，这个问题不应该来问我。我涉足图书馆领域才五年左右。我就像混在一群图书馆馆长中的一个人类学家。我认为，对于现在的图书馆馆长来说，重要的是要争取主动，不要被动等待机会。我做弗吉尼亚大学的副校长和首席信息官时，领导告诉我："你是副校长兼首席信息官，但不要被首席信息官这个职位束缚住手脚，要大胆地去追寻你的兴趣所在。"我看到许许多多的图书馆馆长一直在等待机会。我认为你应该主动参与进来并与他人交流，而不是等着别人邀请。

在您的工作中，哪一部分让您觉得最有意义？哪一部分最令您沮丧？

最有意义的部分是看到图书馆让许多超级酷炫的事情成为现实。图书馆就是拥有这样的能力。它体现在我们创建的服务让老师们能够自行存储数据，也体现在我们与其他学科教师合作教学。这一点其乐无穷。

也有让人沮丧的地方。当然，目前美国的研究型大学正处在危急存亡之际，人们不理解为什么要有研究型大学，为什么要有研究型图书馆。在我看来，大学和图书馆有必要参与讨论，敢于作为，但这并不是我们的主要回应。大学在政治上或许是自由开明的，但是谈及变革，却十分保守。我恰恰认为，这是不合时宜的。变革步伐过慢令我沮丧。

▲ 特藏研究中心一隅

美国现在正处在"屋漏偏逢连夜雨"的境地。首先，大约从二战后，人口膨胀促使大量投资涌入高等教育，但是这批婴儿潮迈入了需要进行医疗和临终关怀的年龄，且局势不可逆。所以，即便是有心发展教育的政治家，最后进入教育领域时，也会发现能够投入教育的预算所剩无几。其次，从国家层面上讲，我们已经将教育私有化，政府不再承担教育支出，而是让学生和其家庭来负担教育花销。美国人谈论高等教育成本不断上升，这个观点是不对的。实际情况是，高等教育的成本相当稳定，和其他产业一样，它有规律地增长，但是政府不再资助，所以学费就增加了。我们改变了支付方式，这导致了很多后果。比如有的学生和家长认为他们是消费者，上大学的目的就是为了找工作。大学在这方面做得很好，但是这并不是大学存在的理由。我们还没有进行这方面的讨论。

最后，还有技术。任何领域的技术给我们带来的主要经验都是技术会占领某一个成熟领域然后将其分化。"创新"常常是探索新方法将服务重组。比如在图书馆领域，技术将通过图书馆服务获取信息和亲自去图书馆查阅实体馆藏两种方式分开。类似的，传统基于学费的教育也是一种绑定模式。因为交了学费，学生能够得到指导，获取图书馆资源，进行体育运动，享受丰富的课外生活。但随着减少学生教育开支方面的压力增大，创新性大学会想办法拆分重组它们最具价值的服务。对图书馆来说也是如此。创新性图书馆将转变传统模式，通过图书馆服务吸引读者使用海量馆藏，而不是用馆藏来吸引读者使用图书馆的服务。

第七章

温斯顿·塔布博士，约翰·霍普金斯大学图书馆馆长兼博物馆馆长

简介

约翰·霍普金斯大学（Johns Hopkins University，简称JHU或霍普金斯大学）成立于1876年，得益于19世纪废奴主义者和慈善家约翰·霍普金斯（Johns Hopkins）的慷慨捐赠——这是美国历史上最大的慈善捐赠之一。霍普金斯大学位于马里兰州的巴尔的摩，在全球有十个校区，是一所全美领先的研究型大学，在医学、公共卫生和护理领域尤为突出。它在全球大学排名中一直名列前茅，其医院也被誉为美国最好的医疗中心之一。霍普金斯大学图书馆总分馆系统中的乔治·皮博迪图书馆（George Peabody Library），因其新希腊风格建筑而被评为世界上最美的图书馆之一。

▲ 温斯顿·塔布博士

霍普金斯大学图书馆总分馆系统的负责人是温斯顿·塔布（Winston Tabb），图书馆馆长兼博物馆馆长。塔布在越南战争期间服过兵役，然后在国会图书馆工作了30年，管理霍普金斯大学图书馆已有15年。除此之外，塔布还积极参与国际图书馆事业，在国际图联（IFLA）工作，并在多年的图书馆服务生涯中荣获了许多奖项。在接下来的访谈中，塔布谈论了他是如何从泰国的一个小型军事基地图书馆馆员走到今天，成为霍普金斯大学图书馆馆长。他还谈论了自己的领导方式以及为图书馆筹款的经历。

这次访谈，可以请您从自我介绍开始吗？例如，您接受的专业培训和教育背景是什么？您在大学学的是什么专业？您来自一个图书馆员之家吗？

我一开始想成为一名律师。但是后来，我更想当一名英文教授。我开始在哈佛大学读研究生，已经在攻读美国文学博士学位了。然而越南战争期间，我被征召入伍，不得不离开研究生院，加入了美国陆军。我在军队待了两年，有一年在泰国。在泰国，我被派去做图书馆员——这是我在图书馆的第一份工作。当我回到大学准备完成博士论文时，发现当时同学们找工作非常困难——真是太难了。一个朋友建议说，或许我们应该去读图书馆学情报学专业。我觉得这听起来很有趣。我当时住在波士顿，就申请了当地设有图书馆学专业的学校。我被西蒙斯学院（Simmons College）[①]录取了，后来在那里获得了图书馆学学位。

我成为一名图书馆员几乎纯属偶然。但是最近，我在发表一篇关于自己的图书馆员生涯的文章时，不由想到了这个话题。记得我第一次在图书馆工作是在十岁那年，因为公共图书馆就在我家的街对面。夏天，图书馆是整个街区唯一有空调的建筑，我会去那里待上几个小时——整天泡在那里，夏天连续几个月都这样。图书馆员会让我整理书架，一小时付我5美分，所以运气好的时候，我一天可以挣到25美分。可能就在那时，我第一次想要当图书馆员吧！我是家里第一个成为图书馆员的人——我父亲是一名牧师，母亲是一名教师。兄妹五个，我是老大，最小的妹妹也成了一名中小学图书馆员。

越战期间，您在军队中担任什么职务？您接受过的学术训练是否派上了用场？

我有一段非常离奇的经历，我被派到泰国北部，靠近老挝边境的地方。我抵达时，他们知道我已经完成了所有研究生阶段的学习，于是指挥前哨的上尉很早就对我说："下周我们有四箱书要运过来，你就来当我们的图书馆员吧。"这实际用上了我的部分教育经历，虽然部队最初是想派我当牧师助理——我在管理图书馆的同时继续担任牧师助理。所以，我第一份真正带薪的图书馆员工作是在泰国北部建立一个小型的小说图书馆，供那些并不怎么喜欢读书的美国士兵阅读。

---

① 西蒙斯学院主页：http://www.simmons.edu/。

战争期间，他们为什么要花这么大力气给身在泰国的士兵送书？是为了教育还是消遣？

完全是为了消遣。我印象中，除了传记之外，我不记得有任何非虚构类书籍。当然，自孩提以后，我就没有正式在图书馆工作过，也没有接受任何专业训练，所以对藏书的组织完全靠自己摸索的方法。我觉得图书馆的主要目的是让年轻的士兵留在基地，而不是去泡酒吧。其实并没有什么效果！比起泡酒吧，躺在床铺上读小说对人们来说没那么有吸引力。图书馆的流通量很小，几乎没人对这些藏书感兴趣。那里的大部分士兵都是自愿参军的，因为当时没有多少就业机会。

能否请您谈谈，您是怎么一步步成为霍普金斯大学图书馆馆长的？

我从军队回来后，决定要做些别的事，而不是继续写论文，就申请了西蒙斯学院的图书馆学情报学院系。学校位于波士顿，我和妻子就住在波士顿，所以去学校很方便。我一度以为我会在大学图书馆工作——事实上，我已经申请了哈佛图书馆一份有趣的工作，担任《美国文学书目》编辑部门的助理。然而有一天，就在我要获得图书馆学位的几个月前，我看到"招聘信息布告栏"上贴了一张通知，是关于美国国会图书馆（Library of Congress）的特招计划。我想："嗯，这听起来有点意思。"我问院长可否提名我，他说："可以啊，没别的人对此感兴趣，所以我很乐意提名你。"我就这样开始了职业生涯，当时并没有正式的图书馆工作经验，只是曾在国会图书馆实习过。后来我在那里工作了30年，期间一共做了13份不同的工作。我的理念是，一旦你熟悉了手头的活，就得换个工作，做些新事。我总是寻找机会学习不同的东西，而国会图书馆的职能丰富多样，我就充分利用机会，不仅在国家图书馆部门（national library department）工作过，也在国会研究服务部（Congressional Research Service）和美国版权局（US Copyright Office）工作过。

这样工作了30年后，我就到了政府雇员的正常退休时间。我想过退休，但是我之前为一个研究数字时代馆藏作用的特别工作组服务时结识的霍普金斯大学的一位法语教授，他受邀担任霍普金斯大学新任图书馆馆长遴选委员会的主席，就问我是否考虑接受面试。起初我说不，但他坚持说："你为什么不过来一趟，就和我们聊聊，我们应该寻找什么样的人？"我觉得这个策略非常精明！我来巴尔的摩是为了提供建议，告诉他们应该在新馆长身上寻求什么样的

▲　约翰・霍普金斯大学赫茨勒阅览室（Hutzler Reading Room）

技能和经验。但是我和霍普金斯大学的人聊得越多，就越觉得我真的想自己来做这份工作，从国会图书馆的政府雇员转到学术界。我就这么做了！

他们在寻找什么样的领导者？

我想他们在寻找一个善于跟捐赠者打交道的人，因为美国私立大学在很大程度上依赖慈善捐赠，但这个人同时也在图书馆的各个方面拥有丰富的经验。我认为我在国会图书馆承担过许多不同的职责，这一点非常有吸引力。我当时没有意识到的是，在约翰・霍普金斯大学担任图书馆馆长，意味着既要管理图书馆，又要全职筹款。我想我在国会图书馆与众多捐赠者打过交道，这种经历也是一个有利因素。

您在30多年前曾在图书馆学情报学院系学习。对比一下当时和现在的课程设置，您觉得主要的区别是什么？您认为那时人们更强调技术能力吗？

我非常清楚这些差异，因为我在20世纪70年代初就读于西蒙斯学院，它开设的图书馆学情报学院系在美国名列前茅；现在我是西蒙斯学院的董事会成员，深度参与它的管理，因此可以看到课程设置变得非常不一样了。我当学生那会儿，人们多数时间在谈论馆藏建设和编目——这些事情现在已经不那么重要了。现在的关注点更广泛，比如筹款（甚至为公共图书馆筹款）、外联和推广、合作、版权、数字保护、理解技术以及能够协商有利的授权条款。这些议题并不是我原来课程的一部分。我还记得在西蒙斯的时候，在线计算机图书馆中心（OCLC）的创建引起了巨大的轰动，我还参加了有史以来的第一堂编程课：COBOL语言[1]。

图书馆学情报学专业现在是否有关于筹款的课程？实际上是如何教授关于筹款内容的呢？

他们确实有关于筹款和慈善事业的课程，通常也侧重于项目推广和公共关系。我却认为在慈善方面，"培训"是徒劳的，因为我认为和捐赠者打交道的能力取决于与生俱来的个人素质，而不是可以后天习得的技能。研究型图书馆协会由来自美国和加拿大排名前125的研究型图书馆组成。协会在招聘同行管理这些成员图书馆时，我愈发看清这个问题。遴选委员会寻找的人选，需要的不是技术能力过硬（比如只是精通编目），而是擅长人际交往，能够筹集资金，招募得力员工，能与教职员工和学界领导共事。这些特质在当下比在35年前更加重要。我从西蒙斯学院毕业去国会图书馆时，国会图书馆还没有发展办公室，直到15年后的1987年才有。归根结底，我认为一个人可以学会某些技术，但是理解他人、与人高效合作的能力，要么与生俱来，要么先天欠缺。我经常在其他同事身上看到这一点。他们可能在某些领域非常娴熟，也获得了博士学位，但是如果没有掌握人际关系技巧，不能与人高效互动，就不会那么成功。

回想您在国会图书馆工作时，您的指导老师认为您有哪些技能，能够进行有效筹款？

这个问题很难回答，因为我在国会图书馆没有一个真正意义上的指导老师（mentor）。国会图书馆是一个相当官僚的机构，并不怎么强调筹资。它是一个非比寻常的国家图书馆，正如我之前提过，"国家图书馆"只是其中一部分；它还包括美国版权局和国会研究服务部[2]，后者只为国会议员和他们的工作班子提供研究支持。我最终在图书馆的三个部门都担任了领导职务——更多

---

① COBOL语言是早期的一种商用计算机程序语言。——译者注
② 国会研究服务部（国会图书馆）主页：https://www.loc.gov/crsinfo/。

▲ 约翰·霍普金斯大学布罗迪学习中心（Brody Learning Commons）

的是因为我有好奇心，求知欲强，而不是因为我有什么"计划"。例如有一天，我看到一则广告，版权局的信息与参考资料部要招聘一名主任。我觉得这个职位听起来很有趣，图书馆员们对它知之甚少，于是我决定去申请。现在回想起来，我这么欠缺专业知识的人，要来管理这个部门，真是太离谱了。但我有幸接受了版权局局长的面试，他想法开明，愿意聘用一个行政经验丰富、渴望学习新知识的人（我在本科时辅修过拉丁语和管风琴演奏，这一点也吸引了他，因为他对这两件事都感兴趣）。所以，我在工作中学到了很多关于版权的知识，就像我以前在国会研究服务部那样通过学习不断成长。作为一名参考馆员和国会阅览室的负责人，我的工作并不是像大多数参考馆员那样帮助人们寻找信息，而是在非常广泛的主题领域中寻找和传递信息。

当您审视大量年轻的图书馆专业人员时，是否很难确定谁是下一批适合图书馆工作的候选人？因为他们既要在技术方面技能出众、善于研究，又要在筹款方面得心应手、游刃有余。

我很高兴你问这个问题，因为我今天正在处理一个类似的问题。我一直在寻找的人选，一方面要彬彬有礼，但也要胆大无忌，敢就我们正在做的事情提出异议，并且不怕难为情，能提出有难度的问题。我正在寻找这样的人，他会让我们感到不舒服，但这种不舒服是有积极意义的。我觉得我在寻找这类人选方面有敏锐的"嗅觉"。我喜欢创造一个环境，让人们不仅感到自由，而且期待挑战陈旧观念和陈规陋习。在这样的环境中，人们会因为敢于挑战权威而受到奖励，并且认识到挑战正统观念是取得成功的一种途径。不要胆怯，而要胆大。

您认为这种选才制度只在美国体系中行得通吗？或者也能在欧洲或亚洲等任何地方行得通？

我不确定这在其他地方能否行得通！我在国际图联（IFLA）[①]做了很多事，有很多国际同人。我认为在世界上有些地方，传统秩序和等级制度仍然根深蒂固，采用这种方法不会像在美国那样成功。美国的历史并不久远，缔造者勇于探索未知领域并"创造新事物"。我这样说，并不是暗示我们的方式更好，只是不同而已。我认为社交智商的关键之处，在于对其他文化的技巧和生活方式有所了解、足够敏感。当我谈论我是如何看待事物时，并不想让它放之四海而皆准。

您能向我们介绍一下您作为约翰·霍普金斯大学图书馆馆长的角色和职责吗？

我会说我有三种不同的角色。从某种意义上说，约翰·霍普金斯大学是非常分散的，因为我们有五个不同的图书馆系统。其他四个图书馆馆长，比如医学院、皮博迪音乐学院（Peabody Conservatory）或高级国际关系研究学院的图书馆馆长都不直接向我汇报工作，尽管我是图书馆总馆长。所以实际上，我直接主管的是一系列图书馆，它们只为大学的部分机构服务：文理学院、工程学院、商学院、教育学院和行政部门。但我是图书馆馆长理事会的主席，这个理事会由约翰·霍普金斯大学各处的图书馆馆长组成。而且我还负责管理大学的两座历史建筑博物馆。在某种程度上，正如人们所说的，我有三顶不同的"帽子"。

所以您也负责博物馆的运营？

是的。约翰·霍普金斯大学有两座博物馆。起初这并不属于我的职责，但我在这里工作的第二年，时任教务长对我说："博物馆的财务状况不佳，需要

---

① 国际图联主页：https://www.ifla.org/。

更好的财务管理和监管。我看到你以非常商业化的方式管理图书馆，就想请你把博物馆也接管了。"从那以后，我就把两个博物馆和图书馆一起管理了。之前说过，我喜欢学习新东西。我发现有件事特别有趣并富有挑战，那就是让工作人员思考图书馆和博物馆之间的相似之处，而不是不同之处。博物馆藏品和图书馆馆藏多么相似，图书馆需要更多地考虑如何"展示"馆藏，不是把它们看作互不相干的单独个体，而是将其作为可以讲述完整故事的部分一起使用。由于在这方面做出了一定成绩，我们最近得到了安德鲁·梅隆基金会（Andrew W. Mellon Foundation）的资助，可以聘请一名新的典藏专员（教职人员），其具体职责是利用图书馆和博物馆的藏品创建新的课程。

您是否同意这种说法，博物馆的典藏专员和工作人员在制定教育项目和联络馆外用户方面做得更好？

当然了，他们对"陈列展示"和吸引新的观众更感兴趣。他们的工作更有教育意义，是通过物品来进行教育的。这不同于一些图书馆员传统上所关注的核心活动（例如购买期刊使用权）。对我来说区别尤其明显，因为我主管

▲ 约翰·霍普金斯大学乔治·皮博迪图书馆（George Peabody Library）

的两座博物馆都被称为历史建筑博物馆，与大都会艺术博物馆（Metropolitan Museum of Art）这样的综合性艺术博物馆非常不同。这两座建筑都曾是特定的个人和家庭居住过的住宅，它们本身就有历史，很多藏品都与那个家庭或相应的历史时期有关。所以，在这些博物馆的管理中，我们并不那么关注收藏工作本身，而是更关注对那个时期和住在这两座不同房子里的家庭的解读。

您能简要介绍一下约翰·霍普金斯大学及其图书馆的历史吗？

约翰·霍普金斯大学是美国的13所"常春藤＋"（Ivy Plus）大学之一，这13所大学包括八所常春藤联盟大学加上斯坦福大学、芝加哥大学、麻省理工学院、杜克大学和约翰·霍普金斯大学。从这个意义上说，我们专注于非常特殊的学术领域——医学和公共卫生可能是我们在国际上最出名的领域。我们一直以拥有全美排名前三的医学院、公共卫生学院和护理学院而闻名，所以大学的重点是自然科学。图书馆面临的一个问题是，如何在支持这些优势领域的同时，保持对人文学科的大力支持，特别是艺术史、英语、历史、古典学和哲学，这些系都非常重要，但规模较小。约翰·霍普金斯大学也被称为美国第一所研究型大学，它在很大程度上是按照德国模式建立的。

能否请您介绍一下图书馆的馆藏亮点？

我认为图书馆馆藏的亮点之一是图书馆本身。我负责管理五座不同的图书馆设施，其中两座是历史悠久的图书馆建筑，它们美丽绝伦，作为图书馆的物理实体誉满全球。一座是乔治·皮博迪图书馆，它频频出现在那些介绍世界十大最美图书馆的文章中。这是一座美丽的19世纪铸铁建造的图书馆。另一座是位于常青博物馆与图书馆（Evergreen Museum and Library）①的加勒特图书馆（Garrett Library）。

关于加勒特图书馆特别重要的一点是，它是一位富翁约翰·沃克·加勒特（John Work Garrett）凭借一己之力打造的——他请巴尔的摩的著名建筑师劳伦斯·霍尔·福勒（Lawrence Hall Fowler）设计了这座美丽的图书馆，用来存放他数量惊人的藏书。主人在1942年去世，但这些书的位置和摆放顺序与他生前完全一样。我想，在美国的任何地方，都很少有像这样大量的藏书，没有被转

---

① 常青博物馆与图书馆主页：https://evergreenevents.library.jhu.edu/。

移到别的图书馆，而是陈列在主人专为它们设计的图书馆。参观者可以想象这位主人坐在壁炉前的椅子上，被书籍环绕的样子。加勒特的祖上是美国巴尔的摩—俄亥俄铁路系统（B&O Railroad）的主要创始人之一。他非常富有，曾担任美国驻世界许多国家首都的大使或特使，如阿根廷、法国、意大利和荷兰。一直以来，他都在不停收藏，而他的夫人爱丽斯·沃德·加勒特（Alice Warder Garrett）则一直在收藏艺术品。他们没有子女。当他们在20世纪中叶去世时，这所房子和所有的藏品都归约翰·霍普金斯大学所有，成为学校的图书馆之一。皮博迪和加勒特是两座非常特殊的图书馆，它们建筑风格瑰丽，藏品富有魅力，可以吸引不同兴趣的参观者。

　　我提到加勒特图书馆曾是私人收藏，皮博迪图书馆也很有意思，它本质上是巴尔的摩市的第一座公共图书馆。这座图书馆的创建者派人到世界各地去买书，买的都是他认为"一般"的普通公民应该涉猎的书籍。大多数书籍并不"特殊"或特别稀有，但总体而言，这些藏书具有启发性，让人们了解到，馆藏建设者们认为在19世纪末，一个有见识的公民应该阅读和知晓哪些东西。所以，这批藏品本身就是具有启发意义的。

▲ 位于常青博物馆与图书馆的加勒特图书馆

将这两座历史悠久的图书馆及其馆藏整合到霍普金斯大学的过程中，有什么挑战吗？

挑战不是智力上的，主要是这两座图书馆距离主校区几公里远。尽管我们有接驳班车和良好的学生交通系统，但它们并没有像我期望的那样能得到充分利用。把所有的内容都放在网上并进行编目，这很容易做到。但吸引人们进馆参观却是个不小的挑战。

能否请您介绍一下贵馆的人员结构？

我在图书馆经历过许多不同类型的人员结构。没有一种结构会在任何时候都适合每个图书馆。初到霍普金斯大学图书馆时，我接手了一个非常"扁平"的结构，大约有15个人向我汇报工作。令我吃惊的是，他们个个都想定期与我见面，汇报自己在做什么。我发现这种结构非常耗时，而且浪费了每个人的时间，因为我更希望人们在需要建议或支持的时候来找我。我不想要他们每周只是汇报："我在做我的工作，还在做着！"所以我把这种扁平结构转变为更加分层的结构，一度只有三个下属向我汇报。

对我来说，在人员结构方面最重要的教训是，它永远不可能是完美的或永恒不变的。它总是在变化，以适应不同的时代、不同的挑战，还有职员的不同个性。几乎每年的七月，也就是我们财务年度的开始，我们都会根据工作重点或我们既有的人员类型对人员结构进行一些调整。我试图让大家适应组织结构的变化，并表示欢迎，为此感到兴奋。我的基本看法是，我对待汇报的方式，就像我希望被教务长对待的方式一样：不要提供我不想要或不需要的帮助，但请在我需要帮助的时候及时出手。仅仅因为日程表上有定期例会，我们就得制定议程开会，这种想法完全是浪费时间，不够成熟。但是，当人们遇到问题需要帮助的时候，我希望能够立即提供支持。关键是不同的结构在不同的时间和不同的人身上都有不同的效果。但在我与下属的关系中，我喜欢遵循《圣经》中所说的黄金法则：你们愿意人怎样待你们，你们也要怎样待人。

您能描述一下您的典型工作日吗？或者说有没有典型的一天？与您在国会图书馆时相比，这些工作日有什么不同？

这么说可能答非所问，但主要的区别之一是，我在国会图书馆工作时，每天都要在拥堵的交通中通勤60英里，而我来到霍普金斯后，选择住在离图书馆只有几个街区远的地方，可以骑自行车或走路去上班。

　　我发现在霍普金斯大学，我通常每隔一周就会去趟纽约，因为在我的工作中，责无旁贷的一件事就是筹款，而很多捐赠者住在纽约。霍普金斯大学的每个院长都有一个筹款目标，我们正在进行一场筹款竞赛。我在两次活动中都超额达成了目标，包括2018年6月结束的那次。但是我们永远没法真正达成目标，因为董事会、全体职员，甚至捐赠者总是希望你做得更多。几乎所有捐赠者都希望得到图书馆和博物馆馆长的关注。所以，我花费了大量的时间去思考我们最需要什么，下一个可以接洽的大型捐赠者是谁，然后努力去吸引他们参加——看看我们的需求和他们的兴趣之间有什么契合点。因为我喜欢跟人打交道，弄清楚是什么激发了他们的兴趣，所以很享受这部分的工作。

　　我花费大量时间做的另一件事，是与霍普金斯大学其他图书馆的负责人就许多活动进行协调，比如授权许可、资源发现系统和研究数据管理等。现在我们让所有的期刊都授权给整个大学（而不是五个不同的实体）共同使用。与本校其他图书馆的负责人保持联络对我来说是一个至关重要的职责。我也花了很多时间参加与图书馆并没有直接关系的大学活动。例如，我刚刚主持完霍普金斯大学出版社新社长的遴选委员会会议，我是该社的董事会成员。去年，校长还要求我主持一个委员会，审查一项有争议的提案，即关闭文理学院的一个系。而在前一年，在皮博迪音乐学院经历转型和预算挑战的时期，我被任命为临时首席运营官。我有很多这种"大学公民"类型的活动，与图书馆没有直接关系，但它们确实表明图书馆是大学运行中不可或缺的一部分。

谁会是图书馆的潜在捐赠者？

　　总的来说，我认为我们的捐赠者可以分为两类：一类是出钱的捐赠者，另一类是出物的捐赠者，比如善本，我们称之为"实物捐赠"。例如，如果有人拥有像埃兹拉·庞德（Ezra Pound）这样重要作家的作品集，并将这部作品集捐赠给我们，那么它将会被估价，并算作对我们募捐活动的一份贡献。我花了很多时间与收藏家们打交道，因为他们往往有我们研究馆藏所需要的东西，而这些东西是金钱根本买不到的。我现在正与一位收藏家合作，他是我们董事会成员，拥有的童书收藏无疑是美国私人手中现存最好的收藏之一。另一种捐赠是直接捐钱。在这种情况下，我试图与那些对我们的战略计划有特殊兴趣的捐赠者建立联系。例如，有一位是霍普金斯大学的校友，他领导创建了许多在线大学，一直非常活跃。他对我们代表霍普金斯大学开展的活动非常感兴趣，这些活动可能会让参与在线教育的人员受益，无论他们是在霍普金斯大学，还是在世界各地。其他捐赠者有兴趣支持让霍普金斯的本科生直接参与图书馆工作的项目，比如将馆藏数字化。当然，还有一些霍普金斯的校友，在华尔街或其他地方赚了很多钱，他们在学生时代就非常喜欢图书馆并从中受益，愿意提供没有附加条件的捐赠，支持我们认为对未来学生最有用的任何项目。筹款的艺术在于弄清捐赠者的目标和兴趣到底是什么。

您能描述一下自己的领导和管理风格吗？职业指导对领导力而言重要吗？

至于我的"风格"，我觉得是找到雄心勃勃、主动做事的人，然后在他们遇到意想不到的困难时提供帮助。我更像是一个以身作则的人，不去干涉，给他人成长和失败的空间，然后从中学习。我想这种方法与我过去的工作经历有很大关系。在过去的工作中，我被人监督，他们想告诉我该做什么，对我进行微观管理——尽管他们并不清楚什么是该做的。但是，作为一名领导，我最大的乐趣在于发现年轻的人才，指导他们，并让他们承担"挑战性"角色——让他们知道，你看到了他们可能尚未意识到或尚未准备好的潜力。这是我曾经的经历。还是那句话：你希望自己被怎样对待，就去怎样对待别人。

您会如何去评估人才？

用结果和方法。它们是相辅相成的。我喜欢做的一件事是和员工开小组会议。所以，我可能会定期与所有的编目员、学科馆员等人见面。这样做时，我看到人们很快自我认定为领导者，或是富有创意的人。我们还让大家提出短期项目，让他们有机会解决问题，或就自己发现的问题提出解决方案。有才华的人想去解决问题，而不是抱怨问题。

在您的评估体系里，资历占据什么位置？

完全没用。我们更在乎结果。资历只代表工作时间长久，可能伴随有成就，也可能没有。员工在这里待了多久并不重要，重要的是他们为实现组织目标做出了怎样的贡献。

您在年底是如何考核员工的？您是如何选择晋升的人选呢？

我们有一个非常正式但透明的评估系统。年初，我们要求员工提出三到四个"明智的目标"（smart goals）——他们要做的是非常具体的事情，这些事情通常是可以量化的，并且与我们的战略计划相关。到了年底，他们要么达成了目标，要么没有达成。我们有一套相当明确的评分体系，以5—0级为标准，对员工达成的成就进行排名。有些人因为没有做多少事，所以没有任何升职加薪；然而有些人因为超过了他们和上司商定的当年目标，所以得到了相当可观的加薪或奖金。对我来说也是一样。我每年都要提出目标，我的目标不仅要经过顶头上司——教务长的批准，还要经过大学董事会的批准，董事会也会决定我的加薪。这与我在政府的工作经历大相径庭。在那里，人们每年都步调一致，基本上只要上班就会自动加薪。在这里，你永远不会倒退，但你可以长期保持或接近原来的工资，除非你表现得非常出色。也有些人不在乎这些，他们可以选择每天来上班，但只做最基本的工作。

我猜在您目前的管理计划中，您鼓励员工设定远大目标，对吗？

是的！我们今年做了一件激动人心的事情，就是利用捐赠者提供的一些未指定用途的资金，奖励那些在服务领域有重大创新的员工。我们计划在明年的某个时候提供这个奖励机会，大家对此非常兴奋。决定这个奖励的将是员工们，而不是我。

您认为成功的大学图书馆馆长有哪些共同的特质或特点？

我认为，大胆且愿意尝试新事物，能够承认失败并继续前进，这些能力对

▲ 约翰·霍普金斯大学米尔顿·艾森豪威尔图书馆（Milton S. Eisenhower Library）

于成功的大学图书馆馆长来说至关重要——尤其是当我们处在这样一个瞬息万变的时代。成功的领导者被低估的特征之一就是精力充沛。你必须有相当的精力储备来应对无数的挑战，而没有这种储备的人无法激励他人，也无法完成工作。对有些人来说，这可能看似小事一桩，但是经年累月，看看那些给我启发最多的人，我知道他们都不是纸上谈兵的梦想家。我不想和无精打采或者枯燥乏味的人在一起共事；我希望身边都是充满激情、热衷于尝试新事物的人。这种活力及其背后的愿景十分重要。

我还认为，作为一个领导者，能够慧眼识英才，甚至能在最普通的员工身上看到那种难以定义的火花，是非常宝贵的。你需要时刻保持警觉，当你看到火花时，能够准确地辨认出来。你可以注意到这些人，给予他们挑战，指导、提拔和鼓励他们。至少在我这个阶段，在漫长而硕果累累的职业生涯末期，真正的快乐和兴奋在于找到那些人——他们能做出我甚至无法想象的事情。

112 **您觉得自己工作的哪一部分最有价值，哪一部分最具挑战性？**

正如我之前所说，我认为最有价值的事情是找到这些年轻人，让他们有机会去做之前从未想过的事情。因为我有经验，可以引导他们参加各种培训项目。当我找到这些新人后，会给他们提供机会，并指导他们，当他们对自己可能从未想象过的可能性感到兴奋时，我的工作才是最有价值的。

我所担任的角色中最具挑战性的部分之一与我们大学的结构有关。约翰·霍普金斯大学在权力方面非常分散，它有11个学院，每个学院都有独立的管理和资金来源。在许多大学，校长和教务长负责获取资金并进行分配，而在约翰·霍普金斯大学，情况完全相反。例如，学费等资金会流入工程学院或医学院，然后这些学院将部分资金上缴给学校。这种分权结构允许学院层面的创新和自治，但对各个图书馆来说却困难重重，因为它们有多个资金来源和"老板"。让我感到沮丧的部分是，我要从五个不同的地方获取资金，并且每年都会有至少一个新人在这些职位上，我必须对他们进行教育和说服。我总是不得不适应新人，而这种体系使得长期规划更加困难。

另一个同样具有挑战的部分是，我们有年度筹款目标。在6月30日，我还算是非常成功，但到了7月，新的财年开始之际，我就会回到零点，又像西西弗斯一样开始滚石上山。为了达到来年的目标，我必须从头再来。长此以往，这会让人疲惫不堪，而且耗费精力——我原本想把这些精力用在与图书馆员和服务直接相关的活动上。

您能描述一下当前的信息环境吗？它对整个大学的教与学有什么影响？它在如何重塑图书馆提供的服务？

我认为最重要的一点是，我们的世界有很多东西已经变成了虚拟的。我们已经将大部分馆藏从拥有所有权转变成了获取授权。我个人的兴趣之一是版权，这在当前形势下提出了巨大的挑战。在这种受控环境下，你如何行使"合理使用"（fair use）的权利？在这种环境下，"借出"意味着什么？甚至它作为图书馆的核心功能还有存在的可能吗？当学生习惯于自由获取海量信息时，又该如何教导他们尊重知识产权？

就积极方面而言，看到图书馆在学术社区中占据更核心的地位，我们感到十分欣慰。我们已经将图书馆的空间重新定义为学习空间，打造了充满最新技术的小组学习区域。我们扩大了教育资源中心，帮助老师重新设计课程，并在课堂上更有效地利用技术。我们还扩大了图书馆在"数字学术"方面的作用，帮助教师学习如何使用和利用新的工具进行研究和教学，这通常由精通技术的本科生协助。虽然我们减少了图书馆的纸本馆藏，但极大地提高了采访特藏的兴趣，包括善本、手稿、档案材料，还开发了一些项目——例如我们的新生研究员项目——以便让新生从入学的前几周就参与初步研究。有了数字学术，那些原本无人问津的馆藏可被数字化，并向世界各地的人们开放，教师和学生们可以使用这些馆藏，利用我们在图书馆提供的工具，做出新的项目。对我来说，数字人文学科，或者说更广泛的数字学术，是我们尚未充分开发的，最激动人心的前沿领域。此外，我认为向好的方向发展的重大变化是，我们不再是竞争性的而是更加合作。我还记得以前，我们不得不与哈佛（大学）[1]或耶鲁（大学）[2]竞争，从国会图书馆争取一些东西，这样我们才能"拥有"它。现在，我们有了更坚实的合作机制，并将合作视为新的竞争优势。例如，我们与常春藤+大学图书馆（布朗大学、芝加哥大学、哥伦比亚大学、康奈尔大学、达特茅斯学院、杜克大学、哈佛大学、麻省理工学院、宾夕法尼亚大学、普林斯顿大学、斯坦福大学和耶鲁大学）合作开展一个名为"直接借阅"的项目，该项

---

[1]　哈佛大学主页：https://www.harvard.edu/。

[2]　耶鲁大学主页：https://www.yale.edu/。

目本质上是将我们霍普金斯大学图书馆的馆藏视为一个整体研究型馆藏的一部分，这已成为我们提供的最受欢迎的服务之一。

您是否认为协作学习和移动学习在大学社区中发挥着重要作用？

是的，但在某些大学比其他大学作用更大。我认为我所在的大学比其他大学更注重面对面的教育，但也非常注重面对面的协作学习——这就是为什么我们似乎永远没有足够的小组学习空间，尽管我们7天×24小时全天候开放。我们图书馆有一个活跃而富有才华的团队，他们的工作是帮助人们更好地利用技术；但是在课堂方面，我认为还有改进余地；五到六年后情况会有所不同，那时我们会采用更多的"翻转课堂"，在这种课堂上，学生上课之前会在线观看提前录制的讲座，面对面的上课时间用于回答问题和小组学习活动。目前，移动学习还不是我们的主要焦点。图书馆不能变成教师的驱动者，只能是支持者。

在您作为图书馆员的漫长职业生涯中，您曾有过遗憾或重新考虑的念头吗？

没有。我做了45年的图书馆员，只在两个地方工作过，可以说这是最美好的事情之一。我根本没有任何遗憾。

作为联合国教科文组织（UNESCO）[①]**专家委员会的美国代表，您能分享一下您为俄罗斯、波斯尼亚和拉脱维亚的国家图书馆提供咨询的经历吗？**

在这个话题上我可以不厌其详地讲下去，但是在我的经历中最广博、最具说服力、最富有成效的一次是在拉脱维亚。拉脱维亚从苏联独立出来，要建立一座新的国家图书馆。我应联合国教科文组织的邀请，和来自芬兰、荷兰、丹麦、瑞典和俄罗斯的国家图书馆的同人们一起加入委员会。这特别令人兴奋，因为我们能够从头到尾监督这个项目。规划最初是困难的，因为他们当时不知道这个国家会变成什么样子，而且要重建或新建国家基础设施，还有很多工作要做。但是拉脱维亚人民对他们想要的样子有着伟大的愿景，于是他们选择了一位生于拉脱维亚的美国建筑师贡纳尔·伯克茨（Gunnar Birkerts）担任新国家图书馆的设计师。他的设计灵感来源于一个拉脱维亚民间传说[②]，讲述了一

---

① 联合国教科文组织主页：https://en.unesco.org/。

② 拉脱维亚是欧洲东北部的国家。拉脱维亚国家图书馆的造型灵感源自一个民间传说，该传说在欧洲的北部和东部有各种变体，其基本情节是：一位公主在玻璃山顶沉睡，国王承诺谁能将公主带下山，便能娶她为妻并分得半个王国。三兄弟中最年幼的弟弟获得一匹有魔力的马，上山救出了公主，国王也兑现了承诺。——译者注

个男孩骑魔马上玻璃山的过程——图书馆参差错落的轮廓旨在唤起人们对于拉脱维亚民间传说的记忆。这是一种非常特殊的情况，也许是独一无二的，因为物理建筑本身就唤起了这个国家的过去和对未来的憧憬。

如果一个年轻人受到启发，想成为一名图书馆员，您会给他或她什么样的建议？

大胆尝试吧！因为我对自己的工作非常满意，我想我会给一个年轻的未来图书馆员的主要建议是："不要假设你知道你想成为什么，或者最喜欢做什么。只管不断尝试不同的东西。不要墨守成规！"

在访谈结束之际，您想说些什么鼓舞人心的话吗？

从事图书馆事业最鼓舞人心的部分是成为教育和学习领域的前沿和中心，并发挥不可或缺的重要作用。我无法想象还有什么比这更重要的事。由此类推，作为领导者，发现新人才，知道他们能以超越我们想象的方式来做事，以增进学识，拓展我们的职业在其中的作用，这种体验令人振奋，难以言喻。所有的领导者都应该通过发现和培养新的人才来激发自己的活力，把那些曾经丰富了自己生命的机会提供给他人，然后退后一步，乐见其成。

第八章

迈克尔·戈尔曼，加州州立大学弗雷斯诺分校亨利·马登图书馆荣休馆长

简介

迈克尔·戈尔曼（Michael Gorman）是加州州立大学弗雷斯诺分校亨利·马登图书馆（Henry Madden Library）的前馆长，并在2005年至2006年间担任美国图书馆协会（ALA）主席。他是《英美编目规则（第二版）》（1978年）和该书1988年修订本的第一编者。他撰写了多部书籍，包括《我们持久的价值观》（*Our Enduring Values*）——该书荣获2001年美国图书馆协会颁发的海史密斯奖（Highsmith Award）最佳图书馆学著作。他还著有回忆录《图书馆生活拾零：1941—1978》（*Broken Pieces：A Library Life，1941–1978*）。他获得过许多荣誉，

▲ 迈克尔·戈尔曼

包括1979年的玛格丽特·曼编目奖（Margaret Mann Citation）和1992年的梅尔维尔·杜威奖章（Melvil Dewey Medal）。亨利·马登图书馆是位于加利福尼亚州弗雷斯诺的一座大学图书馆，占地37万平方英尺，藏书超过113万册，是加州州立大学系统中最大的图书馆之一，拥有美国最大的单层密集书库。

我们这次访谈，可以请您从自我介绍开始吗？例如，您所接受的专业培训和教育背景是什么？您在大学学的是什么专业？您从小就一直想当图书馆员吗？您年少时生活在英国，那时热衷于使用学校图书馆吗？

我成长在一个与美国不同的国家，与当下不同的时代，生平细节在我的回忆录《图书馆生活拾零：1941—1978》（戈尔曼，2011）中有详细介绍。简而言之，由于经济和环境所迫，我16岁时离开学校，开始在伦敦北部的一座公共图书馆担任"初级助理"。加上，我讨厌我的学校，而他们也不待见我。我要指出，在20世纪50年代的英国，人们16岁便离开学校并不罕见，只有很小一部分人上了大学，所以我的境况并不特殊。我在伦敦北部的这座公共图书馆工作了三年。

经过一段时间的休整，我去了伦敦的另一家公共图书馆，并在1964年（当时23岁）进入学校研习图书馆学专业。我以优异的成绩毕业并获得了国家奖励，在1966年去英国国家书目局开始了我的职业生涯。我童年的大部分时间都是在本地的公共图书馆度过的，可以说，我从小就对书籍和图书馆着迷。

您能多谈谈您所获得的国家奖励吗？这是为了表彰您在学校里研习图书馆学时的学业成就吗？当您被授予这项国家奖励时，感觉如何？

所有图书馆学专业的学生，无论是在英国还是在国外其他地区，都在同一时间参加同样的考试。第一学年结束时，我在那些考试中取得了最好的成绩，因此获得了图书馆协会颁发的考索恩奖（Cawthorn Award）。

您选择在英国本地的公共图书馆度过大部分童年时光，这是为什么呢？是什么让您从小就对书籍和图书馆着迷的？您来自一个图书馆员之家吗？父母鼓励您热衷阅读吗？

我从记事起就会阅读了，五岁时就能阅读整本书了。那时家里很穷，图书馆是我逃离日常生活的避难所，书籍和阅读是我的慰藉。我父母那一代的家人里没有图书馆员。

1964年，您23岁，进入学校研习图书馆学专业。当时英国的图书馆学系开设了哪些课程？课程是否以职业培训为导向，使学生掌握在前数字时代管理图书馆基本业务所需的基本技能和概念？换句话说，很少强调研究技能（了解用户需求）、战略规划、政策制定、项目和设施管理、图书馆市场和筹资、图书馆工作中的领导力等方面的教学。我的理解正确吗？

我认为"职业培训"这个词不正确，而且觉得你提问的语气过于轻蔑。当时图书馆学系的课程由英国图书馆协会指定。每个学生在第一学年都要学习四门基础课，并且必须通过每门课的考试，才能进入第二学年，在第二学年中会有很多门选修课。学生结业时接受了扎实的理论和实践教育，远不止你所说的"图书馆基本业务"。而且在我看来，当时的学生们在图书馆学方面受到的教育，比当今美国硕士项目的一般毕业生要好得多——因为那是一种全面深入且扎实的图书馆教育，教员具有扎实的理论和实践背景。所有学生都接受了同样（高）水平的教育。这些条件在今天都不存在了。

您能告诉我这些图书馆学专业课程的构成吗？必修课和选修课有哪些？

我记不清具体的课程设置了，但第一年的四门必修课是（我的用词，不是正式课名）：图书馆经济（图书馆的类型、管理等）、参考书目、编目与分类、书目与文献等。第二学年有很多选修课，我专攻编目与分类，选的课有分类理论、主要的分类法和编目规则等。我记得我选了六门课。

您在学校就读时，图书馆学专业的学生需要完成什么样的作业（种类和形式），才能通过这些图书馆学课程？为了顺利毕业，学生还需要做毕业设计（案例研究、起草采购政策、了解用户满意度的小规模调查）或撰写两万字的毕业论文吗？

当时唯一的强制性要求是参加英国图书馆协会的考试。在特定的课程中，有许多作业和实践，由教师决定（例如，我为一家公司的专业图书馆设计了一个分类方案，作为第二年课程的一部分）。

其中一些课程是否已经过时了，因为大部分手工工作现在可以由信息技术或图书馆自动化系统来完成？

不。我不确定你所说的"手工工作"是什么意思——如果你指的是文秘工作，它们并不在我们所学的课程之列。

您能描述一下20世纪60年代伦敦公共图书馆的工作环境和用户的期望吗？它们与当下的环境相比有什么不同之处？

20世纪五六十年代伦敦的所有公共图书馆属于世界上最好的图书馆中的一部分，在技术和服务方面勇于创新，利用率非常高，且用户评价极高。如今由于资金匮乏，只有儿童和老人频繁使用，而且民众的漠不关心和对文化的故意破坏，使图书馆运营十分艰难，渐渐湮没无闻。我手头没有统计数据，但有数百家公共图书馆已经关闭了，还有数百家名存实亡。

在英国的20世纪60年代，是否有许多年轻男性受到激励，在大学毕业后成为图书馆员？

我年轻时，在英国要成为图书馆员，常规途径不是上大学拿学位，而是所谓的学徒制，先在图书馆做些初级工作，然后再进入学校学习两年专业课程，最后参加全国考试（由英国图书馆协会命题）。如果我没记错的话，我当时所在的图书馆学专业的班级，男女比例大约是2∶1。而今天，这个行业的女性比例约为80%。

您曾经说过，情报学（information science）是"男性的图书馆事业"，您现在还是这样认为吗？这些年来，图书馆这一行发生了怎样的变化，尤其是在性别构成方面？

这句话出自我的一个朋友之口。恕我直言，我认为"情报学"并不存在。所谓的情报学要么是指图书馆学（特别是专门图书馆学），要么是二流的计算机科学，要么就是两者的混合体。

从1966年到1977年，您在英国国家书目局担任编目部主任，在英国国家图书馆担任书目标准办公室主任。您在英国国家图书馆的职业生涯似乎前途无量，为什么选择离开，去美国伊利诺伊大学出任图书馆技术服务部主任？

机会使然。1974年到1975年，我应邀去美国伊利诺伊大学（University of Illinois）①的图书馆学院讲授一学年的编目课程，就向（新成立的）英国国家图书馆②请假。在那边，我对美国图书馆学（特别是大学图书馆）的发展和机遇印象深刻，和美国的许多图书馆员成了朋友。当时伊利诺伊大学图书馆有了一

---

①　伊利诺伊大学主页：https://www.uillinois.edu/。

②　1972年，英国议会通过《英国国家图书馆法》，根据该法，大英博物院图书馆、国立中央图书馆、国立科学技术外借图书馆、科学参考图书馆、科技情报局和英国国家书目局于1973年合并成立英国国家图书馆，又称不列颠图书馆、大英图书馆。——译者注

个工作机会，我就申请并获得了一个行政管理职位。其他因素包括有机会与休·阿特金森（Hugh Atkinson）共事，他是伊利诺伊大学图书馆一位鼓舞人心的领导；以及工资的大幅增加。

能否请您谈谈，40年前与今天相比，国家图书馆或大学图书馆，在人员配置和日常技术运营方面的主要区别是什么？尽管数字技术带来了巨大的优势，但有什么核心的图书馆员技能或知识永远不会过时吗？

这是一个非常大的问题。编目部门的衰落和消亡，以及目录和编目工作的降级是特别值得关注的问题。同样让人关切的是，技术（工具）却被推崇到了高于促进人类与人类记录之间的互动——这个图书馆的核心目的。这是混淆了目的和手段的常见的人为错误。在我们的行业里，这可能会带来灾难性的后果。

就普通民众和他们各自政府对本国的图书馆的态度和期望而言，美国与英国有什么不同？

目前英国对待一般图书馆，尤其是公共图书馆的国家政策，是一种耻辱。数以百计的公共图书馆已经关闭，还有数以百计的公共图书馆因资金不足，只以骨架形式存在，由善意的业余爱好者无偿运营。在美国，许多州和地方对公共图书馆的看法比较开明而且提供支持；相对而言，美国的大学图书馆更有实力。然而，美国中小学图书馆的衰落和图书馆员的普遍缺乏，构成了某种形式的虐童。

您说"美国中小学图书馆的衰落和图书馆员的普遍缺乏，构成了某种形式的虐童"，能否请您举例说明这个观点？

学校图书馆资源丰富，并且配备专业图书馆员，这是儿童教育中不可或缺的一部分。剥夺儿童享受这些资源，堪称一种虐待行为。

就整个大学群体（学生、教师和行政人员等）而言，美国人和英国人对大学图书馆的态度和期望有何不同？

就这个问题我真的没有发言权。我已经几十年没有接触过英国的大学图书馆了，而且已经从大学图书馆退休近10年。

说到图书情报硕士学位（MLIS）项目——美国大学提供的MLIS项目与英国大学的同类项目有何不同？

我已经详细写过关于北美图书馆学情报学教育糟糕状况的文章。美国的图书馆学情报学硕士课程被非图书馆学出身的教师渗透，而且他们在很多时候是

反图书馆的；一方是未来的图书馆员和图书馆雇主，另一方是"情报学"院系
的教师，双方的需求和愿望之间存在着鸿沟；还有美国图书馆协会（ALA）认
证项目的无所作为。我对英国的情况不太熟悉，但印象中那里的图书馆教育情
形更好些。

**您能描述一下自己的管理和领导风格吗？职业指导是领导力的一个重要主
题——无论是指导还是被指导。能否谈谈您在这两方面的经验？**

这个话题很难。我认为最好的管理者懂得知人善任，知道如何在放任不管
和过度干预之间保持微妙的平衡。多年前，我写过一篇关于图书馆领导力的文
章，题为《心地善良，头脑清晰》（"A good heart and an organized mind"）。我
仍然相信这些是图书馆领导的基本素质。我还认为，心地善良的人很多，头脑
清晰的人少些，两者兼备的人少之又少。

我向来不大热衷有组织的职业指导项目，而是喜欢更加有机的关系。无论
如何，你总是可以从别人那里学到一些东西——要么做什么，要么不做什么；
不是如何做事，就是如何避免做某事。归根结底，一切都取决于内心的光明。

**在您作为图书馆员的职业生涯中，您是否产生过怀疑、后悔或重新考虑的
念头？如果您不做图书馆员，还可能会选择其他什么职业？**

没有后悔过。我一直想当作家，但觉得不可能靠写作谋生。

**在我看来，一个伟大的图书馆馆长也是一个伟大的服务型领导——您怎
么看？**

我不太了解什么"领导"，也对那些自称领导者的人持怀疑态度，但我知
道"服务"是我们都应该秉持的核心价值观之一，也是我们应该用以衡量所有
实践和政策的标准。

**如果一个年轻人受到启发，立志成为一名图书馆员，并向您寻求建议，您
会对他说些什么？**

鉴于目前图书馆教育的混乱和就业市场的萎缩，我有生以来第一次犹豫，
不知是否应该随便建议一个年轻人成为图书馆员。然而，如果有人真想从事这
一行，我会鼓励他或她发展自己的专长（如语言、对特定形式记录的知识和信
息的专业知识等），并做好准备，顺势而为，抓住机会。

您是如何度过退休生活的？您怀念在图书馆工作的时光吗？

我读书、写作、做饭、散步。我妻子在芝加哥的一所大学工作。我有一个

女儿和她的两个孩子住在附近（我的另一个女儿和她的其他孩子住在伦敦，我有空就去看望她们）。我为《卡克斯顿人》（*Caxtonian*）杂志写过文学主题的文章（主要是关于狄更斯的），为一个在线语言杂志写过关于文字的文章，还写过关于图书馆的零星文章，写了我的回忆录，以及我最后一本关于图书馆学的书（去年出版）。

我曾是图书馆的管理人员，并不怀念开会和做预算的日子。如果我以前是编目员，倒有可能会怀念过去的工作。

您还有什么有趣的故事想和读者分享吗？

我的职业生涯很有趣（也很幸运），生活充满坎坷、挫折、成功和失败，就像大多数人的职业生涯和人生一样。我觉得我已经把所有想讲的故事都写完了。

延伸阅读：

Crawford, W. & Gorman, M.(1995). Future libraries: Dreams, madness and reality. Chicago, IL: American Library Association.

Gorman, M.(1990). Technical services today and tomorrow. Englewood, CO: Libraries Unlimited.

Gorman, M.(1998). Our singular strengths: Meditations for librarians. Chicago, IL: American Library Association.

Gorman, M.(2000). Our enduring values: Librarianship in the 21st century. Chicago, IL: American Library Association.

Gorman, M.(2003). The enduring library: Technology, tradition, and the quest for balance. Chicago, IL: American Library Association.

Gorman, M.(2005). Our own selves: More meditations for librarians. Chicago, IL: American Library Association.

Gorman, M.(2011). Broken pieces: A library life, 1941-1978. Chicago, IL: American Library Association.

Gorman, M.(2015). Our enduring values revisited: Librarianship in an ever-changing world. Chicago, IL: American Library Association.

第九章

理查德·奥文登，牛津大学博德利图书馆馆长

▲ 理查德·奥文登　约翰·凯恩斯/摄

简介

博德利图书馆系统（The Bodleian Libraries）是为牛津大学服务的约30个图书馆的集合，其中最著名的是世界上最美丽的图书馆之一——博德利图书馆，还有许多其他学院和学科图书馆。整个博德利图书馆系统合计拥有超过1200万件纸本资源，以及许多物品和文物。从某种意义上，博德利图书馆被认为是英国历史上每一个重要时期的印刷书籍和其他文学出版物的展陈地，馆藏藏品最早可以追溯到撒克逊时代。由于其无与伦比的历史和美丽的建筑，博德利图书馆被许多电影和电视剧作为取景地，包括《黄金罗盘》（*The Golden Compass*）、《故园风雨后》（*Brideshead Revisited*）、《同窗之爱》（*Another Country*）、《疯狂的乔治三世》（*The Madness of King George III*）和两部《哈

利·波特》（*Harry Potter*）电影。

理查德·奥文登（Richard Ovenden）管理着这样一所历史悠久的大学的图书馆系统，他于2014年成为牛津大学的博德利图书馆馆长。在这之前，奥文登曾在杜伦大学图书馆（Durham University Library）、上议院图书馆（House of Lords Library）、苏格兰国家图书馆（National Library of Scotland）以及爱丁堡大学（University of Edinburgh）工作，负责管理图书馆的馆藏、特藏和档案馆以及大学博物馆和美术馆。2003年，他成为博德利图书馆的特藏和西方手稿的保管人；2011年被任命为图书馆副馆长。在接下来的访谈中，奥文登讨论了这个古老图书馆系统的"有机"组织结构，以及他对美国和英国大学生之间不同的教学方法的独特看法，这些观点塑造了博德利图书馆系统提供服务的方式。

首先请您做个自我介绍。例如，您所接受的专业培训和教育背景，您在大学所学专业，以及您是否来自图书馆员之家？

我叫理查德·奥文登，我是博德利图书馆馆长，是牛津大学①博德利图书馆系统的高级执行官。我本科就读于杜伦大学（University of Durham）②经济史专业。毕业之后，我在杜伦大学图书馆③做了一年的实习生。之后，前往伦敦大学学院（University College London）④工作，在那里我学习图书馆、档案和情报学（Library, Archive and Information Studies），获得硕士学位。然后我为一位历史学家做了6个月的研究助理。

之后，我在上议院图书馆⑤做专业图书馆员，在那里，我为上议院活跃议员的政治研究提供图书馆员综合服务。在那里工作3年之后，又到苏格兰国家图书馆⑥的图书部（Books Department）工作。作为一名典藏专员，继续从事采购、编目、展览并为研究资源提供支持等综合工作，最后做到部门主任。再

---

① 牛津大学主页：http://www.ox.ac.uk/。

② 杜伦大学主页：https://www.dur.ac.uk/。

③ 杜伦大学图书馆主页：https://www.dur.ac.uk/library/。

④ 伦敦大学学院主页：http://www.ucl.ac.uk/。

⑤ 英国议会上议院图书馆主页：http://www.parliament.uk/business/lords/work-of-the-house-of-lords/lords-library/。

⑥ 苏格兰国家图书馆主页：http://www.nls.uk/。

▲ 牛津大学博德利图书馆（Bodleian Library）　约翰·凯恩斯（John Cairns）/摄　牛津大学博德利图书馆/版权所有

之后又去了爱丁堡大学[①]，先是做特藏部主任，然后做馆长，还负责将图书馆和大学博物馆、大学美术院合并到一起。

能谈谈关于上议院图书馆的机构设置和服务的相关情况吗？您提到协助上议院议员进行研究，能否描述一下研究的形式和性质？

英国议会所在地威斯敏斯特宫（Palace of Westminster）[②]有两院，一个是下议院（House of Commons）[③]，另一个是上议院（House of Lords）。我在那里工作的时候，上议院已经很长时间没有真正发生变化了。它是由世袭贵族组成的，这些世袭贵族从父亲那里继承了头衔。也有被任命为终身贵族的。议会两院都有图书馆，协助两院的立法项目。在上议院，我们是一个规模较小的部门，大约有15名员工。我们采购书籍、期刊和报纸来帮助议员们解决可能出

① 爱丁堡大学主页：https://www.eusa.ed.ac.uk/activi-ties/postgraduate/。

② 英国议会威斯敏斯特宫主页：http://www.par-liament.uk/about/living-heritage/building/palace/。

③ 英国议会下议院主页：http://www.parlia-ment.uk/business/commons/。

现的任何问题，但工作重点是当议会正在通过任何一部法律时，我们与正在发言的议员一起工作。

我们经常会被安排在极短的时间内完成背景研究的任务，例如，了解英国某地有多少单亲父母支付了煤气费。当时，正值玛格丽特·撒切尔（Margaret Thatcher）担任首相，是公共设施国有化时期。立法机关通过了议会提案，关于提案的细节有很多争论。我们的工作就是协助那些在上议院提出支持或反对意见的议员准备材料。这期间，我学到了很多，因为这些研究可能涉及任何主题。还有一些上议院议员可能一直在追求与立法计划无关的私人事务，你也必须做一些背景研究来帮助他们。这是一项非常有趣的工作，我了解了议会的运作方式，了解了政治家如何工作。尽管如此，我还是想回到研究型图书馆和大学图书馆。我在上议院所做的工作，其影响力是非常短暂的，而我想为能产生更长远影响的工作作贡献。

您能描述一下您作为牛津大学图书馆馆长的职责吗？

我负责的是英国最大的特藏图书馆之一。它也是世界上最大的大学图书馆之一——可能仅次于哈佛大学图书馆。我们的年度预算约为4500万英镑。我

▲ 牛津大学博德利图书馆　约翰·凯恩斯/摄　牛津大学博德利图书馆/版权所有

们有540名全职员工，29个实体图书馆，每年新增30万件藏品。我们也是一个法定缴存图书馆，像世界其他地方的许多国家图书馆一样，在英国，我们负责全国出版物的法定存放——这份责任由六个图书馆承担：五个在英国，一个在爱尔兰共和国。这意味着我们直接从出版商那里免费获得在英国和爱尔兰共和国出版的实体书、期刊和报纸。2013年获得内容扩展到电子出版物。我们现在在六个法定缴存图书馆建立了一个系统，允许我们收集、保存和提供电子出版物。

英国国家图书馆（British Library）[1]**已经成为法定缴存图书馆了，为什么牛津大学图书馆也在这么做？**

不仅仅是牛津大学。这份责任由英国国家图书馆、苏格兰国家图书馆、威尔士国家图书馆（National Library of Wales）[2]、剑桥大学[3]、牛津大学和都柏林圣三一大学（Trinity College Dublin）[4]共同承担。这种做法源于古老的历史，博德利图书馆[5]实际上是第一个拥有这项特权的图书馆——可以追溯到1610年，那时的馆长与伦敦书籍出版业公会（The Stationer's Company）达成了协议，收藏其成员出版的每本书的副本。1710年随着《安娜法令》[6]实施，这个做法延伸到了其他图书馆。因此，我们在牛津大学有着400年的法定缴存收藏历史，比其他图书馆要悠久得多。该系统运行良好，它让在全国不同地区的读者都能访问这大量的藏书。即使在1922年爱尔兰共和国成立后，法定缴存传统仍在延续。

就您目前的职责而言，是否意味着您大部分时间都花在了战略规划或管理整体运营或筹款上？

我的角色主要分为战略规划、运营管理、为整个大学的管理作出贡献以及处理资源相关的问题——既包括在大学内部游说获得更多资源，还包括慈善筹款——我在这方面花费了大约20%的时间。此外，还要花一部分精力在国

---

① 英国国家图书馆主页：http://www.bl.uk/。
② 威尔士国家图书馆主页：https://www.llgc.org.uk/。
③ 剑桥大学主页：https://www.cam.ac.uk/。
④ 都柏林大学三一学院主页：https://www.tcd.ie/。
⑤ 牛津大学博德利图书馆主页：http://www.bodleian.ox.ac.uk/。
⑥ 《安娜法令》是世界上第一部版权法。——译者注

际交流方面，开展不同图书馆之间的合作。其中一部分是在英国的法定缴存图书馆之间，一部分是在国际机构之间。我们有一些重要的项目：一项是与梵蒂冈图书馆（Vatican Library）①合作，另一项是与密歇根大学（University of Michigan）同行间的多年合作。因此，我们也有许多国际合作。

请简要介绍一下牛津大学和图书馆服务，其图书馆及服务如此独特的原因何在？

131

牛津大学是英国最古老的大学，也是英语世界最古老的大学——它的历史可以追溯到12世纪末。牛津大学图书馆始于中世纪，并在15世纪中叶主要因格洛斯特公爵汉弗莱（Duke of Gloucester, Humphrey）的馈赠得以大规模建立。在16世纪的宗教改革中，书籍四散，图书馆遭到洗劫。之后，托马斯·博德利爵士（Sir Thomas Bodley）来到此地，发展了牛津大学图书馆。在托马斯·博德利爵士的鼎力捐助下，新馆于1602年成立，不久即被命名为博德利图书馆。就在400多年之后，即2000年，许多院系图书馆与博德利图书馆合并，形成了博德利图书馆系统。这个覆盖整个大学的图书馆系统，涵盖了从人类学（anthropology）到动物学（zoology）的所有学科，同时包括博德利的历史研究图书馆。这就是我所负责的系统。

除此之外，牛津大学图书馆系统的特别之处在于学院图书馆。牛津大学有38所学院，都是大学内的独立机构，每个学院都有自己的图书馆。这些图书馆主要面向该学院的所有成员。大学图书馆提供了在线目录系统和访问系统，覆盖了大学的所有图书馆和绝大多数学院图书馆。在线系统提供了一站式的搜索引擎来查找大学里所有的书籍、期刊和电子材料。就电子期刊而言，我们提供大约85000种期刊的网络访问，这些电子期刊由学院图书馆和博德利图书馆共享。

牛津图书馆系统当前的藏书量是多少？另外，这些收藏和服务的亮点是什么？

去年，博德利图书馆系统的印本图书藏书量突破了1200万册，正快速迈向1300万册。此外，我们还有约25公里长的手稿和档案，以及其他各种类别的资源，比如短效出版物（printed ephemera）、地图和音乐资料。学院图书馆也收藏有几百万册书，具体数目不详，因为它们没有全部编目。但是，我们的

---

① 梵蒂冈图书馆主页：https://www.vatlib.it/home.php?ling=eng。

▶ 汉弗莱公爵图书馆（Duke Humfrey's Library）椅子特写　格雷格·斯摩龙斯基（Greg Smolonski）/摄

数据库有大约1500万条记录，其中包含大量的学院资源。

　　在博德利收藏的亮点中，我们有大量独特的资源：例如10000多份中世纪手稿。我们拥有7000多本早期印刷书籍和古版书，还藏有大量非西方资料：中国古籍、近现代中国图书和电子资源。我们有大量来自南亚的馆藏——尤其是梵文和其他南亚语言的。我们的希伯来语和犹太手稿及印刷品数量是世界顶级水平。就现代英国乃至欧洲藏品而言，我们有七位英国首相的文书以及19、20和21世纪政治人物文集，包括保守党自己的文件。我们拥有乐施会（Oxfam）等许多非政府组织的藏品，许多重要作家的档案和论文，如托尔金（J. R. R. Tolkie）、刘易斯（C. S. Lewis）和诗人珀西·比希·雪莱（Percy Bysshe Shelley）。特色馆藏，特别是珍本和现代资料特藏是我们图书馆很重要的特色之一，同时我们也以拥有大量重要的现代资料（以电子形式存储）而著名。此外，我们还收集了大量独特的资源。

　　请介绍一下牛津大学图书馆系统的人员结构？

　　牛津大学图书馆系统所辖的多个图书馆，深度覆盖特定主题，也就是说我们拥有各个领域的专业图书馆。我们有自然科学、社会科学和人文学科图书馆。还有强大的核心管理团队，负责三个主要的管理部门：行政与财务、大学图书馆服务，以及数字图书馆与馆藏管理。另有一个庞大的中央员工团队，从事采购、编目和加工工作。我们还有一个大型的存储库，许多采购图书，特别是法定缴存图书，直接进入我们的远程存储库。其他的书在牛津大学各图书馆间流转。另外，我们的数字图书馆团队协助建设我们的在线编目、发现服务、机构知识库和研究数据库（research data repository），以及我们围绕数字访问的各种应用程序开展的数字化业务。我们有一个强大的部门来支持学科团队、数字图书馆、人力资源、财务、账目等所有这些活动。

能描述一下您典型的工作日吗？或者有没有典型的一天？

工作中我扮演多重角色。我习惯早起，很早就来到办公室，在安静的时间可以完成很多邮件，或者处理信件和报告。大约9点钟，会议开始——我一天的大部分时间要么在图书馆主持管理会议，要么主持专项会议——例如梵蒂冈图书馆的项目。我还会参加大学其他事务的会议，并经常参加国际图书馆会议。明天，我将前往纽约，与美国基金会、慈善捐赠人举行一系列会议，并与

▲ 名为"财政部"的展览，韦斯顿图书馆（Weston Library）展览厅　约翰·凯恩斯/摄

美国其他机构讨论项目。

当您告诉别人您是世界一流大学之一的牛津大学的图书馆负责人时，他们眼中您的形象是怎样的呢？

不同的人有不同的期望，这取决于不同的谈话对象。牛津的老校友对博德利图书馆有特定的印象，这取决于他们上学的年代或所学的专业。有些人会把我们和我们富有历史感的建筑联系在一起；而对另一些人来说，说到博德利图书馆就意味着使用我们的数字化馆藏资源。我们是谷歌及其大规模数字化项目的创始合作伙伴之一，网上有大量的博德利图书馆所藏资料。我们还在展览和公共项目规划方面做了大量工作，许多牛津市市民很可能看过我们的展览。

请您描述一下您的领导和管理风格。

我认为我是个包容的管理者，因为我能听取高层员工对某些问题的看法，而且我喜欢将自己视为乐于寻求共识的人。我的领导风格是让每个人都有发言权，并设法说服参与会议的成员就特定问题达成共识，而不是产生冲突和不满。我一直鼓励采用基于数据的方法来做出更明智的决策。此外，我鼓励图书馆在财务上更加自立，这对于研究型图书馆而言是更具挑战性的事情之一。我们的财务未来取决于我们长期维持不同收入来源的能力。因此，创建我们的捐赠基金，增加各种收入来源，具备开拓精神，专注于慈善事业，这些将使我们在迎接未来几年的挑战时处于有利地位。

与美国同行相比，牛津大学图书馆的筹款工作是否存在重大差异或具有相似之处？

相似性极强。常春藤联盟的主要图书馆在许多方面与博德利图书馆非常相似，但他们比其他西方或欧洲图书馆更早开始创建自己的捐赠基金。我在常春藤联盟图书馆的同行已经拥有大量的捐赠，但他们依然非常投入，并且非常擅长围绕特定的创新项目进行筹款或争取馆藏捐赠。博德利的重点是为图书馆的核心活动获取可持续的收入来源。与许多常春藤联盟图书馆相比，我们的捐赠基数要低得多。

牛津大学与剑桥大学，以及与哈佛大学和耶鲁大学相比，学生用户对各自大学图书馆的需求、期望和态度之间有何不同？

这个问题太宽泛了，无法简要回答。美国与英国在本科教育方法上大不相同，并且也存在其他文化上的差异，这些差异会影响图书馆提供服务的方式，

▲ 牛津大学韦斯顿图书馆　约翰·凯恩斯/摄　牛津大学博德利图书馆/版权所有

但信息资源、信息技术或学习空间这些基本需求是非常相似的。与20年前相比，我们有越来越多的本科阶段留学生。因此，我们必须适应读者，提供与其他图书馆相似的服务。24小时服务就是其中的一项，这个做法源自美国，在英国开始流行。研究生的需求的相近性很大，在这一阶段有更多的国际交流。这给英国图书馆带来了问题，而预算较多的美国图书馆通常拥有更多的研究资源，并且在更早的时候展现出更多的技术创新。

您是哪些学术协会和专业协会的会员，这些角色如何在工作中为您提供信息？

我是英国图书馆与情报专家学协会（Chartered Institute of Library and Information Professionals，CILIP）的会员，还分别是伦敦大学、牛津大学、剑桥大学和爱丁堡大学书目学会的会员，所有这些学会都是我长期的智力源泉。我还是古董学会（Society of Antiquaries）和皇家艺术学院（Royal Society of Arts）的会员。最近，我当选为北美最古老的学术团体——美国哲学学会（American Philosophical Society）会员，这让我与更广泛的学术圈相联系。

作为博德利图书馆馆长，您工作中最受益的部分是什么，最令人沮丧的部分又是什么呢？

我这个角色最受益的部分就是和各级学者的互动，无论是本科生还是资深学者。他们是我们的服务对象和合作伙伴，他们的研究与图书馆的工作密切相关，你不禁会对牛津这种地方进行的研究感到好奇，并从中受到启发。我的角色中最令人沮丧的部分是常年没有足够的资源来完成我们的使命——努力争取更多资源占用了大量的时间，而这些时间本可以更好地用于完成我们的使命。

如果年轻人有志成为图书馆员，并向您寻求建议，您会对他/她说些什么？

我会鼓励他们！他们需要有在图书馆工作的经验，最好是在一个以上的图书馆工作过，以便了解自己对图书馆工作的哪个方面最感兴趣。在某种程度上对学术感兴趣真的很有帮助，最好是在特定的学科领域。

在图书馆员的职业生涯中，您还有什么有趣的故事想和读者分享吗？

故事太多了，很难挑出其中之一。我只能说，图书馆员的生活一直很充实、很有趣，从来没有一个星期是单调的！

第十章

马克·珀塞尔，剑桥大学图书馆主管研究型馆藏的副馆长

简介

尽管早在14世纪，剑桥大学就已收藏了许多书籍和手稿，但剑桥大学图书馆本身及其第一本目录的历史始于15世纪左右。从16世纪开始，图书馆馆藏数量通过接受捐赠和法定缴存的途径获得了显著增长，至今图书馆仍以此闻名。在宗教改革时期，图书馆的发展受到忽视。不过，图书馆大楼于1934年进行了翻新，并增加了许多附加设施，例如剑桥大学图书馆东亚馆青井亭（Aoi Pavilion），用于保存亚洲研究方面的馆藏。图书馆的藏书量通过

▲ 马克·珀塞尔

法定缴存持续增加，图书馆还通过数字化项目在全球范围内提供馆藏公开查阅。

马克·珀塞尔（Mark Purcell）目前担任剑桥大学图书馆主管研究型馆藏的副馆长，负责图书馆的特藏、数字人文和公共服务。接下来的访谈涉及他在早期印本图书方面的工作，剑桥大学图书馆系统的复杂性以及他对图书馆数字化项目的思考。

访谈开始，先请您做个自我介绍。比如，您的专业和教育背景是什么，您在大学学的是什么专业？

我叫马克·珀塞尔，是剑桥大学图书馆（Cambridge University Libraries）[①]

---

① 剑桥大学图书馆主页：http://www.lib.cam.ac.uk。

主管研究型馆藏的副馆长。我是三名副馆长之一，馆长的职位目前空缺，新的馆长杰西卡·加德纳博士（Dr. Jessica Gardner）将于下个月，即2017年复活节前后到任。

关于我的专业背景，我在牛津大学学的是历史专业，然后在1994年获得了伦敦大学学院图书馆学硕士学位。之后，我作为牛津大学图书馆自动化服务团队的一员，在牛津大学多个历史悠久的学院图书馆工作。随后我转到牛津大学基督堂学院（Christchurch）图书馆，这是牛津大学最大的、具有重要历史价值的学院图书馆。我是一个非常传统的特藏专业人员，对早期的印刷书籍、有历史价值的图书馆以及许多早期的数字化项目感兴趣，这些项目是我作为职业图书馆员入行之初才开始的。在伦敦大学学院的时候，我深受图书馆学教授罗宾·奥尔斯顿（Robin Alston）的影响，他是一个相当古怪、特立独行的人，但也是一个非常善于激励他人的人，他在20世纪70年代参与了英语短标题目录（English Short Title Catalogue）①创制。此外，在去伦敦大学学院之前，我是牛津大学博德利图书馆②的高级助理。所有这些都影响了我的世界观。要问我是数字人文图书馆员吗？并非如此。这只是如今作为一名特藏馆员的全部工作的一部分。

我在英国成为一名非常传统的特藏专业人士后，在1999年申请了一份非常奇特且非同寻常的工作，即负责英国国家名胜古迹信托组织（UK National Trust，又称英国国民信托）③拥有的170家有历史价值的图书馆，这是一个大型非营利性慈善遗产组织。近乎偶然，他们从英国大部分地区收购了大量的有历史价值的图书馆。筹款完成后，他们就需要找到一位高级图书馆员来负责这些馆藏。我认为从事这项工作让我获得了对多种历史藏品进行战略管理、在复杂的联邦政治环境中处理问题，以及如何去筹款的专业知识和工作经验。这些经历促成了我来这里（剑桥大学）工作。

对来自历史悠久的城堡或类似国民信托机构的馆藏，您是如何管理或编目的？

我举个例子。有一个非常有名的房子叫汤森（Townsend），这实际上是一

---

① 英语短标题目录主页：http://estc.bl.uk。

② 博德利图书馆主页：http://www.bodleian.ox.ac.uk。

③ 英国国民信托主页：http://www.nationaltrust.org.uk。

栋17世纪的农舍，位于英格兰西北部的一个偏远地区。这所房子里有个图书馆，已有300多年的历史，有大约1000册书，属于几代农场主，并代代相传下来。它是一处文化古迹，记录了一个偏远的乡村社区300多年的阅读和社会活动，具有令人难以置信的生命力。它拥有许多非常稀见的书籍，其中还有大量见证了该地区的生活史的稀见书籍，因此非常重要。

这个图书馆的非凡之处在于，它不同于剑桥大学的图书馆——由精英藏书家或背后有数百年历史的大学的学者创建，它本质上是由乡村人建立的图书馆。为这个图书馆的书做整理和编目，充满了挑战。比如，农舍无法上网，今天我们可以在手机上进行操作，但在2002年还没有智能手机。还有财务方面的实际问题——如果想对1000册早期印刷书籍进行编目并且想要做得好，需要找到懂行的人，这意味着必须购买服务。更重要的是，在一个大型组织中进行此类工作还有文化挑战，需要向没有这方面工作背景的同事解释，为什么这些收藏具有国际意义，或者投入大量资金进行编目、对相关部分进行数字化的好处，以及这样做对组织和公众的意义。实际操作过程的复杂程度，需要把上述这些工作加在一起，再乘以150。

▲ 剑桥大学圣约翰学院叹息桥（Bridge of Sighs）

一般来说，谁愿意为这种项目捐赠大笔资金？

如您所知，不同的国家有不同的慈善文化和税收制度。例如，在英国，有一个叫作"替代收购"（AIL，Acquisition in Lieu）的制度，对于拥有宝贵文化资产的人，他们可以安排在亡故后将文化资产提供给某个机构，以此来抵消税收。在某些情况下，人们之所以向这样的机构捐款是因为他们对我们的工作感兴趣，或者对合作感兴趣。例如，目前我们剑桥大学图书馆系统和波洛斯基基金会（Polonsky Foundation）①建立了合作伙伴关系，该基金会对合作项目非常感兴趣。我们还与牛津大学和一些研究员合作开展了一个数字化的项目，这显然非常重要。

您是图书情报专业还是历史学专业出身？

以上都不是！我的图书馆情结是我学习生涯的产物。我本科就读于一所有着700年历史的学校，那里有一座历史悠久的图书馆，离我仅有200米的距离。如果你对图书馆感兴趣，那是个很好的地方。这就是我职业选择的起源，我的选择非常实际。

您是否一直在图书馆工作，或者说您在选择从事图书馆行业之前有没有其他的非图书馆工作经历？

算是有吧。完成本科学业之后，我度过了非常愉快的一年空档期（gap year），因为我的另一个兴趣是音乐。我在英格兰南海岸一座大教堂的音乐部门待了一年，演奏管风琴，兼任指挥。与此同时，我发现自己所在的这座具有900年历史的大教堂里还有一个图书馆，并且发现自己对图书馆越来越感兴趣。原本我是花了一年时间做音乐，却连自己都没意识到，我其实置身于图书馆中。

请谈谈您成为剑桥大学主管研究型馆藏的副馆长的经历。

我花了15年时间在英国国民信托做一份异乎寻常的工作，并且获得了相当大的知名度。成名后，一个猎头发来邮件，我觉得剑桥听起来挺有意思，仔细研究了一下。四个月后，我就来了！

就您现在所从事的工作而言，对某个学科领域有非常深刻的了解或成为一名好的管理者，这两者哪一个更重要？

我认为一个人需要具备所有这些素质才能成功。我还远非专精之人，但我

---

①　剑桥大学波洛斯基基金会主页：https://www.cam.ac.uk/subjects/polonsky-foundation。

有相当广泛的涉猎，这非常有用。我到这里，不是来做剑桥大学图书馆某方面的专家。我们有25名典藏专员，他们是真正的专家。我的工作是建立适当的组织结构和文化，以使他们能够做自己真正擅长的事情。对于我们的有些馆藏，我的知识几乎为零。我认为我们必须有适当的组织方式，知道该问哪些明智的问题。

我认为领导力非常重要，要在指导团队工作与让他们自由地提出想法和创新之间做好平衡。再有，能够传达你所做工作的重要性和价值也很重要。大学的政治环境很复杂，我们有三十一二个学院，他们是独立的机构，还有多个系，权力和影响力也需要平衡。此外，有信服力地表述你做的事情是什么、为什么值得做——是让事情真正运转的第三个要素。

您能更详细地说明目前作为副馆长的角色和职责吗？

传统上，这个图书馆有一名馆长和一名副馆长。目前，我们有三名副馆长，并做了专业化分工。我是负责研究型馆藏的副馆长，主要负责三个领域。第一是图书馆的特藏。我们有一个特藏主管，他向我汇报工作。这里有早期的印刷书籍、手稿、欧洲范围以外（非洲和亚洲）的大量藏品、地图和音乐作品，这些是图书馆传统定义上的特藏。第二是数字资源。我们的数字图书馆非常庞大，它是那些特藏的数字化化身。这对我们很重要，因为我们希望能够在全球范围内推广这些收藏。

与此密切相关的是图书馆的数字人文工作。当然，关于什么是数字人文以及它的发展方向还有争论，但我们已经在全校范围内开展过数字人文学科的研讨。大家惊喜地发现，剑桥大学图书馆系统在数字人文学科方面已经有一些开创性的工作。其中，我的一份报告就是关于特藏与全校数字人文工作。我们的特藏团队还负责举办展览，其中涉及藏品保护工作。我们有非常多的历史收藏，保护这些藏品的任务非常重要，既要确保它们能为研究所用，又要确保它们不会在使用中遭到破坏，从而可以在未来继续使用。

作为负责研究型馆藏的副馆长，我的第三项职责是分管读者服务部，该部门在剑桥大学图书馆主馆为读者提供服务。正是这个部门负责阅览室运营，处理公众咨询，接待游客，导览，举办展览，负责借还书。我们的与众不同之处在于，我们是英国唯一一家提供借阅的法定缴存图书馆——我们每年从大学图书馆主馆借出约30万册书。综上所述，这些就是我的管理职责。作为图书馆

▲ 剑桥大学圣约翰学院图书馆内景

领导团队的一员，我与其他馆员和副馆长对整个图书馆战略布局负有集体责任。所以，我的决策不限于大学图书馆主馆。

请描述一下您工作日典型的一天，或者有典型的一天吗？

并不存在典型的一天！倒是有最典型的部分，我整天要么参加会议，要么主持和组织新的会议。很多时候我都是在思考我们的发展方向，思考未来。我们的战略计划做到了2020年，与许多其他图书馆一样，我们可以制定计划，但事情变化很快。

能否简单介绍一下剑桥大学及其图书馆系统，是什么让他们独树一帜？

这个系统非常复杂。首先，我们的图书馆有三到四个独立层次在同时运行。第一层次，是伟大的、历史悠久的大学图书馆——在剑桥人们称之为"大学图书馆"（UL），已经有600多年的历史——图书馆可考历史是从1416年开始，但在那之前图书馆就已经存在了。最早的图书馆与国王学院教堂（King's College Chapel）毗邻，运行了500多年，是由中世纪和文艺复兴时期建筑群组成的复杂系统。此后图书馆搬到了河对岸200米外的宏大建筑里。这个建筑由贾尔斯·吉尔伯特·斯科特（Giles Gilbert Scott）设计，1934年投入使用。这是20世纪30年代二战爆发前的建筑中的杰作。这里正是大学图书馆主要的研究型馆藏存放地，是国家法定缴存图书馆，每天与成千上万的用户打交道，开展大规模的数字活动，提供图书借还服务，保存着大量的特藏，并开展公共服务项目。

除此之外，我们还有其他属于大学的图书馆，通常与院系相关，比如艺术史、东亚研究、经济学等方面的小型图书馆。许多这样的图书馆被称为"附属图书馆"。这是近年来我们的新工作：过去属于学院（或系）的图书馆（资料室），现在作为同一个大型大学图书馆系统的一部分，向大学图书馆馆长汇报工作。

在这之外更为复杂的是，大学里的所有学院（college）——它们不是大学的一部分，而是在法律和财政上独立的组织——几乎都有图书馆。大多数学院的图书馆都有大量极其重要的历史藏书。例如，今天早上，我去了（剑桥大学）三一学院，那里有相当数量的早期印刷书籍——历史悠久的大型学院往往都拥有很棒的图书馆。他们与大学是分开的，因为学院在法律上和财政上是独立的机构。我们作为大学图书馆主馆及主馆网络，与学院的同事保持着非常密切的联系。广义上来讲，加上所有这些图书馆，整个大学有大约140个图书馆，但这个系统既没有统一的汇报架构，也没有统一、整体的做事方式。这让事情变得非常复杂，但也带来了非常丰富的体验和创新的方法。

管理历史如此悠久且复杂的图书馆，有什么优势或劣势？

潜在的劣势是重复性工作成本高，缺乏战略规划，但同时也会具有创新的潜力，也许能提供非常好的个性化服务。例如，如果你是剑桥学院（Cambridge College）的本科生，在学院大楼里，你会非常了解你自己学院图书馆的工作人员。他给你一种很好的感觉，让你觉得这是你自己的家。你也可以选择去大学图书馆主馆，在那里你能找到自19世纪以来英国所有的书籍。

剑桥大学的图书馆员有教师身份吗？他们需要为学生提供教学和研究辅导吗？

剑桥大学图书馆系统的工作方式因地而异。职员中的所有高级馆员（senior librarian）都是大学的高级工作人员。他们的级别和薪酬结构与大学老师完全一样。比如我有高级职位，和非英国大学（non-UK universities）的副教授身份一样。我有投票权，我们所有的员工都有同样的权利。图书馆紧密地嵌入高校组织机构中，图书馆工作人员处于非常有利的地位，可以为学生提供直接的支持。请记住，我说的是学生，使用图书馆主馆的许多人肯定不是学生。还有许多来自其他英国图书馆的用户来使用我们的馆藏。

当前的馆藏规模如何？其中哪些是亮点？

我们有超过900万册（件）藏品——仅印刷图书册数和稿抄本盒数。因此，就我们的全部馆藏而言，实际数量要更大。在一些美国大学图书馆，他们把稿抄本按张来计数，而在英国，稿抄本是按盒来计数的。不过，在统计馆藏方面我们还没有更系统的数据。

就独特的馆藏而言，显然，我们所有的手稿都是独一无二的。我们有英国第三大的超过5000件西方中世纪摇篮本，大量的牛顿论文，以及100万册19世纪的印刷书籍。我们不仅仅有学术书籍，作为法定缴存图书馆，我们还有铁路时刻表、儿童书籍、汽车维修说明书等各种资源，这些资源在一个世纪前被带进图书馆时还不被认为是严肃的学术研究资料，但现在它们已经是重要的原始资料，在很多情况下甚至成为世界仅存的一两个副本。我们还有开罗藏书（Cairo Genizah）。这是保存在开罗埃兹拉犹太教堂（Ben Ezra Synagogue）的礼拜文献，包罗万象，是全球历史上规模最大的档案之一。我们还有一些在西

146

▲ 剑桥大学图书馆（1416年建成）

方国家中最好的日本和中国资源，是经过长时间积累得到的。

请描述一下剑桥大学图书馆的人员结构？

我们所有人都向大学图书馆馆长汇报工作，他将于下个月到任（加德纳博士在复活节前后到任）。图书馆员工总数约500人，其中有一些初级职员，他们对图书馆也很重要，主要工作是取书。在我所负责的约130人的团队中，有大概30人负责取书。有500万册书开架流通，但还有数百万册书属于闭架服务，需要提取。有40名左右专业馆员负责某些特定领域，例如音乐、地图或日语。主要的珍贵文献典藏部门包括手稿部和善本部，我们已经决定将部门整合，要组建档案部和早期收藏部。我们的数字化保护团队大概有9人，还有一部分人负责藏品保护。我团队中的成员也与其他副馆长有密切合作。在大学服务部门也有我们的工作人员，他们负责管理大学图书馆主体架构之外的23个附属图书馆，我们还有一个部门负责管理法定缴存系统。

您的图书馆是否需要为经费担心？

我们图书馆有很多经费，同时也还有很多事要做。其实，有许多规模与我们相当的图书馆比我们有钱得多，在这儿就不具体指出名字了。全球性图书馆都非常富有。

剑桥大学是如何定义学术交流的？

我不会过多谈论学术交流，因为这超出了我的专业领域。但是，我们有一个非常大的项目，就像许多大学一样，致力于将由大学研究委员会资助的研究成果向公众免费开放。这是驱动剑桥大学学术交流部工作的主要原则。

您能形容下您的管理和领导风格吗？

这个问题最好由我的员工来回答！我认为达成共识很重要，但也要做出决定并切实贯彻。我倾向于不分等级。我们接待欧洲其他大学图书馆同行的来访时，会惊讶地发现他们之间彼此称呼对方头衔，但在这里，他们也一样惊讶地发现我们都对同事直呼其名。这虽然不是事情的核心，但表明我们是同一个团队的一部分，我们不信奉等级制度。

您觉得工作中的哪一部分最有价值，哪一部分又最令人沮丧？

采购馆藏是非常值得的。让新的专业人士担任空缺职位，并看到他们在这些职位上成长和发展，也是非常值得的。沮丧？在任何大型组织中都会遇到挫折，比如相信只要你拉动杠杆，事情就会立即发生。但是实际上，在工作中没有什么事情可以像这样自动运行。

牛津大学与剑桥大学两校之间，学生对各自大学图书馆的需求、期望和态度有何不同？

这个问题很有趣。牛津大学的图书馆在整个大学中更加突出——博德利图书馆位于大学具有历史意义的中心，这是非常令人瞩目的。而剑桥大学在1934年做出了激进而激动人心的决定，就是将大学图书馆搬到了历史悠久的市中心的外面。因此，人们很容易忘记我们的存在。

我认为做比较有点困难。我感觉两校情况非常相似。学生们在许多方面不同，但在许多其他方面又非常相似。相似之处在于，这两所大学都是综合性研

▶ 剑桥大学图书馆内景

究型大学，大学和图书馆都以科学为中心。

请您描述一下当前的信息格局，以及它是如何影响整个大学社区的学习、教学和研究活动的？它是如何塑造剑桥大学图书馆服务的？

我就从我所负责工作的角度谈论这个问题，而不是从整个图书馆角度，因为在其他领域会有所不同。互联网的存在让我们能够以更加全球化的方式，7天×24小时全天候地向更多人提供我们的馆藏。

您认为对于剑桥大学图书馆来说，成为世界各地的学者互动、交流和接触的虚拟平台是否重要？

绝对至关重要。只为一栋建筑里的读者或剑桥大学一个学校的用户服务的时代早已一去不复返了。当然，我们不是唯一这样做的大学，而是和许多其他大学一起合作。提供数字化馆藏开发了学术研究的潜力，而这在以前是很困难的。

剑桥大学是否也有或更便于"在移动客户端访问资源和服务"的计划或项目？

当然有。我们是移动客户端友好型机构。例如，在我们成立600周年之际，我们制作了一个应用程序，该应用程序可以对我们大量最重要的宝藏进行全文访问。因此，如果您想阅读古腾堡《圣经》或牛顿《数学原理》的副本，就可以通过iPad实现。这确实令人非常兴奋。

所有这些工作经验和角色，对您作为副馆长的工作有何帮助？

我认为我对图书馆如何运作的观点比只在传统图书馆工作过的人要稍微宽泛一些。比如我对图书馆和博物馆的关系很感兴趣。在剑桥大学中，两个最大的组织是大学图书馆和大学博物馆。我们有许多可以互相学习的地方，也有相似的地方。博物馆往往很擅长与公众沟通，图书馆积极与公众互动也是极其重要的。大学通常非常关注自己的影响力——我的研究对整个社会有什么影响？

如果有志成为图书馆员的年轻人向您寻求建议，您会对他或她说什么？

我认为选择一个你真正喜欢的行业是很重要的，因为你想做这一行就会对它充满热情。作为图书馆员，你不会很富有。你可能有过得很开心的时候，也可能有为节省开支而发愁的时候。但是，如果这是你真正想做的工作，那么你会度过有趣的时光。

第十一章
伊尔卡·肯德，柏林自由大学图书馆系统馆长

简介

柏林自由大学（Free University of Berlin）在德国大学排名中稳居前十，并以其在人文与社会科学以及自然与生命科学领域的研究而闻名于世。1948年12月该校由学生和学者在西柏林创建，当时正值冷战初期。与柏林洪堡大学一样，柏林自由大学也是"德国大学卓越计划"中十一所精英高校之一。要入选"德国大学卓越计划"需要与其他高等教育院校竞争。柏林自由大学凭借其五个博士项目、三个交叉学科研究团队及"国际大学网络"的总体战略布局从中脱颖而出。

▲ 伊尔卡·肯德

伊尔卡·肯德（Jirka Kende）目前是柏林自由大学图书馆系统的馆长。在下文的访谈中，肯德馆长详细介绍了柏林自由大学图书馆的历史和当前的任务。在访谈中，肯德还介绍了柏林自由大学最著名的图书馆之一——语言学图书馆背后的设计理念及其独特的建筑设计：既是开展信息素养教育的载体，又是一座精美的主动与被动式节能相结合的节能建筑典范。

访谈开始，请您先介绍一下自己，如您接受的专业训练和教育背景。您在大学学习的专业是什么？您在德国甚至世界的图书情报界哪些方面比较出色？

我先是在柏林自由大学①学习经济学，主要研究兴趣是不同经济体制的比

---

① 柏林自由大学主页：http://www.fu-berlin.de/en/。

较。本科学习结束后，我先出国了一段时间，然后再回到柏林开始两年的硕士学习（德语里叫作"Referendariat"，即见习期教育），我学的是图书馆"高级服务"专业。要想在德国公共服务部门担任高级职务，必须要有两年这样的见习期教育经历。通常，见习期教育是针对某个特定专业领域的，比如法律、教学等。我接受的见习期教育是图书馆管理——现在它被情报学硕士学位取代了。

20世纪90年代末，柏林自由大学图书馆拥有了第一个图书馆集成管理系统（ILS），这是来自艾利贝斯公司（Ex Libris）的 Aleph 500 系统。当时大学图书馆并没有相应的信息技术人员，而我当时负责读者服务，我不得不一头扎进这个系统里，成为执行团队的一员。在之后的几年里，除了日常工作，我还负责这一系统的运营。

我们在使用 Aleph 系统后不久得知，有一个独立于该系统研发公司的 Aleph 国际用户小组。因为当时这个系统还有很多细节有待完善，所以我很快加入了这个叫作"国际 Aleph 用户联盟"（ICAU）① 的小组。一开始我担任其中的沟通协调员，后来成为指导委员会委员。

随着新兴电子资源的出现，艾利贝斯公司（Ex Libris）② 研发出新的管理工具，所以链接解析器超链接技术（SFX）、电子资源管理（ERM）系统 Verde 以及之前的各个用户小组无法代表艾利贝斯的所有用户。因此，在2006年，一个全新的国际用户小组"艾利贝斯国际用户群"（International Group of Ex Libris Users, IGeLU）③ 成立，把艾利贝斯所有产品的用户都囊括了进来。2006年，我成为艾利贝斯国际用户群的第一位主席，并连任了三个任期。由于连任不能超过三届，我于2015年卸任。2016年，作为前主席，我仍然是其指导委员会委员。所以，我对图书馆软件系统及其国际性的运用管理有着深入的理解。但这些与图书馆馆长一职并无直接联系。

在我负责用户群体的这些年里，用户群在我的领导下发展出了一套独特且高效的与艾利贝斯公司合作的模式。这是一个漫长的过程，双方既要了解彼此
的需求，也要找到恰当的方法满足这些需求。要去平衡数量庞大的全球用户与

---

① 国际 Aleph 用户联盟主页：http://www.uia.org/s/or/en/1100046714。

② 艾利贝斯公司主页：http://www.exlibrisgroup.com/。

③ 艾利贝斯国际用户群主页：http://igelu.org/。

▲ 柏林自由大学图书馆

商业公司间的利益，这是一段很有意义的经历。我的感受是，成功实现二者的平衡既有利于用户群体，同时也有利于公司。这不是单向的过程，相反，是需要真正了解对方的需求，并在采取行动时考虑到他们的付出。这一点很重要，因为现在图书馆的工作和服务百分之百依赖于信息技术，所以图书馆应用软件的发展所带来的影响变得至关重要。

您的家庭中有人从事图书馆事业吗？

没有。

您一直都在图书馆工作吗？您能更详细地讲述一下您是如何成为柏林自由大学图书馆馆长的吗？

我选择图书馆事业，或多或少是个巧合。之前提到过，我是学经济的。考试过后，我原本打算从事学术研究。那是20世纪70年代末，欧洲刚经历过石油危机，经济形势严峻，各个大学也在收紧对教学科研人员的招聘。当时我正撰写一篇关于捷克斯洛伐克（我的故乡）经济政策的文章，我偶然遇到了一名申请图书馆专业见习期教育的学生，于是我向她询问了具体情况。她的回答听起来很有趣，再加上我之前也做过两三年的图书馆学生助理，我对图书馆的后台工作有或多或少的了解。于是我想，在图书馆工作或许很有意思：能够留在大学，不会丢掉专业知识，还能接触人力资源管理和服务管理。这些听上去都很有前景。

完成见习期教育后，我开始在柏林自由大学图书馆工作，担任经济学与社会科学的学科馆员。不久，我接手了图书馆用户服务部门的工作，然后过了一些年成为副馆长，负责信息技术开发。之后担任柏林自由大学图书馆与整个柏林自由大学图书馆系统的馆长。

德国的图书馆员与北美或者其他非德语国家的图书馆员在职业态度和工作风格上有什么不同呢？

长久以来，德国大多数图书馆员在进入图书馆行业前都是学人文学科出身，了解编目规则是他们最重要的任务之一。图书馆主要被视为"宝藏的守护者"。但过去几十年里，情况发生了许多改变。图书馆引入了信息技术系统，电子资源接踵而至，人们对图书馆作为服务提供机构的理解也发生了转变。在对管理与信息技术感兴趣的人看来，图书馆工作更有魅力了，因此图书馆吸引了许多其他专业学科的学生投身其中。

根据我在国际合作方面的经验，世界各地的图书馆从业者并没有太多不同。一些国家可能比德国更注重实用性，但这也在很大程度上取决于个人。在德国可能有所不同的是，进入图书馆行业必须要有正式的教育资历，起码像大学图书馆这样的公立机构图书馆是这样。

您能简单介绍一下柏林自由大学吗？

您应该知道，二战后柏林一分为二，一边是由苏联管辖，另一边是由法国、英国和美国管辖。柏林传统的大学洪堡大学[①]位于柏林东部的苏联管辖区。20世纪60年代和70年代，自由大学成为德国规模最大的大学，80年代时学生规模就达到了6万。90年代德国统一后，洪堡大学的学生人数增多，而自由大学的学生人数稳定在35000人左右。无论怎样，自由大学保留了最初的名称。

柏林自由大学与洪堡大学在课程设置、研究重点上主要有哪些不同呢？两所大学图书馆在用户（态度与期望）方面主要有哪些不同？

两所大学并没有太大差异。如果一定要说不同，柏林自由大学的主要关注领域是人文学科，而洪堡大学主要是理科。但两所大学在人文社科和理科领域都有出色的研究。

---

① 洪堡大学主页：https://www.hu-berlin.de/en/。

▲　柏林自由大学约翰·肯尼迪研究中心图书馆内景

目前柏林自由大学图书馆馆藏规模有多大？您能谈谈图书馆馆藏和图书馆服务方面的亮点吗？

目前柏林自由大学图书馆有850万册纸质藏书、70万本电子图书、75000本电子期刊和1500个数据库。作为一所"年轻"的大学，我们并没有很多稀见珍本馆藏，不过在一些学科图书馆和我们的大学图书馆中心馆的确也藏有小规模的稀有珍本。要说我们图书馆馆藏的亮点，那就是我们的电子资源。我们相信，这些电子资源涵盖了大学里各个院系的师生在进行研究和学习时所需要的最重要藏书。

柏林自由大学图书馆系统以大学图书馆为中心馆，还包括12个大小不一的学科图书馆，其中有的图书馆藏书量在100万册左右，各图书馆均有设施齐备的学习中心。所有图书馆都使用相同的图书馆系统（现为Aleph 500系统，从2017年开始使用Alma系统，二者都出自ProQuest[①]/艾利贝斯），还有一个联合目录，现在已经并入图书馆的门户网站Primo中。通过Primo这一"超级索引"中心门户（包括近十亿份科学出版物），用户可获取这些图书馆的所有馆藏以及柏林自由大学机构知识库里的文件。这个"一站式商店"让研究人员和学生能够在校内和校外以及通过移动终端找到所有相关信息。除此之外，我们

---

①　ProQuest主页：http://www.proquest.com。

的大学图书馆还支持师生员工的开放获取（OA）出版，我们代为支付文章处理费，同时还为此构建了一个机构知识库，该库也拓展到包含科研数据。

请您谈谈柏林自由大学图书馆的员工结构。

柏林自由大学图书馆系统包含235名全职人员，他们的岗位分布在大学图书馆和12个学科图书馆，并配有额外的学生助理，这些学生助理负责额外开馆时间的工作。

能讲讲您典型的工作日情况是怎样的吗？有没有典型的一天呢？

这样的一天里通常包括参加会议、写邮件或者回复邮件。当然，我的工作每天都不一样，这取决于学校当下的"热点"，比如制定数字化战略和研究数据管理战略，或是图书馆系统的相关问题。这些议题有的与图书馆人力资源管理相关，有的与图书馆建筑修缮有关。目前，我工作的一个重点是为图书馆配备一套全新图书馆系统——Alma。这个项目为期一年，它将替换掉我们现在正使用的所有系统。这意味着我们不仅要解决技术问题，还要应对改变这样一个庞大的图书馆系统所带来的挑战。除此之外，我的工作还包括协调用户群体与信息技术提供商之间的合作。不过，在我去年卸任主席一职后，这一部分工作在我日常工作中占比就小了不少。

柏林自由大学的语言学图书馆被誉为"柏林的大脑"，是学校以及柏林市共同的建筑瑰宝，也是一座精美的主动和被动型节能相结合的节能建筑典范。作为图书馆馆长，您能用自己的话来描述读者对这座图书馆的看法吗？以及这座图书馆建筑的内部设计是如何服务于整个大学社区的学习、研究和休闲娱乐活动的呢？

我在柏林自由大学图书馆工作的30年里，这座图书馆发生了巨大革新，不仅仅在技术方面，其空间结构也发生了很大的变化。30年前，学校共有大大小小超过140个图书馆。通过新建或改建，原有体系精简为13个图书馆[①]，共设有近7000个工作空间（working spaces），可供研究人员和学生使用，其中包括许多配备了智能平板等设备的协作工作空间。

语言学图书馆是最后一批进行整合的小型图书馆。有15座图书馆并入了

---

① 柏林自由大学图书馆系统一共有馆舍14处，包括大学图书馆中心馆1处、学科馆12处以及主要提供空间服务的校园图书馆（Campus Library，2015年建成）1处。——译者注

这座由诺曼·福斯特爵士（Sir Norman Forster）设计的精美建筑之中。这座图书馆的确是将美学融入工作环境的典范。这座图书馆最初的设计是一个巨大的开放空间，并没有考虑提供协作工作空间，但如今学生对这种协作空间的需求越来越大。

2015年，学校图书馆系统完成了最后的整合。把24座大大小小的图书馆合并组建为所谓的校园图书馆（Campus Library）时，我们考虑了学生的这一需求，创建了多种多样的工作空间，可供个人以及大大小小的团队使用。这两座图书馆在校园里最受学生欢迎，不仅仅是个别院系的学生，而是所有学生都最喜欢这两座图书馆。

下面谈谈语言学图书馆的主动型和被动型相结合的节能设计。夏天，外部的新鲜空气会通过建筑底部的双层结构进入图书馆，并在内部流通。而废气则会通过建筑外层特殊的排气设备排出建筑。为达到这样的效果，建筑的阳面安装了玻璃板，这使得建筑内外层之间的空气温度能够快速升高，从而把废气通

▶ 柏林自由大学语言学图书馆内景

129

过建筑外层的排气设备排出。

除了运用这个"太阳能动力"，这栋建筑还能利用风向来转化风能。风从西边来，把空气推入建筑内部。而在建筑东边，空气的压力差会使废气排出建筑物。通过这种方式，全年60%的时间里，图书馆都是以这种自然的方式实现空气调节的，不需要额外使用空调。

以柏林自由大学语言学图书馆为例，请您讲讲，设计精妙的实体图书馆空间是如何促进信息素养教育开展的呢？

柏林自由大学的所有图书馆都致力于推进信息素养教育。仅大学图书馆中心馆每年就开设超过150门课程。所有图书馆都参与了本科生信息素养教育课程。除此之外，各学科图书馆以及语言学图书馆的同事也会针对各自研究领域开设特色课程。

设计精妙的图书馆空间当然对学生有吸引力。有时，语言学图书馆过于拥挤，我们不得不限制入馆人员，只对本专业学生开放。随着中心馆的开放，语言学图书馆附近又多了一座非常吸引人的图书馆，这缓解了语言学图书馆的接待压力。

语言学图书馆也对柏林公众开放吗？

是的，与柏林自由大学其他的所有图书馆一样，均对公众开放。

柏林自由大学是不是也与柏林－勃兰登堡图书馆合作网（Berlin-Brandenburg Library-Network，KOBV）①有密切合作？如果是，您能举例说明贵馆与KOBV的合作吗？

我们当然有合作了。柏林自由大学不仅是柏林－勃兰登堡图书馆合作网理事会成员，还与其保持着密切的合作关系。例如，由于柏林－勃兰登堡图书馆合作网负责柏林所有图书馆的馆际互借，目前KOBV使用了我们的很多应用程序，包括链接解析器（SFX）、电子资源管理（ERM）系统 Verde 和门户 Primo（中央索引）。不过随着我们开始使用Alma系统，这些都会调整，因为这些应用程序都包含在Alma系统中，并会移上云端。虽然有了新变化，但是KOBV在数据分析和管理方面的专业知识仍将大力支持我们向Alma系统的过渡。

我们之间的密切合作还会继续——柏林自由大学图书馆系统的成员也是很

① 柏林－勃兰登堡图书馆合作网主页：http://www.kobv.del/。

多 KOBV 工作小组的成员，他们在德国全国图书馆机构中代表 KOBV。最后我想说的是，柏林自由大学为 KOBV 提供主要的资金支持。

您的管理和领导风格是怎样的呢？总的来说，您如何看待现代科技对您所在领域的管理和服务带来的影响？

我认为自己的管理风格是合作式管理。在决策过程中，让相关专家参与决策很重要，因为这能让他们感受到对各项决定的共同责任，并尽最大努力达成目标。这很关键。

近年来，科技已经完全改变了图书馆的工作方式。有了现代技术手段，图书馆能够提供的服务远超 30 年前的水平——对比一下，过去使用手写的卡片目录信息，还通常只能在（少得可怜的）图书馆开放时间才能获取到，而在今天，无论何时何地，无论身在世界哪一个角落，都可以通过移动设备获取数以百万计的科学出版物全文！

作为柏林自由大学图书馆馆长，您的哪一部分工作让您觉得最有意义？哪一部分工作最令您沮丧？

不断优化的服务让我感到自豪，确信自己并没有虚度年华做些毫无用处的事情，我可不愿意那样。我也很开心看到图书馆的同事们满腔热忱地对待工作，对新的发展和新的理念秉持开放态度，甚至主动提出新鲜的见解。

令我沮丧的是我们的资源不足。不过，我已经足够幸运了。柏林自由大学很快认识到图书馆是学校整体发展的重要基础设施，所以大多数情况下，无论是图书馆的合并整合还是重建，或是引入新型工具和服务，我们都能够成功实施我们的计划。学校领导层的支持至关重要。如果没有资源，再好的设想也是空谈，无法变成现实。当然，永远都有新的需求出现，但总体来说，我很幸运，在我的职业生涯中，没有太多让我沮丧的事情。

如果一个年轻人想从事图书馆行业，向您寻求建议，您会给他/她怎样的专业建议呢？

我会建议他（或她）首先弄清楚自己这一辈子到底想要获得怎样的成就，并找到真正的兴趣所在。只有坚信自己所做的工作是重要的，你才有可能把它做好。而如果你能把工作做好，那就没必要担心你的事业发展了。所以不要把工作的经济收益放在首位，而是要注重工作能带来的满足感。我们一生中大部分时间都要用来工作，所以工作应当是有趣和有意义的，而不仅仅是为了赚钱。

162

至于是否投身图书馆行业，我会问的问题是：你是否愿意在校园这样的环境里工作？是否愿意与不同职业不同地位的人，如学生、IT专家、教授、图书馆员打交道？是否对信息技术感兴趣，比如让复杂的东西变得有条理、尝试新型技术手段、秉持开放之心围绕学者交流开展工作？如果答案是肯定的，那么投身于图书馆行业对你来说将会是一件有趣的事情。

图书馆行业在过去几十年间发生了翻天覆地的变化，如今我们所提供的服务是若干年前做梦都想不到的。我很幸运，见证和参与了这一发展。技术正飞速发展，我确信未来几十年一样会十分精彩。我祝福所有的年轻的图书馆工作者，祝你们好运，愿你们在未来提升图书馆服务品质的道路上充满乐趣！

第十二章
安德烈亚斯·德克维茨教授，柏林洪堡大学图书馆馆长

简介

柏林洪堡大学（Humboldt University of Berlin）是柏林最古老的大学，经普鲁士教育改革家和语言学家威廉·冯·洪堡（Wilhelm von Humboldt）发起，由普鲁士国王弗里德里希·威廉三世（Friedrich Wilhelm III）创建。这所大学经历了两次世界大战，与29位诺贝尔奖获得者结缘，被誉为欧洲最好的大学之一，也是世界上最负盛名的大学之一，以艺术、人文及自然科学见长。2012年，柏林洪堡大学成为入选"德国卓越计划"（German Excellence Initiative）的11所大学之一，该计划是由德国研究委员会和德国研究基金会组织的全国性大学评选。

▲ 安德烈亚斯·德克维茨教授　马蒂亚斯·海德（Matthias Heyde）/摄

安德烈亚斯·德克维茨教授（Prof. Dr. Andreas Degkwitz）目前担任柏林洪堡大学图书馆馆长，兼任波茨坦应用科学大学情报学荣誉教授。在下面的访谈中，德克维茨教授讨论了洪堡大学图书馆在对18、19世纪的古籍善本资料进行数字化方面所做的大量工作，以及他们对开放获取和研究数据管理的特别关注。从图书馆全行业来说，开放获取和研究数据管理是未来支持大学社区教

学、学习和研究的重要任务。

我们这次访谈，可以请您从自我介绍开始吗？例如，您接受的专业培训和教育背景是什么？您在大学学的是什么专业？您在德国或全球的图书情报界哪些方面比较出色？

我叫安德烈亚斯·德克维茨，出生在法兰克福。2011年9月，我开始担任柏林洪堡大学①图书馆的馆长。这是德国规模较大的一座大学图书馆，拥有600万册纸质书籍和期刊，约200名工作人员。图书馆成立于1831年，也就是在弗里德里希·威廉大学（后称柏林大学，今天称之为洪堡大学）建立的20年后。它是柏林地区最古老的大学图书馆。

在此之前，我在位于科特布斯市的勃兰登堡工业大学（Brandenburg Technical University）②工作，2004年至2011年担任那里的首席信息官，负责管理图书馆、媒体和计算机中心。在波茨坦大学（University of Potsdam）③，我于1998年底开始担任图书馆副馆长，主要负责图书馆的信息技术设施。在海德堡大学和科隆大学接受图书馆学教育后，我于1991年至1998年在波恩的德国研究基金会（以前叫作德国研究协会）④的图书馆部门担任初级顾问。德国研究协会主要负责资助研究项目，但它也有一个图书馆部门，各地图书馆可以从那里申请资助。从教育背景来说，我学了古典语言学，博士论文写的是亚里士多德学派的"面相学"（Physiognominica）。此外，我还学了拉丁语、中世纪拉丁语、德国文学和语言学。可以说，我的整个职业生涯都受到了学术界从模拟时代向数字时代转变的影响。这不仅是一个技术挑战，也是一个文化挑战。学术界的传统正在经历深刻的变化，这是所有学科的研究者、教师和学生都关心的问题。要想平衡目标用户群体之间的服务，我们不仅需要强大的沟通技巧和基本的技术知识，还需要了解不同的研究方法。

您掌握了几种不同的语言？

英语、法语、古希腊语和拉丁语——总共四种不同的语言。

---

① 柏林洪堡大学主页：https://www.hu-berlin.de/en/。

② 勃兰登堡工业大学主页：https://www.b-tu.de/en/。

③ 波茨坦大学主页：http://www.uni-potsdam.de/en/university-of-potsdam.html。

④ 德国研究基金会（Deutsche Forschungsgemeinschaft）主页：http://www.dfg.de/en/。

▶ 洪堡大学图书馆格林中心的正面　马蒂亚斯·海德/摄

您是来自图书馆员或学者家庭吗？

我是家里的第一个图书馆员，也是至今唯一一个。但我父母接受过高等 167
教育。我父亲是一名医学博士，在布赖斯高地区弗赖堡市（Freiburg/Breisgau）长期担任神经病学和精神病学的终身教授。

您一直在图书馆工作吗？您能多谈谈您是如何一步步成为柏林洪堡大学图书馆馆长的吗？

我之前提过，我在德国研究协会的图书馆部门工作了 7 年。我的职责包括管理一些资助项目，以及为申请资助的图书馆员提供咨询。此外，图书馆部门的任务还包括发起和设立新的资助项目，其中很多都是关于改善德国图书馆服务方面的。在其他国家，这些任务属于联邦政府的研究部门或国家图书馆。与此同时，我们在欧盟层面就这一领域开展了更多活动，但是德国研究协会仍然

◀ 格林中心的学习空间
马蒂亚斯·海德/摄

非常重视对图书馆的资助。作为那里的高级或初级顾问，你需要对德国的图书馆情况有全面的了解，同时必须有足够的技能来启动并管理一些工作，加强图书馆的基础设施和服务。

柏林自由大学①和洪堡大学的主要区别是什么，尤其是在大学课程和研究重点方面？就图书馆用户对所在大学图书馆的态度和期望而言，两校之间有重大差异吗？

这两所大学的情况相似，尤其是在人文和社会科学领域。不过，它们有各自不同的传统。二战后成立的柏林自由大学比较年轻，而洪堡大学更古老一些，所以读者可以在洪堡大学图书馆找到18世纪和19世纪的古籍和善本资料。在东西德分离的漫长时期，自由大学的藏书涵盖了国际文献，范围比洪堡大学图书馆更广。但是，在德国统一后的25年来，这两家机构的馆藏都得到了很好的发展。

洪堡大学图书馆目前的馆藏规模是多少？能否请您介绍一下图书馆馆藏和服务的亮点？

我们有600万册纸质期刊和专著、约25000种电子期刊和30万册电子书，包括数据库。最引人注目的是洪堡大学许多前辈和著名学者的特藏，例如格林兄弟（Jacob and Wilhelm Grimm）的私人图书馆收藏，共有6000册图书。

---

① 柏林自由大学主页：http://www.fu-berlin.de/en/。

▶ 格林中心的亲子空间
马蒂亚斯·海德／摄

能讲讲您典型的工作日情况吗？有没有典型的一天？

在大学图书馆领域，我们既有传统印刷媒体，也有数字媒体，它们共同构成了两个并行的采集开发和流程管理轨道。在管理一座历史悠久的图书馆时，就必须关注历史馆藏。这些馆藏是文化遗产的一部分，对于许多学科来说始终是重要的资料。另一方面，也必须向用户提供电子书和电子期刊。我们图书馆的数字化转型正在创造新的服务，图书馆必须熟悉这些服务：文化遗产的数字化，关联开放数据，开放获取，研究数据管理，虚拟工作空间，诸如此类。在这种情况下，我的日常工作深受这些新兴问题的影响。我们必须牢记，我们会不断面临未来的挑战和机遇，但不能忘记当下和过去的责任和义务！

请您描述一下自己的管理和领导风格。总的来说，您怎么看待当代技术对您所在图书馆的管理和服务产生的影响？

由于高校图书馆属于公共部门，因此担任领导角色的人必须具备团队精神。在我们这个时代，鉴于德国目前的学术支持条件，合作至关重要，当前和未来技术的协作性为我们彼此间的合作奠定了基础。

在您看来，技术对大学图书馆的运营管理有哪些影响？

在应用信息技术时，我们必须保证工作流程清晰。此外，我们还必须考虑是否能遵照国际标准来实施。既要考虑技术带来的挑战，又要考虑技术的巨大影响。

◀ 格林中心的大阅
览室 马蒂亚斯·海
德/摄

您和贵馆的工作人员目前正面临着什么样的挑战和困难？

我们始终存在着对人员、采购和投资预算的担忧。其次是我们的员工在应
对数字化转型挑战时的能力和技能问题。换句话说，我们能否让员工在应对这
些新任务方面做好适当的准备？我们能否为了这一目标，明确并招募到合适的
人选？

**洪堡大学图书馆是否也与柏林−勃兰登堡图书馆合作网（KOBV）紧密合
作？如果是，您能举例说明贵馆和KOBV之间的合作吗？**

洪堡大学图书馆是柏林−勃兰登堡图书馆合作网（KOBV）的成员。
KOBV是柏林−勃兰登堡州的图书馆网络，涵盖该地区所有的高校图书馆、公
共图书馆和研究型图书馆，包括规模大小不一、馆藏类型各异的各式各样的图
书馆。该图书馆网络是在1997年由柏林州和勃兰登堡州政府以及柏林地区多
所大学图书馆共同建立的。

KOBV办公室隶属于康拉德−宙斯信息技术中心（Konrad−Zuse−Zentrum
für Informationstechnik），提供一系列服务：馆际互借、机构知识库管理和长期
保存设施，以及KOBV门户和链接开放数据服务。它也是学科目录和软件应
用程序的主机。

自2007年以来，KOBV和巴伐利亚图书馆通过战略联盟联合在一起，以便
在项目上进行合作，并在图书和期刊编目方面建立一个公共的数据库。

► 欧文–薛定谔中心的学习空间
马蒂亚斯·海德/摄

▲ 欧文–薛定谔中心的阅览室　马蒂亚斯·海德/摄

您见过很多成功的图书馆馆长，他们身上有哪些共同的品质和/或性格特征？

一个人要想在图书馆事业上取得成功，应该思想开放，对自己的使命充满信心，并具有强大的领导能力。最后，就像在生活中一样，勇敢者会有好运。

作为洪堡大学图书馆馆长，您觉得自己工作中哪些部分最有价值？哪些部分最令人沮丧？

如果有人认为你和你的机构是大学里一个重要且必要的部分，你会感觉很有价值。如果不是这样，那就令人沮丧了，因为通常需要得到认可，图书馆才能获得必需的预算或成事的条件。

如果一个年轻人受到启迪，想成为一名图书馆员，并向您征求意见，您会给出什么样的专业建议？

迎接图书馆行业当前的挑战，并且相信图书馆的形态将不断发生变化。但同时也要认识到，人类永远需要图书馆。

第十三章

拉斐尔·鲍尔博士，瑞士苏黎世联邦理工学院图书馆馆长

简介

瑞士苏黎世联邦理工学院（Swiss Federal Institute of Technology in Zurich，德语：Eidgenössische Technische Hochschule Zürich，简称ETH）是一所位于瑞士苏黎世的以科学、技术、工程和数学为重点学科的大学。该学院直属于瑞士联邦经济事务、教育和研究部（Department of Economic Affairs, Education, and Research）。苏黎世联邦理工学院一直是世界顶尖大学之一，目前在工程和技术学科领域排名世界第五，仅次于麻省理工学院、斯坦福大学、剑桥大学和新加坡国立大学。此外，有21名苏黎世联邦理工学院的毕业生和教

▲ 拉斐尔·鲍尔博士　拉斐尔·鲍尔/版权所有

授获得了诺贝尔奖，其中最著名的是爱因斯坦。在这所世界领先的机构，负责管理图书馆的整体服务和日常运作的是拉斐尔·鲍尔博士（Dr. Rafael Ball），他拥有生物学和科学史的双博士学位，曾先后在美因茨大学、华沙大学和莫斯科大学学习生物学、斯拉夫语研究和哲学。

在以下的访谈中，鲍尔博士作为一名名副其实的跨学科和多学科专家，讨论了苏黎世联邦理工学院所取得的无与伦比的成功背后的驱动力，即知识自由、创业精神、开放心态等，从而创造了一个理想的独立思考环境，并营造了一种激发学生和教师取得卓越成绩的氛围。

我们这次访谈，可以请您从自我介绍开始吗？比如说，您接受的专业培训和教育背景是什么？您在大学学的是什么专业？在全世界的图书情报界，您最受认可的专业特长是什么？

我有多学科学位，包括生物学、斯拉夫语文学和哲学，获得了生物学博士学位。然后我在德国的一所大学图书馆接受了两年培训，专攻信息科学。我的主要兴趣是图书馆管理、数字化转型时期的变革、阅读和书籍的未来，以及数字社会。

我们了解到您拥有生物学和科学史的双博士学位，并先后在德国美因茨大学、波兰华沙大学和俄罗斯莫斯科大学学习了生物学、斯拉夫语研究和哲学。您所具备的这些学科的专业知识对您目前的图书馆馆长工作有何帮助？

拥有广泛的跨学科或多学科的学位是从事信息管理职业的绝佳跳板。学科领域中的具体学术工作会让你对各学科的出版（发表）习惯有深刻的了解。这是评估图书馆服务和产品如何用于学术以及未来教学的最佳基础。如果图书馆的管理人员对学术界没有任何了解，却要为客户开发产品和服务，而客户生活在完全不同的世界，那将会非常棘手。

▲ 苏黎世联邦理工学院图书馆绿馆（Green Library） 莫妮卡·埃斯特曼（Monika Estermann）/摄 苏黎世联邦理工学院图书馆/版权所有

您在1996年还完成了为期两年的研究生项目，获得了科学图书馆员资格。您是在哪里学习科学图书馆学的研究生课程的？您为什么选择科学图书馆学，而不是其他学科的图书馆学？就这个科学图书馆学的研究生课程而言，您要修完哪些学科课程才能毕业？

这种在职培训为期两年，一年在大学图书馆进行实践，一年在信息科学学院学习理论和接受培训。做实践那年的学习内容包括重点高校图书馆运营中涉及的具体部门、服务、产品、流程和议题。学理论那年的学习内容都是关于奠定信息科学基础的专业知识，从基本的知识讲解开始，一直到系统性和专业性的理论支持。

您一直在图书馆工作吗？您能详细谈谈您是如何成为苏黎世联邦理工学院图书馆馆长的吗？

我在学术界从事科学史研究工作多年，而且在这个领域也发表了一些成果。因此，从用户角度，我对大学图书馆的档案和文献状况了如指掌。然后，我在德国于里希研究中心（Forschungszentrum Jülich）国家实验室的图书馆工作。这是一座非常特殊的图书馆，因为它为一个只有学者没有学生的校园提供了使用高峰期的需求保障。与拥有成千上万学生的大型高校图书馆相比，这里需要提供非常不同的服务。我职业生涯的下一步是去德国雷根斯堡（Regensburg）的一所重点大学图书馆，那里的学者来自各个学科，从医学、人文社会科学到自然科学，应有尽有。更重要的是，这个图书馆还需要为两万名来自各个学科的学生提供服务、产品、空间等——就是你在当今的大学环境中所能想象到的全部内容。

加入苏黎世联邦理工学院图书馆是我迈出的另外一步，使我来到一所目前在世界排名第九的精英大学。在这里，学者们渴望达到卓越的水平，这一目标的实现也需要图书馆的支持。我们也有很多技术型学生，他们对图书馆的信息产品和服务有非常特殊的要求，这与人文和社会科学领域学生的需求截然不同。

德国/奥地利与瑞士的图书馆专业人员相比，在对待职业的态度和工作方式上有什么不同？

德国、奥地利和瑞士的图书馆之间没有任何根本的区别。图书馆在当今学术环境中所面临的基本问题，在全球范围内几乎是相同的。尽管如此，苏黎世联邦理工学院是一所拥有大量国际用户的特殊大学。学院超过67%的成员来自国外，因此不言而喻，这里使用的语言种类丰富，其中英语占主导地位。许多学院从院长到学生都只讲英语。这构成了一个特殊的挑战，语言因素不仅要体现在图书馆所提供的产品和服务中，而且要在选择文献时被考虑进去。对苏黎世联邦理工学院的多个图书馆来说，合作极其重要。然而，合作伙伴往往是国际性的，而不是本土的。这与苏黎世联邦理工学院的需求有很大关系，也与瑞士的面积不大、合乎要求的合作伙伴数量有限有关。

苏黎世联邦理工学院一直被列为世界顶级大学之一。您能告诉读者，是什么让学院的学术项目、研究成就和教师质量如此突出吗？

自由、责任心、创业精神和开放心态。苏黎世联邦理工学院对瑞士传统价值观的坚守也是推动其成功的一个主要因素。在学院里，学生们找到了一个独立思考的理想环境，研究人员则在一种激发卓越表现的氛围中工作。位于欧洲的中心地带，并与世界各地建立了联系的苏黎世联邦理工学院，正在为应对当今和未来的全球挑战提供有效的解决方案。

184

苏黎世联邦理工学院最著名的是哪些学术项目或研究部门？

苏黎世联邦理工学院开展基础研究，以拓展知识基础，并为未来的创新应用提供起点。其研究聚焦于社会的需求——无论是在地方、国家，还是全球层面——因此为经济、政治和整个社会作出了宝贵的贡献。苏黎世联邦理工学院重点关注全球粮食系统、未来城市、气候变化、能源、健康、风险研究、信息处理、新材料、工业流程等领域。

说到苏黎世联邦理工学院的学生群体，大多数学生来自哪里？

苏黎世联邦理工学院是一所公立大学，致力于为其所在地区和国家的公众服务。因此，大部分本科生和硕士生来自瑞士国内。当然，这所大学也与国际学术界有着密切的联系。它吸引了来自世界各地的优秀学生和研究人员，这反过来又继续巩固了它的卓越声誉。

目前苏黎世联邦理工学院图书馆的馆藏规模是多少？能否请您介绍一下图书馆馆藏和服务的亮点？

苏黎世联邦理工学院图书馆是瑞士最大的公共科技图书馆。它是苏黎世联邦理工学院的中心图书馆，也是国家科技信息中心。苏黎世联邦理工学院图书馆的馆藏和档案包含了许多珍贵的原始资料，从学术和文化史的角度来看，这些资料具有极高的价值。

▲ 苏黎世联邦理工学院图书馆绿馆　莫妮卡·埃斯特曼/摄　苏黎世联邦理工学院图书馆/版权所有

图书馆的馆藏包括约800万册模拟资源（analog resources）和约55万种数字资源，其中包括约300万册纸本专著和期刊、330万份图像文档、34万幅地图、4000米的档案材料等。数字资源包括苏黎世联邦理工学院电子馆藏中的约37万份图像文档，20万本电子书，31500篇论文、文章和报告，还有超过18000份电子期刊和155个数据库等。

模拟和数字资源可以通过苏黎世联邦理工学院图书馆网站知识门户上的综合搜索功能获取。数字研究平台也对国家具有重要意义，仅举几例：e-rara.ch（来自瑞士图书馆界的15—19世纪的数字化书籍）、e-manuscripta.ch（来自瑞士图书馆界和档案馆界的数字化手写资料）和E-Pics（来自苏黎世联邦理工学院各机构和部门以及外部合作伙伴的馆藏档案的数字化照片、图像文档和三维扫描模型）。基于网络的平台ETHorama为用户提供了基于地图的访问路径，使用户可以获取苏黎世联邦理工学院图书馆藏的已数字化的当代和历史文献与档案。

苏黎世联邦理工学院图书馆提供可持续和基于需求的研究支持，为数字化馆藏建设的所有方面提供综合服务，包括将馆藏和档案数字化，支持出版过程

185

向开放获取迈进。它还为学生和教师提供服务支持，帮助他们搜索和使用学术信息，或在苏黎世联邦理工学院图书馆的馆舍里创造新的学习和工作条件。

此外，苏黎世联邦理工学院图书馆还开展了许多创新的、具有前瞻性的项目，不断调整服务和产品组合，以便满足目标群体的需求。

可否请您描述一下苏黎世联邦理工学院图书馆的人员结构？

苏黎世联邦理工学院图书馆设有四个部门，分别代表不同的功能和内容。然而，苏黎世联邦理工学院图书馆的愿景远远超出了科室和部门思维。我们希望员工具备执行和重视跨部门任务的能力，这就是为什么我们有许多团队由来自各部门的不同成员组成，他们解答问题，并处理那些不能明确归入固定部门的任务。

无论如何，21世纪现代化、颠覆性的世界特征，就是固定的边界、严格的界限和组织以及基于它们的指导方针正在变得模糊，我们正在以基于项目、跨学科和基于能力的方式工作。这种结构在苏黎世联邦理工学院图书馆也是非常重要的。

您能描述一下自己的管理和领导风格吗？

参与式管理风格对我们帮助最大。在一个旧边界逐渐消失的世界里，管理

▲ 苏黎世联邦理工学院图书馆信息中心　弗兰克·布莱泽（Frank Blaser）/摄　苏黎世联邦理工学院图书馆/版权所有

者不能再声称自己无所不知，并提出正确的方法。相反，他们需要放下对绝对真理的执念，扮演联络人的角色，帮助人们找到解决方案。这让某些员工感到十分不适，因为他们对管理者的期望仍然来自于老板发号施令的旧工业时代。在这个颠覆性的时代，图书馆需要所有的工作人员都参与进来，并去找到并非唾手可得的解决方案。这需要一种尝试性和实验性的文化，但也需要容忍错误。

您是多个协会的会员，包括德国研究基金会（信息管理专业委员会LIS项目顾问）、国际图联（IFLA期刊编辑委员会，学术和研究型图书馆常务委员会）、国际研究型大学联盟（IARU）（图书馆组）、德国科隆大学和城市图书馆科学顾问委员会、金融服务业信息与通信圈（Informations-und Kommunikationsring der Finanzdienstleister, IK）咨询委员会以及各种专业协会。成为这些协会的会员，对于您的图书馆馆长工作有什么帮助？

在委员会工作是一把双刃剑。一方面，你加入了一个乐于助人的同僚网络，他们使你能够从全面的视角梳理脉络；另一方面，委员会可能会膨胀失控，导致效率低下，浪费时间，很少有助于解决实际问题。因此，你需要权衡哪些委员会是真正有用的，哪些你最好退出。

总的来说，您怎么看待当代技术对您所在图书馆的管理和服务造成的影响？

图书馆是一个尤其受技术驱动的领域，不仅是它的内部流程，它所提供的服务和产品也是如此。然而长期以来，图书馆过多沉迷于顾影自怜，认为图书馆集成管理系统（ILS）就是最重要的技术。但这是一个致命的错误——图书馆集成管理系统就像房子里的中央供暖系统，它需要工作，但没有人真正对它感兴趣，它可以而且必须默默无闻。为用户提供产品和服务的技术系统开发更为重要。现在这种趋势明显倾向于自动化系统，它能帮助用户满足他们的信息需求。技术需要面向用户。比如说，如果学生来自一个充满社交媒体、移动终端设备和互联网的世界，图书馆就不能落后，不能仍提供一个来自20世纪的技术世界，尽管那时这些技术还能够有效地预测用户行为。

作为图书馆馆长，您认为哪部分的工作最有价值？哪部分最令人沮丧？

图书馆属于一个高度发展变化的行业，目前正在经历激进的变革。能够参与塑造这个行业，是你能想象到的最大回报之一。将技术系统融入服务，让用户满意，并带领你的员工踏上探索未知的伟大旅程，这些都是这份工作的魅力所在。

第十四章

维尔玛·范·维森比克，代尔夫特理工大学图书馆馆长

简介

代尔夫特理工大学（Delft University of Technology）坐落在荷兰代尔夫特市（Delft），是荷兰规模最大、历史最悠久的理工大学，也是荷兰最好的理工大学。该校长期位居全球工程与技术类大学前二十名。2017年，代尔夫特理工大学的学生总数达到21651人。代尔夫特理工大学成立于1842年，最初是一所皇家学院，旨在为荷兰殖民地的东印度公司培养公职人员和工程师。二战后，学校大规模拓展了学科设置，于1986年更名为代尔夫特理工大学。

▲ 维尔玛·范·维森比克

代尔夫特理工大学图书馆是学校教学和研究活动的中心。图书馆的建筑设计久负盛誉，曾获建筑设计大奖。其外立面为全玻璃幕墙，屋顶覆盖着草坪，起到天然隔热的作用。图书馆大楼一侧贴着地面开始逐渐攀升，顺着斜坡人们能步行到图书馆顶部。主管代尔夫特理工大学图书馆日常工作的是维尔玛·范·维森比克（Wilma van Wezenbeek）。她毕业于材料学专业，到该校图书馆任职之前，她曾在出版行业工作过十余年。在下文的访谈中，维尔玛讲述了她独特的参与式管理风格，以及她作为图书馆馆长对学生和教师当前的信息需求与学术实践的看法。

能请您先自我介绍一下吗？比如，您接受过的专业训练和教育背景是什么？比如，您曾就读于哪所大学？专业是什么？

我毕业于代尔夫特理工大学[①]，专业是材料学。毕业后在爱思唯尔公司（Elsevier）工作。尽管我在图书馆行业工作了将近11年，但我在出版行业的工作时间更长。在我从事图书馆行业的11年中，过去的6年时间我担任代尔夫特理工大学图书馆馆长。我生活在代尔夫特，工作也在代尔夫特。

您能谈谈您是怎样成为代尔夫特理工大学图书馆馆长的吗？

先前我提到过，我在出版行业的工作时间更长，前后两次供职于爱思唯尔公司，担任编辑。我创办并编辑过期刊，创建了一个服务部门。之后我想，或许换个角度也不错。当时正好有个机会，为欧洲微生物学会联合会（Federation of European Microbiological Societies）[②]创办出版处。这个出版处更像一个公益性组织，出版期刊获得的收益会回馈给学界。当时我们的期刊由爱思唯尔公司出版。创办出版处的时候我总是说，我只待几年，因为他们要聘请我，花费太多了。我在欧洲微生物学会联合会引入了稿件追踪和同行评审系统。

后来我思考，在科学交流领域，图书馆也扮演着重要角色。当时代尔夫特理工大学图书馆正好有一个职位空缺（我一开始并不是马上担任馆长）。由此我得以逐渐了解图书馆行业。最初我担任客户经理，几个月以后，馆长离任，我便申请了这个职位，很快我成了管理团队的一员。

[①] 代尔夫特理工大学主页：https://www.tudelft.nl/en/。
[②] 欧洲微生物学会联合会主页：https://fems-microbiology.org/。

▲ 代尔夫特理工大学图书馆的秋日景色

您能讲讲代尔夫特理工大学图书馆馆长这个职位及其责任范围吗？

学校有一个由三位董事组成的董事会。我向校长汇报工作，他主管科研工作。董事会中还有一名董事负责学校服务，而图书馆系统也是学校服务体系的一部分。图书馆有一个管理团队，包括我在内共有四人。我们图书馆致力于为大学提供支持。简而言之，我们确保学生、教师和研究人员能够获得其所需的相关的科学资源，确保他们知道如何利用这些资源。我们还要推动学校的（研究和教学）成果在现在和未来的传播和使用。通过提供良好的学习环境，我们为代尔夫特理工大学的主要教学科研活动服务。我和图书馆的全体员工（125名）一起，为这一任务而努力。同时，作为馆长，我领导这一任务。

1991年，您获得材料工程学位。在到代尔夫特理工大学图书馆工作之前，您在科学出版行业工作了多年。您在爱思唯尔公司担任过许多职务，还为欧洲微生物学会联合会成立了一个出版处。其间，您在代尔夫特大学其他部门做过几年科学信息员。您并没有接受过图书馆员的专业训练，而现在担任代尔夫特理工大学图书馆馆长一职——您在出版社的工作经历对您管理代尔夫特理工大学图书馆的员工和事务有帮助吗？

肯定有帮助。我认为在管理方面，不同领域之间并没有太大差别。你需要

▲ 代尔夫特理工大学图书馆大厅

有学识渊博的人在图书馆工作，你得帮助他们实现他们的目标。我并不是所有时间都待在图书馆或者学校，我经常会外出公干。我把外界的很多新鲜事物带回图书馆。就算是图书馆学科班出身、具有丰富图书馆工作经验的馆长，在管理中还是可能有做得好的和做得不好的地方。我相信不同背景出身的馆长在管理工作中也同样如此。对整个图书馆的生态系统来说，保持平衡是件好事情。所以，不光要有传统的图书馆员，还要有外向型的、非常愿意走出去尝试新鲜事物的馆员来保持图书馆的平衡。我理解研究者所需的科研资料以及他们产出的科研成果都非常重要，这得益于我在出版社的工作经历。这种认知对我现在的工作很有帮助，让我没有把工作重点放在行政管理上（以财务和人事管理为目标），而是放在为科学服务上，将科学推向世界是我的志向。

您在职业生涯的哪个阶段决定要成为一名大学图书馆员？

我开始在欧洲微生物学会联合会工作时，就知道这份工作我不会做太久（虽然也持续了6年）。因为一旦出版处建成，就不再需要一位出版经理人了。我曾在大型出版社工作过，在学会的联合会工作过，我当时想，了解下图书馆领域应该也挺有意思。我不得不说，我并不是那种提前许多许多年就规划好未来职业道路的人。我想我也不会永远担任图书馆馆长。我喜欢改变，而且我认为改变是有益的。

在荷兰，专业图书馆员需要有图书馆学情报学硕士学位作为从业资质的最低要求吗？

不需要。荷兰对图书馆行业的从业要求与其他国家很不一样。我和德国、美国或者英国的同行们也聊过这个问题，他们听说我们在学历这些形式上的要求这样灵活，有时候也很惊讶。我们认为，学术背景很重要，但这个背景不一定非要是图书馆学专业。荷兰13家大学图书馆的馆长中，只有约一半或一半多一点的人是图书馆学专业毕业的或一辈子都在图书馆系统工作。造成这个差别的一个主要原因是，与美国或英国相比，荷兰的教育选择并没有那么多——就是在图书馆不同层次工作所需要的教育经历。所以，图书馆的工作人员来自不同学术背景，拥有不同职业技能。图书馆所需要的技能多种多样，包括出版、营销、编程、数据管理、视频管理、培训和档案管理。通常我们想要的是掌握多种上述技能、熟悉技术或者应用科学／工程和性格坚毅的人才。

您能简单介绍一下代尔夫特理工大学和这所学校的图书馆吗？

2017年是我们学校的175周年校庆。我们是荷兰历史最悠久的理工院校，共有科学、设计和工程等专业领域的8个学院，学生人数稳步增长。2015至2016学年，学生人数共计2万人。留学生人数也在不断增加，约占学生总人数的25%。有约2500位科学家在校工作。我们希望，到2020年，我们的校园会成为一个真正的活力校园——跨学科研究团队协同工作，相关企业蓬勃发展，学生学习和生活，校园里洋溢着浓厚的科学氛围。作为一所理工院校，我们的任务是要为当下面临的问题或未来25年甚至更长远的时间范围内所要面对的问题找出解决方案。我们教育学生要成为未来社会中有主观能动性、值得信赖的工程师。在过去15年中，学校校园也朝着绿色校园转变。与其他同事一起，我们把学校建成了一个适宜学习和工作的地方，打造了一个"活力校园"。

就图书馆而言，我们是荷兰最古老的理工大学图书馆，拥有规模庞大的科学和技术类馆藏。刚开始在这儿工作的时候，我和同事们决定撤销所有学院图书馆。我们学校以前有许多图书馆——几乎每栋建筑里都有一个。如今，我们只保留了标志性的中心图书馆和一座建筑学院图书馆。过去的几年里发生了许多变化——给各学院图书馆"搬家"，把他们的馆藏统一汇总到学校图书馆。但是，学院依旧可以获取这些资源。撤销学院图书馆在我看来是件好事。

学院图书馆与传统图书馆很相似——进出需登记，有几架子的书籍可供借阅。现在，新图书馆是一个充满生机和活力的地方，有许多空间可供学生学习，还有研修室和咖啡角，大家可以在这里会面、交流想法。与公立图书馆一样，我们正改变图书馆的特点。知识的流动和传播应不费力气，这是我们坚信的，在2014—2020年的路线图中，我们也明确地写了这一点。我们相信，能利用他人的知识并分享自己的知识，会让所有读者受益。通过这种方式，我们让代尔夫特理工大学的研究和教学变得更加丰富。

您能描述一下代尔夫特理工大学图书馆的员工结构吗？

我们有大约125名在职员工，分属三个部门，各部门以某一特定用户群体为重点（研究服务、教学服务），并配有后勤办公室（资源）。我们还有一些员工负责支持图书馆内的交流、研究、发展以及政策与关系协调。我们既有管理层也有基层员工，但我们之间有共识。

我们在图书馆做出的一大改变就是取消所有职能相关的图书馆小组。也就是说，我们不再有学科专家或信息专家馆员。因此，人员结构转变为不再以职能为导向，而是以任务为导向。在我看来，知道我们为什么要做现在正在做的事，并且知道怎么做这些事，这很重要。我们还需要知道，我们所做的一切是为了谁。我们的产品和服务应当是以用户为中心的。这就意味着我们要有任务相关的小组，他们为研究人员提供出版服务或为学生提供信息技能支持等。当然，每位员工需要同时扮演不同的角色，同时承担不同的工作。但我们不再有传统职能性的职位了。

能请您谈谈代尔夫特理工大学图书馆馆藏和图书馆服务的亮点吗？

有这样一种倾向，图书馆往往把关注重点放在他们提供的服务和拥有的馆藏规模上。我们正努力改变这种思维方式，转向关注用户的需求，以及我们该如何做才能让用户使用并欣赏我们的服务。我们是数据的拥护者。七年前，我们开始建设3TU.Datacentrum数据联盟（如今是4TU.Centre for Research Data，即4TU科研数据中心）[1]。我们是最早参与其中的图书馆之一。在提供学习空间和学生支持服务方面，我们帮助学生对科学技术有更广博的认识，这也让我们引以为豪。我们还提供非常强大的出版服务。我们学校曾经有一所科学博物馆，

194

---

[1] 4TU.Centre for Research Data 主页：http://researchdata.4tu.nl/en/。

已经关闭了十年左右，但我们仍保存了博物馆里的所有藏品，我们希望有朝一日能够让这些藏品重见天日。

在我们看来，知识应当毫无障碍地传播。要实现这一点，关键是要实现可持续的获取。知识库是知识的重要载体。我们存储进知识库的对象种类不断增多，而且在未来，我们大学的传统资源也会是其中的一部分。

总的来说，您觉得现代技术对贵馆的管理和服务带来了怎样的影响？

很重要的是，我们应不断了解我们的用户在使用什么，知道什么，不仅要紧跟潮流，还要引领潮流。我们与学校的信息通信技术部合作紧密，能够使用最先进的技术手段。虽然因为（人员和资金）局限，使用最先进的技术手段也不总是能如愿以偿。

能讲讲您典型的工作日情况是怎样的吗？您有没有典型的一天呢？

我是"新工作方式"的坚决拥护者。在"新工作方式"下，你可以根据一天的工作安排选择工作的地点。我需要开很多会，所以几年前我就决定不要自己的办公室了，这样我可以移动办公。如果需要读一些材料，我会找一个安静的工作场所。如果需要处理一些邮件，我可能会在学院工作。但一周中，我有至少一半的时间都不在代尔夫特大学里。

▲ "相遇""学习""工作""放松""获得灵感！"

您能为我们描述一下您的管理和领导风格吗？职业指导（包括指导与被指导）是领导力中重要的组成部分。可以说说您在指导与被指导两方面的经历吗？

我喜欢从外界把新的想法带回图书馆，但我不会将这些新想法强加于人，我会让他们自己决定是否接受这些想法。每个人都觉得自己有权利和责任去做我们认为重要的事情，这是我喜欢的工作环境。所以，我认为我是一个非常开放和包容的人。我也喜欢进行战略层面的规划。因此我喜欢在开始做一件事之前先问："我们为什么要做这个？""我们该怎样实现这个目标？""哪些活动是与之相关的？"我也明白，真正的改变是需要时间的。

我曾担任过国外同行的指导老师，这是欧洲研究型图书馆协会（LIBER）领导力项目[①]的一部分。我努力让大家感到，只要是在我们的任务/愿景、主要目标以及"品牌"范围内，他们可以做自己认为需要做的事情，他们也应负自己应负的责任。这种自由有利有弊。现在，我们正在细化2017年的工作目标，更好地勾画出人们开展工作的框架。我们打造的"品牌"描述了对我们图书馆工作人员来说必要的价值观，那就是开放、好奇、坚定和好学。

代尔夫特理工大学图书馆一直名列网络评选的世界最美图书馆榜单。作为这家图书馆的馆长，您有什么想说的吗？

我们图书馆的建筑的确很美。来自Mecanoo建筑事务所的建筑师弗朗辛·霍本（Francine Houben）在设计时，将其定位为"景观，而非建筑"。屋顶上高高耸起的锥形尖塔和倾斜的玻璃屋顶令人震撼，这让我们图书馆成了一座标志性建筑物。图书馆内部更棒……令人感觉超越时空，空间宽敞，深受学生喜爱。这里确实是"他们想要待的地方"。

代尔夫特理工大学图书馆的建筑设计魅力十足。这对于吸引大家来使用图书馆的各项服务和设施有什么作用吗？

我们的建筑自然是引人注目的。这无疑也强调了我们是一家充满活力的现代化的图书馆。但是，仍然需要说明的是，图书馆不仅仅是借阅书籍或学习的场所。再漂亮的建筑也是为其职能服务的。

---

① 领导力项目工作小组（Leadership Programmes Working Group）主页：https://libereu-rope.eu/strategy/digital-skills-services/leadership/。

代尔夫特理工大学图书馆独特的建筑设计与学生喜欢的学习模式（特别是协同学习模式）有什么关系吗？您对此是怎么看的呢？

建成十年后，这座图书馆变成了图书馆学习中心。我们在馆内的空间设计和室内家具中都融入了灵活性。这样，学生就可以选择最适合自己的空间学习。我们设置了（未来也会继续设置）更多的研修室，学生可以在这里开展合作。上述改变能够实现，得益于当前的建筑设计，这使得这座图书馆成为一座独一无二的建筑。

代尔夫特理工大学整体上对图书馆的设施与服务持何种态度，又有怎样的期待呢？

这个问题涵盖的范围相当广泛！两年前，我们开展了一项用户满意度调查，结果显示，从1到10分来打分，我们的得分超过了8分（调查对象为研究人员和员工，而非学生）。

在代尔夫特理工大学图书馆馆长的工作中，哪一部分的工作让您觉得最有意义？哪一部分工作最令您沮丧？

人们敢于提出不一样的观点并最终取得成功，这样的惊喜最让我觉得有成就感。我不太有沮丧的感觉。与我过去的工作经历相比，现在的工作环境繁文缛节更多，我想我仍需适应。

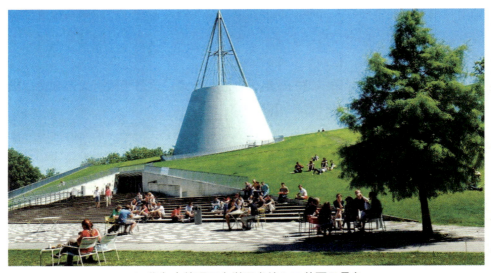

▲ 代尔夫特理工大学图书馆入口的夏日景色

第十五章
海伦·申顿，都柏林圣三一学院图书馆馆长兼档案馆馆长

简介

圣三一学院（Trinity College）是都柏林大学这种世界级大学唯一的学院制大学，是位于爱尔兰的一所世界顶级大学，它既是英国和爱尔兰的七所老牌大学之一，同时也是爱尔兰最古老的大学。

海伦·申顿（Helen Shenton）是都柏林圣三一学院（Trinity College Dublin）的现任图书馆馆长和档案馆馆长。申顿于2014年6月加入都柏林圣三一学院，曾在英国和美国的多家世界级机构负责领导和管理工作，并在多个

▲ 海伦·申顿 都柏林圣三一学院董事会/版权所有

遗产地负责管理世界级藏品，包括担任维多利亚和阿尔伯特博物馆（Victoria and Albert Museum）藏品保管部副部长（1984—1998年），英国国家图书馆馆藏与保存部副部长兼藏品保管部门负责人（1998—2010年），哈佛大学图书馆副馆长和哈佛图书馆执行馆长（2010—2013年）。

申顿因在资本参与基础设施项目（包括历史建筑项目和主要的图书馆创新性存储项目）方面拥有丰富的经验而享誉国际。哈佛大学图书馆系统有378年的悠久历史，由73座独立的图书馆组成，是全球最负盛名的研究型图书馆之一。在担任哈佛图书馆执行馆长期间，申顿参与领导了该图书馆系统向新组织模式的转变。她运用战略眼光，使图书馆在数字化、可访问性、馆藏资源开发以及记录管理等方面有了长足的发展。在英国国家图书馆，她负责保管英国全国的文献遗产和全国的印刷型档案，包括实体和数字档案。在英国的维多利亚与阿尔伯特博物馆，她参与了其闻名世界的装饰艺术馆藏的保管工作。

在以下的访谈中，申顿与读者分享了她对全球高等教育的独特见解，以及她对全球大学图书馆当代需求的深刻理解。

200　**我们这次访谈，可以请您从自我介绍开始吗？例如，您所接受的专业培训和教育背景是什么？您在整个图书馆以及全球图书情报界最受认可的专业特长是什么？**

我在伦敦大学学院（UCL）[①]学习英国文学，然后接受了文物保护方面的培训。所以我通过一条非同寻常的路成了图书馆馆长。我觉得同行中没有多少人是通过学文物保护成为馆长的。我最被认可的是文保工作——我是国际文物保护协会（International Institute for Conservation）的研究员。此外，在我做了一次TEDx[②]演讲后，我被认为是图书馆的拥护者。

---

① 伦敦大学学院主页：http://www.ucl.ac.uk/。

② TED（Technology、Entertainment、Design，技术、娱乐、设计）是美国的一家私有非营利机构，该机构以它组织的TED大会著称。其诞生于1984年，发起人是里查德·沃曼。基于研究和发现"值得广泛传播的思想"（"Ideas worth spreading"）的理念，TED开展了TEDx项目（主页：https://www.ted.com/about/programs-initiatives/tedx-program）。TEDx是一种本地化的、自组织的活动，旨在分享最新研究成果并促进当地的思想交流。——译者注

您一直在图书馆工作吗？在选择图书馆这一行之前，您有过任何非图书馆的工作经历吗？

正如我之前所说，我的职业生涯起始于文物保护。大学毕业后，我先在澳大利亚工作，然后到现在的伦敦艺术大学①接受培训，之后跟随一位在书籍保护方面颇有影响力的工艺大师工作。在这之后，我在维多利亚与阿尔伯特博物馆②工作了14年，最初从事书籍和手稿的保护工作。接下来，我负责的范围扩展到所有的纸张类藏品保护，从照片到壁纸，从海报到缩微肖像画，最终我还负责纺织品、油画和更多的有机物方面的保护工作。在那段时间里，我大量参与了外出交流、展览（包括大型现场展览）和藏品评估等工作，通过这些工作，我们考察了维多利亚与阿尔伯特博物馆所有藏品的需求和风险。1998年，我受聘为英国国家图书馆③馆藏和保护部副主任。当时，英国国家图书馆刚刚搬迁到专门建造的、位于圣潘克拉斯的新大楼。此前英国国家图书馆一直分散在伦敦各地的不同建筑中。搬迁大约花了两年时间。我入职后，负责全国印刷档案中1.15亿件藏品的所有保管、存储、数字保存和保护工作。

您能告诉我们，您是怎么成为都柏林圣三一学院图书馆馆长的吗？

我在英国国家图书馆工作了12年左右，参与了一些重大项目，比如新的保护中心，它有许多有趣的公众访问元素，还有新的高密度、全自动、低氧藏品储存建筑的开发。我和英国国家图书馆的一些珍宝打交道，比如对《西奈抄本》（*The Codex Sinaiticus*，最早的《新约》）的数字合璧，对《林迪斯法恩福音书》（*The Lindisfarne Gospels*）的国际评估和审查，还规定了珍宝馆藏品的轮换。我很早就认识到了保存数字材料的挑战，并参与了这个新领域的开发。

然后，我在2010年换工作到了哈佛大学④。那时哈佛已经有一个重要的教务长牵头的工作组，正在开展有关图书馆未来的工作。我当时担任哈佛大学图书馆的副馆长。哈佛大学有70多个图书馆，可能是北美地区最分散的大学之一。哈佛新任校长德鲁·福斯特（Drew Faust）谈到了她的"同一个哈佛"愿

---

① 伦敦艺术大学主页：http://www.arts.ac.uk/。

② 维多利亚与阿尔伯特博物馆主页：https://www.vam.ac.uk/。

③ 英国国家图书馆主页：http://www.bl.uk/。

④ 哈佛大学主页：http://www.harvard.edu/。

▲ 都柏林圣三一学院莱基图书馆（Lecky Library）内景　都柏林圣三一学院董事会/版权所有

景，样板就是创建"哈佛图书馆"①。我处于整合所有服务项目的核心。

根据您的履历，您曾在不同的文化遗产机构负责保护过世界级的藏品。在英国国家图书馆，您负责保护过列入英国国家遗产名录的藏品和其他极有价值的国家印刷档案，包括数字档案和实物档案。您还担任过大学图书馆的馆长。您能告诉我，英国国家图书馆、世界著名的维多利亚与阿尔伯特博物馆以及大学图书馆之间的区别吗？在与工作相关的挑战方面，它们有哪些相同和不同之处？

在某些方面，它们是非常相似的。它们都有规模庞大的馆藏和大量的用户，包括国际访客或国际用户。这些机构的一个主要目的是为馆藏资源提供访问权限。它们通常是复杂的大型政治组织，有很多不同的利益相关者。所以，在这些方面它们是相似的。

它们的不同之处，用围绕着大学的元素来描述更容易些。在大学里，图书馆与本科生、研究生和科研人员的生活有更紧密的联系。用户都住在大学里，很多人的生活都围绕着大学。这是一个很大的区别。我在英国国家图书馆工作

---

① 哈佛图书馆主页：http://library.harvard.edu/。

时，我们把用户分成了大约五个主要的类别，其中研究人员和学者群体可能是最庞大的。因此，英国国家图书馆在某种程度上为英国的研究提供了支持，并开发了诸如UKRR（UK Research Reserve），即"英国研究储备资料库"①项目。而在大学（哈佛大学或圣三一学院）里，我们更接近用户，因为他们的日常学习研究直接受到我们工作的影响。我们以多种方式收集资料，用以支持教学、学习和研究。另外，大学是一个完整的社区，人们在这里生活。当我们通过Skype进行这次访谈时，我正看着外面的板球场。这里什么都有，是人们生活的一个小型社区。所以，这是一个相当大的区别。

圣三一学院图书馆与众不同的一点是，它是一个重要的旅游目的地：我们是都柏林第二受欢迎的付费旅游景点。超过90万名游客前来参观《凯尔经》（*Book of Kells*）②和长屋（Long Room），我们对都柏林以及大学的经济作出了很大贡献，这使我们更像维多利亚与阿尔伯特博物馆！非常相似的是，我们让国际游客看到美丽的文物和精美的建筑。事实上，英国国家图书馆也日益成为这样的目的地。

当您谈到为英国国家图书馆或维多利亚与阿尔伯特博物馆工作时，您说有许多利益相关者，那也可能成为一个挑战。您能描述一下为什么这会是一个挑战吗？

我认为经费来源和治理方式是不同的。维多利亚与阿尔伯特博物馆和英国国家图书馆隶属于英国政府的文化、媒体和体育部③。它们是"非部门性政府机构"，但是大部分资金来自政府部门，因而会有政治利益相关者。哈佛大学是一所私立大学，都柏林圣三一学院④是一所公立大学。圣三一学院大约有一半的经费来自政府的教育和技能部（Department of Education and Skills）。政治上虽然不同，但在某些方面利益相关者是相似的，在像英国国家图书馆或维多利亚与阿尔伯特博物馆这样的全国性组织中，也会有策展人、营销人员和旅游业

203

---

① 英国研究储备资料库主页：http://www.ukrr.ac.uk/。

② 《凯尔经》是有华丽装饰文字的圣经福音手抄本，产生于公元800年前后，是泥金装饰手抄本中最具有代表性的一部。——译者注

③ 英国政府文化、媒体和体育部主页：https://www.gov.uk/government/organisations/department-for-culture-media-sport。

④ 都柏林圣三一学院主页：https://www.tcd.ie/。

▲ 都柏林圣三一学院老图书馆外景　都柏林圣三一学院董事会/版权所有

▲ 老图书馆的长屋　都柏林圣三一学院董事会/版权所有

的人士等。

我是否可以这样理解，与欧洲的馆长相比，在美国，人们会期望图书馆馆长大量参与营销和筹款？欧洲的博物馆或图书馆馆长可能不会那么多地参与筹款。我说得对吗？

我认为这种情况正在发生变化。正如你所说，在像哈佛大学这样的地方，它本质上是一个拥有大量捐赠的私人组织，每个人都以某种方式参与筹款和慈善事业。高度发达的校友系统是美国系统的典型运作方式。例如，当我在哈佛时，我印象中有超过650人从事校友联络和筹款工作。这是美国的一个特点。

在过去的20多年里，英国的文化机构在筹款方面已经变得更有经验。我想说，在英国和爱尔兰，大学与校友的关系也变得更加成熟。在圣三一学院，我们在慈善事业的某些方面，以及对慈善事业的规划方面，可能是领先全欧洲的。

这是在欧洲的最新发展，还是已经持续了一段时间？

我想大约30年前，在牛津大学，人们就开始为汉弗莱公爵图书馆（Duke Humfrey's Library）筹集资金。牛津大学刚刚开放的韦斯顿图书馆（Weston Library）是由非公共资源资助的，这是经过几十年努力的结果。其他图书馆刚刚开始这样做。我觉得欧洲的情况不能一概而论，但英国在某些方面可能领先于欧洲大陆。

在英国，推动文化机构增加筹款的动力是什么？是因为政府削减了资助吗？

是的。我们在这里谈论的是不同的国家，但是在英国，筹款当然是由公共资金减少引发的。例如，当我在维多利亚与阿尔伯特博物馆工作时，对于新建的印度馆来说，政府资助只够建屋顶，接下来的一切都得依靠筹款。在文化机构和大学，我们越来越多地寻找其他资金来源。在圣三一学院，有3亿欧元的预算，其中一半直接来自政府，因为我们是一所公立大学——这种资金正在减少。我们通过争取科研经费、与产业界合作以及参与慈善事业等途径筹集的资金必须增加。

在来圣三一学院之前，您曾在哈佛大学图书馆担任副馆长和执行馆长。对比美国和英国图书馆从业人员对各自职业和工作的态度，他们有什么不同吗？

我发现这个问题很难回答！许多差异是文化上的。当你跨越大陆时，会经历很大的文化差异、政治差异和语言差异。从表面上看，他们都说同一种语言，但我在美国和爱尔兰这里都经历了各种各样语言上的冒险！语言是不同的！

大家有类似的职业精神，我认为这是一个很团结的行业，我们有机会在全国范围内开展合作。我觉得英国在这方面是成功的，很可能是因为有英国国家图书馆和其他国立图书馆。美国这么大，尽管有很多合作项目，但是全国范围内的合作却很少。我想这可能是由于规模、文化和政治的原因。就爱尔兰的规模而言，它有一个特点，就是可以合作共事。这里只有七所大学，我们合作协商购买电子资料，这是一个非常成功的模式。

我立刻想到了英国的法定缴存图书馆以及电子出版物法定缴存立法的实施。这样的图书馆有六座：英国国家图书馆、苏格兰国家图书馆、威尔士国家图书馆、牛津大学博德利图书馆、剑桥大学图书馆、都柏林圣三一学院图书馆。2003年，有一项立法将英国资料的法定缴存从纸本扩展到数字资源。2013年，又有了授权立法，所以这六座图书馆一直在实施电子出版物法定缴存，这是一个非常好的合作范例。

205

我在不同国家看到，真正好的合作是在区域范围内进行的。我观察到双边和三边合作似乎特别奏效。例如，普林斯顿（大学）、哥伦比亚（大学）和纽约公共图书馆之间合作开展存储工作。这三所机构的图书馆在普林斯顿大学有一个存储设施，它们都共享这个存储库（研究馆藏存储联盟，ReCAP[①]）。此外，康奈尔（大学）和哥伦比亚（大学）正在迈出下一步，将资源汇集到一起，以提供单独行动无法完成的内容、专业知识和服务。这一名为2CUL[②]的合作伙伴关系整合了编目、电子资源管理和合作馆藏开发等领域，由此他们共享编目人员，只购买一份共享副本。这在美国就是一个很好的例子。

对于哈佛大学和圣三一学院的学生和大学社区来说，他们对图书馆的服务、馆藏和设施方面的期望是否存在差异？

哈佛大学的特点是，因为有73座图书馆，比如每个研究生院都有专业图书馆，所以图书馆员更多的是关心学生属于哪个专业，这是一个很不寻常的特

---

① ReCAP主页：http://recap.princeton.edu。

② 康奈尔大学（Cornell University）和哥伦比亚大学（Columbia University）两所学校图书馆的英文缩写都是CUL，所以这两个馆的合作称为2CUL。——译者注

点。而在圣三一学院，我们有六座图书馆，而且大多都位于校园的正中心。

您能简单介绍一下圣三一学院图书馆吗？馆藏和服务的亮点是什么？

自1592年女王伊丽莎白一世创建大学以来，图书馆就一直存在。所以，我们从建校开始就有馆藏，并且有非常可观的手稿收藏——600份中世纪手稿，其中最著名的是《凯尔经》。我们还有《杜若经》（*Book of Durrow*）、《阿玛经》（*Book of Armagh*）、《迪玛经》（*Book of Dimma*）以及其他重要的爱尔兰手稿。在早期的印刷书籍方面，独特的馆藏非常丰富。老图书馆里有举世闻名的漂亮的长屋，我们有大约20万册藏书存在那里。我们在20世纪和21世纪的爱尔兰文学收藏方面也很有实力。例如，我们拥有数量最大的塞缪尔·贝克特（Samuel Beckett）书信集。我们还拥有最丰富的爱尔兰地图和音乐等资料。

另外，在1801年，我们成为版权图书馆（copyright library），这一点在爱尔兰成为共和国后也没有改变。都柏林圣三一学院仍然是英国的版权图书馆，因此我们有权接收在英国出版的所有作品。这些作品都存放在圣三一学院图书馆，由我们代表爱尔兰岛持有。这意味着我们拥有爱尔兰最好的馆藏，而且我们知道，许多学者来到圣三一学院，正是因为我们馆藏的广度和深度。

您能描述一下贵馆的人员结构吗？

我们有大约150名员工。你可能知道，爱尔兰在2008年经历了一场严重的金融危机，图书馆在那段时间遭遇了人员流失。所以，我既是图书馆馆长也是档案馆馆长，下面还有副馆长。然后是读者服务部，负责从数字系统和数字内容创建到图书馆空间开发，从使用方法、用户到一线读者服务的方方面面的工作。还有馆藏管理部，主要负责编目和元数据，但也处理所有的法定缴存。除了管理纸本资源的法定缴存之外，我们还在实施英国电子出版物法定缴存，这意味着通过英国法定缴存，将增加5万册电子书和130万份电子期刊。然后，我们还有研究资料馆藏部，包括手稿、档案、早期印刷书籍、地图、音乐等方面珍奇而独特的资源。另外，我们有一个享有盛誉的保存保护部门。还有知识库，我们正在发展科研数据管理，特别是在今年1月颁布的"地平线2020"（Horizon 2020）计划[①]对科研数据授权使用作出规定的背景下。这就是我们目前的大致情况。

①　又称"欧盟科研与创新框架计划（2014—2020）"。——译者注

您能否描述一下您典型的工作日情况？或者有没有典型的一天？

我想说我从来没有一个典型的工作日。这要视情况而定。我可能会在大学的某个委员会中讨论大学的教学和研究议题。我还是一个耗资数百万欧元的重大项目的发起人，这个项目与圣三一学院的游客体验相关，体验内容包括老图书馆、馆藏珍宝展等。我可能要跟建筑师、展览设计师或各种各样的校内项目团队举行会议或研讨会。我们有一个雄心勃勃的新图书馆战略，其中包括五个方面。我参与了这五个方面的设计和实施工作，这既需要与图书馆的同事合作，也要与全校的同事广泛合作。我们非常强调关注外部。例如，我们正在越来越多地组织各种活动，所以我可能会负责安排这些活动或亲身参与其中。我的角色还涉及爱尔兰国内和国际层面，比如说，圣三一学院刚刚加入了欧洲研究型大学联盟（League of European Research Universities，LERU），所以我可能会参与信息和开放存取小组（Information and Open Access Group）的工作。

您能描述一下自己的管理和领导风格吗？

你应该去问别人！我想说我的风格非常依赖本能和直觉，受到经验的影响，通过不同的发展机会学习而来。我渴望创造一个环境，使人们能够获得发展。我的管理是有据可依的，我会寻求很多人的意见和建议，因为这所大学尤为强调共治，连校长都是通过选举产生的，任期十年。因此，在这种文化中，你要经常与人商讨，征求他人的意见。这就是有据可依的"软"的一面。"硬"的证据是事实，你要权衡两者，这也带入了本能和经验的因素。

您如何看待技术对贵馆管理和服务的影响？

我觉得影响是巨大的。我认为数字化转变已经发生了——20年前，我们期待着数字化转变，但是现在，转变已经发生了。我认为在现实世界和虚拟世界中都有很多非常复杂的事情在发生，两个世界还相互作用。很多人一直在预测图书馆的末日——不再有书，不再有图书馆。但是，现实情况是，图书馆的使用率比以往任何时候都要高，而且人们是以不同的方式在使用。学生们聚集起来，一起学习，他们需要一个安全和有吸引力的空间；他们需要个人学习空间、社交空间、学习共享空间和创客空间。创业中心就是我在图书馆新设的。所以说，人们使用图书馆的方式正在发生变化，而且由于使用空间的方式不同，我们比以往更加繁忙。当然，许多大学图书馆位于校园的中心。在圣三一学院，我们处于校园的中心，而校园位于市中心。我们也接收了更多的国际学

► 都柏林圣三一学院贝克莱图书馆（Berkeley Library）基座 都柏林圣三一学院董事会/版权所有

生——我们一直都有欧盟学生，但作为大学战略的一部分，我们的目标是5年内有18%的非欧盟的国际学生。我们越来越多地尝试提供不同的空间——有些人想要我在TEDx演讲中所说的"安静的气泡"（"bubble of shush"）。我们最新的馆舍是乌舍尔图书馆（Ussher Library），它的设计非常巧妙。那里没有单人研习间，取而代之的是大型的开放阅读空间。尽管它是一个24小时开放的图书馆，但无论你什么时候进去，它都会自主调节。即使有繁忙的活动，也非常安静。很多人都去那里，它很漂亮，非常有利于工作。在图书馆的其他区域，大家则显然可以坐下来聊天，等等，这一点非常重要。

关于圣三一学院，值得一提的另一点是，尽管它是一所古老的大学（建于1592年，即将迎来425周年纪念），但它一直在冒险，一直在创新。现在我们看来是传统的东西，在当时却是非常激进的。你能看到我身后的混凝土吗？我所在的大楼（贝克莱图书馆）到今年快有50年的历史。这是一座"野兽派"的建筑，其建筑风格在当时非常激进，也非常有争议。现在我们已经习惯了。圣三一学院在这方面一直都有所创新。

您觉得工作中哪部分最有价值？哪部分最令人沮丧？

最有价值的是当你看到每个人都获得了发展时——当你创造了一个环境，

▲ 都柏林圣三一学院贝克莱图书馆外景 都柏林圣三一学院董事会/版权所有

人们朝着你努力的方向发展，一派欣欣向荣的景象。同样，当你看到学生和研究人员茁壮成长时，也会非常有成就感。

至于最令人沮丧的，和其他地方大同小异，可能是你必须经历的过程。但是，这就是大型机构的本质。

鉴于您在图书馆领域长期而成功的职业生涯，您有过别的打算吗？

没有，我觉得我很幸运！我觉得，受数字化转型的影响，现在正处于图书馆工作非常有趣的时期。

在馆藏管理方面，您预计目前信息通信技术（ICT）对管理和政策的影响，是否会成为趋势？

我认为这很关键。同样，我想说圣三一学院一直走在前列。例如，我们是爱尔兰第一个把馆藏目录放到网上的图书馆。我们能够取得平衡，部分是因为反应敏捷，虽然不能每天都改变图书馆的管理风格。但是，我们与供应商合作，开发用户想要的功能。另外，我总在关注业内有哪些发展——还有哪些模式是我们应该支持的？所以我认为信息和通信技术至关重要，尤其是在人人都能移动上网的时代。

您想说点什么来结束这次访谈吗？

我认为这项事业很有吸引力，尤其是想到创建未来的图书馆时，我们可以

▲ 乌舍尔图书馆内24小时开放的金塞拉厅（Kinsella Hall） 都柏林圣三一学院董事会/版权所有

参与的范围很广泛。我总有些特别的想法。在哈佛大学时，我们和伯克曼互联网与社会中心（Berkman Center for Internet & Society）、设计与金属实验室研究生院一起工作，学生们正在研究图书馆整体的未来，我能给他们提供一些帮助——这简直太有趣了。还有，我们的老师在这里所做的工作，无论是馆藏还是纳米技术，都非常吸引人。昨天，我和一位共事的研究机构负责人聊天，把图书馆看作"大内容"，而不是"大数据"。我们谈论的是元数据、用户、用户体验。我和另一位计算机科学家探讨了为一个新的展览开发虚拟现实技术（VR）和/或增强现实技术（AR）的问题。这真是令人着迷！

　　如果一个年轻人受到启发，立志成为一名图书馆员，并向您寻求建议，您会说些什么？

　　我要做的第一件事是了解他对什么感兴趣。目前，我可能会建议他去做数据管理，这是一个十分有趣而且方兴未艾的领域。但是，他也有可能对档案或特藏情有独钟。那样的话，我会建议他不仅关注内容，还要拥抱数字领域和数字人文。

第十六章

黛安娜·布鲁克斯沃特，阿伯丁大学图书馆馆长

简介

  阿伯丁大学（University of Aberdeen）成立于1495年，是苏格兰第三古老的大学，也是英语世界中第五古老的大学。阿伯丁大学图书馆处在学习和研究的前沿，管理其运营和服务的是黛安娜·布鲁克斯沃特（Diane Bruxvoort），她在2014年成为这所古老大学的图书馆馆长，是第一位担当此职的美国人。在入职阿伯丁大学之前，布鲁克斯沃特曾任佛罗里达大学（University of Florida, UF）图书馆的高级副馆长，负责馆藏、采访、编目、公共服务、数字服务和特藏。在进入大学图书馆领域之前，布鲁克斯沃特还在美国得克萨斯州休斯敦及其周边地区的公共图书馆工作了17年。布鲁克斯沃特也是美国图书

▲ 黛安娜·布鲁克斯沃特

馆协会图书馆领导与管理分会的前任主席，也一直积极参与苏格兰的图书馆合作团体。

　　在接下来的访谈中，布鲁克斯沃特阐述了她如何运用独特的美式方法，借助图书馆馆长是服务型领导的概念，把传统的大学图书馆事业转变为一门现代管理科学。

　　我们这次访谈，可以请您从自我介绍开始吗？比如，您所接受的职业培训和教育背景是什么？您在大学学的是什么专业？可以描述一下您作为阿伯丁大学图书馆馆长的角色与职责范围吗？

　　当然可以。我的高等教育始于美国西北学院[①]，我在那获得了学士学位，这是一所小型的文理学院，我主修英语。本科期间我去芝加哥纽贝里图书馆[②]实习了一个学期，并通过人脉，进入了得克萨斯大学[③]，在那里完成了图书馆学与情报学（LIS）的硕士学位。在职业生涯的后期，我开始攻读高等教育管理博士学位，先是在休斯敦大学[④]，后来又在佛罗里达大学[⑤]，但还没有拿到学位。

　　在目前的岗位上，我负责管理阿伯丁大学图书馆（邓肯·赖斯爵士图书馆[⑥]、泰勒法律图书馆[⑦]和福雷斯特希尔医学图书馆[⑧]）、特藏和档案、大学博物馆、数据保护和信息自由，以及打印服务。在这些领域，我的角色主要是战略性的：对每个领域明确定位，尽可能提供最好的服务和馆藏，以支持这所大学的教学和研究，同时也为当地社区服务。我与整个校园的其他管理人员以及苏格兰和英国的其他图书馆馆长密切合作，使图书馆资源充足，并被纳入地方和国家的各种计划中。

216

---

① 西北学院主页：http://www.cua.edu。
② 纽贝里图书馆主页：http://www.newberry.org。
③ 得克萨斯大学主页：http://www.utexas.edu/。
④ 休斯敦大学主页：http://www.uh.edu。
⑤ 佛罗里达大学主页：http://www.ufl.edu。
⑥ 阿伯丁大学邓肯·赖斯爵士图书馆主页：http://www.abdn.ac.uk/library/about/main/。
⑦ 阿伯丁大学泰勒法律图书馆主页：https://www.abdn.ac.uk/library/about/taylor/。
⑧ 阿伯丁大学福雷斯特希尔医学图书馆主页：http://www.abdn.ac.uk/library/about/med/。

◀ 阿伯丁大学邓肯·赖斯
爵士图书馆外景

**您目前的职位/专业头衔里，您是"大学图书馆馆长"，同时还是学校的
"处长"，这两个头衔字面意思是一样的吗？**

很接近，但不完全一样。大学图书馆馆长指的是我上述的直接责任，但处
长指的是作为大学管理者的更广泛的次要角色。全校一共有12位处长，分管
不同的专业部门，包括图书馆、学籍处、财务处、人力资源处等，为大学提供
服务支持。我们作为一个小组，每两周与大学副校长和各学院院长会面一次，
进行沟通和联合规划。

**我知道您是美国人。英国本土有很多经验丰富的图书馆馆长，您认为阿伯
丁大学为什么会决定任命您为他们的大学图书馆馆长？**

阿伯丁大学是一所国际化大学，教职员工和学生来自全球各地。猎头公司
奉命在全球搜寻馆长人选。我觉得他们任命我为图书馆馆长，是相信我是这个
职位的最佳人选，因为他们认为引入新鲜理念能够强化组织。

您能描述一下，您所引入的新鲜理念已经给图书馆带来了哪些显而易见的好处吗？

我给阿伯丁大学带来的一个新理念是把图书馆放在"第三空间"的概念中来考虑。这个概念假设每个人都需要三种空间来保持情绪健康：（1）富有挑战性的工作；（2）一个安全的家；（3）满足其他需求的第三空间，在那里人们可以只做自己。

在大学校园里，图书馆应该是学生的第三空间。他们的课业具有挑战性，但也有压力；他们有一间宿舍或公寓，可能与他人共用，但需要第三空间来学习和交流。这个第三空间应该长时间开放，有舒适的氛围，并且是一个人人平等的公平竞争环境。当我们从这个角度看待图书馆服务时，我们延长了开放时间，放宽了有关食品和饮料的政策，并开始在图书馆内与学生协会更紧密地合作。我们还改变了收集学生信息的方式，从传统的调查转向了用户体验。任何服务的改变或更新必须通过第三方测试。另一个例子是有关馆际互借的政策和态度。美国有一个借阅系统，允许学生和学者自由地获取他们所需要的资料，无论数量多寡。在英国，馆际互借通常要通过单一的支付系统，因此学者们需要凭证、付款，哪怕是少量的资源也需要走大量的手续来获取。这里的变化涉

▲ 阿伯丁大学邓肯·赖斯爵士图书馆六楼和七楼的中庭景观

及政策、流程、文化和资金，所以改变很缓慢，但我们正在转向一种放宽限制的模式。

我大力提倡"及时"获取资源的做法。我们不必提前储备学生和学者可能需要的所有资源"以备不时之需"，而是可以更好地分配我们有限的资源，在需要时购买或借用所需的资料。这会影响实体和数字资源的馆际互借和馆藏建设。

当您刚开始在阿伯丁大学担任大学图书馆馆长时，作为一个美国人，负责管理一支主要由英国人和欧洲人组成的图书馆员工团队——尽管美国人和英国人说同样的语言，您是否遇到了很多重大的挑战（文化障碍）需要克服？

当然有挑战，但我不会把它们算作重大挑战。我以前说过，刚到这里时，我发现这份工作与众不同，非常有趣，但又似曾相识，可行性强。官僚主义盛行于高等教育，但在英国的特点略有不同。这里有更多的文书要写，做出改变时也要向更多的委员会报告。然而，世界各地的图书馆都在处理同样的问题：预算、数字化、管理纸本馆藏等。

您一直在图书馆工作吗？您能讲讲您是怎么成为阿伯丁大学图书馆馆长的吗？

是的，我一直在图书馆工作。我来到这里的道路是相当曲折的。虽然我在攻读学位时打算进入特藏和档案行业，但我毕业时那个领域的工作机会很少，于是我在一家公共图书馆担任一名儿童图书馆员。我在那个系统中努力工作了10年，然后又在另一个公共图书馆系统工作了7年，并期望在那里成就一番事业。然而，在美国得克萨斯图书馆协会[①]的领导力培训学院接受三年培训后，培训学院的一位导师达娜·鲁克斯（Dana Rooks）找到我，建议我到休斯敦大学[②]工作。这在我的图书馆职业生涯中是一次非同寻常的转变，但她很有说服力，我就去了休斯敦大学图书馆。达娜是一位出色的导师，在接下来的10年里，我在休斯敦大学晋升为副馆长。在这个过程中，达娜让我参加了研究型图书馆协会（Association of Research Libraries，ARL）[③]的一个领导力项目，在那个项目中，我确定自己可能胜任主管级别的职位，还遇到了佛罗里达大学[④]的

---

① 得克萨斯图书馆协会主页：http://www.txla.org。
② 休斯敦大学主页：http://www.uh.edu。
③ 研究型图书馆协会（ARL）主页：http://www.arl.org/。
④ 佛罗里达大学主页：http://www.ufl.edu/。

► 在阿伯丁大学邓肯·赖斯爵士图书馆，
一名风笛手在欢迎新生

朱迪·拉塞尔（Judy Russell），她先是聘请我担任副馆长，然后做她的常务副馆长。在佛罗里达大学的工作丰富了我在大学图书馆的经验，让我赢得更多的声誉。我开始觉得是时候考虑申请馆长级别的职位了，这时阿伯丁大学委托的猎头公司联系了我。

我很想听听一个大学图书馆馆长的观点，因为儿童图书馆员或中小学图书馆员的工作常常被低估或被忽视。根据您个人的亲身经历，儿童图书馆员或中小学图书馆员的价值是什么？一位合格且训练有素的儿童或中小学图书馆员如何能为儿童的学习和阅读发展作出全面的贡献？此外，您在职业生涯的早期担任儿童图书馆员时，获得的最有价值的经验或技能是什么？

儿童图书馆员或中小学图书馆员的核心价值在于，他们努力在孩子很小的时候就培养其阅读技能和对阅读的热爱。研究表明，儿童在进入学校系统时所掌握的词汇量与他们后来在高等教育中的成功直接相关。儿童通过接触来学习词汇，但电视和电子游戏并不能提供这种接触——只有书籍可以。儿童在进入学校系统之前，需要有人在家里和图书馆为他们朗读。公共图书馆提供的资源，很少有家长自己能负担得起。

我从这份早期工作中获得的最有价值的经验是什么？我当时在一个中等规模的、新建的市中心分馆工作，很快就意识到图书馆对当地的孩子们有多么重要。这是一个聚会的场所，一个让他们在没有学校系统的结构和压力下展现自我的地方。就个人而言，我学会了如何在团队中工作，如何为四岁的孩子们举办一场精彩的讲故事活动，了解了从事造福他人的工作有多么快乐。

从1983年到1992年，您在哈里斯县公共图书馆[①]担任分馆主任，然后从1992年到2000年，您在休斯敦公共图书馆[②]担任区域分馆经理。您以前在美国不同的公共图书馆的工作经历，如何促进了您现在作为大学图书馆馆长的工作？

我们很容易说："哦，那些是公共图书馆，现在我在高等教育领域，所以经验不适用。"但这是不准确的。在公共图书馆工作的那些年里，我清楚地认识到，为一个多元化社区服务需要不同的风格，我学会了与各种各样的员工和主管一起工作，并对终身学习者怀有深深的敬意——这些经验都影响了我现在的工作。图书馆是一个提供支持服务的机构，无论我们支持的是学龄前儿童还是医学院学生，目标都是相同的：在我们现有的资源范围内，提供尽可能多的支持来促进学习。

美国人与英国人，就普通民众和他们各自的政府对公共图书馆的态度和期望而言，有什么不同之处吗？

我认为人们的态度和期望没有什么不同，但我觉得政府对公共图书馆的态度和期望摇摆不定，有时把它们看作文化和社区建设资产，抱有极大兴趣，有时又认为它们消耗了原本拮据的资源。目前，美国的公共图书馆做得相对较好，因为它们有助于弥合数字鸿沟，而英国的公共图书馆正受到当地资源匮乏的挤压。十年后，随着钟摆摆向另一边，情况很容易逆转。

阿伯丁大学图书馆一直被媒体评为世界上最美的大学图书馆之一。作为这个图书馆的馆长，您对此有何评价？

实际上，我可以说他们说得很对。世界上有许多美丽的图书馆，但我认为我们的图书馆能脱颖而出，在于它和阿伯丁老城环境形成的鲜明的对比，在阿

---

① 哈里斯县公共图书馆主页：http://www.hcpl.net。
② 休斯敦公共图书馆主页：http://houstonlibrary.org/。

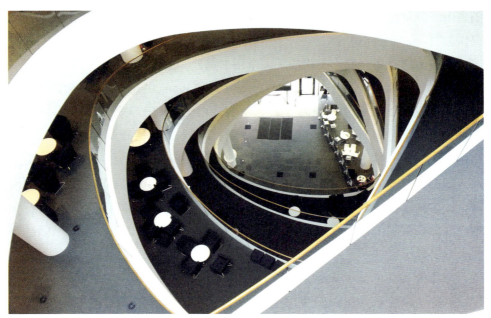

▲ 阿伯丁大学邓肯·赖斯爵士图书馆的中庭景观

伯丁老城，16世纪初建造的原始小教堂至今仍在使用。在现代大学图书馆中，"碎冰片"玻璃幕墙与内部各楼层优雅的椭圆形相互结合映照，形成令人震撼而愉悦的对比。在当地，这幢建筑要么受到喜爱，要么遭到憎恨，但总会引起人们的评论。

美国人与英国人，就大学群体（学生、教师、行政人员、利益相关者等）对大学图书馆的态度和期望而言，有什么不同之处吗？

他们的态度惊人地相似。这很简单——图书馆应该满足所有人的一切需求。这听起来有些轻率，却是有现实依据的。作为学术服务单位，图书馆支持学生学习和教师教学，也支持本科生、研究生和全体教师的科研。这种支持包括为书籍、电脑、个人或小组学习提供图书馆空间，也意味着读者可以随时随地通过电子方式访问各种数字期刊和数据库。图书馆员提供在线教程、面对面的指导，以及在馆和在线的参考咨询服务。无论我在哪里工作，这些期望都是一样的。

我所看到的一个基本区别是大学为学生提供教材的情况。在美国的大学，图书馆可能只保存一本教材，而英国的大学教材供给的数量要多得多。不过，随着电子教材的供应，可能会有更多的美国图书馆转向英国模式，为学生广泛提供教材。

能否请您简要介绍一下阿伯丁大学图书馆？

邓肯·赖斯爵士图书馆（Sir Duncan Rice Library）是21世纪的学习和研究空间。它于2012年9月24日开放，伊丽莎白女王和王夫爱丁堡公爵出席开幕仪式。邓肯·赖斯爵士图书馆一至七层收藏了本校数量最大的现代文献，涉及艺术、人文、科学和社会科学等学科，地下楼层的特藏中心存放的是历史文献，如古籍善本、手稿和档案。图书馆的网页对新楼的设施和服务有详细的描述。法律图书馆和法学院位于泰勒大楼，医学图书馆和医学院位于福里斯特希尔校区。这些图书馆拥有超过100万册的纸本书，以及数以万计甚至可能达到数十万册的电子书。

特藏中心是阿伯丁大学历史文献的所在地，包括书籍、手稿、档案和照片。这些馆藏存放在恒温恒湿设施中，有超过23万册珍贵的印刷书籍，包括4000多件16世纪的藏品，以及5000件独一无二的档案，其中的资料最早可追溯至公元前3世纪。这些藏品涵盖了阿伯丁大学、阿伯丁市、苏格兰的历史和文化的方方面面，以及它们与更广泛的世界的关系。

▲ 阿伯丁大学邓肯·赖斯爵士图书馆，白色的书架与充满光亮的建筑相得益彰

▲ 阿伯丁大学邓肯·赖斯爵士图书馆，书架上的照明为整个建筑增加了光的氛围

阿伯丁大学博物馆是大学图书馆系统的一部分，其历史可以追溯到18世纪，主要藏品涉及人类学和动物学领域。

阿伯丁大学图书馆目前的馆藏规模是多少？能否请您介绍一下馆藏亮点？

阿伯丁大学是一所综合性大学，我们的总体馆藏反映了这一点。我们的馆藏是为了支持大学的教学和研究。我们的独特优势在于特藏，其中的亮点包括《阿伯丁动物寓言集》(*Aberdeen Bestiary*)，这是一份于1200年左右在英格兰制成的泥金手抄本，乔治·华盛顿·威尔逊专藏（George Washington Wilson Collection）的37000张玻璃底片，沃尔特·司各特爵士专藏（Sir Walter Scott Collection）中的口述历史档案，以及苏格兰天主教档案。

阿伯丁大学的悠久历史体现在档案部的藏品中，其中包括精美的中世纪和近代早期手稿收藏，与科学、医学、苏格兰启蒙哲学和詹姆斯党相关的17至19世纪的杰出收藏，以及重要的东方手稿、纸莎草和陶片。此外，特藏中心还收藏了关于苏格兰东北部历史和文化的无与伦比的文字资料。这些形形色色的藏品包括有关家族、庄园、教堂、组织和交易的记录，以及个人的文学作

222

品、学术文章。

可否请您描述一下阿伯丁大学图书馆的人员配置结构?

我们的结构相对传统。直接向大学图书馆馆长汇报的高级管理团队,包括一名管理图书馆的副馆长、特藏中心的负责人和博物馆的负责人。这三人中的每一个都管理一组部门主任,主任们管理着一般员工。

您能否描述一下您的典型工作日情况? 或者有没有典型的一天?

不,工作中没有典型的一天,我索性就描述一下今天的情况。上午九点,我与首席采访馆员和首席信息顾问会面,讨论明年的馆藏预算。上午十点,我与大学档案管理部主任会面,讨论了信息公开请求和该项目在大学的前景。上午十一点,我与分配给图书馆的信息技术人员主管进行了跟进,讨论了当前的项目和未来的可能性。快到中午,我刚坐下来准备吃饭,火警警报响起,我们都撤离了大楼。由于电路问题,这次疏散比常规的火警警报花了更长的时间,过了一个半小时我才回到办公室(电梯还没有恢复运行,所以我只能走上七楼)。我终于吃了午饭,然后立即处理邮件。下午三点的会议被取消了,所以我有些时间进行年度评估,并为明天要写的一份政策文件整理思路。下午四点,我们几个人聚集在一起,为最近去世的亲爱的同事策划一场追思会。当然,在整个工作日中,我还会不时阅读和回复电子邮件。

当有人要我描述自己的工作时,我经常说,我的工作就是与人沟通。实际上,所有这些会议和电子邮件沟通都帮助我把不同的工作头绪交织在一起,我们共同努力支持阿伯丁大学的学生和学者。

您是哪些学术和专业协会的会员? 它们如何影响了您的工作?

图书馆之间会有密切协作,因此专业协会是馆长生活的重要组成部分。我是美国图书馆协会的长期会员,并积极参与其中的图书馆领导与管理分会(Library Leadership and Management Association)[1]。在英国,我积极参加英国研究型图书馆(Research Libraries United Kingdom)[2]、英国国立及高校图书馆协会(Society for College, National and University Libraries)[3]、苏格兰大学和研究

---

[1] 图书馆领导和管理分会主页:http://www.ala.org/llama/。

[2] 英国研究型图书馆协会主页:http://www.rluk.ac.uk/。译者补注:英国研究型图书馆是英国和爱尔兰一流的和最重要的研究型图书馆的联盟。

[3] 英国国立及高校图书馆协会主页:http://www.sconul.ac.uk/。

型图书馆联盟（Scottish Confederation of University and Research Libraries）[①]和格兰扁信息合作组织（Grampian Information）[②]。

这些组织的工作为图书馆提供了战略方向。我们的许多馆藏建设和服务都是通过这些联盟开发并提供的。有机会去影响图书馆的未来，并了解其他图书馆的发展方向，也是协会工作的重要方面。

您能描述一下自己的管理和领导风格吗？职业指导是领导力的一个重要主题——提供职业指导和接受指导都是如此。能否请您谈谈在这两方面的经验？

当然可以。我的管理风格相当简单——雇佣优秀的员工，让他们自主工作。事无巨细的微观管理是不可行的。我定期与团队进行小组和个人的双向交流。他们需要知道我从行政部门和更广泛的图书馆界收集到的信息，我也需要知道他们需要哪些资源才能高效工作。

我的管理风格和领导风格互相平衡，我属于服务型领导。在我看来，领导者是为图书馆各部门的优先事项服务的角色，也是为与我共事的图书馆员和工作人员服务的角色。如果我在他们工作时给予全力的支持，就能让他们变得高效，在技术和能力上有所成长，这反过来又会使我们的上级组织受益。即便如此，作为一个领导者，我也知道有时必须直接作出决定，向前推进，并愿意承担后果。

在我的职业生涯中，导师扮演了关键角色。在大学期间，我受到一位导师的影响，决定攻读图书馆学情报学硕士学位，而我在大学图书馆的职业生涯也是得益于职业导师的指导。你可以从与你共事的每个人身上学到好的经验和坏的教训，但导师会花时间引导你，帮你做出决策，为你提供机会。在我职业生涯的当下阶段，我觉得是时候让别人从我来之不易的知识中受益了，所以我参加了两个正式的指导项目，并非正式地指导了一些现任和前任同事。

在大学或公共图书馆管理方面，服务型领导的优点是什么？

管理一个庞大的组织时，人们很容易陷入细枝末节中，而忘记这项工作为什么重要。服务型领导提醒我，我们在图书馆提供服务是为了支持学习和研究，以便他人的工作能有收获。这也提醒我们要有更大的目标，而不仅仅是平衡预算或重新设计门面。这不是我和同事们公开谈论的东西，而是影响我决策

---

① 苏格兰大学和研究型图书馆联盟主页：http://scurl.ac.uk/。

② 格兰扁信息合作组织主页：http://www.grampianinfo.co.uk/。

的一种潜在动力。

除了图书馆，欧洲（尤其是英国）越来越多的艺术、教育和文化机构在许多方面都在推崇美国的变革模式，包括市场营销、用户推广、资金筹集、运营管理、激励管理、领导力，以及最重要的创新战略等。您认为为什么会出现这种情况？美国管理模式成功背后的原因是什么？

我不确定我能提供多少答案。我想作为一个相对年轻的国家，美国依然有能力向前看，而不是依赖于事情在历史上如何起过作用（或不起作用）。有一种趋势是寻找务实的答案，同时使用创造性的方式来达成解决方案。

作为图书馆馆长，您觉得工作中最有价值的部分是什么？最令人沮丧的是什么？

当我们拥有合适的资源组合——人员和馆藏——来为我们的学生和学者提供支持时，这项工作是最有价值的。就个人而言，我喜欢走到图书馆的各个楼

▶ 从广场看阿伯丁大学
邓肯·赖斯爵士图书馆

层，看几十上百个学生在使用图书馆，无论是在紧张地学习，还是和朋友一起喝杯咖啡。

我对官僚主义感到很沮丧。我曾在三所重点大学工作过，填过的成堆表格和写过的委员会文件能装满一辆大卡车。有教师表示他们不需要图书馆，因为可以从互联网上获得所需要的一切，我也感到很沮丧——他们显然没有意识到，他们之所以能从办公室获得这种"免费"的访问，是因为图书馆支付了一大笔钱。图书馆需要注意的是，我们在公开透明我们的服务流程方面做得还不是很有效。

当您退休后，您希望被人们记住的是什么？

这个问题很难回答。坚持每天起床做好工作要比分析整个职业生涯更容易！我想，我希望人们记得，我是这样一个人，用自己的技能和经验帮助他人和组织向前发展。这些年来，我从优秀的导师那里受益匪浅，也觉得我有责任为别人做同样的事情。

鉴于您成功的职业生涯，在您生活或事业的这个阶段，您还有什么希望实现的目标吗？

这个问题容易多了。只要问我日常的目标就可以了。由于我正在积极管理

▲ 阿伯丁大学邓肯·赖斯爵士图书馆特藏阅览室

图书馆整体的服务，我有一个想要实现的目标清单：（1）打造更多的小组自习室；（2）重新策划一楼空间，将图书馆融为一体；（3）把特藏和博物馆设在用户友好型空间里；（4）有充足的预算来购买更多的电子馆藏；（5）为苏格兰打造一个合作性的专著存储解决方案。这份清单无穷无尽——总有更多的事情要做。就个人而言，有可能在未来我还会换个岗位——很可能是在美国的一个图书馆。只有时间会给出答案。

延伸阅读

Aberdeen University Library. [online streaming]. Available from <https://www.youtube.com/watch?v=li-UZtY884Q>.

Aberdeen University Library.(2012). Opening ceremony [online streaming]. Available from <https://www.youtube.com/watch?v=LWVWNpH_tUM>.

Aberdeen University Opens. New library [online streaming]. Available from <https://www.youtube.com/watch?v=LAPaTi2wrz8>.

Diane Bruxvoort. The University of Aberdeen—About Us. Available from <http://www.abdn.ac.uk/about/management/diane-bruxvoort-631.php>.

New Library at the University of Aberdeen.(2009). [online streaming]. Available from <https://www.youtube.com/watch?v=yrzV4CbL7BY>.

RLUK16 & Bruxvoort, D.(2016). University of Aberdeen speed presentation [online streaming]. Available from <https://www.youtube.com/watch?v=879S6dM10qU>.

Sir Duncan.(2013). Rice Library at the University of Aberdeen [online streaming]. Available from <https://www.youtube.com/watch?v=rRGHlbi4mpc>.

University of Aberdeen.(2010). New library [online streaming]. Available from <https://www.youtube.com/watch?v=iYgcCarckA4>.

第十七章

威廉·威德马克，斯德哥尔摩大学图书馆馆长

简介

瑞典斯德哥尔摩大学（Stockholm University）始建于1878年，最初是一所学院，1960年成为公立大学。自此，斯德哥尔摩大学就一直在"世界大学学术排名榜"中名列前茅。

从2011年起，威廉·威德马克（Wilhelm Widmark）一直担任斯德哥尔摩大学图书馆馆长，全面负责图书馆日常事务和馆员招聘。在成为大学图书馆的馆长之前，威德马克在非图书馆领域工作过多年，例如在乌普萨拉大教堂担任教堂司事，在莱科斯（Lycos）担任网站编辑等。斯德哥尔摩大学图书馆因拥

▲ 威廉·威德马克　尼克拉斯·波林（Niklas Björling）/摄

有许多专业水平较高的人才而闻名。这些专业人才来自非传统领域或非图书馆领域。他们中有律师、编辑、研究协调员、统计学家等。威德马克说："过去，图书馆的所有工作都由图书馆员来完成，但在未来，图书馆的工作人员应由来自不同领域的专业人才组成，这很重要。这些不同领域的专业人才可以在不同部门工作，完成不同的任务，以促进数字时代的知识共享。"

在接下来的访谈中，威德马克与读者分享了他对全球研究周期的当前趋势的独特见解，还分享了他独特的工作方法，正是这些方法使得斯德哥尔摩大学图书馆长期保持世界一流图书馆地位。

► 斯德哥尔摩大学图书馆入口（从馆外拍摄） 尼克拉斯·波林/摄

首先可以请您做个自我介绍吗？比如您的教育背景和接受过的专业培训，攻读学士和硕士期间您学过的课程，或者您在欧洲乃至全世界图书馆学情报学领域最受大家认可的专业特长。

我在乌普萨拉大学（Uppsala University）[①]学习过很多年。刚开始我学的是社会学，后来学了美学、思想史和文学。我第一个硕士学位的研究方向是瑞典文学。之后，我又取得了图书馆学情报学的硕士学位。2000年左右，我开始在斯德哥尔摩大学图书馆[②]工作。当时，印刷媒体刚刚开始向电子媒体转变。我负责斯德哥尔摩大学[③]的电子资源管理工作。我当时既负责管理系统，也负责电子资源采编。在开展采编工作的过程中，我受邀加入了不同出版商的图书馆顾问委员会。

---

① 乌普萨拉大学主页：https://www.uu.se/en/。
② 斯德哥尔摩大学图书馆主页：http://su.se/english/library/。
③ 斯德哥尔摩大学主页：http://www.su.se/english/。

欧洲乃至世界各地的同行认可我，应该是读过我写的一些文章，听过我在世界不同地方的会议发言。我引用率最高的文章写的是谷歌学术和Metalib之间的比较，题为《Metalib和谷歌学术：一项用户研究》（Haya & Nygren，2007）。在国际上，我是欧洲研究型图书馆协会[①]执行委员会委员，该协会是欧洲的研究型图书馆组织，同时我还是该协会宣传和传播指导委员会（Advocacy and Communications steering committee of Liber）主席。

您一直在图书馆工作吗？您能更详细地讲述一下您是如何成为斯德哥尔摩大学图书馆馆长的吗？

我并不是一直在图书馆工作。我的求学生涯很长，并且曾在乌普萨拉大教堂做司事，勤工俭学。我还在瑞典莱科斯[②]做过网站编辑。即将结束图书馆学情报学学业时，我在莱科斯短暂工作过。但因为瑞典发生了IT行业破产事件，所以我只在那里工作了不到半年。后来我开始在图书馆领域工作，在斯德哥尔摩大学图书馆人文部找到了一份图书馆员的临时工作，为期3个月。10年后，我成为这所图书馆的馆长。

担任图书馆员后不久，我发现这份工作比较无聊。我当时的主要工作是编目和在咨询台接待读者咨询。我当时就想，我得做一些更有意思的事，所以我申请负责一个电子书项目，并且如愿以偿。如果你想了解更多关于这个电子书项目的信息，可以阅读我的《用电子书作为教科书：瑞典斯德哥尔摩大学图书馆案例研究》[③]这篇文章。

之后我继续在电子资源领域工作。我成为电子资源协调员后不久，图书馆新成立了电子资源部门，任命我担任部门负责人。在我担任负责人的5年间，这个部门从原来只有5名员工发展到拥有30名员工。后来，我申请了另一所大学的工作，但是斯德哥尔摩大学图书馆前馆长让我留下来担任副馆长。她退休后，我申请成为图书馆馆长，于5年前上任。

237

[①]　欧洲研究型图书馆协会主页：http://libereurope.eu/。

[②]　莱科斯主页：http://www.lycos.com/。译者补注：莱科斯为欧洲著名的互联网公司。

[③]　《用电子书作为教科书：瑞典斯德哥尔摩大学图书馆案例研究》（*Textbook as E-books: A Case Study of the Stockholm University Library in Sweden*）文章刊载于*Against the Grain* 2005年17卷第1期。

▲ 斯德哥尔摩大学图书馆进门后　尼克拉斯·波林/摄

在到斯德哥尔摩大学图书馆工作之前，您曾在莱科斯担任网络编辑。您能详细说说网络编辑的具体工作内容吗？您之前担任网络编辑的工作经历对您现在担任这样一所一流大学图书馆的馆长有什么帮助呢？

我做网络编辑的时候还是互联网时代初期。那时所有的搜索引擎都在构建结构化的链接目录。我的工作包括根据不同主题进行网页搜索，并对它们进行描述，然后在莱科斯门户网站中给这些主题创建结构化链接目录。这些链接目录现在可能都不存在了。在私营企业工作的经历对我的职业生涯帮助很大。在IT行业的工作经历让我的简历更加出彩。同时，这段经历也让我学会了打破陈规思考问题。

您能简单介绍一下斯德哥尔摩大学及其图书馆服务吗？

斯德哥尔摩大学有四个学部：科学学部、社会科学学部、法学部和人文学部。学校在校学生7万人，博士生1800人，学生人数是瑞典大学里最多的。学校大约有2000名留学生。斯德哥尔摩大学成立于20世纪60年代，图书馆位于校园中心，有9个分馆。图书馆为学生和研究人员提供他们所需的服务。当我们描述自己时，常常强调两个用户服务导向：信息提供和出版支持。在这两个导向之下，我们为用户提供多种服务。第一个服务导向是信息提供，这是图书馆的传统工作。我们的使命就是在用户查找信息时提供支持，以最快的速度传递用户所需信息是我们的目标。图书馆90%的采购预算用于电子媒体资源采购。在信息支持方面，我们的工作还包括信息素养培训及图书馆内的信息支持相关工作。第二个服务指向是出版支持，它帮助研究人员和学生更好地进行学术传播。学术交流办公室的工作包括提供版权咨询、机构知识库的出版支持、文献计量分析、科研数据管理和斯德哥尔摩大学出版社（Stockholm University Press，SUP）[①]等服务。

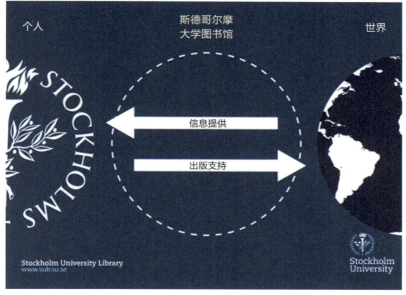

▲ 斯德哥尔摩大学图书馆功能图

目前斯德哥尔摩大学图书馆的馆藏规模有多大？您认为斯德哥尔摩大学图书馆馆藏和服务的最大亮点是什么？

斯德哥尔摩大学图书馆的纸质馆藏量为2641596册，电子馆藏量为698402册（统计截至2015年12月）。2015年，图书馆纸质图书借阅量（包含续借）达1218883册，电子图书阅览量达4112435册，共计5331318册。但这些都只是数字。建设馆藏不再是我们要讨论的话题。在新的信息环境中，馆藏存在于整个信息世界。我们的使命就是以最快的速度为用户提供信息。可以说，我们对斯德哥

---

① 斯德哥尔摩大学出版社主页：http://www.stockholmuni-versitypress.se/。

尔摩大学研究人员的信息需求基本做到有求必应。有的信息需求，图书馆会通过购买实现；有的信息需求，图书馆会通过租借或馆际互借等服务实现。

在像瑞典这样的一个小国家，我们必须共同建设馆藏、共同建设相关基础设施来为用户获取媒体资源。任何一个图书馆都无法做到其馆藏能包括所有资源。同时，我们的学术交流办公室也为用户提供优良服务，这是我们引以为豪的。我们的主要任务就是助力学校完成向开放科学的转型。我们正建设科研数据管理的基础设施，同时开展了不同的项目，来帮助研究人员达到研究资助者的开放获取要求。我们还将制定金色开放获取（Gold Open Access）的国家政策。

请您谈谈斯德哥尔摩大学图书馆的员工结构。

一年前斯德哥尔摩大学进行了机构调整，图书馆成为大学行政部门的一部分。这是一个重要的变化，图书馆可以更好地与其他行政部门（如研究办公室、学生办公室、IT部门和档案馆）合作，为我们的用户提供更好的综合服务。近年来，图书馆人员结构发生了很大变化。我们约有120名员工，分为四个不同的部门：媒体和出版部、客户服务部、系统和开发部以及行政和管理部。在组织中，我们通过很多跨部门团队和项目来尽量避免单个部门成为业务孤岛。我们将图书馆视为一个整体，每个部门都必须合作才能为大学提供最好的服务。全职馆员中，除图书馆一般行政人员外，还包括56名馆员、16名助理馆员、1名图书馆馆长和1名副馆长；图书馆还有负责财务和人事工作的员工4人、律师1人、研究协调员1人、出版编辑1人、协调员1人、研究人员4人、沟通员2人、不同领域的管理人员7人、信息技术人员7人，另有网页设计和运营等领域的专家。

作为斯德哥尔摩大学图书馆馆长，您能讲讲您典型的工作日情况是怎样的吗？有没有典型的一天呢？

我要处理许多国际和国内问题，所以没有什么典型的一天。当我在学校办公室里办公的时候，我最重要的任务是通过会议和面对面交谈与他人沟通。我还要为图书馆各部门负责人提供指导。90%的时间都用在与人沟通上，其余的时间用来阅读和写作。

能讲讲您的管理和领导风格吗？您怎么看待现代技术对您所在图书馆管理和服务的影响？

由于世界迈入了数字化时代，大学也不得不改变其研究方式和教育方式。随着大学做出改变，图书馆也要改变自己的服务，与时俱进。我最重要的任务

▲ 斯德哥尔摩大学图书馆学习区　尼克拉斯·波林/摄

就是在变革中发挥领导作用。为应对不断变化的环境，我们需要制定策略和短期计划。由于我们只能对不远的未来进行预测，我们必须能快速应对，在某些方向上及时做出改变。在整个图书馆内部，我们尽力采取更为灵活的方式开展工作，因此我们的领导风格不能是严厉的自上而下风格。我想让所有的员工朝着一个共同的目标努力、投入和成长。改变一个组织内部的工作方式远非易事，但我们已经取得了不错的进展。图书馆各部门负责人和我更像是员工们的教练，帮助他们提升创新能力，让他们更专注于我们的使命。

如今，现代的大学图书馆首要目标是为教学与科研服务，成为大学的信息技术基础设施。我们馆几乎所有的服务都基于现代化的技术和能干的员工。在当今担任图书馆馆长，你不需要自己是信息技术专家，但你必须理解新技术能怎么样为你所用，并乐于接纳它。要做到这一点，就必须敢于冒险。与其在开始前进行长时间的调查，不如采取行动、勇于尝试。冒险有时会以失败告终，但失败常常是学习的机会。

为了保持世界领先研究型图书馆的地位，对我来说很重要的是确保员工掌握所需的技能，并能持续发展。这意味着我要发现并充分利用员工现有的潜力，同时招聘具备新技能的员工以弥补差距。大型图书馆有各种需求，这催生了新的岗位，比如说，我们现在需要懂研究周期和科研数据管理的人员。其他需要发展的重要领域包括提升我们馆的信息技术、法律专业能力和沟通技巧。

您提到招聘具备新技能的员工以弥补差距，那这些"差距"通常体现在哪里呢？您是通过什么机制来识别这些差距的？

大多数的差距体现在出版支持方面。大约10年前，我们还是一个传统的图书馆，主要与纸本打交道。随着数字化的发展，我们在纸本方面的工作更高效了，我们的员工将更多的时间花在了学术传播上。在图书馆的快速转型中，我们发现了许多能力方面的差距，但员工们非常愿意学习如何在新环境中工作。例如，购买纸质书和协商电子书版权很不一样。你必须学习新技能，成为一个优秀的谈判者。以前会有很多图书馆员给纸质书编目。如今我们试着建立一个新系统，在书籍采购时就可以同时获得其目录信息。以前负责编目的员工现在还负责处理数据库的元数据及研究数据的元数据。

我们招聘了统计学家和律师，以帮助研究人员处理开放获取相关的问题、帮助他们跟踪他们的发表情况，搜寻并使相应的统计数据可视化。这就是在做情报研究工作。研究人员需要什么类型的数据？什么样的文献计量分析？排名如何？应该收集什么数据？支持研究人员的工作就是我们的职责所在。

▲ 斯德哥尔摩大学图书馆贝格达尔阅览室（Bergdahl Room） 尼克拉斯·波林/摄

在您所在的地区，当前研究周期和科研数据管理的趋势是什么？

在我看来，研究周期并没有发生很大的改变，但是研究人员在这个周期中会使用不同的工具，许多研究人员正尽力使他们的研究对所有人开放。可以这样描述一个研究周期：发现—计划—收集—分析—分享—存档。如今，有的研究资助人和出版商要求研究人员在网上公开研究数据。许多研究人员也希望能找到可用的开放数据。斯德哥尔摩大学图书馆正领导一个项目，旨在为所有研究人员建立科研数据管理的基础设施。研究人员需要有地方存储这些开放获取的数据，需要处理元数据的方法指导，需要在存贮这些数据时进行相关的法律咨询。

数字化时代，为什么沟通技巧对图书馆里的专业人员变得日益重要？他们和20年前的图书馆专业人员有什么不同呢？

在沟通交流上，现在与20年前相比，变化巨大。20年前，学生和研究人员要来图书馆里才能满足他们获取信息的需求。如今，研究人员通常不用亲自到图书馆来。所以图书馆要在从网页到社交媒体的不同媒体平台与读者进行沟通交流。这就要求我们有相应的沟通技巧，以正确的形式包装信息，并将信息正确地传递给目标群体。随着我们服务的不断发展，我们也要用有效的方式让用户知晓这些发展变化。用户通常不喜欢铺天盖地的信息轰炸，但当他们需要信息时，我们要保证他们能轻易获取。

过去，图书馆的工作都是由图书馆员来做的。但未来图书馆应招聘来自不同行业、具有不同领域知识的人，让他们在多个领域流动工作并完成大量的任务，这很重要。如今，整个就业市场流动性更强，这也促进了知识共享。

可以详细举例说明您的观点吗？

我们以沟通交流为例。之前，处理沟通交流的问题时，我们会很自然地让图书馆员来处理。而如今，我认为更好的做法是让经过专业沟通培训的人士来处理，有策略地进行沟通。以前，图书馆行业就像一个仅对业内人士开放、关系紧密的社团，图书馆的许多工作都由图书馆员完成。而如今，当我们有不一样的需求时，我更愿意招聘图书馆传统领域之外的专业人士。以前，只要获得在斯德哥尔摩大学图书馆工作的机会，人们通常会在这儿干一辈子。如今，图书馆员工的流动性更大，我觉得这是好事。新来的员工拥有不同的能力，对工作有不同的想法；反之亦然，斯德哥尔摩大学图书馆的员工去其他地方工作时，也为新的工作岗位带去了他们的技能。这样就能共同学习，为用户提供更好的服务。

我们已经聘用了专门的系统开发和信息技术人员。我们有专门的程序员开发图书馆的系统。我们还需要提升元数据方面的能力。我指的不仅是编目，而是从更广泛的角度来看元数据。换句话说，我们需要元数据专家而不是编目员，因为我们必须改进处理科研数据的方式。

负责编目的图书馆员和元数据专家，他们的工作性质、职责、所需技能和知识要求有什么不同？为什么元数据专家更适合数字时代的图书馆呢？

按照相关规则为一本善本编目，读者才能找到这本书，这是一项了不起的技能。在如何将科研数据或出版物的元数据经过系统整理，使其在研究信息基础设施中的不同系统间通用这一问题上，图书馆员和元数据专家的思路不一样。虽然都需要依照规则和标准完成工作，但两者执行思路不一样。

► 斯德哥尔摩大学图书馆
外景　尼克拉斯·波林/摄

律师的知识和技能对大学图书馆提供的服务有什么裨益呢？图书馆员的工作并不是高收入职业，您如何吸引受过专业训练的合格律师来斯德哥尔摩大学图书馆工作呢？

斯德哥尔摩大学图书馆相当于学校的学术交流办公室。所有的学术交流都依赖版权法。如今，许多研究人员在发表文章和发布科研数据时都需要版权方面的建议。招聘受过专业训练的法律顾问来图书馆工作并不难。我和大学行政主管有过交流，我们发现图书馆是版权律师在斯德哥尔摩大学的最好去处。现在，我们的法律顾问同样也是欧洲研究型图书馆协会版权分会的主席。在需要为研究需求而游说欧洲议会修改版权法时，该组织发挥着重要的作用。如果想了解更多这方面的信息，你可以看看这篇文章《当前和未来积极图书馆版权案例》(The Case for Active Library Copyright Advocacy both Now and in the Future)(Widmark, Holm, & Reilly, 2016)，这是我和我们的法律顾问一起写的。

您曾经说过："我们的员工里也有编辑。我很高兴看到来自许多知名出版社的编辑来应聘我们图书馆的工作。"具有专业编辑经验的人会给大学图书馆带来什么贡献呢？

斯德哥尔摩大学出版社是斯德哥尔摩大学图书馆的一部分。斯德哥尔摩大学出版社是一家开放获取出版社，它顺应研究人员的需求而建立，也服务于研究人员的需求。我们需要有编辑经验的人员在斯德哥尔摩大学出版社工作。在学术论文发表方面，我们也需要有编辑经验的人员。斯德哥尔摩大学出版社并不是斯德哥尔摩大学图书馆里孤立的部分。图书馆的所有员工都可以在组织内的不同工作流程中工作。我们还常常讨论在不同的团队和不同的项目里工作需要什么样的能力。

在您看来，未来的图书馆馆员应接受的教育是理论教育，而不是职业培训。您可以举例阐明这一观点吗？

我认为图书馆员在离开学校进入图书馆工作时应该有良好的理论基础。瑞典的图书馆在运营管理上各有特点。所以，应该是把未来的图书馆员培养成为不同领域的专家，职业培训是他们入职图书馆后进行的。

优秀的领导者，或者说大学图书馆的优秀领导者共同具备的特征和性格有哪些呢？

变化管理方式的能力、战略思维、勇气和乐观。

◀ 斯德哥尔摩大学图书馆外景
尼克拉斯·波林/摄

您觉得哪一部分的工作让您觉得最有意义？哪一部分工作最令您沮丧？

当看到我们的员工实现了自我成长和自我发展时，我会无比欣慰。听到员工在各种会议上分享我们的各种成绩，也让我很欣慰。最令人欣慰的是看到研究人员和学生对我们的服务很满意。最让人沮丧的就是所有的事情都需要时间，你必须学会保持耐心。

参考文献

Haya, G., Nygren, E. & Widmark, W.(2007). Metalib and Google Scholar: A user study. Online Information Review, 31(3), 365–375.

Widmark, W., Holm, J. & Reilly, S.(2016). The case for active library copyright advocacy both now and in the future. Signum Journal, (2), 16–20.

第十八章
菲利普・肯特，墨尔本大学图书馆馆长

简介

　　墨尔本大学（University of Melbourne）一直是在国际上得分最高的澳大利亚大学，菲利普・肯特（Philip Kent）于2009年3月开始担任该校的图书馆馆长。在此之前，他有着丰富的职业经历，曾在多所大学以及澳大利亚的国家科研机构——联邦科学与工业研究组织（Commonwealth Scientific and Industrial Research Organisation, CSIRO）工作。肯特在一个重要的时刻加入墨尔本大学。基于在墨尔本大学图书馆领导工作的经验，他分享了一些个人见解。

　　在信息未来委员会和大学十年信息战略的指导下，肯特领导的图书馆重新焕发了活力。历史上，图书馆是重要研究和文化藏品的存储库，这一点现今

▲ 菲利普・肯特

仍然是图书馆的核心职能。肯特还负责许多重要的文化收藏场所的管理，包括澳大利亚最大的非政府档案馆——墨尔本大学档案馆，以及格兰杰博物馆（Grainger Museum）。此外，墨尔本大学图书馆正在开发创新的学习空间，以支持大学的学习和教学，并提供适当的技术来支持学生的学习。在访谈中，肯特概述了图书馆在21世纪为研究型大学服务时所面临的挑战。

我们这次访谈，可以请您从介绍自己、受过的专业培训和教育背景开始吗？比如，您在大学学的是什么专业？您来自一个图书馆员之家吗？

我本科毕业于澳大利亚的昆士兰大学（University of Queensland）[①]。我在1978年底获得了文学学士学位。我大学受的教育是为了把我培养成一名记者，但当时新闻业还处于早期发展阶段，大多数记者需要在报社加班加点工作，在三更半夜编辑等。于是我计划学习教育学，想当一名中学老师，教历史、英语和地理。

在大学最后一个学期，完全出于偶然，我通过一个朋友得到了一份在大学图书馆兼职的工作。于是我在晚上和周末做兼职。我真的很喜欢这份工作，很快就意识到，当时在图书馆工作可能有更好的职业前景。我决定在昆士兰攻读图书馆学的非全日制学位，就是现在的昆士兰科技大学（Queensland University of Technology）[②]。最后我留在那里的图书馆工作。

我并非来自一个图书馆员之家。我在昆士兰科技大学获得了图书馆学硕士文凭。因此，我有资格成为澳大利亚图书馆协会（现在的ALIA[③]）的准会员。后来，大约15年前，我获得了工商管理硕士学位，这在当时看来是一个重要的工具。就现在而言，在某种程度上，获得这类资格证书可能也会非常有用。

高级工商管理硕士（EMBA）与工商管理硕士（MBA）相比，那时EMBA项目也同样流行吗？

我读的是MBA，不是EMBA。我的一些同事也拿到了MBA学位。有一种观点认为，图书馆员对管理知识了解不多，而通过获得MBA学位，你也许可以

---

① 澳大利亚昆士兰大学主页：https://www.uq.edu.au。

② 昆士兰科技大学主页：https://www.uqt.edu.au。

③ 澳大利亚图书馆和信息协会（ALIA）主页：https://www.alia.org.au/。

在你的机构和行业中更好地定位自己。我特别喜欢战略科目和一些技术性较强的科目，比如财务管理。我想这帮助我最终成为图书馆的首席执行官（CEO）。

您能告诉我们，您是如何成为墨尔本大学图书馆馆长的吗？

我的图书馆职业生涯是从布里斯班[①]的大学图书馆开始的，然后我去了墨尔本，在联邦科学与工业研究组织（CSIRO）[②]工作，那是全国性的科学组织。就这样，我开始积极参与很多系统项目，然后逐渐专注信息技术领域。后来图书馆被合并到CSIRO的企业信息技术服务部门，我在这创建了数字图书馆和自动化服务。

我花了大量的时间在信息技术领域工作。读完MBA后，我想尝试一些不同的东西，于是到了风险和审计部门工作，这也与图书馆员的工作完全不同。我就像一个内部管理顾问。两年来，我完成了许多审查，主题包括变更管理项目、法律合规性以及风险评估。但后来我又回到了图书馆，担任首席执行官。

除了能够制定战略规划外，您从以前的MBA课程中学到了哪些其他技能，最终有助于您目前担任的大型大学图书馆馆长的工作？

MBA课程提高了你的分析能力，使你能够客观地看待整个组织——它是如何运作的，以及它是如何为整个社区服务的。此外，你还可以通过组织行为学、组织发展和其他人力资源科目学习一些"软"技能。它还教会了我成为一个领导者所需要的广泛的管理和领导技能，还有重要的战略技能。

与此同时，你要有同理心。你需要了解组织学习是如何发生的，包括如何动员员工，以及如何激励人们开展团队工作。如今也有人评论说，未来的劳动力将不那么僵化，结构化程度更低，多学科化更强。你可以看看其他机构正在做的事情，比如大银行和大公司，他们非常重视创新，包括选择更现代、更开放的结构，以便人们创造性地思考和工作。

作为一个领导，你需要做出选择或决定，因为不可能面面俱到。你还需要了解整个战略进程是如何进行的，包括需要哪些新的技能和资源。换句话说，你必须找到可以使你和所在组织处于有利地位的战略，研究如何利用它们对你所服务的社区产生最佳影响。例如，当我初到墨尔本大学时，发现我们的图书

---

①　布里斯班是澳大利亚第三大城市及昆士兰州首府。——译者注

②　联邦科学与工业研究组织主页：https://www.csiro.au/。

馆有相当可观的资源。但我不知道澳大利亚还有哪些其他大学图书馆能有这么丰富、珍稀和特殊的馆藏。我确定这是我们的独特之处——这真正使墨尔本大学图书馆与众不同，或者说澳大利亚许多其他大学图书馆没有这样大的规模。

我必须制定策略来"解锁"那些稀有特藏，并以特殊的方式对其加以利用。所以，我来到墨尔本大学后，图书馆把战略重点放在了这个领域，因为它让我们变得别具一格。例如，我们已经把这些珍稀和特殊的资源整合到我们的教学计划中。

显然，作为原始资料，所有这些馆藏对于研究来说都是极好的。研究生和本科生能够亲身体验研究资料，这绝对是独一无二的——他们在其他很多大学里都无法获得类似的体验。所以从战略上讲，这实际上是关于做出选择，决定你应该在哪里集中精力和资源，为你的机构获得最佳影响。

您能否描述一下您目前作为墨尔本大学图书馆馆长的角色和职责范围？

我来墨尔本大学是来做大型图书馆的首席执行官。图书馆内有许多非传统的区域，例如博物馆、美术馆等。我还负责一个名为"学习环境"（Learning Environments）的小组，这个小组管理整个大学的教室里使用的学习管理系统和相关技术，比如讲座捕捉（lecture capture）。该小组负责开发新的学习空间，此外我还负责档案管理。

在过去的三年里，我也承担了更广泛的责任。我仍然是大学图书馆馆长，作为大学级别最高的图书馆员，负有制定全面战略的责任。然而墨尔本大学经历了一次重大的结构调整，将大学的战略部门和运营部门分开。所以我目前在所谓的"校长办公室"（the chancellery）工作，这是一个与校长合作的小组。我们负责组织战略、政策、外部关系、我们的品牌和合规性等工作。

我之前说过，我基本上是全面负责墨尔本大学的美术馆、图书馆、档案馆和博物馆。但是，我不负责美术馆、博物馆等机构的工作人员的日常工作安排。他们直接向院系或服务部门汇报工作。但我对整个墨尔本大学的美术馆、博物馆和馆藏的战略规划及政策制定负有全面责任。

请问贵馆服务和特藏的亮点是什么？

图书馆有大约300万册纸质文献馆藏。从历史上看，这相当于一个大型研究型图书馆的藏书数量。但是在当前的数字化环境中，尤其是这么多的电子书可以方便地在线访问，我们图书馆员和图书馆服务正逐渐从追求规模转向更加

▲ 肯特在墨尔本大学贝利厄图书馆（Baillieu Library）善本阅览室

注重效率。然而，在数字环境中很难判断、衡量和监测图书馆服务的质量或效率，很难衡量哪些图书馆比其他图书馆更成功。但可以肯定的是，我们的纸质馆藏仍然非常重要。我们现在大约有150万册电子书。我们把大约90%的预算都花在了电子资源上，这显然是未来的方向。但我们仍然有大量的纸质图书，而且出乎意料的是，其中一些书籍还在被广泛使用。

虽然许多图书馆的图书流通量已经明显下降，但与澳大利亚的其他大学图书馆相比，我们的图书借阅量仍然很高。这可能是因为我们是一所研究型大学，本科生和研究生的比例约为1:1。我们已经转向了更加北美化的大学模式，这意味着所需资源的类型也在改变。也许部分原因是，并非所有的书籍都被数字化了，这就是为什么我们仍然看到人们大量使用纸质资源。

您能描述一下贵馆的整体人员结构吗？

图书馆内有两个服务部门。一个叫作学习环境部，主要负责前台服务，深受学生的欢迎。我们在重新开发实体图书馆空间方面非常成功。这就是世界各地正在实施的新方案，称呼各种各样，有的叫"学习共享空间"，有的叫"信息共享空间"。在墨尔本乃至澳大利亚，我们在翻新改造图书馆空间方面非常成功。

另一个服务部门叫作学术信息部，这个领域有人称之为信息或数字素养。在美国大学，人们称之为用户教育或图书馆教育，但在澳大利亚，人们称之为学术交流或信息素养。我们与学者们紧密合作，将信息素养教学纳入常规学分课程。在过去，图书馆员们在这些科目上进行传统教学，尤其是围绕着信息资源和发现方面。现在，我们倾向于和学者们更紧密地合作，开发可以纳入大学课程的简短教程和测验，把图书馆的资料变成课程的一部分，并嵌入在线学习管理系统。在这个系统中，学生可以发现相关的资料或了解学术写作和抄袭等问题。

我们图书馆大约有一半员工负责学术信息板块，主要负责教学合作关系。另一半员工致力于馆藏与研究支持板块，主要负责在研究的各个阶段为学者和研究生提供支持。其他重要的职责，如图书馆系统、技术服务和特藏，也属于馆藏与研究支持板块。

墨尔本大学与悉尼大学和皇家墨尔本理工大学相比，在用户的需求、期望和对各自图书馆服务的态度方面有何不同？

虽然我们的使命不同，但我觉得这三所大学的本科课程非常相似。

在澳大利亚，只有一所大学没有法学院。澳大利亚的大学彼此非常相似，因为都在变成更综合的大学，以满足学生的需求。

在泰晤士高等教育世界大学排名中，澳大利亚有八所大学进入了前100名。

▲ 墨尔本大学贝利厄图书馆，摄于1959年开放时

这八所大学有更高的入学标准，并努力在整体课程和表现方面追求更高的标准。

人们可以去读皇家墨尔本理工大学，成为一名电工或水管工，也可以成为一名会计师，等等。他们既有职业教育，又有高等教育。在我看来，像悉尼大学和墨尔本大学这样的大学，旨在提供更广泛的教育体验，使学生具备从事不同职业的能力。从某种意义上说，皇家墨尔本理工大学准备让学生毕业即就业。墨尔本大学有50%的学生继续攻读研究生。

您能否描述一下您的典型工作日情况？或者有没有典型的一天？

我开玩笑说，一旦我停止参加会议，就得重新接受开会培训！所以说，我的大多数日子都非常忙碌。从早九点到晚五点，我都在不断地开会。一般来说，每天有七次会议，有时情况也会有变化。开会事关与其他高层同事的合作和交流，有的会议长，有的会议短。与其他高级职员的会议涉及施加影响、谈判磋商和确定优先次序。我也喜欢离开办公室，四处走动，我还喜欢去别人的办公室拜访。

我发现在墨尔本大学，人们经常边喝咖啡边处理事务。我在咖啡馆和教师俱乐部与人见面，讨论问题。此外，我们还有许多活动——特别是和图书馆、美术馆和档案馆的合作活动，比如新展览开幕或有嘉宾演讲。

人们在质疑大学的价值，抱怨学费高。大学必须越来越多地证明自身存在的合理性，并有意识地为公众作出贡献。例如，我们图书馆举办了很多公共项目、讲座和活动，这些活动通常在晚上和午餐时间举行。

您能描述一下自己的管理和领导风格吗？职业指导是领导力中的重要内容，您能分享一下您在职业指导和领导力两方面的经验吗？您的管理理念是什么？

你可以拥有好的资源，设计好的策略。你可以有美轮美奂的图书馆建筑，你可以有精彩绝伦的馆藏。但是如果没有称职而能干的员工，你就无法提供绝对满足用户需求的服务。做出战略选择确实很重要，因为我们根本没有足够的资金，也没有足够的人员去包揽一切。我们未必有员工具备所有的新技能，胜任所有必须要做的工作。

因此，在员工队伍和工作设计中，我们需要非常有针对性，并努力确保有一个良好的员工梯队。换句话说，我们需要为员工提供成长并发展职业生涯的可能和机会。这意味着我作为首席执行官的工作是加强团队协作。为了实现这一目标，馆长或首席执行官必须平易近人，并不断强化我们作为一个整体的发展方向，以及阐明我们为什么要朝着那个方向发展。

不断思考如何为我们的组织增加价值，就是要与员工团队一起庆祝成功，并公开表彰员工，特别是对组织作出积极贡献的个人。

在澳大利亚，我们有许多图书馆的职业指导项目。奥罗拉（Aurora）是一个创新性项目组织。它是一个独立的非营利组织，设有董事会。它有很好的业绩，培养了很多来自澳大利亚和新西兰的图书馆和档案馆的富有潜力的员工。每年我们都尽力派出至少一人参加奥罗拉的项目。他们往往是那些"聪明的年轻人"，在步步晋升的过程中展示了潜能。他们通常是处于职业生涯初期的员工，具有良好的发展前景。我参加过其中的一些年度项目——参与者们非常感激业内资深人士的加入。通常，我们会谈论自己的职业生涯和得到的教训。我们会讲一些故事。故事在传达知识方面非常有效，让学习变得更个性化、更有趣。我以导师的身份参与其中，观察、提供反馈，并为课程中的学员提供帮助。

同样，我们在墨尔本有一个针对大学图书馆和州立图书馆的指导项目。这是一个专业的结构化计划，包括指导。我们首先设立了关于如何成为好导师和好学员的工作坊。有一个委员会在努力寻找导师和学员。去年我作为导师参与其中。通常很难让大学图书馆馆长投入时间参与指导。我不能每年都参加，但尽可能每隔一年参加一次。我指导过一个有潜质成为大学图书馆馆长的学员。重要的是，参与者能够在安全的环境中接触到高级专业人员，他们可以试验新想法、讨论问题。指导项目鼓励并培养员工，还可以帮学员推荐正式的课程，如MBA课程、其他员工发展或专业培训课程。领导力培训可以培养"软技能"和自我意识。

在您看来，大多数成功的图书馆馆长都有哪些共同的特点和特质？

我认为每个人都有不同的特征和属性，因为我们都是不同的。我们有澳大利亚大学图书馆员委员会（Council of Australian University Librarians，CAUL）①的会议，还有来自八所研究型大学的图书馆馆长团体会议，每年都开好几次。聚在一起时，我们各不相同。但我认为有一些重要的特点和特质是围绕领导力的，以及要能够讲述一个引人入胜的故事，讲清图书馆是什么、它的作用和它的成就，也要阐明图书馆是如何支持大学的。总的来说，你必须能够和听众交谈并展示出色的演讲技巧。但你也需要其他技能，比如同理

---

① 澳大利亚大学图书馆员委员会主页：http://www.caul.edu.au/。

心、处理人际关系的技巧、良好的沟通能力和政治技巧。

更重要的是，你还要有良好的管理技能，以便管理两百多人。在大学的高层，有良好的人际交往能力和"在世界舞台上发挥作用"的能力同样重要。也就是说，能够在世界各地与类似的大学建立良好的联系，以便分享知识和信息，并相互学习。

为什么大学图书馆登上国际平台很重要？

因为我们处在全球经济时代！全球化正在世界各地发生。当我参观牛津大学、剑桥大学、爱丁堡大学、加州大学伯克利分校、加州大学洛杉矶分校等学校时，他们所有的图书馆员都面临着差不多同样的问题。这就是为什么各种团体会走到一起，形成联盟或开展合作。

我所在的图书馆与环太平洋地区的其他图书馆也有合作。去年，我在墨尔本主办了一次年会。这个团体最初对东亚馆藏特别感兴趣，组织成员来自环太平洋地区经历过华人移民的各地机构。我们都进行东亚研究，都有数量惊人的东亚资料馆藏。所以，这种地理上的分组对我们来说是很适用的。

作为墨尔本大学图书馆的总负责人，您觉得自己工作的哪部分最有价值？哪部分最令人沮丧？

根据我的经验，挫折总是由于资源不足，因为竞争非常激烈。竞争可能是惨烈的，因为每个部门都有远大的抱负，都想要新的建筑，想要更多的钱购买在线资源等。此外，你会发现部门间并不总是像你希望的那样愿意合作——由于资源短缺，人们之间的竞争越来越激烈。有人曾对我说，竞争之所以如此残酷，是因为大学里的奖励回报太少了！

我发现最有价值的是，例如，我在CSIRO工作时，是和极其聪明的人们共事。有次我去教授俱乐部，见到一位诺贝尔奖得主坐在那里吃午餐。此外，有时候我看到图书馆正在为大学的成功作出贡献。当大学赢得奖项，知名科学家或教授因为他们的工作而获得奖励和认可时，我相信，他们之所以能够取得这样的成就，是因为有了图书馆的帮助。

您能描述一下当前的信息环境吗？这种新的信息环境是如何重塑整个大学社区的学习、教学和科研实践的？此外，这种新的信息环境如何影响了贵馆提供的专业服务？

如今很多人都在谈论颠覆，以及世界在如何变化。这其中很多都与技术有关。现在，人们在学费上花了很多钱。由于他们可以更容易地周游世界，原本可能去美国的学生现在选择去其他地方。他们负担得起，而且确实带着钱。澳大利亚的大学有大约36%的国际学生。20年前还没有这么多国际学生，相比之前，当下的市场竞争更加激烈。人们密切关注大学排名，据此来选择他们的求学目的地。11年前，大学排名才刚开始变得重要。然而现在，和我交谈的每个人都说："我想进入世界前50名的大学。"但问题是没有足够的空间让每个学校都进入前50名！所以竞争非常激烈。

技术的影响之一是教育方式转向网络教育。这带来了一种可能性，人们能在世界其他地方的大学学习，而不必局限于自己身处的小镇、城市或国家的大学。人们可以选择他们想要学习的"地点"。网络教育这一重大转型给未来带来了真正的挑战。它还改变了科研活动，特别是向数字人文学科和新的电子工作方式（如电子科学、电子研究等）的转变，这些改变正在跨越国界进行。

所有这些环境变化都是普遍存在的，并且在很大程度上改变了图书馆所提供的服务类型。越来越多的人要求图书馆提供免费的开放获取资源。你根本无法强迫学生购买教科书。我们需要找到其他方法来解决这个问题，而图书馆可以帮助识别资源，并将它们贡献给大学社区。

同样，大多数澳大利亚大学图书馆现在都有版权服务，以便为学者们提供建议，告诉他们哪些资源可以用于课程，哪些不能。

在您作为图书馆员的整个职业生涯中，曾经有过任何遗憾或反悔吗？

并没有。图书馆是一个令人兴奋的地方，尤其是大学图书馆。我特别为英国的公共图书馆感到难过，也在某种程度上为澳大利亚的图书馆难过，许多公共图书馆都被关闭，纯粹是出于财政原因。所以我想我很幸运，因为没有在那些地方工作过。许多大学图书馆在支持它们所在的大学实现使命方面仍然发挥着核心作用。就这一点而言，只要我们继续改变或发展，就可能生存下去。但我仍然热爱这份工作，尽管有些日子困难重重，矛盾多多，包括不得不与有些人合作，而他们并不能理解我们在做什么，会故意刁难我们，或者争强好胜等。但总的来说，我觉得我的职业很有价值。

如果一个年轻人受到启发，想成为一名图书馆员，并向您寻求建议，您会给出什么样的建议？

事实上，这种情况我最近经历好几次了。我认识的一些人一直在考虑攻读博士学位或完成图书馆学的学位。有趣的是，在一个案例中，有个人做到了两者兼顾。我仍然会向人们推荐这个领域。尽管有人说，现在一切都在互联网上进行，未来我们需要的图书馆员会减少，但图书馆事业仍然有光明的未来。如果你深刻理解图书馆事业的基本价值和原则，如果你真的相信信息自由、隐私权等理念，你就会有光明的未来。

图书馆员发挥作用的空间，是通过他们的"软技能"为人们在信息世界导航。这些类型的角色将会继续存在。

在结束这次访谈之前，您还有什么要补充的吗？例如，您想对我们的读者说些鼓舞人心的话吗？

我是那种看到杯中水是半满而不是半空的人。我倾向于积极地看待事物。图书馆员总有很好的机会为我们的组织增添价值。我们可以提供很好的服务来改变人们在大学里的体验，无论是为学生提供学习或创新的灵感空间，还是提供真正高质量的资源，确保他们了解自己学科领域的所有最新思想。所有这些都有助于为图书馆和图书馆员们提供一个美好的未来。图书馆本质上是学术或学术机构的中心，甚至自中世纪以来就是如此！

第十九章

霍华德·阿莫斯，新西兰达尼丁市奥塔哥大学图书馆馆长

简介

奥塔哥大学（University of Otago）是一所位于新西兰奥塔哥地区达尼丁市的公立联合大学。奥塔哥大学成立于1869年，是新西兰最古老的大学。它是19世纪70年代少数几所招收女性的大学之一，也是大洋洲第一所允许女性攻读法律学位的大学。该校首位女毕业生是1885年毕业的卡罗琳·弗里曼（Caroline Freeman）。奥塔哥大学现任大学图书馆馆长是霍华德·阿莫斯（Howard Amos）。与其他许多大学图书馆馆长不同的是，阿莫斯具有信息管理专家和图书馆员的资格，并且在获得图书馆员资格后，有在图书馆软件公司超过15年的工作经验。阿莫斯于2010年10月开始担任奥塔哥大学图书馆馆长。他目前代表新西兰大学图书馆参加了大洋洲电子资源联盟，并担任OCLC亚太区域理事会会长。阿莫斯通过制定科研数据管理元数据标准，促进了新西兰电子研究支持基础设施的发展。

▲ 霍华德·阿莫斯

在接下来的访谈中，阿莫斯与读者分享了他在管理组织变革方面无与伦比的专业知识，包括向完全数字化图书馆的转变，实施国际对标活动，以及为图书馆制定质量框架。

我们这次访谈，可以请您从自我介绍开始吗？例如，您的专业培训和教育背景是什么？您在大学读的是什么专业？

我叫霍华德·阿莫斯，是位于新西兰达尼丁的奥塔哥大学①的图书馆馆长。我是2010年加入奥塔哥大学的，已经做了8年的大学图书馆馆长。我在大学学的是历史，毕业后在英国伦敦为一家管理咨询公司工作了一段时间。公司业务的一部分是招聘服务，我被雇来管理申请人的档案，重点是组织和描述这些档案，以供参与后期招聘工作的顾问进行识别。这时是计算机化档案管理的早期阶段，也激发了我对信息检索的兴趣。

我回到新西兰后，决定要取得图书馆员资格。当时，新西兰图书馆学院（隶属于惠灵顿维多利亚大学②）要求申请者必须有实践经验，于是我在坎特伯雷公共图书馆③担任临时索引员，在那里遇到了彼得·西多科（Peter Sidorko，现为中国香港大学④图书馆馆长）。由于我对使用计算机进行书目管理感兴趣，彼得建议我去悉尼的新南威尔士大学⑤图书馆学院学习。1986年，我向这两所图书馆学院提出申请，均被录取，就前往悉尼，在那里一待就是25年。

您能告诉我们更多关于您是如何成为奥塔哥大学图书馆馆长的吗？

我没有按照传统路线成为一名大学图书馆馆长。我在私营部门和公共部门都工作过，为商业机构和大学工作过。从新南威尔士大学毕业后，我加入了一家图书馆软件供应企业，为一个集成化图书馆管理支持系统工作了五年半，最终成为图书馆系统的客服经理。支持系统为我提供了良好的经验和分析技巧，使我能够识别问题及难题，解析它们是如何产生的，并为客户提供支持和指导，使他们能够从错误中学习。我还学到了良好的文档编制技巧（以及如何编写文档），培养了清晰的思考能力以及"像终端用户一样思考"的能力。

1992年，我加入了新南威尔士州立图书馆⑥，运营一个名为ILANET的广域网。这是现存最早的图书馆网络之一：它使用英国电信的电子邮件软件和X.25

---

① 奥塔哥大学主页：http://www.otago.ac.nz/。

② 惠灵顿维多利亚大学主页：http://www.victoria.ac.nz/。

③ 坎特伯雷公共图书馆主页：http://canterburylibrary.org。

④ 中国香港大学主页：http://www.hku.hk/。

⑤ 澳大利亚新南威尔士大学主页：https://www.futurestudents.unsw.edu.au。

⑥ 新南威尔士州立图书馆主页：http://www.sl.nsw.gov.au。

▶ 奥塔哥大学图书馆内景（之一）

通信网络，这样整个州的公共图书馆就可以申请馆际互借资源。随着互联网在澳大利亚的发展，我把公共图书馆与世界其他地方连接起来，并向其他图书馆提供互联网接入（当时在澳大利亚只限于高等教育部门）。1999年，我加入了当时世界上最大的电信公司之一——美国世界通信公司（MCI WorldCom）的澳大利亚分部，最终成为外包部门的亚太地区经理。我在2004年加入新南威尔士大学图书馆，先是担任图书馆信息技术主管，然后担任了大学图书馆副馆长。

在成为大学图书馆馆长之前，您在图书馆软件公司有超过25年的工作经验。在职业生涯的哪个阶段，您决定要成为一名大学图书馆员的？由于您没有图书馆学情报学（LIS）学位，也没有接受过图书馆管理方面的正式培训，您认为这对于您目前承担奥塔哥大学图书馆馆长的工作是一种优势吗？

我研究生拿到的文凭是"信息管理文凭"，而不是图书馆学或情报学硕士

▲ 奥塔哥大学图书馆内景（之二）

学位，我认为这反映了人们逐渐认识到信息科学[①]和信息管理越来越紧密，传统的图书馆学需要与信息科学技能"联姻"。在某些方面，我们今天仍然面临这个困境：研究信息科学的人，往往不了解图书馆员所拥有的信息管理专业知识和知识体系。我一直想提醒信息科学人员和计算机科学家注意，图书馆员一直在创造元数据——整理和描述事物，以期它们被发现、使用和重复使用——几千年来一直如此。

我确实相信，我的商务经验和在高等教育部门工作的经历，让我对如何提供图书馆服务有了更广阔的视角，尤其是在一个不断加速变化的世界里。正是互联网这一最具颠覆性的技术，让我重新回到图书馆行业。在过去二十年里，人们创造、整理和获取信息的方式发生了深刻的变化。当我管理ILANET网络时，我就参与其中，曾经参与变化，而这些变化也对学术交流的加速发展产生了影响。

能否请您简要介绍一下奥塔哥大学？

奥塔哥大学是新西兰最古老的大学。新西兰是一个非常年轻的国家，其建

268

---

①　Information Science 既可译为情报学，又可译为信息科学。——译者注

▲ 奥塔哥大学图书馆内景（之三）

国条约可以追溯到1842年[①]。奥塔哥大学成立于1869年，靠捐赠获得了10万亩牧地，并有权授予文学、医学、法律和音乐学位。这所大学于1871年7月开学，当时只有三名教授。大学最初设在达尼丁市中心的一栋大楼里，随着钟楼和地质楼在1878年和1879年相继竣工，大学搬到了现在的校址。

奥塔哥大学牙科学院成立于1907年，家政学院（现为应用科学学院）成立于1911年，然后大学继续扩大。1961年时奥塔哥大学只有大约3000名学生，后来不断发展，现在拥有近20000名学生。虽然大学的主校区位于达尼丁，但它在基督城和惠灵顿设有健康科学校区，在奥克兰还有一个信息和教学中心。达尼丁教育学院在2007年初与奥塔哥大学合并，这使得我们新增了一个位于南岛最南端因弗卡吉尔的校区。

奥塔哥大学图书馆目前的馆藏规模是多少？能否介绍一下贵馆馆藏和服务的亮点是什么？

我们的馆藏总量约为250万册，有9万多种期刊可供查阅。我们的特藏包括德比尔专藏（de Beer Collection），它有7000多本1800年前后的书籍和手稿，

---

① 应该是1840年。该年英国和毛利人签订《怀唐伊条约》（Treaty of Waitangi）。新西兰成为英国殖民地，定首府为奥克兰。——译者注

在18世纪的英语、历史、政治和哲学研究领域具有国际地位。图书馆的主要优势是藏有约翰·伊夫林（John Evelyn）、约翰·洛克（John Locke）等人的作品以及关于他们的作品。另一个日益壮大的领域是流行文化收藏，包括从20世纪40年代到70年代的通俗小说，还有科幻小说馆藏。

　　特藏部定期举办展览，这些展览也会在网上公布（参见http://www.otago.ac.nz/library/specialcollections/exhibitions.html）。奥塔哥大学图书馆很幸运，拥有三台仍然可用的老印刷机：一台1845年的阿尔比恩印刷机，一台1863年的哥伦比亚"鹰"（Eagle），还有一台20世纪50年代的范德库克打样机。特藏部主任负责管理大学的驻校印刷项目，该项目于2003年启动，旨在鼓励印刷和图书制作，每年都有一到两份限量版出版物问世。

　　我们图书馆的"镇馆之宝"是霍肯专藏（Hocken Collections），它的存在要归功于一位达尼丁医生——托马斯·莫兰·霍肯（Thomas Moreland Hocken）的积极收藏和之后的慷慨捐赠。霍肯收集了与新西兰、太平洋和早期澳大利亚有关的书籍、报纸、图片和文物。

　　霍肯专藏是一个研究型图书馆，类似于耶鲁大学的刘易斯·沃波尔图书馆和普林斯顿大学的善本和特藏部，这些研究型图书馆保存并管理出版物、档案资料和图片。在大洋洲，没有任何一所大学的研究型图书馆可以与霍肯专藏的深度相媲美。霍肯的档案收藏是新西兰大学所拥有的最大档案收藏，也是政府之外最大的文献馆藏。它的规模相当于新西兰国家图书馆的亚历山大·特恩布尔图书馆①或新南威尔士州立图书馆②，而它的图片收藏也是全国最大的艺术收藏之一。展览通过精心的策划让人们了解藏品，霍肯专藏的展览项目经常挑选一个社会历史方面的主题，从整个特藏中调取所需的各种资料。目前的展览计划是每年举办三四次展览。学年期间的展览以支持奥塔哥大学的教学和研究工作为主要目的。

可否请您描述一下奥塔哥大学图书馆的人员结构？

　　在过去的几年里，我们建立了一个人员配置结构，反映了用户（即大学的教职员工和学生）不断变化的需求。很少有研究人员和学者来到实体图书馆：

---

① 亚历山大·特恩布尔图书馆主页：http://natlib.govt.nz/researchers。

② 新南威尔士州立图书馆主页：http://www.sl.nsw.gov.au/。

他们需要的资料能全天候在线获取。学生们学习和研究的方式也发生了变化。虽然图书馆里仍有他们需要的重要实体资源，但同样重要的是，我们要提供适合个人沉思的学习空间，也要提供小组自习室，让学生可以合作完成共享项目。

这意味着我们需要重组人员结构，更加强调学科馆员在院系提供图书馆服务，让图书馆与大学结合得更紧密。我们调整了组织结构，取消了传统的"参考咨询服务"——我们曾有一个由学科图书馆员坐镇的参考咨询台，"以备"有学者走进图书馆时有问题或需要帮助。现在，学科馆员根据我们的学部（艺术和人文、商业、健康科学和科学）组成团队。这些团队为教师提供直接支持，并继续为本科生和研究生提供信息素养培训（我们称之为"研究技能"）。大部分支持本科生研究的资源都是在线的，要么在我们使用的图书馆指南（LibGuides）[1]软件中，要么在大学的学习管理系统"黑板"（Blackboard）[2]中。我们现在只对研究生进行面对面的"图书馆教学"。

我们的前台人员配置结构也发生了重大变化。用户服务部门的员工人数仍然最多，因为我们需要在七个不同地点提供服务。但是我们现在的结构更加扁平化，有一个集中的管理团队和团队领导，而不是许多个只在某个特定分支机构内工作的独立团队。用户服务部门现在为所有分馆提供服务，这些服务都经过设计以保持一致性和标准化，因此任何学生都可以使用任何分馆并得到同样的服务。

学生与我们的服务以及我们管理的学习空间互动的方式也发生了变化。他们更喜欢"自助服务"和自我发现，于是我们减少了员工数量，并取消了流通服务台。比如，学生现在使用自助借书机来借阅图书。我们通过创建一个"自助服务中心"的模式来强调这种自助服务模式，该模式将在整个系统中推广应用。

这是图书馆中容易识别的部分，旨在提供信息。我们提供路线指引、自助查询和打印服务，以及移动设备充电站。世界上许多地方，尤其是在亚洲，都是这类服务的先行者。在新西兰，我们最近才意识到需要提供更多支持自助服务的设施。

---

① 图书馆指南主页：https://www.springshare.com/libguides。

② 黑板主页：http://www.blackboard.com。

您能否描述您一个典型的工作日情况？或者有没有典型的一天？

其实并没有一个典型的工作日。每天都会面临一些持续存在的挑战。例如，我期待"被骚扰"：我一直奉行"门户开放"的理念，如果不在开会，我希望高级管理团队和员工能够随时找我咨询问题。为了应对这个挑战，我喜欢早起。我喜欢在早上8:00之前到达办公室。第一个小时是我进行"思考和规划"的时间。

任何一天都包括很多的会议，但在一个像大学这样的多元化组织中，人们需要预料到这种情况。这意味着需要计划、准备和守时，以避免浪费时间。员工们已经知道，会议会准时开始，我希望他们准时到场并做好充分准备。总是有各种各样的会议，包括大学的高级管理团队会议、更大的社区层面的会议、学生团体会议、营销聚会等。我还接待一些各地图书馆界的访客，回复他们的邮件，这些访客可能是我所属协会的会员，OCLC的区域执行委员会成员，或者来访的大学图书馆员。

您能描述一下您的管理和领导风格吗？职业指导是领导力的一个重要主题，无论是指导还是被指导。能否请您谈谈在这两方面的经验？

在过去的工作面试中，有人问我这个问题时，我形容自己的管理风格是"包容"和"支持"。我努力工作，确保我们有一个相互信任与支持的环境，而且我认为我们已经实现了这一点。鉴于技术正在改变图书馆员开展业务的方式，我们需要在这样一个环境中工作：可以尝试新的工作方式，并感受到机构鼓励创新；同时也要明白有些事情可能成功，而有些事情可能失败，但在某些方面失败是可以接受的。

关于我的管理风格，我认为最重要的一点在于它是开放的、诚实的、始终如一的，因此可以作为员工的榜样。同样重要的是，我的个人风格"适合"我所在机构的环境：奥塔哥大学比我的前雇主新南威尔士大学保守得多，所以我不得不相应地调整自己的风格和期望。如果你在开展工作时没有考虑到更大的组织文化，那是根本行不通的。

职业指导很重要，因为有些员工或个人已经下定决心投身图书馆事业，我们通过对他们个人的支持，为图书馆行业的未来作出贡献。我为许多员工提供过指导支持，他们处于职业生涯早期，或正在攻读信息科学专业硕士。我发现一件很有意义的事情，是在人们考虑职业选择时，与他们一起商讨，帮助他们了解在图书馆员职业中可以获得的广泛技能和专业知识。

我重新回到大学图书馆工作时，很感谢大家对我的支持和建议。其他大学图书馆的同行，还有新南威尔士大学的图书馆馆长，帮助我了解到图书馆事业的变化。

总体来说，您怎么看待当代技术对贵馆的管理和服务造成的影响？

互联网等现有的技术和通信服务，以及新兴技术及其在图书馆服务中的应用，在图书馆服务的发展中发挥着极其重要的作用。学术交流链发生的变化，人文学者使用的新方法，以及创造新知识的各种数据，这些都影响着我们如何开发服务来支持教职员工和学生。图书馆员需要为迎接不断的变化做好准备。新技术和新的工作方式会不断发展，我们必须适应，否则就会变得无关紧要，可有可无。

我们也在转型，从纸质资源占优势的混合图书馆，变成在线电子资源占主导地位的图书馆。在此过程中，我直接参与了对流程和程序的持续检查，以建立高效的工作班组，并重新调整工作流程和人员配置。

这导致了工作流程和服务的改变，而这些改变又被纳入传统体系，支持学习、教学和研究，以确保随着电子资源越来越重要，我们的工作实践和流程是

▲ 奥塔哥大学图书馆内景（之四）

可扩展、可持续的。

除了改变人员结构，我们也在开发图书馆相关服务，以定位、链接和分享各种资源，包括研究报告和论文、研究述评、其他大学文献/灰色文献和讨论文件等。

我们知道您的兴趣在于管理组织变革，以及向全数字图书馆的转变。推动图书馆组织变革的核心外部因素和内部因素是什么？对于在大学图书馆界和图书情报领域从业的专业人士而言，这些变化或应对这些变化，对于确保他们的未来生存是否绝对至关重要？在图书馆环境中管理和实施组织变革时，您面临过哪些重大的变化？您是否见过任何图书馆组织因没有能力应对变化而无法生存？

正如我之前提到的，技术和学术环境的变化，意味着图书馆和图书馆员提供服务的方式发生了根本性的变化。我们需要确保有一种变革的文化，并有能力采取灵活的方式来组织图书馆资源，以满足用户的使用需求。例如，我们需要大型编目部门的时代已经一去不复返了。供应商提供"即可上架"的图书（我们现在购买的少数图书），还提供编目信息。对我们的用户来说，更重要的是访问在线资源，所以我们需要在网络环境中工作的员工，确保资源可以链接到可能具有限制性数字版权（DRM）的资料，并为其提供支持。这些员工要在网络世界游刃有余，技术娴熟，并与技术支持人员一起工作。

虽然我不知道有哪个图书馆"失败了"，但我知道有一些图书馆正在努力维持对于用户的存在价值。如果图书馆不能改变，或者不能创造一种环境，不能视改变为常态，就会导致预算削减和缺乏认可：人们不会认识到图书馆可以为新兴研究领域（如数字人文学科）作出贡献，图书馆员还可以在管理科研数据方面发挥专业作用。

您之所以出名，还因为在国际对标评估活动和质量框架（包括图书馆的平衡计分卡流程）开发方面有丰富的经验。可否请您描述一下（最好附上详细的例子），大学图书馆的对标和质量框架的定义是什么？如何将这些对标结果作为学术图书馆持续改进的指标？

在新南威尔士大学工作期间，我对应用于大学图书馆的质量保证和质量管理产生了兴趣。我是高级管理团队的一员，该团队实施了一项流程审查和改进计划，创建了流程持续改进的框架。从本质上讲，我们在最开始提出了两个简单的要求：

（1）需要做的工作是什么？

（2）我们如何评估而不仅仅是统计数量？

在外部质量顾问的协助下，高级管理团队和大学图书馆馆长一起开发并实施了平衡计分卡（balanced scorecard）方法，用于整个图书馆的绩效和质量流程。开发记分卡的过程包括以下步骤：

（1）确定目的；

（2）确定战略目标；

（3）创建战略地图；

（4）识别并选择适当的措施；

（5）设定目标。

平衡记分卡方法可以用于评估我们在图书馆战略目标方面取得的成就，并确保它们持续与大学的战略意图保持一致。这种方法还便于向大学管理层进行高层次的成效报告，同时报告日常运营的必要事务，例如处理书籍并上架，快速把图书重新归架。

众所周知，大学图书馆需要在方法和战略上下功夫，以证明它们对大学的教学、学习和研究工作产生了影响。在奥塔哥大学，我一直在领导大家回应这

▲ 奥塔哥大学图书馆内景（之五）

一迫切需求。我们都面临着越来越大的压力，需要展示我们相对于国际社会类似机构的表现。然而，虽然人们对跨国对标的兴趣日益增长，但很少有跨国对标能够提供可靠的国际性能比较，并对如何改进提出见解。

对标评估是识别最佳做法并向他人学习的过程。人们发现，对标评估后的实际改进来自对过程、工具和技术的考虑和观察，而不是简单的比较和查看评估结果。对标活动扩展了圈子，在参与者之间建立了协作关系，促进相互理解，使参与者更好地理解实践、流程和绩效。基于活动的对标评估是一种方法论，即选定若干活动，这些活动要么是典型的，要么代表了机构提供的一系列服务，然后对其进行分析，并与其他机构中类似的活动进行分析和比较。

马塔里基大学网络①是一个国际合作项目，它的成立是为了让成员大学加强多样性，分享理念、经验和专业知识。该网络的每个成员都是一所顶尖大学，基于既定的学术传统，在研究和教育方面展示了国际最佳实践。这个网络包括达特茅斯学院、杜伦大学、女王大学、奥塔哥大学、图宾根大学、西澳大利亚大学、乌普萨拉大学。该网络的名字Matariki来自毛利语，意为"昴宿星团"，也被称为七姐妹。Matariki还有毛利新年的意思，象征着新的开始。

275

该网络的每个成员都是各自所在国家的一流学府，同时具有现代化和国际化视野。每所大学都有杰出的研究传统，都专注于以研究为主导的全面教育。马塔里基的成员鼓励跨学科的方法，支持自然科学、社会科学和人文学科的全面学科基础，所有大学都有医学院。每所大学都有研究生和本科生，其中有很高比例的住校生，并存在着重要的"城镇与学府"（Town and Gown）的关系。

对具有类似特征的机构进行绩效和流程的比较，将使我们更好地了解相对绩效——我们所处的环境，越来越需要展示价值和提供问责证据。在马塔里基图书馆网络中进行对标评估，可以将各个机构的表现置于国际背景下进行评估，并帮助每个机构识别优势和劣势领域。识别团体中的最佳实践将加强质量保证流程，并凸显可能需要改进的领域。这些数据有助于开发一个图书馆评估能力成熟度模型，使每个图书馆都能确定一条改善路径。人们都在竞相争夺地方和国家资源，在这种环境中，国际层面的共享具有巨大的潜力，可以推动合作活动的开展。

---

① 　http://www.matarikinetwork.org。

▲ 奥塔哥大学图书馆内景（之六）

该网络为这些大学图书馆提供了一个理想的平台，可以合作开发一系列通用的国际绩效指标，这将为每所大学提供一个基准，以评估和比较图书馆在特定领域的表现。随着第一轮对标评估在2012—2013年度的进展，各方反应为所有图书馆提供了一组宝贵的数据，供其复核并学习。我们分享了一系列的信息资源，包括政策和战略目标，课程大纲和学生信息手册。总体来说，在各种各样的项目和活动中，所有图书馆都表现出对用户需求的坚定承诺。显然，分享各图书馆如何评估这些活动有效性的经验，将有助于每个图书馆了解当地评估过程的有效性。

我们认为，分享评估细节是有价值的，可能在有些方面是共通的，可以提供有用的数据进行比较和对比。在此基础上，各图书馆同意参与开发一个"图书馆能力成熟度评估模型"（library assessment capacity maturity model，LACMM）。通过回答调查问题并比较各图书馆之间的活动，我们可以清楚地看到各项评估的细节和改进的路径。这个过程有助于制定共同的应对措施，以确定我们如何衡量自己的有效性。

作为世界的简化表征，能力成熟度模型（CMMs）包含有效过程的基本要素。20世纪30年代，人们根据休哈特的统计质量控制原则（Shewhart's principles of statistical quality control）开始了流程改进的工作（Shewhart，1931）。这些原则后来被其他人完善和扩展（Crosby，1979；Juran，1988）。汉弗莱和雷迪斯（Humphery and Radice）在IBM和卡内基－梅隆大学的软件工程学院[①]的工作中开始将这些原则应用于软件；汉弗莱的《管理软件过程》（Humphrey，1989）一书描述了现在许多能力成熟度模型所依据的基本原则和概念。

　　能力成熟度模型有五个等级，如下图所示。每个等级代表了对任何特定流程或项目的有效性的衡量，从临时流程到成熟和持续改进的流程。它提供了达到特定成熟度水平所需要满足的标准和特征（Becker, Knackstedt & Pöppelbuß，2009）。

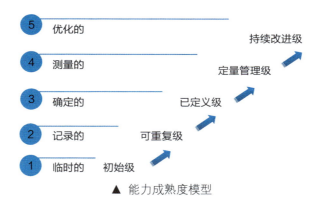

▲ 能力成熟度模型

　　为什么要建立图书馆能力成熟度评估模型？迄今为止，图书馆评估的历程是有据可查的。领先的学者和从业者在回顾最近的贡献时，已经描绘了这一发展蓝图。希斯（Heath，2011）对研究型图书馆协会[②]所支持的一些活动进行了评估。赫福德（Hufford，2013）对2005年至2011年大学和研究型图书馆中有关评估的文献进行了全面综述。

　　为了指导LACMM的开发过程，我们参考了设计成熟度模型领域的著作，包括威尔逊（Wilson，2013）对图书馆质量成熟度模型（QMM）开发的描述。最近人们对该领域的进展进行了回顾，指出了局限性，并提出了最佳实践方法

---

　　①　卡内基－梅隆大学软件工程学院主页：http://www.sei.cmu.edu/。

　　②　研究型图书馆协会主页：http://www.arl.org/。

（Maier, Moultrie & Clarkson，2012；Wendler，2012）。在评估成熟度模型的设计过程后，贝克等人（Becker, et al., 2009）提供了一个用于开发成熟度模型的程序，进一步完善了指南。这个程序模型为构建LACMM提供了一个有用的框架。它提供了清晰的活动流程和决策结合点，强调了迭代和反思的方法，首要要求是与现有的成熟度模型进行对比。

在第三届马塔里基图书馆学术研讨会期间，人们对QMM的审查发现，该模型的有些方面并没有与LACMM直接相关。然而有人认为，QMM的一些元素可能与LACMM有关联。这些要素包括以下过程：进度监测、绩效衡量、收集反馈、整理反馈、回应反馈、根据反馈采取行动。为了在确定LACMM的特征方面提供进一步指导，本次会议还审议了Bakkalbasi、Sundre和Fulcher（2012）关于测量评估的工作。他们的实践确定了评估过程的四个阶段：

（1）制定评估目标；

（2）选择和设计方法并收集数据；

（3）分析和解释数据；

（4）结果使用。

会议决定只关注这些要素，应该会减少设计的复杂性，简化LACMM的开发，同时又不损害其价值以及与大学图书馆界的相关性。下面是LACMM的模板示例：

图书馆评估能力成熟度模型					
		评估周期阶段			
		目标	方法和数据收集	分析和解释	结果使用
能力等级	持续级				
	管理级				
	定义级				
	重复级				
	初始级				

作为第三个调查周期的一部分，我们会要求合作伙伴用实践中的案例来补充这一模型。马塔里基研讨会的后续会谈将为合作伙伴提供审查和讨论这些案

例的机会。随着对标评估活动的继续进行，合作伙伴不断检验其有效性，更多的实践案例会被加入模型。目前的活动是制定一个框架来确定能力等级，以便马塔里基合作伙伴能够一致地应用这些等级。在奥塔哥，我们已经讨论了LACMM的开发，但尚未发布任何研究结果。

您目前代表新西兰大学图书馆加入了大洋洲电子资源联盟，并且担任新西兰大学图书馆员理事会的现任主席。澳大利亚和新西兰的大学图书馆在电子资源的获取、管理、资源共享和服务提供方面面临着哪些挑战？

我们面临的挑战和其他大学图书馆一样：我们的收入在下降或保持不变，而资源尤其是在线资源却在持续增加。由于我们使用外汇购买大部分这类材料，澳大利亚和新西兰的大学继续承受大幅涨价的能力面临着威胁。开销不断增加，而我们的货币在贬值，这意味着我们将不得不考虑大幅削减订阅量。

除了订阅成本之外，还有"隐性"的成本，即在运营和管理知识库、维护目录和信息资源门户的完整性方面，我们每个人付出的重复劳动。英国已经开展了一些工作［联合信息系统委员会的知识库＋项目（JISC Kb+project）］，而开放图书馆环境项目（Kuali OLE）、全球开放知识库项目（GoKB）正在考虑维护这些知识库的共享服务。我相信这值得进一步研究，尽管随着开放图书馆环境项目的终止，我不确定全球开放知识库的未来。

我们注意到贵馆有一个奥塔哥大学研究档案库（Otago University Research Archive，简称OUR档案库）①。您认为这对贵校的研究和学习有什么贡献？

在"机构研究资料库政策"获得理事会批准后（2010年1月），图书馆制定了"电子论文存档"表格，指引研究生提交其论文的最终电子版本，以便存储。虽然OUR档案库中的大部分项目都是学位论文，但学者们和他们的院系也存放了各种其他研究成果。OUR档案库在支持研究人员方面发挥了重要的作用，既通过开放获取的方式展示其研究成果的副本，又提供服务，使他们能够将未发表的研究成果（例如委托报告）列入其学术成果。

对OUR档案内容的一个子集的测试表明，OUR档案库的研究成果在搜索引擎的结果列表中排名更靠前。这是因为当研究结果来源于一个机构知识库（OUR档案库），而不是一个网页或商业网址（如亚马逊）时，谷歌的搜索和

---

① 参见 https://ourarchive.otago.ac.nz/。

相关性排名算法会将研究成果列在结果列表中更靠前的位置。

可持续发展中心（CSAFE）于2014年11月开始开展了一个为期10周的项目，将过去五年内产生的研究成果追加到OUR档案库中。我们对CSAFE中的研究成果在该项目开展前后的收藏下载和浏览统计数据进行了比较，例如从学者珍妮特·斯蒂芬森博士（Dr. Janet Stephenson）于2009年8月进行的第一个OUR档案存储开始，CSAFE使其中的研究文献的下载量增加至原来的三倍多，页面浏览量增加至四倍多。虽然这一增长可能部分是由于CSAFE收藏项目的增加，但总体趋势似乎表明，将成果上传到OUR档案库无疑增加了可见度，从而推动了浏览量和下载统计数据的增加。

您的图书馆一直被大众媒体评选为世界上最美的大学图书馆之一。作为图书馆馆长，您想对此作何回应？您认为图书馆实体建筑的吸引力在吸引学生和教职员工使用图书馆的设施和资源方面起着重要作用吗？

获得这样的赞誉总是令人高兴的。中心图书馆是在21世纪初设计的，它结构宏伟，外观温馨。这座实体建筑在吸引学生和教职员工进入学习空间方面发挥着重要作用。它位于校园的南部边缘，与北部的大学中心和南边的城镇有着紧密的联系。

它容纳了各种学生支持服务以及中心图书馆服务。自然光线和北面朝向（我们在南半球）提供了明亮的空间。中庭迎进光线和温暖，通过上层的大型面板反射到建筑内部。这为学生提供了一个宜人的学习空间。门厅区域连接了图书馆和学生会大楼，这里是校园的社交中心，连接区包括各种社交和非正式的学习座位、餐厅和零售店。

设计方案将图书馆建筑与相邻的学生会大楼和演讲厅联系起来，形成一个室内/室外的学生区。它被设计成这样一方空间，当人们在校园内活动时，它将人们聚集、连接又分散。这幢建筑通过相似的家具、装置、材料的使用，如当地的砂岩、玻璃外墙和高天花板，影响了整个校园其他空间的发展。所有这些组合起来，形成一个设计标志，将大学的正式和非正式学习空间连接起来。

虽然它是毋庸置疑的成功建筑，但管理一座地标性建筑也带来了相应的责任。在许多方面，它是一座"未来的文化遗产建筑"，其建筑风格的完整性必须得到保护。同时，尽管它已经开放近20年，但我们需要认识到人们学习和教学方式的变化和发展，并将其作为这座标志性建筑持续发展的一部分加以考虑和关注。

作为图书馆馆长，您觉得工作的哪部分最有价值？哪部分最令人沮丧？

也许最有价值的，仍然是为用户提供他们需要的内容，其乐无穷。虽然我不像过去那样在一线工作，但我喜欢了解什么对我们的用户有效、什么无效，评估我们的效能，并不断寻求改进。

我觉得最令人沮丧的是变化的迟缓。大学是保守的组织，它们都计划存在几个世纪之久，变革常常被认为是不必要的或太具挑战性的。幸运的是，我们图书馆拥有敬业的专业人员，他们对自己的工作感到非常自豪。在一个充满不确定性和不断变化的时代，他们提供了高质量的成果，让大学为之骄傲。

参考文献

Bakkalbasi, N., Sundre, D. L. & Fulcher, K. F.(2012). Assessing assessment: a framework to evaluate assessment practices and progress for library collections and services. In S. Hiller, M. Kyrillidou, A. Pappalardo, J. Self, & A. Yeager (Eds.), Proceedings of the 2012 library assessment conference (pp. 533–537). Charlottesville, VA: Association of Research Libraries.

Becker, J., Knackstedt, R. & Pöppelbuß, D. W. I. J.(2009). Developing maturity models for IT management. Business & Information Systems Engineering, Vol. 1 (No. 3), 213–222.

Crosby, P. B.(1979). Quality is free: The art of making quality certain. NY: McGraw-Hill.

Heath, F.(2011). Library assessment: The way we have grown. Library Quarterly, Vol. 81 (No. 1), 7–25.

Hufford, J. R.(2013). A review of the literature on assessment in academic and research libraries, 2005 to August 2011. Portal: Libraries and the Academy, Vol. 13 (No. 1), 5–35.

Humphrey, W. S.(1989). Managing the software process. Boston, MA: Addison-Wesley.

Juran, J. M.(1988). Juran on planning for quality. New York: Macmillan.

Maier, A. M., Moultrie, J. & Clarkson, P. J.(2012). Assessing organizational capabilities: Reviewing and guiding the development of maturity grids. IEEE Transactions on Engineering Management, Vol. 59 (No. 1), 138–159.

Shewhart, W. A.(1931). Economic control of quality of manufactured product. New York: Van Nostrand.

Wendler, R.(2012). The maturity of maturity model research: A systematic mapping study. Information and Software Technology, Vol. 54 (No.12), 1317-1339.

Wilson, F.(2013). The quality maturity model: Assessing organizational quality culture in academic libraries (Doctoral dissertation). Brunel University, School of Information Systems, Computing and Mathematics.

延伸阅读

Hart, S. & Amos, H.(2014). The development of performance measures through an activity based benchmarking project across an international network of academic libraries. Performance Measurement and Metrics, Vol. 15 (No. 1/2), 58-66.

Wilson, F.(2015). The quality maturity model: Your roadmap to a culture of quality. Library Management, Vol. 36 (No. 3), 258-267.

第二十章[*]
朱强，北京大学图书馆馆长

简介

朱强教授，北京大学图书馆馆长，2009年6月当选为国际图书馆协会与机构联合会（IFLA）管理委员会委员。在访谈中，他介绍了自己从一名初出茅庐者成长为图书馆馆长的职业经历。本章展现了朱强对中国高等教育的新发展、图书馆环境和大学图书馆所面临挑战的思考。为满足新的需求和实现使命，北京大学图书馆正在努力改善和创新用户服务，例如学科馆员服务、阅读推广、发现工具、竞争情报分析和移动服务。朱强就中国图书馆事业的发展以及中国高校图书馆所面临的挑战提出了自己的见解。

▲ 朱强

首先请您做个自我介绍，例如您的教育背景？您在大学所学专业？您多大年龄时选择大学图书馆的职业？您来自图书馆员家庭吗？

我本科就读于北京大学①图书馆学系，获得文学学士学位。1994年8月至

---

*　与江天际（Tianji Jiang）合写。

①　北京大学主页：http://pku.edu.cn/。

1995年7月，在美国伊利诺伊大学香槟分校东亚和太平洋研究中心（Center for East Asia and Pacific Studies，University of Illinois at Urbana-Champaign）①做高级访问学者。

图书馆学是您在大学的首选专业吗？当您进入大学时，是否还有其他专业选择或偏好的专业？

是的，当我考入大学时，图书馆学是我的第一选择，也是唯一的选择。

是什么让您开始对图书馆学感兴趣？您是否曾后悔没有选择更加"实用"的专业，例如自然科学或工程学？

我认为如果选择图书馆学，被北京大学这样的知名大学录取的机会更大。另一个原因是，我一直热爱阅读，以图书馆为职业还意味着容易接近书。那时，无论是作为学业还是作为终身职业，我对图书馆学涉及的内容都没有真正的了解。

[291]

您在上大学前都读了什么书？

我读了各种各样的书，但主要读的是小说，通常读的都是中国文学的经典小说，比如《红楼梦》《三国演义》《水浒传》。那时我们可以读到的书的种类和数量都非常有限。基本上，我是手头能有什么就读什么。

上大学前您从哪里又是如何找到或买到书？得去公共图书馆还是可以从当地书店买？

当时中国的全国性书店是新华书店。实际上，同学们之间非常流行图书共享和交流。此外，我母亲也非常热衷阅读。她酷爱中国现代文学和古典文学。她经常从单位借书，然后把书带回家与我一起阅读分享。这可能就是我对阅读产生浓厚兴趣的原因。

请描述一下您成为北京大学图书馆馆长的职业道路。

我在北京大学图书馆工作了多年。在北京大学本科毕业，获得图书馆学学士学位后，我就留校在图书馆工作。2005年，我被提升为图书馆副馆长。2008年成为北京大学图书馆馆长。

大学毕业后，1982年3月我的第一份工作是在全国高校图书馆工作委员会秘书处工作，办公室就设在北京大学图书馆内。当时，中国国家教委（现中国教育部）委托北京大学图书馆负责在全国各地高等院校图书馆之间组织一系列

---

① 伊利诺伊大学香槟分校东亚和太平洋研究中心主页：http://www.eaps.illinois.edu/。

▲ 北京大学图书馆　王波/摄

合作，促进资源共享，并担任领导角色。

1987年起，我担任全国高校图书馆工作委员会秘书处副秘书长。当时， 292
秘书处秘书长兼任北京大学图书馆馆长。1989年3月，我调离秘书处，出任北京大学图书馆馆长助理，并同时兼任图书馆自动化部主任。1996年，我还兼任中国高等教育文献保障系统［China Academic Library and Information System（CALIS）］①管理中心副主任。

从2002年9月到2005年6月，我被临时调往深圳大学城担任图书馆馆长，积极参与深圳大学城（University Town of Shenzhen）②图书馆的建设。2005年7月，我回到北京大学图书馆，担任副馆长。2008年1月，我被任命为北京大学图书馆馆长。

早些年，从北京大学等中国顶尖综合大学毕业的学生，他们通常会走什么 298
样的职业道路？中国政府是否委派这些青年人才到不同政府组织或单位工作？

大学毕业前不久，学校要求我们填写就业问卷调查，征询所有人的意见和

---

① 中国高等教育文献保障系统主页：http://project.calis.edu.cn/calisnew/。

② 深圳大学城主页：http://www.utsz.edu.cn/catalog_72.aspx。

职业偏好。问卷问题包括："你愿意回老家就业，还是在首都北京工作？""你想做政府公务员，还是仍然希望留在学校继续深造？"

我个人非常希望能回到我的故乡江苏。当时北京的生活条件无法与江苏相提并论。而且，我母亲一个人在江苏，她需要人照顾。因此，我非常希望能够回江苏工作，离母亲也近一些。但是，系里负责毕业生分配工作的老师对我说："系里有3名来自江苏的学生，只允许一个人返回江苏，一个去上海，一个留在北京。"他建议我留在北京，为北京大学工作。他还告诉我，在北京获得一些工作经验之后，调到其他城市工作相对容易。另一方面，如果我的职业生涯是在北京以外的地方开始的，那之后调回首都的难度会比较大。这一切听起来都很合乎逻辑，所以我决定留下。但是我从没想到这一待就是40年，直到退休。

请您简要介绍一下北京大学图书馆在过去40年（即从1978年至今）的不同发展阶段？

"文革"结束后，一切都亟待从废墟中重建。可想而知，经费非常短缺。每年全校只能得到几十万美元的财政拨款。之后，学校开始招收研究生。因为有研究生课程和研究生，学校图书馆非常需要从海外购买图书和其他研究资料，特别是英语期刊，以支持北京大学的这些研究生课程。不幸的是，图书馆没有这方面的经费。

为了解决这个问题，包括最著名的研究印度古代语言和文化的学者季羡林教授在内的北京大学资深教授们联合写信给北京大学的校领导。他们指出，如果大学图书馆中没有可供这些学生进行研究的资料，就没有必要招收研究生。这封求助信上报到教育部，然后转交给财政部进行讨论，以期找到解决办法。最后，财政部拨出专项资金（包括配套的外汇额度），用于北京大学等培养研究生的高校购买外文文献。仅在1984年北京大学图书馆就获得了超过10万美元的经费，用于建设馆藏和购买新书。

在北京大学图书馆进行重大的组织结构调整和改革的过程中，就管理风格和运营模式而言，你们更多地借鉴了哪个国家或大学的模式？

当时，每个人都认为美国是最先进、最发达的国家，所以我们想向美国图书馆界学习。美国国会图书馆和哈佛燕京图书馆①会派专业图书馆员或其他访

---

① 哈佛燕京图书馆主页：http://hcl.harvard.edu/libraries/harvard-yenching/。

▲ 北京大学　王波/摄

客来北京大学图书馆交流。

话虽如此，其实当时中美之间进行的专业交流和学术访问相对较少。但是那时有一些华裔美国人在美国的不同图书馆工作。他们有时会以访问学者的身份来到中国，同时探访家人或亲属。正是通过这些美籍华人访问学者，还有一些学术交流的机会，我们得以与美国图书馆界建立了一定程度的专业联系，并为中国图书馆员了解中国以外的本领域的最新发展提供了机会。

您第一次访问美国图书馆时，是在电子目录和互联网时代之前，您希望从当时的北美图书馆同行那里学到什么？主要是关于现代图书馆领导和管理背后的原理吗？

我们了解了所有内容，比如关于现代图书馆馆藏管理的概念（如何制定馆藏发展政策）、资源共享、馆际互借服务、合作编目计划、联合编目，等等。这些服务当时在中国还没有。

"文革"结束后的头十年里，当学术界和图书馆员有机会去国外进行专业学术交流时，中国的图书馆员最想向北美同行学习的关键技能或技术有哪些？

以北京大学图书馆为例，20世纪80年代，我们尽可能把图书馆员派到不同的发达国家（主要是美国和加拿大），让他们在信息科学学院接受不同专业的教育和培训。我们还设法将一些北京大学图书馆馆员送到美国的图书馆学学

301

231

院深造。我们还从世界银行争取到贷款，以确保有足够的经费让我们的同事去国外大学学习图书馆学。

1994 年到 1995 年间，您是怎样以访问学者的身份去美国的？当时您访问伊利诺伊大学期间，谁提供了经费支持？那是您第一次离开中国，踏上国外土地吗？

不，这是第二次。我第一次出国是参加在日本举行的国际学术会议，在会议上我作了报告。

实际上，我原本打算去英国。当时，英国文化教育协会（British Council）正向来自中国的学者提供赴英国图书馆学专业深造的资助。我的申请已于 1988 年获批。不幸的是，由于英国邮政工人罢工，我的申请被大大延误，因此错过了入学截止日期。之后，英国文化委员会建议我将入学时间推迟到一年后。所以我决定再等一年，然而后来又因为一些事情无法成行。即便资助和录取都拿到了，所有的努力都付出了，我还是无法去英国。

1994 年机会终于来了，我以访问学者的身份去了美国伊利诺伊大学[①]，这是北京大学与伊利诺伊大学之间的联合学术交流项目。每年，伊利诺伊大学都会接受北京大学的一些访问学者，而我是其中之一。为了成功入选，必须提交申请，还必须通过英语测试。最后，我的申请被批准了。

当您终于有机会第一次去美国参加该学术交流项目时，您的想法是什么？您是否已经制定了明确的目标，希望有一天可以将从美国学到的东西回馈给北京大学？

从美国回来的每个人都赞扬这个国家的"先进"程度。他们中的许多人自费去了美国，有些人在获得大学学位后决定留在美国，而没有回到中国。我从来没有那么雄心勃勃，去美国时也没有任何宏大计划或长远目标。我只想着我们中国的图书馆专业人员如何用从北美同行那里获得的技能和知识更好地建设我们自己的大学图书馆。老实说，当时我从未有过任何远大梦想或雄心勃勃的计划，也不知道将来如何为图书情报界作出贡献。

从北美同行那里学到的东西中，给您印象最深刻和最有用的是什么？

1994 年，我以访问学者的身份去美国。90 年代中期，互联网刚刚开始对我们的日常生活和现代文化产生革命性的影响，比如电子邮件、即时通信、在

---

① 伊利诺伊大学主页：http://illinois.edu/。

线论坛、博客、社交网络、在线购物,等等。互联网及其实际应用(例如ftp、Netscape、网页等)刚刚开始向公众推介,整个概念还处在起步阶段。因此,我的大部分时间和精力都用在了参加讲座和研讨会,目的是了解图书馆学情报学的最新发展,最重要的是掌握这些新的在线应用程序的基本功能。同时,我在伊利诺伊大学修了四门与图书馆学情报学相关的课程。其中一门课程是关于图书馆管理和行政。我学习的另一门重要课程是关于图书馆资源开发和共享的。我认为,这两门课程都对我产生了深刻的影响,因为课程内容、授课方式和教学法都与我在中国的学习经历大不相同。

303

不同之处体现在哪些方面?

以图书馆管理学这门课为例,老师首先讲的是管理学发展史。以泰勒标准化操作程序为起点,接着讨论更人性化的管理方法。讲课中,老师不断使用幻灯片投影、电影片段来说明观点。例如,用查理·卓别林(Charlie Chaplin)的无声电影《摩登时代》(*Modern Times*,1936年)中的场景——一名工人在流水线上的工作情景,来帮助学生更好地理解现代工业化社会背景下管理理论的发展。这对学生的学习非常有效,这是我之前在国内从未经历过的。

中国与西方在图书馆专业和实践方面,差异到底体现在哪里?

我认为主要是观念方面的问题(例如专业精神和服务态度),而不是图书馆的运作方面。改变个人或群体的态度或思维方式是非常困难的。比如说,过去可供使用的资源非常有限,因此必须认识在图书馆工作的人才能借到书。如果你在图书馆没有认识的人,有可能什么都借不到。这样的情况在北美的图书馆中简直是无法想象的。

304

作为图书馆馆长,我必须设法改变这种文化和服务理念。换句话说,我必须推广平等访问的理念、公平的理念、图书馆用户权利的理念以及知识产权、版权等内容。由于过去"以用户为中心的服务"和"服务重于经济利益"这些观念在图书馆界非常缺乏,因此,我们必须努力将这些观念重新在图书馆员的服务态度中确立起来。

50年后,您希望北京大学图书馆在全球大学图书馆界扮演什么样的角色?

我认为,经过几十年的稳步发展,从管理理念到设施水平和服务质量,我们已经日益接近国际同行,并可以与之媲美了。目前,主要差距在于我们的服务态度与主动多做事的信念或动力之间的差异上。相对而言,我们的专业水平和服务态度仍然存在差距，而硬件或设施方面则没有差距。

305 　　**中国是世界上增长最快的主要经济体之一。在教育领域以外有很多赚钱的商机，特别是对于上海和北京这样的中国大城市。那么，在中国当前的经济和就业环境下，影响人们选择图书馆事业的最终内在或外在因素是什么？**

　　许多人仍然认为，与商业领域相比，与图书情报相关的工作相对更稳定、更轻松且竞争更少。另外，工作环境非常好：始终在空调室内工作，并且暑假和寒假也很长。大多数在教育行业之外工作的人不像我们一样有寒暑假。北京大学附近还有附属幼儿园和小学，在北京大学工作的父母可以把孩子送到那里接受教育。除了便利的地理位置外，这些附属幼儿园和小学提供的教育质量也很高。

　　尽管与其他营利组织相比，在北京大学图书馆工作工资可能不算高，但由于上述这些外部因素，在北京大学等一流大学的图书馆工作仍然相对具有吸引力。尤其是对于已婚女性，在她们中的许多人看来，图书馆工作相对稳定：工作时间稳定、收入稳定，从而可以花更多的时间和精力来照顾自己的家庭，尤其是在孩子还小的时候。

　　作为北京大学图书馆馆长，您如何改变图书馆的组织文化来为图书馆员创造积极的工作环境？

306 　　在图书馆新员工招聘时，我们尽量去寻找与岗位匹配的高素质的年轻人。所谓高素质，就是在工作中更加主动，并且勇于多做工作。新人入职后，我们必须提供适当的培训，让他们对图书馆工作的性质和"真正意义"有更好的理解，懂得当前的信息环境以及读者的需求。换句话说，我们必须帮助他们在图书馆工作上建立更积极、更理想的态度和价值观，以便他们为未来的图书馆事业做好充分的准备。

　　实际上，在我的指导下，我们的图书馆最近开展了岗位轮换工作，也就是说，我们的图书馆员每两年需要在图书馆内不同岗位或部门之间轮换。轮岗的目的是以一套系统的方法来满足职业拓展需求，并培养图书馆专业人员承担更多职责所需的各种技能、知识和能力。这项双向选择的轮岗制度已经开始实施，就是每两年，现有的图书馆员可以提出在图情领域三个不同岗位的轮换申请。然后部门负责人会与其讨论，以确定所申请的职位是否真的适合本人。也有一些轮岗申请被拒绝，因为职位与申请人不匹配。轮岗制度的主要好处可总结如下：可以激发图书馆员的工作热情，减少工作中的倦怠感；此外，它可以增强每个图书馆工作人员的多面性和灵活性，同时使他们了解更多关于图书馆整体运作的知识；最后，它给我们的图书馆同事提供了更高的激励，带来更高绩效。从长远来看，也为馆员未来能进入图书馆的高层或部门管理层做了更好的准备。

请描述一下北京大学图书馆的人员结构。

与北美系统类似，北京大学图书馆的工作人员由专业馆员和非专业馆员组成。专业馆员是图情专业或其他相关学科的硕士研究生毕业生。北京大学的图书馆员和学校教职人员一样有获评专业技术职称和享受同等待遇的权利。

能否简要介绍一下，北京大学图书馆的现状，与40年前相比，在过去几十年中发生了哪些重大变化和组织结构调整？为了跟上北京大学师生研究和教学不断发展的趋势，建立了哪些新的业务部门、服务或运营部门？

北京大学图书馆最近经历了重大的战略变革和组织架构调整。北京大学图书馆传统的采访、编目、流通、典藏、特藏以及其他读者服务子部门，例如多媒体部，已不复存在。原来的计算机部，后来改名为图书馆自动化部，之后又更名为系统部。2015年，我们决定进行重大机构调整，也就是说，我们设法将不同的部门和运营单位合并在一起，部室从之前的13个减少到7个。文献资源服务中心是主要的业务部门之一，它负责与编目、加工、电子资源订阅、元数据、纸本和数字资源、多媒体资源以及其他相关的所有功能或任务。与开放获取和传播相关联的业务，也都归属于该中心。同时，我们一直在尝试通过精简和集中化图书馆的运行来改善服务效果和提高服务效率。换句话说，我们的部门划分不受资源、语言或形式的限制；相反，资源是由北京大学所教授的不同学科定义的，以确保我们提供更好的服务和学习支持，来满足所服务的不同学术部门的需求。

同时，我们的图书馆设立了两个新的部门，即学习支持中心和研究支持中心。这两个部门的职能从名称上就显而易见，即与学习和教学相关的所有支持服务和功能都在学习支持中心管辖范围内。同时，成立了研究支持中心，该中心的一项重要任务是"查收查引查新"，即帮助科研人员查证核实其研究结果被权威数据库收录以及被同行引用的情况，包括研究成果的新颖性并出具"查新报告"。研究支持中心还负责为他们的研究和学术活动甄别、推荐和创建资

307

源，并分析不同学科的竞争力。此外，我们最近建立了一个新的信息中心，负责指导信息通信技术（ICT）的应用。与信息和技术管理以及数字化有关的任何问题和功能现在都由这个信息中心集中管理。最后，同样重要的是，我们图书馆还有两个部门，即特色资源中心和古籍部。

北京大学图书馆的宗旨是：兼收并蓄、传承文明、创新服务、和谐发展。

数字图书馆是知识和信息的窗口或门户，以各种方式满足读者的需求，例如，通过学科馆员系统回答参考咨询、图书流通、信息和研究咨询等问题，提供馆际互借、在线文献传递、用户教程、在线信息素养培训、科研数据管理以及许多其他服务。

请您简要介绍一下北京大学图书馆的历史和发展。

北京大学图书馆是中国有史以来最早的"现代"图书馆之一。北京大学图书馆的前身是建于1898年的京师大学堂藏书楼。在北京大学图书馆中可以发现具有很高历史价值的藏书。据1899年（清光绪二十五年）刻印的《京都大学堂书目》统计，藏书楼设立的次年，藏书量已经有大约5万册。

1912年，京师大学堂更名为北京大学。北京大学图书馆从1930年起使用

▲ 北京大学古籍阅览室　王波/摄

现名。在1919年五四运动前后，北京大学图书馆还是一系列反帝反封建运动的中心或聚集地。李大钊、毛泽东和其他许多革命学者曾在北京大学图书馆工作。民国时期，章士钊、袁同礼、向达等许多有影响力和世界知名的学者都在这里工作过。北京大学前任校长，包括蔡元培、蒋梦麟和胡适在内，对北京大学图书馆的发展作出了不可估量的贡献。1952年，北京大学图书馆与燕京大学图书馆合并，燕京大学图书馆和北京大学图书馆的馆藏合并在了一起。2000年，北京大学与北京医科大学合并。这就是北京大学拥有如此庞大而全面且历史、文化和学术价值极高的现代和近代馆藏的原因。

北京大学图书馆藏书的亮点是什么？

北京大学图书馆收藏纸质文献共1000余万册（件），其中古籍总量约160万册（含善本约2万余种20余万册）。

您能否告诉我们北京大学图书馆如何成为CALIS的主管机构，CALIS是一个全国性的大学图书馆资源共享联盟吗？

310

1995年，教育部发起了"211工程"的重大项目，旨在提高顶尖大学的研究水平。这个名称是"面向21世纪重点建设100所大学"的缩写。其中"100所"是参与该工程大学的大概数量。在"211工程"的第一阶段（从1996年至2000年），大约有数十亿元人民币分配给了全国各地的重点公立大学。如今，中国已有约116所高等教育机构（约6%）被指定为"211工程"院校，因为它们达到了一定的科学、技术和人力资源标准，并提供了高级学位课程。尽管中央政府为发展这些不同层次的重点大学拨出了大量资金，但资源和人力往往分散在各参与机构。有鉴于此，大家一致认为，应当制定集中的信息和资源共享网络的战略，以便更有效地利用资金、人力和资源。根据这一战略开发的两个全国性信息和资源网络分别是CALIS（中国高等教育文献保障系统）和CERNET[①]（中国教育和科研计算机网）。最终，清华大学图书馆成为CERNET的主管机构，而北京大学图书馆负责CALIS的管理。

您能否简要介绍一下CALIS的最新发展？

目前，CALIS已成为中国规模最大的学术合作资源共享联盟，支持成千上万的图书馆为全国用户提供更便捷的信息获取。CALIS已经拥有1000多家成

---

① 中国教育和科研计算机网主页：http://www.edu.cn/english/。

▶ 使用图书馆馆藏的学生

员馆。通过CALIS，他们正在进行在线联合编目、馆际互借、文献传递，以及在线共享论文和学位论文。我们还在开发一系列在线服务平台，旨在为中国更多的中小型图书馆提供服务。简而言之，CALIS是成员馆共同努力和富有成效的合作的产物。

北京大学图书馆一直发挥着领导作用，成为全国所有高校图书馆效仿的榜样。作为这样一所重点学术机构的图书馆馆长，您是否有时会觉得承担这一角色需要的责任和知识令您"高处不胜寒"？有一句老话，"位高责重"——您同意吗？

由于种种历史原因，从成立的第一天起，北京大学就一直在中国的学术和教育领域发挥着领导作用。由于我们所属的大学的地位，图书馆也占据了类似的领先地位，成为中国其他大学图书馆效仿的榜样。

作为中国大学图书馆界的领导者，意味着我们（北京大学图书馆）必须设计出许多新的和独特的方法来激励其他CALIS成员成为"追随者"。为了说服他们遵循你的愿景，追随者们需要看到遵循你为他们制定的目标和愿景所带来的好处——也就是说，让他们分享我们联盟机制和互信合作的成果，并且愿意承担作为CALIS成员的义务。

您能描述一下您作为北京大学图书馆馆长的角色和职责范围吗？

作为北京大学图书馆的总馆长，我必须对图书馆内发生的一切负责，包括战略规划、项目实施、图书馆建筑的扩建和改建、图书馆服务的日常运营、人员招聘、图书馆工作人员的专业培训、人员晋升以及退休管理，等等。

您能描述一下您工作中典型的一天吗？

我工作日典型的一天是写邮件、接电话、签署和批准文件、召开和参加会议、听取工作报告或从同事那里了解某些工作情况、分配人手和资源、接待来访，等等。

您能和我们分享一下您管理图书馆，尤其是管理大学图书馆的理念吗？

我的管理理念如下：

（1）"事在人为"；

（2）"任人唯贤"；

（3）"谋事在人，成事在天"。

312

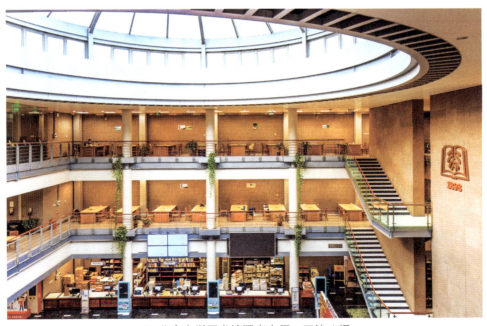

▲ 北京大学图书馆阳光大厅　王波／摄

作为北京大学图书馆的馆长，您觉得工作的哪些方面最有价值，哪些方面又最令人沮丧？

能够满足甚至有时超越用户、图书馆同事或校领导的需求——我总是觉得这很有价值。尽管投入了大量的时间和精力，却还是无法完成任务——这往往会让我感到沮丧。

一个成功的图书馆馆长需要具备什么样的特点和素质？

不同的图书馆馆长有不同的领导和管理风格以及人格特质。在我看来，大多数成功的图书馆馆长都具备以下素质：

（1）长远的眼光，对现状和图书馆未来服务趋势具有洞察力；

（2）敬业，责任心强；

（3）坦率、诚实、公平；

（4）诚实守信。

您认为全球大学图书馆的专业人员在未来5到10年内会面临什么样的挑战？

随着技术的发展，数字化的图书馆服务将继续发展。由于图书馆服务在数量、内容上的急剧增长，服务形式的不断变化，图书馆需要新的运营或战略管理方式来应对这些新的快速变化以及用户不断增长的需求。在接下来的5到10年里，数字内容将成为图书馆馆藏的核心，图书馆和图书馆员可能会比以往任何时候都更加依赖数字技术，以便将信息和内容送达以前服务不足的人群。

对有志选择图书馆工作作为终身职业的年轻人，您会给他们什么样的建议？

曾经在北京大学图书馆工作过的退休人员中，有三分之一的人，80多岁了仍然健康快乐地活着。我所知道的北京大学图书馆年纪最大的退休人员，活到了103岁。为此，我在上一次员工会议上公开说过，"当图书馆员是非常令人满意和有回报的工作，因为这将帮助我们过上更长寿、更健康的生活……"——这是我想说的，以鼓励那些未来有志成为图书馆员的人。

感谢朱强馆长解答了编辑在审稿中提出的问题，并对本篇全文进行了审校，对英文版疏漏之处进行了修改。

第二十一章[*]

彼得·西多科，香港大学图书馆馆长

简介

香港大学（简称"港大"）成立于1911年。港大成立的目的是与诸列强在中国内陆开办的大学竞争。港大是香港历史最悠久的高等学府。为支持整个大学的学习、教学和研究，该校设立了香港大学图书馆。图书馆的设立旨在开发和提供广泛的资源和服务，让用户高效利用各种形式的图书馆资源。

为建设强大的知识环境和信息技术基础设施，13年前，彼得·西多科（Peter Sidorko）受聘来到港大图书馆。彼得·西多科是一位经验丰富的图书馆员，曾在澳大利亚各地的图书馆工作多年。2001年，他被聘为港大图书馆副馆长，2011年成为港大图书馆馆长。在目前的职位上，彼得·西多科负责香

▲ 彼得·西多科

---

* 与希瑟·罗杰斯（Heather Rogers）合写。这篇采访文章最初发表于《东亚图书馆杂志》（*Journal of East Asian Libraries*）2016年第162期，获授权转载。

港大学的图书馆系统，包括一个主图书馆和其他六个学科分馆，为超过27000名学生提供服务。在接下来的访谈中，彼得·西多科谈论了他如何利用自己的参与式管理方式，与行政人员和教师密切合作，来支持港大独特的学术环境。此外，他还谈及与香港其他大学图书馆的紧密合作，包括香港特别行政区大学图书馆长联席会（Joint University Librarians Advisory Committee，JULAC）及香港高校图书馆联网（Hong Kong Academic Library Link，HKALL）。他还开诚布公地阐述了该领域当前面临的挑战，以及港大将凭借独特馆藏成为世界著名学术机构的美好前景。

320

首先请您做个自我介绍，例如您的培训和教育经历，以及您在港大图书馆的主要角色和职责。

我叫彼得·西多科，是港大①图书馆馆长。从2011年1月1日起，我一直担任港大图书馆的馆长。在此之前，我是港大图书馆副馆长。我已经在港大图书馆工作了13年多。来香港之前，我在澳大利亚的图书馆工作。

我的第一份图书馆工作是在新南威尔士州立图书馆②，当时我是一名编目员，那是在1983或1984年，很久以前的事了。所以我在图书馆行业有30多年的从业经验。当我开始在新南威尔士州立图书馆工作时，那只是一个为期6个月的编目员临时职位，我很快意识到这不是我感兴趣的领域。

之后我在新西兰待了一年，在坎特伯雷公共图书馆③工作，这是新西兰南岛最大的公共图书馆之一。我当时是做参考咨询馆员，我觉得这是我感兴趣的领域。所以那年之后，我回到了澳大利亚，回到悉尼，先后在悉尼大学④、南威尔士大学⑤、纽卡斯尔大学⑥工作，然后来到这里（中国香港）。在来到这里之前，我在管理序列中逐步晋升。

我在澳大利亚的最后一个职位是在纽卡斯尔大学，任信息和教育服务部的

---

① 香港大学主页：http://www.hku.hk。
② 新南威尔士州立图书馆主页：http://www.sl.nsw.gov.au。
③ 坎特伯雷公共图书馆主页：http://canterburylibrary.org。
④ 悉尼大学主页：http://sydney.edu.au。
⑤ 南威尔士大学主页：http://www.unsw.edu/。
⑥ 纽卡斯尔大学主页：http://www.newcastle.edu.au。

用户服务部经理，该部门汇集了图书馆、信息技术和教学支持等功能。因此，我承担了图书馆和信息技术服务的双重责任，包括教师联络、参考咨询服务和信息素养服务等。除此之外，我还负责信息技术、用户服务支持，如管理计算机实验室、管理校园软件，以及为大多数院系提供桌面支持。这是一个非常综合的职位，这也是我来这里的真正原因，因为香港大学当时（2001年）正在考虑做一些类似于图书馆和信息技术集成的工作，但还没有真正开始。这就是我的背景情况。

从孩提时代起，您是否一直就想把图书馆员作为终身职业？

不！我的研究生专业是数学。在学习期间，我学习任何我感兴趣的东西——不是为了就业而学习。数学是我的主要兴趣，所以我获得了理论数学学位。在那之后，我考虑该做什么——也许从事教学工作，也许从事学术研究。但是后来我受到了我姨妈的启发，她是一名图书馆员。她引发了我的兴趣，这基本上可以算作我图书馆事业的起点。

您姨妈作为图书馆员在哪些方面真正引发了您成为图书馆员的兴趣？

她所做的事情很有趣，那是我从未想过的事情，于我而言像灵光一闪。

您能描述一下作为港大图书馆馆长工作日典型的一天吗？

有些日子比其他日子更典型些。以今天为例，今天发生了一些事情，一场与你的访谈——这属于非典型事件。我们今天和明天会在港大图书馆主馆举办一场重要的图书销售活动，这就是我来晚了一点的原因——我得参加这次图书销售活动的开幕式。你应该去买一些！一本书只卖20港元，实在是便宜！

然后，今天下午，我和员工开会，因为一位已经在图书馆工作了25年的资深馆员将在10天后退休。因此，我们将开会讨论如何交接他的工作。就行政管理而言，这是相当典型的事情；不是就工作人员退休而言，因为我们退休的员工很少。然后，今天晚上，我将主持一场读书会。所以这是相当常规的一天，是行政事务、会议和特殊事件等的结合。

您如何描述自己的管理风格？

在以前的采访中，我说我的管理是"参与式管理"。现在也如此，这是我的一贯风格。不过，我也需要调整管理风格，以适应组织的氛围。我不得不说，因为有时参与式管理是行不通的，或者说你在同事之间分享的参与式管理是有限制的。

如何来描述图书馆管理中的"参与式"？

就是让组织中的每个员工为自己的行为负责，并对决策负责等。我认为在我工作的这些年里，我们取得了相当不错的成绩。当我2001年刚来港大图书馆的时候，这里的组织文化非常不同，甚至鸡毛蒜皮的问题都被上升到很高的管理层级。

在亚洲的许多组织中，无论是营利性组织还是非营利性组织，由更高权威来集中决策，是非常普遍的吗？

你知道，这的确是我第一次经历时的看法。但是，我现在要说的是，这一部分确实与族裔文化有关，不过更多的是与组织的固有文化有关，而非族裔文化。这两者发生了叠加。是的！组织文化延续了这种族裔文化，更倾向于由顶层驱动。我认为我们现在在港大图书馆已经很大程度上摆脱了这一点。

但是，对于港大图书馆这样的大学图书馆而言，您认为转向一种更加民主、更加扁平化的组织文化有什么好处？

我觉得显而易见的好处就是小事不至于上升到很高的层次。决策可以在采煤工作面①做出。但是，这也存在风险，比如在鼓励人们冒险方面——尤其是在不赞赏冒险的组织文化中，人们不仅不鼓励冒险而且还会惩罚错误或过失。我在这里的13年中从未对任何人所犯的错误提出过严厉的批评，而是帮助他们看到他们的错误，以及他们还能够怎样以不同的方式做得更好。

人们总是可以从自己的错误中吸取教训。如果你不犯错误，你永远不会取得任何进展或学到任何东西……你同意吗？

是的，我完全同意。

或者有时很难说——"这是个错误！"

是的。在亚洲还有这个"面子"问题。但是你知道，我们港大图书馆是扁平化的组织结构。我有一个副手（图书馆副馆长），还有一系列的部门主管，每个部门主管都非常成功地管理着自己的部门。现在他们倾向于将问题上报给

副馆长，而不是我。这让我有更多的时间来处理其他问题，如外部关系，以及大学内部事务。

---

① 采煤工作面是澳大利亚和英国的表达方式，意思是在一线工作中解决问题。——英文版编者注

您为什么要说更扁平、更民主的组织结构变得更恰当和更适合当前的文化氛围？

为什么不是呢？有利有弊。第一个缺点是，这是思维方式和文化的改变。它鼓励人们做事情时自己做决定，并为这些决定承担责任。正如我前面所说的，这种做法也给我释放了很多用于解决琐碎事情的时间。与此同时，馆员也得到了"授权"。我知道这个词很笼统，但是我确实相信，如果员工觉得自己能对工作环境和决策有一定的掌控权，他们就会获得更高的工作满意度。

我甚至不会说"权力"——在我看来，权力是在员工工作职责范围内给予其充分发挥技能的鼓励和合理的自由，以提升效果、效率以及生产率。

比如说，在一线工作中和一个难打交道的用户接触。我们举办了一系列用户关系研讨会，探讨如何处理棘手的用户，如何处理用户关系的各个方面。虽然我们不能只关注难对付的用户，但这确实是个问题。所以，你知道，如果一个人能够在消极的互动中成功地取得"双赢"的局面，就会很高兴，自我感觉良好，也对组织满意。

▲ 香港大学图书馆特藏

关于港大图书馆的馆藏，香港大学图书馆以其独特的香港特藏闻名，包括书籍、期刊、政府出版物、剪报和非印刷材料，几乎涵盖了香港历史和生活的各个方面。在这方面，香港大学图书馆与大学教育资助委员会（University Grants Committee，UGC）其他七所大学图书馆的馆藏相比有何不同？众所周知，越来越多的传统纸本图书馆正在向数字图书馆转变——其中大多数都订阅了相同的电子书和电子期刊……在这方面港大图书馆和其他图书馆有区别吗？你知道每个人都在谈论在线馆藏。正如香港一些大学图书馆馆长在退休前预测，10年后，香港所有大学图书馆都会有差不多相同数量的数字馆藏。我们只需要建立一个在线平台，向所有的大学生分享我们的数字馆藏。所以我的问题是——为什么我们仍然需要花费如此多的资源和人力来创建和维护这个物理实体？

我承认八所大学图书馆的藏书越来越"同质化"，这是事实。实际上，我们这些大学的学生也变得非常相似。第一，我们开设类似的学位课程；第二，我们有相似的研究框架；第三，我们正在建立类似的图书馆馆藏。同时，香港各所大学图书馆的数字馆藏的确越来越同质化。我们进行了大量的联盟（集团）采购——这是大学教育资助委员会（UGC）[①]所含八所大学的图书馆之间的联合采购，所以我们的许多数字内容都是由香港特别行政区大学图书馆长联席会[②]谈判的。你知道，这是全球大学图书馆界的惯例。但是香港大学有所不同，我们有超过100年的馆藏建设经历，我们是香港唯一拥有如此悠久历史的学术机构。在纸本馆藏方面，我们有着其他馆所没有的伟大遗产。可以说眼下，纸本收藏变得不那么重要了，这是事实，但另一方面我们现在看到的是一种反弹，尤其是电子书，读者对电子书有相当大的不满。这是我们目前正在做的项目之一——对电子书的使用和电子书的满意度进行研究。当然，我们是中国香港乃至世界上最大的电子书收藏单位之一，有超过350万册电子书。与纸本图书相比，我们拥有更多的电子书。事实上，我们收藏电子书已经有14到15年的历史了，收藏纸本图书更是有102年的历史。但是我们的电子书藏量确实远

---

① 大学教育资助委员会主页：http://www.ugc.edu.hk/eng/ugc/index.htm。

② 香港特别行政区大学图书馆长联席会主页：http://www.julac.org。

远超过了我们的纸本书藏量。然而，我们不是藏量最大的——香港中文大学[①]有大约500万本电子书，是最多的。但是，你知道，这只是一个数字。对这些电子书的用途、质量和应用，尚没有太多的分析。

但是，将这个数字发布到网站上是很容易的事——用这些数字告诉人们我们有多"重要"或多有影响力——您同意这个说法吗？

就数字而言，是的！但是，我必须指出，单纯用数字评判对于图书馆来说是死路一条——不能用数字来衡量我们做得好不好。

在某种程度上，您是说，正是独特的历史和丰富的纸本馆藏，塑造了港大图书馆的独特地位？这种独特的地位对整个港大的声誉和成功有何贡献？它是如何发挥作用的？

我们独特的馆藏成功地塑造了我们的地位。与此同时，我们独特的地位间接地为整个香港大学的声誉和完整性作出贡献。因此，作为图书馆员，我们有责任对这些馆藏进行维护、保存和共享。事实上，港大图书馆以馆藏闻名。例如，许多本地和海外的知名学者都希望来这里，使用我们港大图书馆的馆藏进行研究——其中许多使用过我们的馆藏的人对我们的馆藏给予了高度评价。与此同时，我们也一直通过机构知识库建设，努力提高我们教职员工的知名度。事实上，我们是亚洲第一个通过开放获取在线提供本地论文和学位论文的高等教育机构，这逐渐成为吸引香港大学内外用户使用我们图书馆资源的一项有利条件。

因此，香港的其他大学也纷纷效仿。现在，所有教师的研究论文都保存在我们的学术库。之后我们希望这个学术库能做更多的事情。我们希望通过它来提升我们教师的知名度。所以最终，我们想得到的不是一个机构知识库，而是当前研究信息系统（Current Research Information System，CRIS）。因此，我们能够做的是提取整个校园内各种来源保存的信息，例如招生部门、科研部门、人事部门和教师网页，并且我们已经能够提取各种数据并放入该系统。因此，对于我们现在几乎所有的教师来说，就是选择加入或退出的问题。我们有这些教师的页面，其中包含出版物、文章、章节、图书，以及尽可能多地提供开放获取和全文。而且还列出了他们在大学中的贡献，例如所参与的委员会、所获得的奖项、基金，以及所指导的研究生。

---

① 香港中文大学主页：http://www.cuhk.edu.hk/english/index.html。

我们让国际学生使用学术库来确定他们的研究领域当前是否有导师指导，或者是否有获得导师指导的可能。正如我所说的那样，这就是所谓的CRIS，它提高了我们教师的知名度，进而提高了教师研究成果的利用率，也提高了学校的声誉。

所以，您认为每个图书馆（至少在香港，所有大学图书馆）都有这样的目标并朝这个方向努力吗？

当然，有些大学是这样的。掌握这一数据的大卫·帕默（David Palmer）已经访问了许多此类数据，并就如何继续将机构知识库扩大为更明晰的CRIS这一主题，举行了研讨会并提出了建议。

您认为这是大多数大学图书馆努力的方向吗？

我并不了解所有高校的情况。但是我认为，一旦港大率先实施了某种做法，其他许多家就会紧随其后。不是所有，但是很多家都会这样做。

那么，当您致力于建设该项目时，面临过什么挑战吗？

的确，有很多挑战。很多人对于做这件事的目的有一些误解。例如，一些老师已经在维护自己的个人网页。我们注意到，他们不希望看到重复的内容，因为这会给查看他们资料（成果）的人造成信息混乱。我们还发现，有些老师的网页已经多年没有更新了，而学术库可以非常迅速地收集数据，我们的员工每天都在为本校的老师输入这些信息。这就是其中的一个挑战。

另一个挑战是不同的学院有不同类型的研究成果。例如，建筑学系没有那么多文章发表，类似于法律系。因此，我们必须研究真正赋予建筑学系声望的因素，其中很多是用奖励或基金来衡量的。建筑学系的老师获得了很多设计奖。因此，我们意识到我们不能只体现文章发表情况，因为并非所有院系都产出与其他院系同样多的文章。所以，这成为一种动力，促使学术库扩展更多内容，而不仅仅是书面成果的集合。

这么说，您作为港大图书馆馆长的工作是分派馆员联系不同院系的老师，与他们交谈，以发现老师们的需求，并说服他们为集中的数字存储库提供研究成果？

是的，这就是我们一直在做的。我们已经从大学获得资助。大学在过去5年左右的时间里每年都会为叫作"知识交流"（Knowledge Exchange）的项目提供资助。每年，我们都获得了经费，用于不断改进学术库①。这些改进措施包括，走出图书馆，将其推广给老师们。不幸的是，由于各种原因，个别老师仍然不愿意接纳此方式。原因之一可能是他们不想展示自己的作品。

在哪儿我们都会遇到这样的人。他们的想法与众不同。

有些老师，他们的重点是教学，而不是科研，他们没有什么可展示的。所以，当你可展示的内容很有限的时候，为什么还要展示呢？因此，我认为有各种正当的理由令教师不想参与。

图书馆在支持教学和学习方面发挥了哪些作用？所有的图书馆都旨在支持教学和学习——这是大学对图书馆的期待。但是在过去的5到10年里，这些角色是如何变化的呢？或者也许角色没有改变，变的只是方式，你们仍然朝着和过去相同方向努力，但方式发生了变化？

我认为，在港大，我们仍在朝着这个方向发展。之前，图书馆参与开设了一门学生必修课——信息技术基础。该课程由图书馆管理，有两个合作伙伴：工程学院的计算机科学系和信息技术部。这是一门本科生必修课，学生必须通过这门课程或证明自己具备相关技能。不幸的是，大概4年到5年前，这门课程被取消了。这意味着我们必须在培养学生信息和技术素养方面有新的作为。我们必须更加主动，深入每个院系，向他们说明，这对本科生来说是必备能力。某种意义上说，我们非常成功，尤其是在医学院，还有法学院、教育学院，在一定程度上，我认为社会科学院系是最成功的。但是，对于其他学科院系，情况并非如此。我们尝试将信息素养教育嵌入他们的课程，但是成功的很少。我认为只有医学和法学院系已经真正将之嵌入课程，在其他专业，信息素养教育只是作为辅助、临时或附加内容。此外，我们只能自己开办课程，希望学生来学习。这真是个难题。

大学现在非常重视在线学习，把它视作未来发展方向，我认为这个工作起步非常成功。我们在在线学习方面做了很多工作，例如，创建在线课程、开展辅导——老师们可以将这些内容嵌入自己的课程，或者任何他们想要嵌入的其他地方。但我认为，香港大学的在线学习仍在不断发展。好消息是，我本人作为图书馆馆长，正在参与大多数在线学习顶层决策，并且港大图书馆的意见也

---

①　香港大学学术库主页：http://hub.hku.hk。

得到了听取。例如，我们有一个在线学习审核委员会，我们审核了所有在线学习操作。这是从上个月才开始的，所以还处于初期阶段，我是该委员会的成员。

我注意到来自中国内地的学生数量大量增加。您是否发现他们的学习方式与本地学生不同？我感觉到了这种不同。我所教的来自中国内地和日本的学生，他们没有去图书馆的习惯。他们不太会使用图书馆资源来查找文献写作业。而是等着老师给他们布置要阅读的内容，或者他们不得不为写总结和做翻译，或是为了深入了解某个主题而阅读。你们面临同样的问题吗？就是学习方式和偏好的不同？

不，我真的无法苟同。我可以告诉你的是，我们每天早上八点半开馆的时候，等待入馆的绝大多数都是中国内地学生。

我的问题是，他们来图书馆是来使用资源做研究或写作业，还是来图书馆打印或只是找一个安静的地方？

两者都有，肯定都有。他们在多大程度上使用了资源，我无法评论，但可以看到，他们在使用图书馆的空间，他们面前有书。所以兼而有之。但是我相信很多人希望有一个安静的环境。

同样，我们开设的课程是自愿的——我从我的工作人员那里听说，参加这

▲ 香港大学冯平山图书馆藏《四部丛刊》

些课程的大多数学生都是中国内地学生。现在，如果你想想，大多数是内地学生——他们只占我们学生人数的10%——所以，你知道，这是一个相当不相称的比例。他们对信息素养教育非常有热情。虽然在这方面还没有研究数据，但我自己的理解是，就我所知，中国内地学生不把在线学习作为首选，而更喜欢面对面的学习方式。

那么正在实施的主要项目有哪些？

目前，我们有许多事情在做。我已经提到了对电子书的研究。我们想对电子书的使用及其效果做一些研究。这是其中一个重要的事情。我们正在进行几项物理空间改造。你已经看到了我们对第三层进行了翻新，将3000多平方米的空间改造成了六个不同区域的无书学习区。我们把主入口从一楼改到了二楼，这样它就可以连接大学街和百年校园。这项工程将在接下来的2—3周开始！我们将把纸本藏书从二楼转移到一楼。我们还将翻新医学图书馆，尽管它只有13年的历史。它需要升级以适应与13年前不同的学习风格。所以，这对我们来说是一个很大规模的工作。

我们正在着手支持科研数据，所以刚刚任命了一个人——我想你可能已经知道了——他现在负责研究如何管理科研数据，如何从教师那里获得科研数据，以及我们需要什么样的平台。目前，我们认为这应该借助我们的学者库，我们确实有一些数据集，但还非常少。我们需要一个完整的科研数据管理计划。而且，我们需要一个合适的平台，来应用元数据并鼓励教师们共享。

所以问题不是没有预算，而是有太多事情要做，而又没有足够的人手？

预算总是不够的。每个图书馆都会这么说。但你只需要做你能做的。有时你需要重新安排你正在做的事情的先后顺序。我认为图书馆做得不太好的地方是，很难摆脱传统做法，尽管显而易见新的事情更重要。所以我认为我们不该有那种自满情绪。但我的意思是，与美国或北美的许多图书馆相比，他们面临着重大的预算削减和裁员。在我来这里的这段时间里，我们只削减了少量预算，仅在个别方面削减了1%至2%。

获批了新项目的新预算吗？

不，我们的预算是固定的。我们单一预算、单线预算。对于翻新工程，我们主要通过大学教育资助委员会（UGC，简称"教资委"）获得资助。因此，我们向大学提出申请，大学再向教资委提出申请。

教资委每年都会为有问题的基础设施项目分配资金，所以我们只需要被列入申请项目中。如果获批了，那就成功了。但是，翻新项目申请很多，所以我们不确定是否会获批。这也就是固定预算、单一或单线预算的含义。

但是我们还有其他资金来源，这一点我不能否认。我们从香港大学专业进修学院（School of Professional and Continuing Education, SPACE）那里获得经费，这与我们的单线分配是分开的。我们还从复印和图书馆罚款中获得经费，还有就是捐赠基金的利息。所以我不能哭穷，但也并不富裕。因此，我们需要非常节俭。因为即使有一些储备，也得想方设法持续到我们的预算得到改善为止。

您感到有合作或竞争吗？有时您会说这是一场比赛，甚至在以前就说过。但是，您如何定义八大高校之间的竞争？"我们希望我们的图书馆成为第一个做某事的图书馆""我们希望我们的图书馆拥有最大的馆藏⋯⋯"

不只是在香港。这是全球性的事情。每个图书馆都在尝试做别人没有做过的事情。

大约15或20年前，大学教育资助委员会与图书馆之间还没有什么合作。并且，听说他们也不愿意合作。能否描述一下背后的原因？最重要的是，没有任何一个图书馆可以仅靠自己实现对学习的支持，不管你的图书馆规模有多大或资源有多丰富，都需要与其他馆合作。

你的说法一针见血。在协作方面，任何一家图书馆都无法单独提供一切。几十年来，我们一直在不同层面上与其他图书馆合作。就香港本地而言，这种合作在很大程度上是一种馆藏共享，让我的用户进入你的图书馆，反之亦然。但是现在合作深化了。之所以能深化，原因有多种。一是政府鼓励。教资委鼓励开展深入合作。所以图书馆建立了香港高校图书联网［HKALL（港书网）］①实现图书的非中介共享，通过快递将书送到读者所在图书馆。

早期，大家很不情愿参与，而且这样做还有许多未知因素。由于教资委努力推动深度合作，我们得到了资助。他们认为这是八个机构深入合作的一个范例。他们给了我们设立香港高校图书联网的资金，我们在试点阶段成功了，最初联合的三家机构的成功合作，让其他家简直无法抗拒。

---

① HKALL（港书网），即香港高校图书联网,是由八所本地高校的图书馆共同开展的促进资源共享项目。HKALL 主页:https://lib.hku.hk/general/hkall_overview.html。

331

我目前是香港特别行政区大学图书馆长联席会主席（Chair of JULAC），您问到关于竞争和合作的问题，与其他机构相比，图书馆之间的竞争要少得多。

作为港大图书馆的馆长，您是否还负责形象塑造？人们如何看待您和您的图书馆？

对很多人来说，"形象"反映出你的服务水平。例如，从教学支持来说，如果你不被认为是专业的、有能力的、值得信赖的，以及其他各种形容词，老师就不愿意和你合作。反之，老师愿意让你花时间和他们的学生谈论信息素养和其他的技能，等等。所以"名声"对图书馆来说是很重要的，尤其是行政人员对它的看法。因为我前面说了，数字游戏结束了。我们不能再用数字来说事了，不能再说"我们有最大的馆藏"或"我们有最多的学生入馆"。现在入馆率已无关紧要。馆藏数量等，所有这些数据，只有当你能够成功地融入整个大学的教学/学习过程和研究过程时，它们才是相关和重要的。

未来3到5年，您对港大图书馆有什么战略规划？

我们有一个到今年年底结束的五年战略规划。它在我们网站的"政策"下拉菜单里。我们根据战略规划制定了行动目标。有五个宽泛的目标，在每个目标下，我们每年在规划日聚会一次，在每个目标下制定新的行动方案。我们一年到头都在努力实施这些行动方案，这些行动最终变成了项目等。然后，在下一个年度规划日总结汇报。

今年是五年战略规划的尾声。我们打算对新规划进行重要审查。从2015年4月开始，将迎来一个新的五年规划。

您能和我们分享一下为这个新的五年战略规划制定的议程吗？

332

这是一项重大的新规划，我正在与港大的所有部门会面，将与每个部门进行一些初步讨论，以便带到规划日会议上。今年的规划日，我们邀请到了美国雪城大学（University of Syracuse）信息学院（iSchool）的教授保罗·甘德尔（Paul Gandel）——他能来，我们请他与阿诺德·希尔森（Arnold Hirshon）一起帮助我们。阿诺德是美国凯斯西储大学（Case Western Reserve University）的副教务长和大学图书馆馆长。他还曾任NELINET的执行董事，NELINET是美国东北部主要的图书馆联盟。他们将为我们提供帮助，但我们事先要做很多工作，他们会在讨论会当天帮助我们对规划进行微调。我们在制定战略规划方面已经花了很长时间。

主要的挑战是什么?

好吧,这是个有趣的问题。就在两周前,大学邀请了毕马威会计师事务所(KPMG),这是一家从事公司风险管理的专业公司。他们从事审计、会计工作,是家大公司。大学管理层邀请他们来确定大学面临的风险。他们约谈了我。风险就是最终我们容易失败的地方。所以对我来说,我必须确定这五个风险是什么。

对于图书馆,这五个方面的风险是:我们无法以适当的方式满足用户的信息需求,也就是说,无法以最佳的方式及时满足用户的信息需求。这涉及很多方面,比如预算,显然,你知道预算不会大幅增长。但是,大学已经有了长足的发展。我们的预算跟不上大学在学生数量和新开设课程方面的增长——在这方面我们遇到了麻烦。第二个是我们的基础设施,我已经谈过了。图书馆的馆舍越来越陈旧,需要改造;需要与港大的整体课程相协调。

还需要有更多的协作学习空间。

就是这类事情。需要灵活的空间。整个基础设施问题对我们来说很重要,或者说是个重大挑战。跟上技术发展的步伐是另一个问题,这主要与我们的员工及其技能发展有关。这需要持续不断的努力,正如我们今天所谈到的,港大是引领者,我们真正应该引领的领域是技术实施。我们可能做得还不够,所以我认为这是个挑战。我们有一些非常有上进心和才华的员工。这让我想到了人员配备——人员配备是个问题。就为新职位招募合适的员工而言,整个图书馆界正经历着飞速变化。我们一直在谈论的一些事情,CRIS、数据管理,以及找到具有这些技能的人一直是个问题。

我认为思维很重要——具备促进创新、鼓励变革、为下一件大事做好准备或创造下一件大事的思维。找到具有这样素质的人实属不易。香港是个小地方,吸引外来人才也有困难。

在访谈结束之前,您还有什么想与读者分享的吗?

在像港大这样的知识环境中,大学图书馆馆长的生活是一种非常有益的人生经历。图书馆有幸拥有才华横溢、兢兢业业、甘于为港大奉献的员工。尽管我们面临挑战和不确定性,但无论是图书馆还是整个大学都是本着合作协商精神在做事。

333

第二十二章
路易丝·琼斯，香港中文大学图书馆馆长

简介

香港中文大学（The Chinese University of Hong Kong，简称CUHK或"港中大"）始建于1963年，由三所学院（崇基学院、新亚学院和联合学院）合并而成，是一所综合性的公立研究型大学，位于香港新界沙田。港中大是香港唯一一所使用中英双语的公立大学。港中大图书馆支持其教学、学习和研究活动，包括七所图书馆。特色馆藏包括商代甲骨、元朝至清朝乾隆末年的中文善本，以

▲ 路易丝·琼斯

及香港文学特藏等。重要的档案资料包括戴维·霍克思文献（David Hawkes Papers），任剑辉、白雪仙粤剧及其他资料，以及香港基督教工业委员会的档案。馆藏手稿数量可观，手稿作者以香港作家和文人为主，以及当代华语作家和诗人。

路易丝·琼斯（Louise Jones）自2013年1月以来一直担任香港中文大学图书馆馆长。她拥有曼彻斯特大学心理学学士学位、华威大学信息研究硕士学位和公共管理硕士学位。20世纪80年代，琼斯女士在本科毕业之后、研究生学习开始之前，曾在中国东北的哈尔滨教英语。回到英国后，她成为总部设在伦敦的英中了解协会（SACU）的首位图书馆员。琼斯女士在加入香港中文大学图书馆之前，曾在莱斯特大学工作，先做了几年医学图书馆员，然后成为馆藏和信息系统部主任，最后担任图书馆服务部主任。

在接下来的访谈中，琼斯女士讲述了她如何与团队一起，努力营造一方启发灵感、舒适宜人的空间，在这里学生借助技术丰富的学习环境可以去探索、创造，并与同龄人合作。

这次访谈，可以请您先做个自我介绍吗？比如，您的专业和教育背景，您在大学学的什么专业，您来自一个图书馆员之家吗？

我并不是来自图书馆员之家。我的家乡在牛津，但家人与牛津大学没有任何联系。事实上，我父亲在当地的汽车厂工作。但是，我在上大学之前，有一个间隔年（gap year）①，我在牛津大学的博德利图书馆②工作，担任图书馆助理。那是我第一次接触图书馆工作，这段经历相当独特，也是我开启职业生涯的绝佳起点。我在书库工作，整理上架图书，还在古典阅览室的咨询台工作了一段时间。那是个了不起的工作场所，藏书量令人叹为观止。

随后我去曼彻斯特大学③学了心理学，后来又去中国教了一段时间英语。回到英国后，我找到一份工作，成为英中了解协会（SACU）④的首位图书馆员。这是一个教育慈善机构，旨在促进中英两国人民之间的友谊和理解。我就是这样开始当专业图书馆员的，他们慷慨地赞助我兼职攻读图书馆学硕士学位。那时我还有年幼的孩子要照顾，就在寻找兼职工作，之后就跳槽到了当地政府部门，担任技术信息职员，为他们的建筑师和工程师提供支持。后来，我在伦敦地区的国家医疗服务体系（National Health Service）兼职。由于孩子们长大，我换了份全职工作，去了莱斯特大学⑤担任医学图书馆员，在那里工作了16年。我最终成了莱斯特大学的图书馆服务部主任，又从那里来到香港中文大学图书馆⑥工作。

您在人生的哪个阶段选择了图书馆员作为职业？

我想我是无意中进入这个行业的——这不是一个刻意的选择。我从中国回

---

① 间隔年指学生在上大学或工作前，休学或不实习，通过旅行、做自己想做的事来放松自己、充实自己。——译者注

② 牛津大学博德利图书馆主页：http://www.bodleian.ox.ac.uk/。

③ 曼彻斯特大学主页：http://www.manchester.ac.uk/。

④ 英中了解协会主页：http://www.sacu.org/。

⑤ 莱斯特大学主页网址：https://le.ac.uk/。

⑥ 香港中文大学图书馆主页：http://www.lib.cuhk.edu.hk/。

来后，幸运地找到了一份与中国相关的工作，尽管我不懂中文。那时我家孩子还小，我觉得自己需要一份专业的工作，因为我当时在图书馆工作，确实应该有图书馆员的相应资质。从那时起，一切就顺理成章了。

是什么让您离开莱斯特去香港，成为港中大图书馆馆长的呢？

我被这所大学本身所吸引，也被图书馆所吸引。我与该校图书馆的工作人员见面，发现图书馆馆藏非常棒。而且就个人而言，这是我和家人与中国重新建立联系的机会，因为我们已经离开中国三十年了。从香港的角度重新发现中国，是一种良好的体验。

您能描述一下您目前在港中大图书馆作为馆长的任务和职责吗？

总的来说，我负责战略方向，这是我工作的关键部分。我的另一个重要角色是在大学内外代表图书馆。此外，我还对图书馆的运营、预算、人员配备和服务负有最终责任。最近，我们有幸获得了资助，能为港中大配备历史上首位档案管理员。大学档案馆和美术馆现在也是我职责的一部分。

您的美国同行会花很多时间在筹款上。与他们相比，您也是这样吗？

我们在港中大是很幸运的，因为学校非常支持图书馆。与此同时，我确实花了一些时间和捐赠者联络。我们的许多档案和特藏资源都是通过捐赠获得的。就具体项目的筹款而言，我在英国做过，但在香港还没做过。我认为不必筹款是很幸运的，但是同时我也意识到，随着世界经济形势的变化，情况可能会改变。我们正在考虑港中大是否应该花时间建立"图书馆之友"，构建一个正式的图书馆支持者网络，不是为了立即筹款，而是为了拥有一个支持图书馆的群体。

您能简单介绍一下港中大及其图书馆系统吗？

港中大成立至今已有50多年的历史。许多学者离开中国内地，在香港建立了几所使用中文授课的学院。其中三所学院（崇基学院、新亚学院和联合学院）合并成立了香港中文大学。与一直以来都是英文授课的香港大学不同，香港中文大学的名字就说明了这一点。我们是一所中英双语的大学，使命是结合传统与现代，融汇中国与西方。港中大很快就成为一所大型的综合性研究型大学，但她还保留了书院制结构。我们在香港的独特之处在于，所有的本科生都会加入一所书院，他们中的大多数人都有机会在校内居住一段时间。作为图书馆馆长，我也属于一所书院。本科生非常忠于港中大，但也非常忠于他们的书院，并尊重这一传统。

您能告诉我们港中大图书馆目前的馆藏规模，以及馆藏亮点是什么吗？

港中大的书院制对图书馆产生了持久的影响。港中大最初有三所书院图书馆，在20世纪60年代初，裘开明博士（Dr. Kai Ming Chiu）从哈佛大学的哈佛燕京图书馆①调过来，成为港中大第一任大学图书馆馆长。渐渐地，书院图书馆和大学的主图书馆整合成了一个系统。所以，我们现在有七所图书馆，其中六所在校园里。

这意味着，由于港中大的规模和历史，我们的馆藏相当丰富。我们有大约260万册纸本图书，还有非常全面的电子资源馆藏。镇馆之宝是我们的特藏，其中包括商代的甲骨——我们收藏的甲骨数量在香港是最多的。它们最初被捐赠给了（港中大）联合书院②，但由我们图书馆负责保存。我们也有现代文学档案——我们的香港文学特藏很重要，是由港中大的一位文学教授捐赠的。它已经成为一个研究香港文学的中心，与华语文学有着密切的联系。我们有幸拥有北岛档案和高行健档案。我们还有戴维·霍克思资料库（David Hawkes Archive）——他是《红楼梦》的英译者。我认为文学，尤其是中国现代文学，是我们的亮点领域，并将继续发展。

建立特色馆藏，在社区留下印记——这是您的图书馆的目标吗？

是的。我认为对于任何研究型图书馆来说，特藏都是他们独有的特色。我们有各种各样的服务和主流馆藏，但在电子时代，许多主要图书馆都有类似的电子资源。我们的一个策略是真正专注于特藏。我们所做的是建立专门的特藏研习室，因为我们希望学生、学者和访客都来使用我们的特藏。我们已经开始使用档案管理工具软件（ArchivesSpace），并正在快速创建一个访问我们馆藏档案的接入点，这是以前没有的。

就我们的特藏和善本而言，我们已经将许多馆藏数字化并实现了开放获取。这是为了让更多人能够接触这些馆藏。我们也努力与港中大的学者合作。比如，一位港中大的学者在研究广州的道教宫观，我们发现我们竟然有来自中国南方一些道观的大量清代道教仪式相关的馆藏。我们与他合作对这些藏品进

---

① 哈佛燕京图书馆主页：http://hcl.harvard.edu/libraries/harvard-yenching/。

② 香港中文大学联合书院主页：http://www.uc.cuhk.edu.hk/。

▲ 香港中文大学图书馆内景

行数字化处理，并举办了一场非常精彩的展览，展示了这些藏品以及他对这些藏品进行的研究工作。我认为真正重要的是，特藏服务于两个目的：一是保护文化遗产，二是作为研究型大学里人文学科的实验室。

开展这些数字化项目时，最具挑战性的方面是什么？

在某种程度上，这取决于项目的规模。例如，我们大学里收藏了大量中国近代的报纸，我们非常希望将它们数字化，但是馆藏的规模和数量，以及围绕数字化报纸（尤其是中文报纸）的索引、OCR（光学字符识别）和质量保证的技术问题是巨大的挑战。还有一些关于视听材料数字化的问题，我们如何找到可以播放磁带的机器，然后将它们数字化。很幸运的是，我们找到了能够帮助我们理解这些藏品的人，这样我们就能弄懂它们。所以，挑战主要是技术层面的，如果藏品规模很大，那就是资金方面的挑战了。

我们都对贵校的进学园（Learning Garden）①印象深刻。它实际是谁设计的呢？

我对进学园的贡献很小。实际上，进学园的设计和命名要归功于前任馆长科林·斯托里博士（Dr. Colin Storey）。其设计是为了与校园内的其他学习共

---

① 香港中文大学图书馆进学园主页：http://www.lib.cuhk.edu.hk/en/libraries/ul/lg。

享空间有所区分；其中文名字则与港中大的校训相关。我们希望把这方空间打造成一个独特的品牌。非常幸运，我们签约了一位杰出的室内设计建筑师，他至今仍在与图书馆合作。

港中大图书馆进学园背后的理念是什么？

促使我们建园的原因是香港本科生的课程设置发生了巨大的变化——我们的本科学制已经从三年制变成了四年制。与此同时，我们大学已经从传统的教学方法转向鼓励学生主动学习、进行合作学习、参与数字化学习。因此，正是大学教学方式的改变，促使我们产生了打造更适合合作式、非正式学习空间的想法。事实上，进学园及其上层的扩建区域是精心规划的，旨在减少传统的书架，引入多媒体设施，配备自习室和24小时全天候开放的学习空间，这是我们以前没有的。

能否请您描述一下，在进学园提供的新型服务或项目中，您认为最成功和创新的是什么？

我坚信，这些空间需要妥善管理，才能在内部创建一个社区。幸运的是，我们有一位出色的进学园主管，他的职责就是关注大学内的拓展活动，并确保进学园开展了一系列的活动，来吸引学生加入，而不仅仅是一个等待学生使用的空荡荡的地方。其中一项举措是提供3D打印和扫描服务，有了这方空间，我们就能跟学生主导的3D打印团队合作。我们举办了一些活动，比如让学生自己制作3D打印机，现在这项活动已经与大学的创业研究中心联合举办。我们与自学中心[①]、学生事务处[②]、艺术系办公室合作，并在那里举办了学生作品的展览。

如果您启动非学分项目，如何确保学生感兴趣呢？您做了些什么来吸引他们参与？

我们使用常规的宣传渠道，我们尽可能与学生合作，请他们参与进来。我们有很多学生助手在进学园工作，所以他们参与了这些活动。我们在过去取得成功的基础上，不断探索前行。我们的活动有时能吸引学生，有时不能，但我们总是尽力而为。在过去的一学年，有很多人参加了我们进学园的活动。

---

① 香港中文大学自学中心主页：https://www.ilc.cuhk.edu.hk/。
② 香港中文大学学生事务处主页：http://www.osacuhk.edu.hk/。

▲ 香港中文大学图书馆进学园

进学园对颜色、自然还有基本主题的强调，与学生、学习或研究有关吗？

　　从设计师的角度来看，进学园的整个理念是保持空间的相对中性，所以颜色很浅很白。在进学园上方设置池塘是将阳光线引入地下室的绝妙方式——阳光照耀时会产生令人惊叹的涟漪效果。这是一方引人入胜的空间，设计理念是学生连同他们的衣服和书包会给空间带来色彩。我们还有两张50米长的弧形桌子和S形桌子，旨在促进合作。这些桌子的高度和宽度各不相同，因此可以用于单独学习或合作学习。我们有一些粉彩色的椅子，有人说它们让人想起幼儿园，但学生们非常喜欢。从根本上来说，这个空间非常中性，应该由人带来颜色。

　　可以肯定地说，除了善本收藏，进学园也是港中大图书馆的一个特色吗？

　　我觉得进学园很有创意。我们在其中所做的工作、建立的合作伙伴关系和举办的活动都有创意。但是，我们不能停滞不前——与此同时，今年我们开设了数码学术研究室，它有一面数字可视化墙，有高规格的计算机，配备了地理信息系统（GIS）、文本和数据挖掘软件。这是另外一类空间，一个封闭的空间，是提供给那些想举办研讨会的人、想一起学习的学生使用的。不断改善空间很重要，但同时我们也很幸运，因为还能保留传统的安静学习空间。我认为我们取得了很好的平衡。

对于公共项目以及不同学生群体和教师之间的合作，这个新的进学园怎样创造了新机会？

整个空间使我们得以开展活动并吸引人们参与。因为我们与学生事务处或自学中心的同人们合作，项目可能多种多样，但它们都与港中大的整体教育主题相契合。大学战略的一个关键主题是鼓励学生群体的创业精神和创新能力。我们与港中大创业研究中心①合作开发了 3D 打印和扫描技术，我们计划未来增加我们提供的服务，创造一个完全成熟的创客空间。我们始终确保它符合大学的总体目标。事实上，与社区互动是港中大的策略之一。所以，我们举行读书会或与展览相关的讲座，不仅仅是因为我们认为这是一件好事，也因为它是大学互动战略的一部分。

进学园与一般大学的学习共享空间有何不同？

我们在大学的主图书馆里有一个叫作"研究共享空间"（research commons）的地方，它主要是为研究生服务的。我在英国管理"研究共享空间"的经验是，那是一个针对研究并仅限于研究生使用的空间；而我们的进学园对持有图书证的任何人都开放。你可以说进学园是一个信息共享空间，在许多方面的确如此。例如，在我们的下园，有一个信息共享空间，是由我们与信息技术部门的同事共同管理的。它也有类似的设施——开放区域、小组自习室、电脑、无线网络接入等。但是它不举办活动——它的管理方式与进学园不同，没有用项目鼓励人们进来，而是用创造性和创新性的方式来使用空间。对我来说，这是进学园的独特之处。

您能描述一下港中大图书馆的人员结构吗？

我们图书馆的人员结构相当传统。我有一位副馆长和两位高级助理馆长。我们有一个读者服务部，负责包括注册和流通在内的一线服务；有一个技术服务部，负责采访、编目、元数据等工作；还有图书馆信息技术与系统部门。港中大是一所相当分散的大学，因此实际上，图书馆负责管理大部分图书馆工作人员以及公共设备的 IT 基础设施。我们有一个学习支持部门，负责学生信息素养方面的工作，在这个团队中有分馆的图书馆的工作人员。我们最新的团队

---

① 香港中文大学创业研究中心主页：https://entrepreneurship.bschool.cuhk.edu.hk/。

是"研究支援和数码创新"部，他们负责数码学术研究室①的工作。最后，我们还有一个特藏和档案部。

您能否描述一下您的典型工作日情况？有没有典型的一天？

我总是在开会，开会，开会！在会议之间，我要收发电子邮件，当有人跑进办公室或打电话进来，我都需要处理应对。我发现在香港，很多业务都是在午餐时进行的——我们经常开午餐会，或参加大学的晚间活动。真是太忙了！很难找到时间去思考和反思。

您能描述一下您的管理和领导风格吗？导师制是您领导方式的重要内容吗？

我非常幸运在自己的职业生涯中得到了导师的指导，这帮助我从医学图书馆员向更广泛的大学图书馆发展并积累经验，然后从图书馆中层主管晋升为馆长。我认为导师制很重要。我觉得你在直接管理别人的时候不能做导师，但是可以当顾问。我真的努力和我的主管们一起工作，提供他们所需要的支持。你得和他们确认一下，看看这些支持是否真的奏效！我认为你既然要求人们从事某份工作，就得给他们提供必需的培训、资源和信息。我的很多工作都是这类，与直接下属一对一地讨论议题，然后与高级管理团队合作解决问题。

就总体方法而言，我想我是相当务实的。我努力制定战略方向和目标等。但与此同时，一旦机会出现，我希望有足够的灵活性来引导图书馆顺势而为。我觉得自己很有内驱力——我想任何达到这个级别的人都有追求成就的动力。我希望看到图书馆取得进步。

您想在哪些方面看到图书馆的进步？

我认为我们大学图书馆面临着巨大的挑战，包括数字化转型，我们需要什么样的专业知识来实现这一转变，以及向利益相关者解释这种转变意味着什么。我觉得我要积极关注图书馆在学术界和更广泛的社区中发挥的作用。

当您看到成功的图书馆馆长时，您认为他们都有什么样的特质或性格特征？

我认为持之以恒是你需要的品质之一。如果遇到了挫折，你需要重新思考，找到另一条路。我认为这是一种非常重要的品质，尤其是看到更大的图景——图书馆所处的大学整体环境，以及社会和全球正在发生的事情。你得拥

---

① 香港中文大学数码学术研究室主页：http://www.lib.cuhk.edu.hk/en/libraries/ul/dsl。

▲ 香港中文大学图书馆善本书库

有更广阔的视野。

作为港中大图书馆馆长，您觉得工作的哪部分最有价值，哪部分最令人沮丧？

我觉得看到员工进步和发展是有意义的。当图书馆里有人得到了晋升，这感觉非常棒。我们最近花了很大力气从一个富有远见的捐赠者那里获得资金，为我们的准专业人员和高级图书馆助理提供为期一年的培训。看到他们成长真是太棒了，而且作为培训的一部分，他们实际上还为中学生开发了一个有趣的项目，让他们参观港中大的图书馆，以鼓励他们申请港中大。见证这一切的发生真是令人欣慰。其他有意义的事情包括与学生接触。昨天，我接待了一位建筑学专业学生，他正在为硕士学位论文设计一座新的公共图书馆。只是和一个年轻、聪明、热情的学生交谈就如此令人振奋。港中大充满了背景多元、专业知识非凡的杰出人士——仅仅与校园里的人交谈就能有很多收获。

令人沮丧的方面，香港特别行政区大学图书馆长联席会（JULAC）[①]有一个共享远程存储设施的计划。十一二年前，我们就已经从政府那里获得了土地

---

① 香港特别行政区大学图书馆长联席会（JULAC）主页：http://www.julac.org/。

和资金来设计整个项目，但它至今没有建成。那真是令人沮丧。对我个人来说，语言障碍可能也会令人懊恼。这要怪我自己。去年，我们举办了两次展览——一次是关于道教藏品，另一次是关于我们的功夫档案。在前一次活动中，我们迎来了道观道长们，而在功夫展览时，香港的大部分大师都到了。无法与他们交谈真是令人沮丧。那真是一个深入了解香港的绝佳机会。

就读者对图书馆的需求和期望或态度而言，香港中文大学的读者和香港大学的读者有什么不同或相似之处？

就我在JULAC的工作经验来看，我觉得学生们非常相似。事实上，英国和中国香港的学生需求也没有那么不同。例如，他们都想要便捷的服务，还想轻松获取所需的文本。我认为在世界范围内，学生的需求都是可以预测的。港中大的学生真的很棒，非常热爱学校。港中大和港大不是"对立"的关系，两校的图书馆有很多合作。

第二十三章

古尔辛·克里布，新加坡管理大学图书馆馆长

简介

新加坡管理大学（Singapore Management University, SMU）于2000年效仿美国宾夕法尼亚大学沃顿商学院建立。新加坡管理大学的使命是产出具有国际影响力的前沿研究，为知识经济领域培养知识面广、富有创造力和创业精神的领袖。新加坡管理大学的教育因高度注重互动协作和采用基于项目式的学习方法而闻名，同时，其小班研讨式教学方法也久负盛名。

▲ 古尔辛·克里布

新加坡管理大学有在校本科生与研究生9500多名，下设6个学院，分别是会计学院、李光前商学院、经济学院、信息系统学院、法学院和社会科学学院，可提供会计、企业管理、经济学、信息系统管理、法律和社会科学6种学士学位课程，以及越来越多的硕士、博士及高管发展和职业培训课程。

新加坡管理大学图书馆（包括李嘉诚图书馆和柯玉芝法律图书馆）致力于为大学服务，作为一个充满活力的中心，服务于学习、研究和交流。领导这个充满活力的学习和科研中心的是古尔辛·克里布（Culcin Cribb）。她于2012年成为新加坡管理大学图书馆馆长。在加入新加坡管理大学之前，克里布曾担任土耳其伊斯坦布尔安兹耶因大学（Ozyegin University）图书馆馆长和澳大利亚邦德大学（Bond University）信息服务中心主任。克里布因拥有在多所大学领导信息通信技术方面的丰富经验而享誉国际。她还就教学、学习和战略管理中

的技术应用发表了大量文章。

在接下来的访谈中，克里布将与读者分享信息时代大学图书馆不断变化的新角色，以及她在到达自己的事业巅峰后如何继续坚持写作并发表文章。

首先可以请您做个自我介绍吗？比如您的专业背景与教育背景，大学时期的学习内容，以及您是否来自图书馆员之家。 348

我叫古尔辛·克里布，担任新加坡管理大学[①]图书馆馆长。我的本科专业是英语语言文学，是在土耳其获得的学士学位。之后我去了英国，后来又在澳大利亚昆士兰大学[②]攻读了语言学的研究生学位，还在昆士兰科技大学[③]拿到图书馆学情报学的硕士学位。这是专业方面的履历。过了相当长一段时间后，我觉得我还需要更多的管理资质，所以我在昆士兰大学攻读了工商管理硕士，学习管理学的研究生课程。如果有志于走上管理岗位，我非常推荐大家学习工商管理硕士及类似的课程。学习结束后，我又在澳大利亚完成了许多其他的高级管理课程。我并非来自图书馆员之家，但是我家里很多人都在学术圈。

您离开土耳其并决定在英国和澳大利亚继续深造，背后有什么原因吗？

我在英国结婚建立了家庭，丈夫是澳大利亚人。我们觉得英国太冷了，于是搬去了澳大利亚。

获得工商管理硕士或者其他专业资格认证的主要优势有哪些？

我想这取决于你未来的职业发展方向。如果你想成为管理人员，管理方面的资质证书是必需的。如果你想学习更多的专业知识，例如中国文学或研究数据，那去获取管理资质的证书可能不是个好主意。在那种情况下，你需要的是更扎实的学术基础。但是，事情总在变化。我之前的工作经历可能与现在的工作无关，但是这些资格证书肯定对我的职业生涯有所帮助。

您以前在图书馆工作过吗？有没有图书馆之外的工作经历？

在我获得图书馆工作的相关资格认证前，我做过很短一段时间的英语教 349
师和口译员，因为我既会土耳其语，也会英语。但是在近40年的职业生涯中，

---

① 新加坡管理大学主页：https://www.smu.edu.sg/。

② 昆士兰大学主页：https://www.uq.edu.au/。

③ 昆士兰科技大学主页：https://www.qut.edu.au/。

大部分的时间我都在大学图书馆工作。我还在土耳其安卡拉（Ankara）的哈斯特帕大学（Hacettepe University）①工作过几年，担任图书情报学院的讲师。

可以更详细谈谈您是如何成为大学图书馆员的吗？

先说说我工作过的地方吧。我在伦敦的亚非学院（School of Oriental and African Studies）图书馆②工作过。在那之后，我职业生涯的大部分时间都在昆士兰大学的图书馆工作，有17年。后来我受聘担任邦德大学（位于黄金海岸）图书馆馆长。在邦德大学③，我所负责的机构对图书馆和信息技术进行了整合。2008年，我受邀参与一所在土耳其伊斯坦布尔的新大学的筹建工作。这所大学的筹建由时任安兹耶因大学（Ozyegin University）的校长负责。我之所以接受这个新职位，是因为2006年我曾在土耳其毕尔肯大学（Bilkent University）做过2个月的顾问，后来毕尔肯大学④商学院院长成为安兹耶因大学的校长，他邀请我来帮忙筹建学校的图书馆。这对我来说是个很不错的机会。当时我年迈的父母住在伊斯坦布尔。能在土耳其居住一段时间并参与这个初创项目对我来说非常不错。

在土耳其完成这个项目后，2011年我决定回到澳大利亚。同年年底，我收到了新加坡管理大学的任职邀请。所以新加坡是我工作过的第四个国家，新加坡管理大学是我工作过的第九所大学。

您的职业生涯中，去过很多地方，遍布世界各地，这会不会很难？

这确实会有一定的挑战性，但我是这样看待的：无论你在哪里工作，大学图书馆基本都一样。图书馆是大学生态系统的一部分。我也很幸运，能与一些非常优秀的校长和教务长共事。新加坡是一个非常好的地方！

作为新加坡管理大学图书馆馆长，您能谈谈您现在的角色定位和工作职责吗？

简而言之，我负责新加坡管理大学图书馆的领导工作和战略管理。在我看来，我对图书馆的领导体现在5个主要领域。这和商业组织的管理差不多。如今图书馆也类似于商业组织。因此，你必须负起责任，要在技术、人才、资

---

① 哈斯特帕大学主页：https://www.hacettepe.edu.tr/english/。
② 亚非学院图书馆主页：https://www.soas.ac.uk/library/。
③ 邦德大学主页：https://bond.edu.au/。
④ 毕尔肯大学主页：http://w3.bilkent.edu.tr/bilkent/。

▲ 新加坡管理大学法学院和柯玉芝法律图书馆

源、财务、空间和设施上负起管理责任，同时还要对利害相关者负起管理责任。这就是馆长的工作。

您说图书馆像商业组织，是因为产出必须可量化吗？对教育机构来说，有时候用数字量化所有事情会不会很难？

量化确实重要，但并不是说所有事情都要用数字或量化的形式表达。评估是在更偏向执行的层面上进行的。我认为，馆长的职责更多在战略层面，而非执行层面。我并不会在执行层面花太多时间。我有非常优秀的团队成员，我与他们密切合作，为他们提供帮助和支持，与他们一起让图书馆的发展更上一层楼。图书馆是一个商业组织。艺术、电影和文学也都是商业的一部分。把图书馆看成一所大学的商业活动，这样看更合适。

对于一所21世纪的位于亚洲的教育机构，您觉得这所学校的战略规划应该是怎样的呢？

从某些方面来说，这个战略规划与其他大学的战略规划并没有不同，即必须围绕所在大学的事务开展。图书馆的战略规划与所在大学的发展方向、使命、愿景不可分割。战略规划不能只是一纸文件；如果那样的话，它便毫无用处。战略规划应融入我们的一切行动，甚至有时我们都不谈战略规划。人们一听你开口说出"战略规划"这几个字，马上就会失去兴趣，觉得那是管理与行政的套话。我们必须要把战略规划融入日常我们的所有事务中。管理人员的套话我也会讲，但我尽全力避免这样。你要会讲与你打交道的人的语言，你要听得懂他们的语言。当然，我们所做的事情都符合战略，要与战略紧密结合。我们每三年做一次战略规划，但战略规划的制定是一个过程，战略规划的实施也不是要总是依循某个文件。战略规划必须是动态变化的，有机融入每个人的日常活动中。所以每次出现问题时，我们就会与同事讨论，然后问自己："这与我们的愿景和战略一致吗？又通过怎样的方式来达成一致呢？"

举个例子来说，人才管理是我们战略规划中至关重要的目标之一。人才管理关注的是团队的可持续发展、梯队规划、为团队成员规划职业发展路径。同时，确保图书馆能在未来保持健康发展。战略规划在我看来应该是这样，而不是管理层的套话。

您可以简单介绍新加坡管理大学及其图书馆系统以及图书馆所提供的服务和馆藏吗？

新加坡管理大学是一所相对年轻的大学——于2000年建校，现在已建校17年①。大学共有6个学院，其中最大的是商学院，除此以外，还有会计学院、经济学院、法学院、社会科学学院和信息系统学院。在校本科生7500名、研究生2000名。学校采取小班教学，各班学生均不超过40—45人。许多课程使用体验和项目式教学。

新加坡管理大学的图书馆广受师生欢迎，每天人来人往，充满了生机与活力。去年一年，入馆人次超过了120万人次。图书馆全力服务于学校的教学、学习和科研活动，这样我们就不会与学校业务脱节。图书馆没有自己的特殊愿景，所在大学的愿景即图书馆的愿景。对图书馆来说，物理空间规划和虚拟空间规划非常重要。我们三年前对图书馆进行了一些维护和装修，让图书馆变成了一个有趣、漂亮、让人感觉宾至如归的地方。就在（2017年）1月3日，新的法律图书馆（柯玉芝法律图书馆）正式开馆，它的设计独具特色。图书馆还与学生及学生社团开展密切合作。我们是新加坡管理大学日常教学、学习和科

---

① 这个时间是相对于采访时间（2017年）来说的。——译者注

研活动不可分割的一部分。

您可以介绍一下新加坡管理大学的学生概况吗？你们有很多来自邻国、欧洲或美国的留学生吗？

我们学校的本科生大部分来自新加坡，有一小部分学生来自越南、缅甸和马来西亚等邻国。研究生层面，我们有很多留学生。我们学校有一个大型的全球学生交换项目。每学期，我们接收1000多名来自世界各地的交换学生。他们来自与我们签订过谅解备忘录的学校。这是为了真正拓宽学生的国际视野。我们学校80%以上的本科生都因此受益。

您可以谈一谈新加坡管理大学图书馆的人员结构吗？

我们是扁平化组织结构。图书馆规模不大，只有40名员工，其中包括25名图书馆专业人员，其他员工是专职辅助人员和技术人员。没有设立副馆长或其他类似的职位。正式员工下班后，会有很多学生来图书馆工作，有的负责前台工作，有的担任项目助手。这样一来，图书馆的专业人员就有更多的时间用于研究，或者参加与教学和学习相关的活动。我们一直努力为图书馆员减负，减少他们的事务性工作，甚至减少他们的案头事务。我们希望他们将更多时间

▲ 新加坡管理大学柯玉芝法律图书馆五楼

投入高价值的工作中，例如与教师们合作开展研究、做文献计量学分析、做引文分析、参与教学、处理科研数据、与学校其他领域开展合作，等等。近些年来我们减少了专职辅助人员的职位，增加了图书馆员的职位。

我们有一个叫作"馆员头年工作经历"的新举措，招聘图书馆学情报学专业的硕士新毕业生，对他们进行培训，主要让他们在一线工作，帮助大学新生。这样，经验更丰富的研究型图书馆员就能从事更为复杂的工作，如开展研究支持、学术交流和嵌入式信息素养教育的工作。

我们没有传统的图书馆人员结构，没有设置技术服务部、采编部、期刊部或者其他类似的部门。许多技术服务运营都外包了，这样的后台运营工作我们做得越来越少。相反，我们做的大多是与教师打交道的一线工作。我们有一个协同合作系统，各种倡议、项目和工作小组都在这个系统里。这样一来，很多决定都由这些项目组和工作组共同做出。团队建设与团队合作尤为重要。我们希望，任何一项工作的开展，是在整个图书馆体系里进行，而不是只能局限员工自己所在的某一部门。所以，我们尽力避免"竖井"（silo）结构，这是因为我们是一个很小的图书馆，没有办法设置许多独立的部门。

您可以简单介绍新加坡管理大学图书馆的馆藏吗？

我们不做传统意义上的馆藏建设。四年前就不这么做了。我们建设馆藏的原则是"适逢其时"，而不是"以防万一"。我们的馆藏是用户驱动型。很幸运的是，馆内没有继承太多传统的纸本藏书。纸本藏书量很小，大约有6万册。但是，我们的电子藏书超过了40万册。馆藏期刊中，95%—98%是电子版。我们尽量不订阅纸质期刊，因为我们想确保的是，这些资源我们的用户可以便捷获取。所以，建设馆藏的方式与过去不一样了。重中之重是要让馆藏和资源"物尽其用"，让师生可以轻松获得他们需要的资源。这些资源是否在我们的馆藏里，并不重要。为实现最大化的资源利用及最便捷的资源获取，我们在完善图书馆系统、使用界面、工具和用户体验上做出了巨大的努力。因此，我们与不同的供应商达成协议，在我们的目录上加载图书（电子和纸本）的MARC数据。如果有人两次点击相关链接，图书馆就会购买这本图书，而不需要走传统的采购流程。

您之前提到过和教师一起开展研究合作。这一方面可以具体谈谈吗？

专业图书馆员与教师的合作十分紧密。他们在出版、引文、文献计量方面为教师们提供支持，还与教师们一起，为学生提供科研方法的指导。这不仅仅是如何搜索和定位相关资料这么简单，而是必须将这些培训项目融入课程。

能讲讲您典型的工作日情况是怎样的吗？或者说有没有典型的一天？

我觉得根本没有什么典型的一天！通常，白天我有很多很多会要开，有的是和我的团队成员的会，有的是与学校管理、财务、某一项目团队或职能部门开的会。例如今天，我中午参加了一个午餐会，是校长为参与新法律图书馆建设的人举办的活动。这是个极佳的机会，可以与学校其他部分的同事建立联系，从而更好地开展合作。我的工作还包括写作、阅读和提问。我写了很多文章和著作，在国内和国际发表，也在国内外会议上发言。

为什么处在您这个位置后，坚持写文章并发表文章依旧这么重要呢？

有时候我和我同事一起写文章，有时候受邀去不同的图书馆做演讲。我之所以觉得写作很重要，是因为这样可以分享我的研究。与他人分享你的研究与活动，倾听他人的见解，同时了解他们是怎么做的，这对馆长来说至关重要。我还经常受邀参加各种研讨会。所有这些事情都要花时间。

您是哪些专业协会的会员呢？参加这些专业协会对您的工作有什么帮助吗？

我是国际图书馆协会与机构联合会（IFLA）大学与研究型图书馆专业委员会的常务委员。我在这个组织任职很长时间了。1983年起，我成为澳大利亚图书馆和信息协会（ALIA）[1]会员。同时，我还是《新加坡图书馆与信息管理杂志》[2]编委会成员，也是新加坡图书馆协会[3]的会员。

我认为，作为一名专业的图书馆员，加入专业组织，为专业发展和可持续发展贡献一份力量，这很重要。同时，加入专业组织，也让我从年轻人身上学到很多东西。虽然我在这个领域工作了很长时间，但这并不代表我什么都知道。每天我都在学习新的东西。每天，我都会读至少两到三篇文章或博文。我喜欢了解我所在领域的新事情，也喜欢了解全球高等教育领域的新事情。

能讲讲您的管理和领导风格吗？

我认为领导风格和职业指导训练息息相关。尤其是过去的十多年里，我看到很多年轻的图书馆员在不断发展。看到他们成长，获得新的职位，让我非常

---

① 澳大利亚图书馆和信息协会主页：https://www.alia.org.au/。

② 新加坡图书馆与信息管理杂志主页：http://www.las.org.sg/wp/sjlim/abt/。

③ 新加坡图书馆协会主页：http://www.las.org.sg/wp/。

▲ 新加坡管理大学李嘉诚图书馆休息室

开心。所以我会尽可能给他们提供更多支持。梯队建设很重要，因为无论一个
人做什么，都要确保有相应措施帮助他实现自我发展。我所在的图书馆，参与
和合作的氛围浓厚。我很幸运，在我领导的团队中有这么多具有创新精神的成
员。我们协同合作，通常是他们来找我，和我说："我们做了这个，我们正在
研究那个……你觉得怎么样？"然后我们就会一起来解决问题。

在我看来，我的角色就是为他们打开大门，推动发展，为他们引荐人脉，
并确保他们建立联系。我同时也在一些校级委员会和工作小组任职，我认为这
也很重要。我很享受为大家提供指导和咨询。我不仅仅指导图书馆的员工，也
指导大学其他部门的员工。

**您认为多元文化背景对您成为大学图书馆馆长有什么帮助？您觉得这样的
背景是一种优势吗？**

我觉得有帮助。我一直说，我是个亚洲人！我的出生地，位于土耳其属于
亚洲的那一侧。虽然成年后我大部分时间都在澳大利亚和英国，但我认为接触
不同的文化让我能对文化差异更加包容。我很欣赏并非常喜欢这种多元化。世
界是多种多样的，这一点我很喜欢。在我们图书馆，团队成员来自14个不同
族群，我觉得这棒极了！我们的华人同事拥有不同的背景——他们来自中国、

马来西亚、印度尼西亚和新加坡。这是不是很棒啊？

不同文化背景的人可能有不同的看法和价值观，管理这样的团队困难吗？

确实会有挑战性，但是我觉得这很有意思。在我们图书馆，我们欣赏差异，而不只是认识到彼此之间存在差异。实际上，团队里有看法不同、观点不同的成员，这些差异恰恰增强了组织的力量。让我们的团队更多元化，也更有趣。我喜欢待在新加坡，也正是因为这是一个多元而富有魅力的城市。

您在土耳其、澳大利亚和英国都工作过，这些地方的学生和教师对大学图书馆的期待和看法有什么相同和不同之处吗？

正如我最开始说过，全世界的大学或多或少都是相似的。对大学图书馆的期待和看法，其实取决于这所大学是集约度高的高层次研究机构，还是更偏向教学型的大学。同样产生影响的因素还有该大学所在的国家、政治制度以及经济情况。例如，英国和澳大利亚的制度高度相似。新加坡就有点不一样了。新加坡的大学更像商业组织。所以人们的期待更高，也更关注最终产出。澳大利亚和英国的相关系统在不断变化，因为政府给大学施压，让大学承担起更多责任，展示他们的价值等。在土耳其，除了上述因素外，还有政治体制的不稳定性等其他制约因素。我很幸运，在土耳其的时候供职的两所大学很像北美的大学，都采用英文教学。政治体制和经济形势固然有影响，但是从更高层面来看，对大学图书馆的期待和看法或多或少都有相似性。在当今这个时代，我们都是全球生态系统中的一部分。教师必须在高质量期刊上发表文章。大学的声誉也很重要。归根结底，没有多大差别。

在新加坡管理大学工作，哪一部分的工作让您觉得最有意义？哪一部分工作最令您沮丧？

我前面提到过，我乐于见到员工的成长，看到他们承担新责任；喜欢看他们发挥潜能并超越自我。说起沮丧这件事，我很长一段时间都没有感到沮丧过！我以前有过。一天结束前，你必须做应该做的事情。如果碰到挑战，总有办法绕过它们。如果问题无法解决，那就换一种策略来处理。沮丧无济于事，要保持乐观，与生活和解，做好自己。

新加坡管理大学及其图书馆未来的发展方向是怎样的？

对我们来说，将进入一个全新的赛道，因为以前我们从未有过分馆。我觉得要应对这个挑战，最重要的就是应对图书馆和图书馆员不断变化的角色定位。

在过去的5年里，我们改变了很多，正如你所知的，我们馆不再有负责编目和采购的馆员了。但是，我们还需要做出更大的改变。需要更多地为新加坡管理大学的发展服务。正如一位同事所说："我们不只是为图书馆工作，我们是为新加坡管理大学工作。"无论新加坡管理大学的任务是什么，我们应该是其中不可或缺的一部分。我们需要做的是确保所有图书馆员工都认同这一理念，这样就不会只有我或馆内高层管理者才这么想。我们还需要确保图书馆的所有员工有相同或相似的价值观和愿景。保持广阔的视野，了解形势——不仅仅是图书馆内的情况，还有学校及其他行业的情况，这尤其重要。所以，要保持开放的态度、接受新鲜的事物、更敢于冒险。你也知道，在图书管理这一领域，我们一直不太愿意接受冒险。在我看来，我们需要做好更充足的准备去尝试新生事物。无论做什么，我们都应该向新加坡管理大学展示图书馆的价值，并且实现可持续发展。相应地，新加坡管理大学也应该向新加坡展示出自己的价值。

您在社交平台上非常活跃。其他图书馆也有社交媒体账号，但是在社交媒体上与用户互动沟通却常常并不容易。在这方面您有什么经验？

你不能对社交媒体期待过高，但我们尽可能在社交媒体上保持活跃。我相信，我们馆在利用社交媒体沟通上表现还不错。我有一些同事懂社交媒体运

▲ 新加坡管理大学李嘉诚图书馆学习共享空间

营，他们擅长利用社交媒体与学生沟通。但是我们会使用大量不同的平台。我们需要认真了解每个平台的受众范围和潜力。比如，4月1日愚人节我们与学生一起在图书馆搞一场愚人节恶作剧；万圣节的时候也举办活动。学生会觉得我们挺特别的，也更可亲。实际上，他们说新加坡管理大学的图书馆员很酷！我们知道怎样激起年轻学生的好奇心。虽然不是每次尝试都能成功，但我们会尝试不同的方法。

采访结束之际，您还想说些什么来鼓励大家吗？

我经常会说，保持热情和保留好奇心很重要。如果没有好奇心，如果对自己现在的工作沾沾自喜，我们会为之付出高昂的代价。最后我想说的是，我为我是一位图书馆人而感到自豪。我热爱这一行业。我相信，这一行业有着光明的前景。

第二十四章

布勒·姆班博–塔塔博士，南非大学图书馆原执行馆长

简介

南非大学（University of South Africa, UNISA）始建于1873年，当时名为好望角大学。它是世界上最大的大学之一，在全球拥有超过30万名学生。从1946年开始，南非大学成为一所远程教育大学，获许为学生提供高质量的远程教育，无论他们身在何方或社会地位如何。大约在这时，图书馆系统应运而生，至今仍在支持来自世界各地的人们研究、教学和学习。此外，图书馆近年来大幅增加了在线数据库、图书和期刊的订阅量，以满足远程学习的需求。

▲ 布勒·姆班博–塔塔博士

布勒·姆班博–塔塔博士（Dr. Buhle Mbambo-Thata）是南非大学图书馆的前任负责人，最近退休。在担任执行馆长期间，姆班博–塔塔博士负责一个在线平台，该平台能为非洲最偏远的地区提供在线访问或送书服务，让那里的人们受益。在以下访谈中，姆班博–塔塔博士介绍了她在非洲的数字化举措（digital initiatives）和远程学习图书馆服务方面的经验，分享了她对图书馆领域服务型领导的看法。

在访谈开始之际，能否请您先介绍一下自己，比如您的专业培训和教育背景？您来自一个图书馆员家庭吗？

不，很遗憾，我并非来自一个图书馆员家庭。我倒希望我是！但是，我的女儿将要成为一名图书馆员，所以这会是一个很好的弥补。

我的第一个学位是在津巴布韦大学（University of Zimbabwe）[①]社会学专业获得的。然后，我在博茨瓦纳大学（University of Botswana）[②]获得了图书馆学情报学研究生学历和硕士学位。2001年，我在比勒陀利亚大学（University of Pretoria）获得了情报学的博士学位。

您毕业后的第一份工作是什么？

我的第一份工作是在图书馆——事实上，我只在图书馆工作过。我的第一份图书馆工作是在高中和大学期间，在一座公共图书馆担任图书馆助理。我获得社会学学士学位后，进入一所师范学院图书馆，成为一名见习图书馆员。我就是从那时开始接受图书馆员培训的。这就是我的故事了。

您能告诉我，您是怎么成为南非大学图书馆馆长的吗？

这是一条漫长的道路。我之前提过，从高中到大学期间，我利用假期在公共图书馆工作。上大学时，在放假期间，我会回到那家公共图书馆工作。当我毕业获得社会学学位后，这家公共图书馆的负责人建议我从事图书馆员工作，这是我之前从未考虑过的。她建议我进一步接受图书馆学方面的培训，获得资格认证。然后我在一所师范学院找到了工作，当一名见习图书馆员。就是在那里，我开始攻读图书馆学的研究生。我在职攻读了图书情报硕士学位（MLIS）和博士学位。

关于这个博士学位还有一个小插曲！我刚拿到社会学学士学位时，曾告诉自己，我要在40岁前获得博士学位。随着40岁的临近，我脑海中的提醒声越来越大。因为我不想错过自己设定的目标，就在40岁生日前几周提交了论文。这篇论文是关于万维网（WWW）作为小型企业信息通道的研究。这个博士学位为我打开了通往大学图书馆工作的大门。

工作方面，在获得研究生文凭几年后，我加入了博茨瓦纳大学，担任社会

---

① 津巴布韦大学主页：http://www.uz.ac.zw/。

② 博茨瓦纳大学主页：https://www.ub.bw/。

科学图书馆员。那是我进入大学图书馆工作领域的起点，我通过不懈努力晋升为高级图书馆员，并成为一支院系图书馆员团队的负责人。在担任院系图书馆员期间，我注册在职攻读硕士学位。完成硕士学业之后，我又注册了在线攻读博士学位。

我在担任院系图书馆员团队负责人和高级图书馆员时，感觉需要挑战自己去做更多事。我感觉到，我在博士课程中所学和所想的理念，实际上需要更多的人手去实现。我需要一个庞大的团队来好好研究一些问题，比如说，万维网将如何改变信息传递方式。我在1994年写了一篇论文，探讨虚拟图书馆将如何改变非洲的信息传递方式。我越来越觉得，我需要比现有团队更多的人手来共事。于是我开始寻找担任更高级别职责的工作，而不仅仅是一名高级图书馆员。

随后，我在2001年有机会成为津巴布韦大学图书馆馆长。在那里任职期间，我领导了许多数字化创新项目。我编辑了一本关于在津巴布韦大学建设数字图书馆的书籍。我发起了很多对非洲产生影响的数字化倡议。2004年和2005年，许多同事鼓励我申请南非大学图书馆执行馆长。于是，我申请了这一职位，去参加了面试，并在2006年得到任命。我的任期从2006年到2016年底。

▲ 南非大学图书馆

您是在人生的哪个阶段决定要当一名图书馆员的？

就在我获得第一个学位以后。我真的要感谢我的前领导莫琳·斯图尔特（Maureen Stewart），她看到了我成为优秀图书馆员的潜力，并为我指明了方向。事实上，我很幸运，总有导师帮助我、指导我，使我能够发挥最大潜能。当我还在博茨瓦纳大学担任社会科学图书馆员时，时任大学图书馆馆长凯·拉塞罗卡（Kay Raseroka）就对我说："总有一天，你会成为津巴布韦大学的图书馆馆长。"这太令人震惊了，因为我当时还是个职场新人。但她看到了我身上的潜力，并激励我努力工作、学习和进修，掌握一切技能，朝着成为大学图书馆馆长的目标努力。

您能解释一下在南非大学担任图书馆执行馆长时您的角色和职责范围吗？

南非大学图书馆的规模相当庞大，当你担任这样一个机构的领导时，往往会真正关注与大学有关的战略问题，包括大学在整个国家乃至整个非洲的地位，以及它与非洲大陆、国家和城市的相关性。

南非大学有大约30万学生，它是世界上最大的大学之一。因此，我的职责首先是将图书馆定位为信息内容的传递者，面向所有这些学生，无论他们身在何处；其次是建立一个团队来提供服务；再次，我的工作重点是确保这30万名学生能够获取相关内容，并且有足够的预算和熟练的工作人员来提供这些内容。最后，我们位于南非，而南非是第一世界和第三世界的混合体，所以我们希望确保所有学生，无论他们的社会地位如何，都有平等的机会去使用图书馆资源。因此我们必须通过邮局、快递、线上和上门等多种方式提供图书馆服务。它真的是一个多模态（multimodal）的图书馆，我的工作是确保每个渠道都有政策指南、资源、服务、工具和基础设施，能够有效地提供学习内容。

您说的"多模态"是什么意思？

我们以几种不同的方式提供图书馆服务。我们不仅提供在线服务和无须预约的随到随看服务，还经常通过邮局将资料寄到学生手中，如果没有邮局，就用快递公司。我们也会派遣流动图书馆到最偏远的地区，包括监狱。我们还会通过与我们有合作关系的公共图书馆传递资料。因此，发展与公共图书馆的伙伴关系是我工作的一个关键部分。

在什么情况下，图书馆会通过快递公司或邮局寄送资料？

南非大学是一所开放的远程教育大学。我们的学生遍布世界各地。

在网络平台发展之前，这种递送服务特别受欢迎吗？或者说，现在这种服务仍然受欢迎吗？

南非大学收藏的电子书数量在非洲名列前茅，许多学生可以在线访问它们。然而，我们有大量的藏书仍然是以纸本形式存在的，所以仍然需要通过邮局把这些书寄给学生。我们的大量馆藏内容都公开在网上，于是几年前我们做出了一个战略决定：优先购买电子版，并将大部分预算用于电子资源。然而在南非的一些偏远地区，带宽非常有限，或者电力供应存在挑战，人们可能无法访问数字内容。在那些社区，我们只能提供纸本内容。

您能简要介绍一下南非大学及其历史吗？

南非大学已经有140多年的历史了。它起初建在好望角，现在位于比勒陀利亚，但在全国十多个地方都有分校。它是一所完全开放的远程教育大学。它目前采用混合式教学模式，这意味着它会使用许多不同的学习资源：既有纸本形式的，也有电子和数字形式的。

是什么原因使南非大学能够吸引到这么多来自不同国家和民族的学生？

这有好几个原因。首先是我们南非大学的品牌。它是一个高质量的品牌，以提供优质的远程教育而闻名于世。其次是远程学习的便利性，你无须离职就能继续深造。它还很实惠。无论你从事什么工作，都可以省出点钱上南非大学。它也为弱势群体提供了便利：狱中服刑的人，残障人士，因为各种原因无法外出的人。我们的一位世界级领袖，纳尔逊·曼德拉，被囚禁时曾在南非大学学习。无论你身在何处，状况如何，远程学习都能为你的学习和生活提供灵活性。

您能否介绍一下图书馆的馆藏和特藏的规模，以及馆藏的亮点是什么？

馆藏约有270万册图书和5.5万本电子书，还有很多数据库。特藏架连起来大约有6英里长，特藏内容涵盖从乐器到图书馆协会文件到政党文件等各种各样的东西。我们还有一个数字资源库，一度是非洲第二大的资源库，世界各地的人们都可以访问使用。我们还为残障人士提供优质的递送服务。我们提供了一系列服务、阅读材料和扫描仪，以满足听力和视力障碍者的需求。此外，我们还为残障人士提供了就座空间。所以说图书馆的馆藏适应了广泛的人群和学科。

我要补充一点，馆藏不会凭空而生。我们有一个优秀的团队，致力于建设相关和最新的馆藏。这个团队不仅根据馆藏分析报告进行工作，还与分馆馆员、

▶ 南非大学图书馆内景

个人专属馆员和检索馆员团队保持密切沟通，这些馆员们直接和用户打交道，了解教职员工和学生的需求。这些需求反过来又驱动了馆藏资源的开发和发展。

南非大学图书馆与欧洲和北美的大学图书馆相比，用户的需求、期望以及对图书馆的态度有什么不同？

在一个开放的远程教育机构，图书馆是注册入学和考试之间的空间。它成了一个实验室，你在其中学习，并且往往会依赖图书馆员和图书馆。事实上，许多学生毕业时都承认，图书馆在帮助他们撰写论文方面发挥了重要作用。他们在很大程度上依赖图书馆获取参考资料、文献和学习资源。因为我们有来自弱势家庭的年轻学生，他们把这里当作一个学习的空间。在我们的体系中，图书馆被视为教育系统的核心组成部分。

实际上，在图书馆的使用方面，各个地区之间没有地理差异。学生和学者们都期望图书馆能够提供学术支持。南非大学和南非的其他高等教育机构的图书馆在服务方面与欧洲和北美的图书馆相似。

您能描述一下贵馆的人员结构吗？

我们图书馆共有273人，由执行馆长领导，其下设有一名副执行馆长。再下面是四位部门主任，这些部门主任下面各设有两名副主任，然后是组长、专业馆员和辅助人员。

您能描述一下工作中的典型一天吗？或者说，有没有典型的一天？

每一天都是独一无二的。我的一天通常充满了会议，接连不断的会议，然后是处理需要批准的事务。接着，我需要与我的高层团队会面，经常如此。我与我的高层团队随时保持沟通。

您能描述一下自己的管理和领导风格吗？

我的信念是，管理风格必须提升组织的效率。我的领导风格是合作型的。我是服务型领导的坚定信奉者，相信我只是同侪之首。我觉得如果我的团队得到加强，我能领导得更好。

您对服务型领导的定义是什么？

我在这个岗位是为了服务——我不是老板！我在这里是为了服务于我的同事，帮助他们更好地完成工作，为社区提供优质的服务，并承担起我来这里服务应尽的责任。

在您看来，成功的图书馆馆长有哪些重要的共同特质？

这个问题很难一概而论，因为具体情况各有不同。我认为成功的图书馆馆长必须具备高情商、政治智慧，必须追求卓越。此外，他们还需要有远见，有明确的目标和使命，有清晰的战略，以及衡量成功的有效机制。当然还需要动员资源来支持这一使命。最后，也许最重要的是，成功往往是取决于这样一个团队，他们有共同的愿景，在工作中感到快乐，也感到他们的领导平易近人。我认为开诚布公、乐于听取意见非常重要。但我觉得拥有坚定的意志和良好的直觉也同样重要。馆长也要能够反思。

作为南非大学的图书馆馆长，您觉得哪部分工作最有价值，哪部分最令人沮丧？

这份工作最有价值的地方是看到学生毕业——知道我们为所有这些学生的成功作出了贡献。让我感到沮丧的是，有读者写信投诉说，他们索要的资料没能送达。这说明我们的系统没能有效运行。

您能描述一下南非目前的信息环境吗？它是如何影响着整个社会的教学、学习和研究的？

我认为大部分影响与数字化教学有关，它确实正在改变我们这里的业务方式。例如，我已经提过，我们的大学实行开放式的远程教育。因此，图书馆需要增加数字内容和电子内容的供给，同时为学生提供电子平台和电子空间。新技术的出现改变了学生们学习和处理事务的方式。它要求图书馆以更具创新性的方式讲授信息素养。例如，我们图书馆提供有关信息素养的播客。图书馆指南和其他数字交付服务已经变得至关重要，因此图书馆的在线服务非常重要。所以我们每天早上都检查网站链接是否正常运行，以确保学生能够正常使用。

然而，我们仍有许多资源只存有纸本形式，也要按需提供给读者。

我们仍有学生无法使用技术。数据对于普通学生来说也是昂贵的，图书馆仍然是一个重要的资源提供者。

在您作为一名大学图书馆员的漫长职业生涯中，您是否有过遗憾或感到过后悔？

没有任何遗憾。我认为我职业生涯中最美好的部分，是在博茨瓦纳、津巴布韦和南非，能够通过为这里的知名大学图书馆工作，来服务这些国家的人民。跨越三个国家的职业生涯使我对跨文化问题有了深刻的认识。我很荣幸能为南非大学的非洲学生服务，并对非洲大陆的图书馆作出了贡献。作为南非大学图书馆的执行馆长，能够为非洲的学生和图书馆提供服务，真的是一种乐趣。

我唯一的遗憾是，一天中没有足够的时间去做完我想做的所有事情，以便更好地为公众服务。即使我试图延长每一天，时间仍然总是不够用。

如果一个年轻人受到启发，希望成为一名图书馆员，想选择图书馆行业就业，您会给他或她什么样的建议？

我的建议会是，努力学习成为一名优秀的图书馆员，并继续关注本行业以及你所在领域的最新趋势。我还会鼓励他们寻找一位能够与他们交流并帮助他们成长的导师。

在本次访谈结束前，您还有什么想说的吗？

我认为，目前是在非洲当图书馆员的绝佳时机。在这个时代，人们注重可持续发展，打算建设"我们想要的非洲"。图书馆和图书馆员发挥着独特的作用，带来知识促进发展、服务公众，致力于建设一个有见识的社会。我坚信图书馆员在建设和发展我们想要的非洲方面发挥着关键作用。图书馆馆长有一个独特的角色担当，就是领导这个行业从纸本到数字化的转型，并带领社会一同前进，不让任何人掉队。

我有幸领导了非洲大陆最大的大学图书馆。我相信我所服务的人们已经找到了满足他们需求的服务。我要感谢所有与我共事并塑造了我职业生涯的人们，从我在布拉瓦约公共图书馆（Bulawayo Public Library）[①]工作开始直到我在南非大学的岗位。我要感谢我在南非大学的团队，没有他们，我们就无法履行图书馆的使命。我还要感谢南非大学的领导，没有他们的支持和信任，我们就不会有足够的资源来有效地支持学生的学习。

---

① 布拉瓦约公共图书馆主页：http://byopubliclibrary.org/。

第二十五章

克里斯托弗·巴思，美国军事学院图书馆馆长

简介

美国军事学院（United States Military Academy），坐落在纽约州奥兰治县（Orange County）西点（West Point），建校历史悠久，可追溯至1802年。美国军事学院也有一个更为大众熟知的名称——西点军校。这是一所男女同校大学，学制四年，为国家培养公职人员。西点军校的学生是在役受训军官，被称作"士官生"（cadets），全体学生被称为"美国士官生军团"（United States Corps of Cadets）。西点军校每年七月录取约1300名士官生，他们进入学校学习，其中约1000名士

▲ 里斯托弗·巴思

官生能顺利毕业。从西点军校毕业的学生获得理学学士学位。学生的学业成绩基于他们在一系列学术课程中的表现，例如在军事领导能力方面的表现，以及竞技性体育活动必修课上的表现。西点军校注重培养士官生的领导能力，注重他们在学术表现、身体素质和军事能力三个核心方面的发展。

克里斯托弗·巴思（Christopher Barth）是西点军校现任图书馆馆长。在接下来的访谈中，巴思将会分享他在《安克雷奇每日新闻报》（*Anchorage Daily News*）担任网络编辑的工作经历如何助力他胜任西点军校的馆长工作。

这是您第一次接受访谈，谈论您在西点军校担任图书馆馆长的工作吗？

我之前接受过本地的采访，采访内容也与西点军校（美国军事学院[①]）图书馆有关。

首先请您做个自我介绍，好吗？您可以谈谈接受过的专业培训、教育背景、在大学学什么。在美国各地的图书馆与信息服务领域以及军事领域，您最受大家认可的专业特长是什么呢？

我以优异的成绩从凯尼恩学院（Kenyon College）获得了历史学士学位，在威斯康星大学密尔沃基分校（University of Wisconsin-Milwaukee）获得了图书馆学情报学硕士学位和历史学硕士学位。在职业发展方面，我一直以来主要在高等教育机构工作。来西点军校工作之前，我曾在美国几所小型文科学院的图书馆（兼技术）部门工作过。

您来自一个有图书馆员背景或者军事背景的家庭吗？

我家里有人在教育行业工作，也有人在部队工作，但我并不认为在这两个行业工作是我的家庭传统。

您曾在阿拉斯加州安克雷奇市的《安克雷奇每日新闻报》担任网络编辑。您在这一领域的工作经验对您现在担任西点军校图书馆馆长有什么帮助吗？

在担任网络编辑时，报社有两位图书馆员负责给新闻编辑室和记者提供图书馆支持服务，我是其中一位。当时互联网还是新兴事物，报社还在探索如何利用互联网来传递信息。为新闻机构工作的经历很有价值，让我了解信息产业的另一面。当时我负责归档，并把数据发送给不同的内容提供商。同时我还负责将内容授权给图书馆界，后来还负责通过线上商店把内容直接授权给消费者。

之前在《安克雷奇每日新闻报》担任网络编辑的这段工作经历对您现在担任西点军校图书馆馆长的工作有什么帮助呢？

最大的帮助可能是创新思维。虽然现在的网络信息传播与那个时候相比大相径庭，但学会用不同的方式来思考解决问题的方法，这总是大有裨益的。

您一直都在图书馆工作吗？您能更详细地谈谈您是如何成为西点军校图书馆馆长的吗？

是的，研究生毕业后我就一直在图书馆工作。我当时就知道，在大学图书

[①] 美国军事学院主页：http://www.westpoint.edu/SitePages/Home.aspx。

馆工作是我想干的。在报社做了两年的新闻图书馆员后，我就换到了高等教育机构工作。来西点军校工作前，我曾在两家机构工作过，既担任过一线图书馆员，也担任过负责图书馆和信息技术支持的首席信息官。

您目前是同时担任着西点军校图书馆馆长和西点军校副系主任两个职位对吗？这两个职位及其职责是否互补？

我在西点军校的职位是图书馆的馆长。同时，我也是系主任学术委员会（Dean of the Academic Board）委员，该委员会负责所有的学术工作。学术委员会的委员通常都是副系主任。我的副系主任头衔表明，我是西点军校的系主任学术委员会的成员。但我的主要工作是协调和负责图书馆服务。

您可以简要介绍西点军校及其核心课程吗？要想毕业，学生必须修完哪些核心课程和选修课程呢？

这个问题在我们的招生网站上有最佳答案：西点军校倡导"全人"（whole person）教育，提供动态的综合课程体系，既重视自然科学和工程学，又重视人文和社会科学。我们的毕业生应有高效应对科技、社会、政治和经济世界变化的能力。西点军校培养士官生的创造力、道德意识以及在学业上不断进取和学无止境的决心。目前，学校开设了42个专业，士官生可以选择自己喜爱学

▲ 西点军校杰斐逊大楼（图书馆和学习中心）外景

科的专业。这些专业课程包括两个部分，一是广泛的综合核心课程，这部分由学校规定；另一个是选修课程，由个人选择。

除了学术课程，士官生在读期间还有体育、军事和品德方面的课程。

西点军校的学术课程高度强调学生在军事领导能力上的表现。军事领导能力和非军事的领导能力有什么不同呢？

我觉得两者并没有显著的不同。学生在西点军校学到的领导能力是一种可以迁移到非军事领域的技能。我们的很多士官生毕业后，在各种公共和企业岗位上表现出色、出类拔萃。西点军校之所以注重领导力的培养，是因为我们知道，西点军校的毕业生无一例外都会在部队中扮演领导人的角色。我们知道，他们将担起保护他人生命、维护他人权益的重任。

从这个角度来看，培养领导能力和领导意识是必须的。这也是我们培养工作的核心。

您能举例介绍西点军校图书馆举办的信息素养技能培训的内容和形式吗？这些培训和其他大学图书馆举办的培训有什么不同呢？所有学生都必须参加吗？

我们提供的培训与其他学院和大学提供的培训没有什么不同。我们的学生

▲ 西点军校杰斐逊大楼（图书馆和学习中心）内景

和其他学校的学生一样，在培训中他们学习相似的主题，有着相似的背景和经历。所以西点军校面临着和其他大学一样的机遇和挑战。培训内容包括搜索书名、信息查找服务、理解一手和二手资料、撰写文献综述、形成研究问题等。这些培训不是必须参加的。

为了更好地满足学生学习和研究需求，在举行信息素养技能培训时，你们会和大学其他部门合作吗？

是的，我们的学科联络员与他们所联络的系紧密合作，确保图书馆提供的服务能广泛满足学生的需求。我们还共同设计跨学科的综合性指导课程。

西点军校图书馆是如何助力学校整体的教学、学习和其他活动的呢？

图书馆是西点军校教学和学习的中央枢纽和中立的学术枢纽。其作用与其他高校图书馆基本相同。我们提供信息素养和知识管理的指导和专业知识，开发和提供学术资源馆藏以支持教学和学习，同时为士官生、教师和工作人员提供一个核心场所，他们可以在这里开展协同工作或者安静地思考学习等。

西点军校图书馆与普通高校图书馆相比，服务和功能有什么相似之处和不同之处呢？

除了有几个例外的地方，西点军校图书馆在外观和感觉上就像一家普通的高校图书馆。我们的校园在军事区，所以西点军校图书馆对于访问和使用的安全要求会更为严格。我们没有学生雇员，因为士官生是现役军人，他们的职责就是做一名学生。所以我们图书馆里的所有运转都由图书馆的工作人员实现。

在支持整个学校师生的娱乐和社交需求上，西点军校图书馆是否扮演了至关重要的角色？还是说，你们只专注于为学校课程的学习需求提供支持？

我们图书馆的使命是为西点军校的学术使命服务。虽然图书馆内有很小一部分可供休闲娱乐的馆藏，但这并不是我们服务或支持的重点。

哪几个月是西点军校图书馆读者接待的高峰期呢？高峰期通常是因为什么原因呢？

图书馆的工作与学年同步，秋季学期末和春季学期末是一年中最繁忙的时候，那是学术工作收尾的时节。夏季的时候，我们比其他高校图书馆更忙，因为在我们学校，新士官生和新教师通常在7月初就在校了。图书馆还提供一系列的服务，尤其是在夏季，我们为教师开展服务。

西点军校图书馆现在的馆藏规模有多大？您认为西点军校图书馆的馆藏和服务的亮点是什么呢？

我们的馆藏主要是电子形式。图书馆大约有37.5万册纸质书，但我们有超过80万册的电子藏书。大部分的采编预算都用于数字资源。我们馆还替国家档案馆（National Archives）保存西点军校的历史记录，我们也有许多优秀手稿和稀见书籍的馆藏。

可以谈谈西点军校图书馆的员工结构吗？

我们主要有三个大的团队，一个负责信息服务（服务点、联络项目等），一个负责信息资源（馆藏以及馆藏获取），还有一个主要是为各个领域提供支持（技术系统、财务、人事、通信、营销、设施管理等）。图书馆所有的员工都是政府文职雇员。

据美国空军乐队图书馆馆长说，美国空军乐队的所有成员都必须参加基础军事训练。对西点军校图书馆的工作人员是否有类似要求？

我们的员工是政府文职雇员，对他们没有军事训练的要求。军队乐队主要是由军队现役军人组成，所以他们会有不同的要求。

能讲讲您典型的工作日情况是怎样的吗？有没有典型的一天呢？

从工作内容上看，没有哪一天是典型的一天。但从每天的安排来看，也可

▲ 士官生在西点军校杰斐逊厅大楼（图书馆和学习中心）开展合作学习

以说有这样的一天。我一天中大部分时间都在开会，有与馆内人员开的会，也有与馆外人员开的会。与人员、设施管理、安全、战略领导力发展、对外关系相关的事情是我重点关注的对象。我通常每天早上7:45到办公室，大约下午5:30下班。除了做好图书馆馆长的工作之外，我还额外担任了学院信息技术科战略委员会（Academy Information Technology Strategy Committee）的主任。委员会的职责是协调长期技术战略。同时，我还在历史系授课，教授美国历史这门课的一部分。所以日常我还要忙着上课，处理课程相关的工作。

您的管理和领导风格是什么样的？总的来说，您如何看待当代科技对图书馆管理和服务造成的影响？

我喜欢发现领导者并为他们提供"装备"，让他们开展自我领导。所以我的方式基本上是放手，更多的是指导他们和培养他们。技术一直在逐渐演进，确保能理解这些变化并在组织中有效地引进技术，这应是一名领导者要注意做到的部分。

为图书馆及其员工的未来发展，您是否制定了一个5—10年的战略规划？

图书馆不制定长期的战略计划，我们制定并发布短期计划[①]。短期计划将高层次的战略视角与偏执行层面的短期目标有机结合起来。这能让我们在更宏观层面上不偏离轨道，同时允许我们灵活处理以适应不断变化的环境。过去的五年里，美国政府内部的经费极不稳定。国会与总统双方意见不同及美国军队规模的总体缩减造成了这一局面。这就要求我们必须在规划和运营中灵活处理。

您加入了哪些专业图书馆员协会呢？

我是美国图书馆协会的成员。

作为一名军事研究专业领域的图书馆馆长，过去这些年里您的职业发展是怎样的呢？

我一直积极参与纽约州资源共享联盟ConnectNY[②]的活动。通常每年我会参加一到两次全国性的其他图书馆专业会议，比如美国图书馆协会（ALA）、大学与研究型图书馆协会（ACRL）[③]以及网络信息联盟（CNI）[④]的会议等。

---

① 见http://www.usma.edu/library/SitePages/ProgramReview.aspx。
② 纽约州资源共享联盟主页：http://connectny.org/。
③ 大学与研究型图书馆协会主页：http://www.ala.org/acrl/。
④ 网络信息联盟主页：https://www.cni.org/。

面对图书馆行业的变化，您是如何保持与时俱进的呢？

大体来讲，主要通过与同事的交流和阅读专业文献。

不从事图书馆工作的人会不会对西点军校图书馆的服务及功能有一些错误的设想和期待？会不会对西点军校图书馆馆长的工作本质有错误的设想？

一般来说没有。唯一可能有误会的一点，因为我们隶属于联邦政府机构，会有人误以为我们是一家公共图书馆。我们的部分馆藏资源对公共研究开放，但我们的服务仅面向校内士官生和西点军校的教职员工。

担任西点军校图书馆馆长期间，您觉得哪一部分工作让您觉得最有意义？哪一部分工作最令您沮丧？

能够给士官生、教师和其他工作人员提供优质服务，为西点军校践行使命提供支持，这总是让我觉得很有意义。与图书馆服务对象交流互动，也让我们觉得自己的工作很有意义。西点军校图书馆是政府机构的一部分，我们没有权力或自主权按照自己的意愿快速高效地做事情，这确实会带来一些挑战。然而，耐心和坚持通常会帮我们取得胜利。

如果有年轻人受到启发想成为军事学院的图书馆员，他们向您寻求建议，您会给出什么样的专业建议呢？

想成为一名供职于政府、军队或军事学院的图书馆员，有很多途径。军事经历并不是必要的。军事学院图书馆的工作内容和相关要求与其他大学图书馆非常相似。

第二十六章

丹尼尔·德·西莫内，福尔杰莎士比亚图书馆中心馆埃里克·魏因曼馆长

▲ 丹尼尔·德·西莫内

简介

福尔杰莎士比亚图书馆（Folger Shakespeare Library）除了传统的图书馆服务，还提供一系列学术项目，以及面向全国K-12（从幼儿园到中小学）课堂教师的莎士比亚教育的馆外延伸活动。福尔杰莎士比亚图书馆还包含屡获殊荣的福尔杰剧院。福尔杰举办不计其数的展览、研讨会、访谈、讲座、亲子节目等活动。图书馆还发行了几种出版物，包括福尔杰图书馆版的莎士比亚戏剧、学术期刊《莎士比亚季刊》、教师资源书籍《莎士比亚普及读本》（*Shakespeare Set Free*）等。

如此宏伟的莎士比亚收藏，其日常运营和馆藏管理由丹尼尔·德·西莫内

（Daniel De Simone）负责。自2014年以来，他一直担任福尔杰莎士比亚图书馆的埃里克·魏因曼馆长（Eric Weinmann Librarian）①。在加入福尔杰莎士比亚图书馆之前，西莫内曾在国会图书馆的善本和特藏部工作了14年，担任莱辛·J. 罗森沃尔德专藏（Lessing J. Rosenwald Collection）典藏专员。在此之前，西莫内作为一名书商，在古旧书界工作了22年。

在接下来的访谈中，西莫内与读者分享，他以前作为书商和珍稀图书典藏专员的经历如何促进了他目前在福尔杰莎士比亚图书馆的工作，并为有志走上类似职业道路的青年提供了宝贵建议。

我们这次访谈，可以请您从自我介绍开始吗？比如您的训练和背景是什么？您在本科和研究生期间学的是什么专业？

我叫丹尼尔·德·西莫内，是华盛顿特区福尔杰莎士比亚图书馆②的埃里克·魏因曼馆长。我在马萨诸塞州伍斯特市的克拉克大学（Clark University）③获得了学士学位，然后在俄亥俄州的代顿大学（University of Dayton）④获得了历史学的硕士学位。我家属于中产阶级，父亲从事建筑行业。不知为何，我有幸获得了"学习基因"，我学习爱上了书籍和目录学。这就是一切的开始。

您一直在图书馆工作吗？您能详细谈谈您是怎么成为福尔杰莎士比亚图书馆馆长的吗？

我在1974年获得硕士学位以后，意识到学术界的就业市场竞争非常激烈，于是决定不去攻读历史学的博士学位。那时正值越南战争时期，许多青年男女选择读研究生而不是入伍服役。高等教育机构无法吸纳所有的申请者，对我来说，攻读博士学位并不是个明智的选择。所以，我决定找份工作，偿还学生贷款。我进入了一家印刷公司，学习了这个行业的业务和技术。与此同时，我开始阅读有关印刷史的图书，这把我吸引到了古旧书店，我在那里花了不少时间

---

① 埃里克·魏因曼是福尔杰莎士比亚图书馆中心馆馆长头衔前的冠名。福尔杰莎士比亚图书馆下设七个部门：财务和行政办公室、发展办公室、教育部、中心图书馆、福尔杰剧院、福尔杰研究院以及数字媒体和出版部。——译者注

② 福尔杰莎士比亚图书馆主页：http://www.folger.edu/。

③ 克拉克大学主页：http://www.clarku.edu/。

④ 代顿大学主页：https://udayton.edu/。

▲　福尔杰莎士比亚图书馆

钻研古旧书籍。几年后，我辞去工作，进入了古籍善本交易行业，开始在纽约市为一家书商工作。

我工作的地方是位于西57街45号的J. N. 巴特菲尔德精品书店（J. N. Bartfield Fine Books）[①]。我接受了大幅降薪，但我知道这是我的未来所在。巴特菲尔德是一家高端书店，富有的顾客在这里可以找到美丽的图书，书商们可以从他家庞大的库存中买入卖出。那确实是一个好地方，让我了解善本书籍的世界，以及书籍世界的国际性质。

我在书店工作了四年左右，然后创办了自己的图书公司。我经营这家公司长达22年，专门为图书馆馆藏建设服务，也了解到了图书馆是如何运作的。我50岁时，意识到自己的兴趣更多在于建设馆藏而非买卖图书。2000年，我获得了美国国会图书馆[②]的一份工作，担任善本和特藏部莱辛·J. 罗森沃尔德专藏的典藏专员。美国国会图书馆的人认识到，我已经为许多图书馆建立了馆藏，而且非常了解美国国会图书馆的需求。我理解价值，图书馆也相信我在任

---

① 　J. N. 巴特菲尔德精品书店主页：https://www.ilab.org/eng/booksellers/1354-j_n__bartfield.html。

② 　美国国会图书馆主页：https://www.loc.gov/。

职期间关于图书采购的判断。除此之外，我在世界各地积累了人脉，这将有助于图书馆实现采访目标。

在2014年来到福尔杰莎士比亚图书馆之前，我在美国国会图书馆做了14年的典藏专员。我很荣幸能有机会在美国国会图书馆工作，了解世界上最大的图书馆是如何运作的，以及它是如何服务于美国国会和美国人民的。

作为福尔杰莎士比亚图书馆的馆长，您能描述一下您目前的角色和职责范围吗？

我来福尔杰莎士比亚图书馆工作，担任埃里克·魏因曼馆长，连同其他六位主管向福尔杰的馆长汇报工作。我们的馆长是一位充满活力的学者，制定了宏伟的计划，要使福尔杰成为"21世纪的研究型图书馆"。有机会在此过程中发挥重要作用，这既激动人心，又极具挑战性。在美国国会图书馆工作了那么多年后，我很高兴能有机会承担馆长职责。

如今有七个部门向我汇报，即采访、编目、摄影和数字化、读者服务、参考咨询、文献保护、典藏这七个部门。我负责管理福尔杰大约40%的员工和25%的运营预算。

您能描述一下您的管理和领导风格吗？职业指导是领导力中非常重要的主题——无论是指导别人还是被人指导。您能告诉我们您在这两方面的经历吗？您现在还有可以咨询的导师吗？

和我一起共事的职员都非常成熟，精通自己的专业。因此，我的主要目标是提供支持，帮助清除阻碍他们进步的障碍。我并不参与这些部门的日常运作，而是致力于满足各个部门负责人的需求，以便机构能够向前发展。许多同事已经在这里工作很久了，他们知道如何做好自己分内的事。我尽力放手，给他们尽可能多的职责和权力。

您能简要介绍一下福尔杰莎士比亚图书馆，包括它的简史吗？

福尔杰莎士比亚图书馆是由私人收藏家建立的，创始人是亨利·克莱·福尔杰（Henry Clay Folger）和他的夫人埃米莉·福尔杰（Emily Folger）。福尔杰于1879年毕业于阿默斯特学院（Amherst College）[①]。毕业后，他进入石油行

---

① 阿默斯特学院主页：https://www.amherst.edu/。

业，效力于普拉特石油公司①，该公司后来被约翰·D. 洛克菲勒的标准石油公司收购。他擅长财务和生产分析，成为公司非常重要的雇员。在职业生涯的最后，他成为洛克菲勒的得力助手，也是纽约标准石油公司的总裁。

　　工作之余，他大部分的闲暇时间都在买书。在40多年间，他和夫人建立了一座图书馆，收藏威廉·莎士比亚本人所写的、写他的，以及和他的圈子相关的书，还有16世纪末和17世纪初期英格兰的书籍。他购买了82本1623年编撰印刷的《第一对开本》（*First Folio*）。《第一对开本》是首部莎士比亚作品合集，迄今为止只有235本留存于世，其中三分之一保存在福尔杰图书馆。他还购买了160本莎士比亚的四开本剧本（Quarto plays），都是在莎士比亚创作这些剧本的时期出版的，还有他能找到的莎士比亚诗集的所有版本。福尔杰先生还购买了莎士比亚同时代的其他剧作家和诗人的出版物。福尔杰的莎士比亚收藏远远超过了英国国家图书馆和牛津大学博德利图书馆收藏的莎士比亚作品。

　　为了记录莎士比亚生活的社会，福尔杰先生购买了法律文书、宗教文本以及关于农业、英国历史、科学和旅行的图书。实际上，他在构建一幅中世纪晚期和文艺复兴早期英格兰的图景，记录1525年至1714年间的都铎王朝和斯图亚特王朝时期。在他的一生中，他的藏书不断增加，有超过9万册图书和6万多份极其罕见的英文手稿。他在1930年逝世，没能和夫人在华盛顿特区建成他们自己的图书馆。目前这座宏伟的图书馆大楼位于最高法院对面，与美国国会大厦只隔着一个街区，和美国国会图书馆毗邻。福尔杰莎士比亚图书馆、最高法院图书馆和美国国会图书馆组成了一个研究三角区。

　　福尔杰先生留下了一笔巨额的捐赠，用于资助福尔杰莎士比亚图书馆的许多运营业务。图书馆的年度预算由拨款、捐款和一个大学联盟的资助来补充，这些大学会派遣教师前往福尔杰从事研究。

　　福尔杰莎士比亚图书馆目前的馆藏规模有多大？您能介绍一下馆藏和服务的亮点吗？

　　我们的馆藏有大约27.5万册印刷书籍、6万份手稿，还有包括绘画、版画、素描、照片和陶瓷雕像等的视觉艺术收藏。图书馆还收藏了大量的戏剧表演剧本和演出提白书（promptbooks），这些演出提白书都是工作脚本，对舞台的调度、

---

① 普拉特石油公司主页：http://www.charlespratt.com/index2.html。

▲ 福尔杰莎士比亚图书馆书库

台词的变化、布景设计插图等，由导演、演员和戏剧制片人在脚本上作了标记。它们包含了一座关于莎士比亚戏剧几个世纪以来是如何被演绎的信息宝库。

此外，福尔杰莎士比亚图书馆还收藏了大量的法律、神学以及有关宗教改革和英国天主教的资料。这些收藏极大地增加了我们对莎士比亚生活的世界和近代早期的了解。近代馆藏是指从1715年至今出版的图书，包括从1709年至今印刷的莎士比亚作品的每个版本，还有大量的资料，记录了过去三个世纪以来数不胜数的莎士比亚戏剧制作。

1938年，福尔杰莎士比亚图书馆的受托人购买了莱斯特·哈姆斯沃斯（Leicester Harmsworth）的16世纪末至17世纪初的欧陆文学收藏。这批藏品包括约1万册图书，其中包含了莎士比亚戏剧的来源，以及早期印刷书籍，补充了福尔杰先生收集的近代早期英语藏书。因此，福尔杰莎士比亚图书馆收藏了一流的意大利文戏剧、中篇小说和历史文献，还有近代早期的西班牙、德国、法国和荷兰书籍。

最后，福尔杰莎士比亚图书馆继续收集来自各语种、各时期的莎士比亚戏剧和诗歌，这扩充了全球关于莎士比亚译著和学术研究的收藏。

请您描述一下福尔杰莎士比亚图书馆的人员结构。

图书馆由馆长迈克尔·魏特摩（Michael Witmore）领导，有七名高级主管向他汇报。这包括财务和行政办公室、发展办公室、教育部、中心图书馆、福尔杰剧院、福尔杰学院以及我们的数字媒体和出版部。每位高级主管下面都有几个部门向他或她汇报工作。

您能描述一下您典型的工作日情况吗？有没有典型的一天？

我的工作日主要就是开会。我每周与馆长进行一对一会谈，与高级主管们会谈。每周我和下属的高级职员集体会面一次，并与每个部门主管进行一对一的会谈。作为一名高级主管，我还会与参与中心图书馆项目的馆内团队或个人进行交流。前一天可能是发展办公室或教育部的职员，后一天可能是数字媒体

▶ 福尔杰阅览室

和出版部的职员。

和所有高级主管一样，我得随时听从馆长的指挥。当有访客来到图书馆时，我会负责导览并与他们见面；当有特殊团队参观时，我通常会向他们介绍图书馆。所以工作日非常忙碌。我还要为董事会会议做准备，晚上去剧院看演出，在那里与福尔杰的捐赠者和朋友见面。我们的展览项目是另一个向社区传达信息的渠道，也是由中心图书馆管理的。所以，我有很多事情要做，这也是非常棒的体验。

您是哪些学术和专业协会的会员？它们对您和您的工作有何帮助？

我是许多协会的会员，如纽约的格罗利尔俱乐部（Grolier Club）、美国印刷协会（Print Council of America）和巴黎的国际藏书家协会（Association Internationale de Bibliophiles）。我也是本地文献组织和学会的成员，其中很多组织都使用福尔杰莎士比亚图书馆的设施来举办会议和活动。我工作中非常重要的一部分，是积极参加与图书史相关的地方性、全国性和国际性团体。能够接触到其他像我一样的领导者，能够与同侪们谈论我们共同关心的问题，不仅非常有用，而且在很多时候是这份工作中最愉快的部分之一。

您能否详细描述一下福尔杰莎士比亚图书馆开展的文化和艺术活动，以及其他推广和教育举措？它们如何与福尔杰莎士比亚图书馆的服务相辅相成？

通过我们馆的教育部和福尔杰剧院的工作，我们每年接触数以千计的个人，有些作为观众观看我们制作的戏剧，还有一些以教师和学生身份参加我们的工作坊。剧院与本地的学校系统有着重要的联系，为学生提供了各种机会，包括获得舞台经验，学习戏剧写作、导演和表演。我们的教育部和（美国）全国教师协会（National Teacher's Association）紧密合作。我们常年在福尔杰开设辅导课和工作坊，教育部的一些职员还会前往各种机构，指导老师如何用最佳方法把莎士比亚介绍给高中生和大学生。

福尔杰学院每年设置大约100个奖学金名额，这吸引了许多重量级学者来到福尔杰，他们专注于近代早期英国和欧洲文艺复兴领域。研究员们就自己的研究举办讲座或开展活动，我们邀请华盛顿所有其他文化机构的观众前来参加。

最后，我们基于馆藏和阅览室正在进行的研究，制作三到四个大型展览。每个展览都免费对公众开放，我们很多时候都会提供免费的讲座和音乐演出来配合展览的主题。

作为图书馆长，您觉得自己工作的哪些部分让您最有收获？最让您沮丧的又是什么？

我工作中最有收获的部分是，有许多机会与访客、潜在的福尔杰成员和捐赠者交谈，向他们解释福尔杰莎士比亚图书馆是如何支持人文学科的。这是我工作中非常重要的一部分，因为我经常要出差，尤其是在过去的一年里。我喜欢谈论福尔杰莎士比亚图书馆，鼓励其他机构利用我们所能提供的支持，帮助他们去推进莎士比亚研究。

最难做的一件事，是帮助员工保持工作量的平衡。我们的员工对图书馆非常尽责，有时候会过度投入，造成压力和紧张，导致图书馆的其他领域出现问题。中心图书馆对员工的要求相当高，尤其是在典藏和展览方面。

您认为莎士比亚成功背后的魔力是什么？

我不是研究莎士比亚的学者，但我可以从个人的角度告诉你，能够观看众多不同版本的莎士比亚戏剧，是我在戏剧界体验到的最大乐趣之一。我开始理解世界各地成百上千万人对莎士比亚作品的巨大热情。在2016年，为纪念莎士比亚逝世400周年，福尔杰莎士比亚图书馆做了一件事，是将莎士比亚戏剧集的《第一对开本》送往全美的所有50个州，并在大学、剧院、组织团体和地方博物馆展出。这是一次令人惊叹的经历，全国各地有超过50万人观看了我们的《第一对开本》。这个数字相当惊人，我们也认识到，人们渴望见到对人类境况的真实描述，这在莎士比亚的许多剧作中都能找到。

您取得的成就和荣誉，对您个人和职业的意义什么？

我的职业生涯很幸运。我在全球旅行，认识了世界各地从事图书和图书馆行业的人。我发表了几篇文章，出版了一份备受好评的展览目录，为我所工作的几个机构作出了一点贡献。我得到了一些重要的国际书目学组织的认可，很幸运有机会成为善本界和图书馆界的一员。我非常自豪的是：通过努力工作和一些好运，打造了一份事业，和一群志同道合的人们一起，把毕生奉献给了滋养了人类灵魂的书籍和思想。

您有被邀请去其他机构讲话，或接受别的采访吗？

我收到了无数的邀请，去谈论图书以及我在国会图书馆和福尔杰莎士比亚图书馆的工作经历。这很有趣，因为我可以借此机会旅行，访问其他机构，结识他们的员工，并了解他们的馆藏。就像我们在这里进行的采访，我谈论我们

▲ 福尔杰剧院

机构的运作方式，以及我们面临的问题。通过与其他机构的比较，我能更好地了解我们图书馆的运作情况。

您认为福尔杰莎士比亚图书馆的未来会如何？

我们正在努力成为21世纪的研究机构。这就是说，我们想通过福尔杰网站的数字平台、展览、戏剧节目，以及我们的员工在馆外所作的贡献，让所有人都有机会接触我们的馆藏。此外，我们正在努力提升数字化能力，以便让世界各地的学者和研究人员都能免费获取我们的馆藏和数字资源。全新的数据库技术催生了学术需求，福尔杰图书馆希望能够更好地应对。我们正在努力成为接受变革的机构之一，这将使我们不仅仍有存在意义，而且处于人文学科研究的前沿。我们正在处理的一个问题，就是人文学科在大学校园中的地位下滑。我们试图提供一些范例，解释人文学科是如何起作用的，为什么支持和扩展人文学科很重要。这是福尔杰图书馆在未来几十年的一项重要使命。

对于想追随您的职业道路的年轻一代，您有什么建议吗？

一个人真的必须追随自己的本心，去做有生之年想做的事情。你也要做出牺牲，去追求自己的目标。有时候，为了起步，你必须做一些事情，它们并不盈利，酬劳也不高。你想要的是积累经历，正是这些经历会帮助你创造未来。

　　对于善本图书管理员来说，我认为你必须真正了解你正在建设的馆藏的实力，并知道你的图书馆已经拥有的藏书，然后就可以开始看你能建设哪些主题领域了。比如，莱辛·J.罗森沃尔德专藏拥有很多重要的插画图书和早期印刷收藏，当我去负责保管时，注意到他们收藏了大量18世纪的法国插画图书，但没有收藏任何同时期的意大利或荷兰插画图书。我专注于那些有待建设的领域，并在一段时间内作出贡献，这将为美国国会图书馆带来长远利益。

　　我认为对于图书馆员和书商来说，了解收藏的技巧非常相似。首先，你需要查看大量的善本。我在图书交易行业工作时，看过数百万本书，因为我经常旅行，一直在寻找特色主题的书籍，而接触的书越多，就越明白什么该买。就像在艺术界，你观看和鉴赏的画越多，你对艺术技巧的理解就越深。这是知道如何鉴别一幅真正伟大的画作与一幅质量稍次的画作的能力，即使它们可能出自同一位艺术家之手。所以，你通过管理和处理尽可能多的材料，就能学到这类东西。

　　研究目录学和浏览善本是密不可分的。针对任何特定的主题，都有大量的书目，你可以对它们进行检阅，以确定一本书应该由什么构成，有多少页，是否有插图、地图、任何显著的特征等。然后，你将手中的版本与书目描述进行比较，以确保你所拥有的是完整的原版。如今，有了互联网，到处都有价格信息，有助于确定书籍的价值。

　　所以对于年轻一代的图书爱好者，我会提一个简单的建议：看书去吧！

第二十七章

琳达·哈里斯·梅尔博士，美国电影艺术与科学学院玛格丽特·赫里克图书馆馆长

简介

美国电影艺术与科学学院（Academy of Motion Picture Arts and Sciences）成立于1927年，由36位电影界的知名人士发起，其中包括米高梅电影制片厂（Metro-Goldwyn-Mayer studio）的负责人路易斯·B.梅耶（Louis B. Mayer）、演员道格拉斯·范朋克（Douglas Fairbanks）和玛丽·璧克馥（Mary Pickford）。这个机构在全球范围内以其每年一度颁发的学院奖（Academy Awards）而闻名于世，该奖项现在已被正式称为"奥斯卡金像奖"。电影艺术与科学学院是一个专业

▲ 琳达·哈里斯·梅尔博士

的荣誉性组织，其宗旨是促进电影艺术与科学的发展。学院图书馆［现称为玛格丽特·赫里克图书馆（Margaret Herrick Library）］在学院成立的一年内成立，目标是收集与电影相关的期刊和书籍，供学院成员使用。图书馆还特别关注收集与当前技术问题相关的材料，因为学院在成立初期就深度参与了电影音效和放映比例标准的制定。当奥斯卡金像奖成为年度盛事时，图书馆就开始汇编有望获奖影片的相关资料。

玛格丽特·赫里克图书馆是一所世界著名的收藏参考性资料和研究性文献的图书馆，关注电影作为一种艺术形式和产业的历史和发展。该图书馆位于比

佛利山庄，向公众开放，全年供学生、学者、历史学家和电影行业专业人士使用。图书馆目前有70名工作人员（63名全职、7名兼职），他们管理着极其丰富的藏品，包括3万册印刷书籍和小册子，4100种期刊，8万部电影剧本，近50万部影片、传记和主题剪报文件，6.4万张海报，1300万张照片和1600件特藏。在这些特藏中，有存档的剧本、影片和服装设计图纸、动画艺术资料、电影往来书信、录音资料和乐谱。图书馆收藏了一些行业领军人物的私人文献，包括导演阿尔弗雷德·希区柯克（Alfred Hitchcock）和约翰·休斯敦（John Huston），演员凯瑟琳·赫本（Katharine Hepburn）、格里高利·派克（Gregory Peck）和加里·格兰特（Cary Grant），作曲家亚历克斯·诺斯（Alex North）和杰瑞·高德史密斯（Jerry Goldsmith），艺术设计师罗伯特·博伊尔（Robert Boyle）和服装设计师伊迪丝·海德（Edith Head）等。图书馆由四个主要工作部门组成：参考咨询部、特藏部、平面艺术部和影像部。

　　在以下访谈中，琳达·哈里斯·梅尔博士（Dr. Linda Harris Mehr）谈到，对电影产业及其历史的浓厚兴趣和扎实知识是她成为玛格丽特·赫里克图书馆馆长的关键。

**　　在访谈开始时，可否请您介绍一下自己，例如您的专业训练和教育背景？您在大学里学的什么专业？在整个图书馆和信息服务界，以及美国和全球的电影行业，您最受认可的专业特长是什么？**

　　我毕业于加州大学洛杉矶分校（UCLA），获得了历史学学士学位、硕士学位和博士学位。1974年获得博士学位后（我的论文关注的是1890年至1917年间美国流行文化中的女性形象），我在南加州大学（University of Southern California）①和加州大学圣地亚哥分校（University of California, San Diego）②教授有关电影中的种族群体和女性形象的课程。20世纪70年代，我还为南加州电影电视研究中心研究了美国西部11个州的大学、博物馆和其他私人和公共机构的电影、电视和广播收藏。这些研究结果随后收录在《电影、电视和广播：联合目录》（*Motion Pictures, Television and Radio: A Union Catalogue*）上。

---

　　① 南加州大学主页：https://www.usc.edu/。
　　② 加州大学圣地亚哥分校主页：https://ucsd.edu/。

我被认为是美国文化和社会史方面的专家，专攻电影史，并熟悉电影和娱乐产业相关藏品的收藏地点。我一直积极参与制定保护各种类型资料（手稿、照片、海报、艺术材料、书籍、期刊等）的计划，以确保它们拥有适当的保存和存储条件。

多年来，我一直是洛杉矶保存网络（Los Angeles Preservation Network，LAPNet）①董事会的活跃成员。LAPNet举办关于各类档案资料的恰当保护、存放和储存的研讨会。我在世界各地演讲，发表过文章，撰写了书籍中的篇章，内容与电影和历史、玛格丽特·赫里克图书馆②的馆藏及其保护有关。

您来自一个图书馆员之家吗？

不，我父亲是一名会计师，母亲在电影行业工作。父母都鼓励我追求高等教育。

您一直在图书馆工作吗？在选择图书馆员作为终身职业之前，您从事过其他与图书馆无关的职业吗？

我原本打算在获得博士学位后从事历史教学。我曾在两所大学兼职教了几

▲ 玛格丽特·赫里克图书馆外景

---

① 洛杉矶保存网络主页：https://lapreservation.wordpress.com/。

② 玛格丽特·赫里克图书馆主页：https://www.oscars.org/library。

▲　玛格丽特·赫里克图书馆阅览室

年的历史/电影课程，但我还为几所图书馆做了特藏的编目工作（包括加州大学洛杉矶分校、电影艺术与科学学院的玛格丽特·赫里克图书馆和加州州立大学北岭分校[①]）。这最终让我在1982年被聘为玛格丽特·赫里克图书馆的馆长。

自从电影艺术与科学学院成立的第一天起，就一直有图书馆来支持学院的日常运作吗？

电影艺术与科学学院成立于1927年5月。到了1927年11月，学院已经计划建立图书馆，这在1928年成为现实。图书馆最初收集的是其会员感兴趣的出版物，特别是关于当时电影产业发生的重要技术变化，比如声音的加入等。

当您刚开始在电影艺术与科学学院做图书馆员时，您的导师是谁？您从这个人身上学到了哪些基本技能或职业态度？您觉得其中哪些在今天的数字环境中仍然适用？

我最初在萨姆·吉尔（Sam Gill）手下担任一名合同制档案管理员，他负责管理特藏。我从他那里学到，处理资料时，拥有相关领域的专业知识非常重要，这样你就可以对资料进行最好的组织和编目。有了这些知识，你就能突出关键信息来帮助研究人员。这就是我们的档案员在编制检索工具时所做的——

---

① 加州州立大学北岭分校主页：http://www.csun.edu/。

使得这些工具对研究人员最有帮助。我们的检索工具现在可以在网上找到，我们独特而详细的编目使它们便于搜索。从照片典藏专员罗伯特·库斯曼（Robert Cushman）那里，我学会了如何最好地保存照片，以及如何保护粘贴在相册中的照片。他发明了一种特殊的方法，可以安全地从剧照相册中取出数百万张照片。尽管我们目前正在积极地将照片数字化，但还会继续储存原片，库斯曼的方法仍然是我们的规范。他开发的系统使我们能够处理大量照片（目前超过1300万张），并使它们可以供研究使用。

您能简要介绍一下电影艺术与科学学院吗？图书馆是如何支持学院日常的整体运作和学习需求的？

电影艺术与科学学院是一个致力于推动电影艺术和科学发展的荣誉性组织。学院每年都有多个项目和活动（不仅仅是奥斯卡颁奖典礼），需要图书馆的支持。图书馆承载着电影业的记忆。图书馆收集了各种资料，以记录电影作为一种艺术形式和产业的过去和现在。这些资料包括书籍、期刊、剪报文件、电影剧本、海报、照片、电影艺术设计作品和特藏（手稿、电影相关文件、信件、乐谱和录音资料等）。这些藏品可用于学院的项目和展览，并供读者研究使用。

电影艺术与科学学院的图书馆也对公众开放吗？

作为其使命的一部分，图书馆向公众开放它的馆藏，旨在鼓励公众对电影艺术和行业进行研究，以此获得更多的了解。

电影艺术与科学学院的图书馆算是一个专业图书馆，一个社团图书馆，还是其他类型的图书馆？

学院图书馆是一个私有性质的专业图书馆，向公众免费开放。它作为一个501（c）（3）[①]非营利组织，由学院基金会管理运营。

哪些月份是贵馆的"旺季"？是什么原因让这段时间成为旺季的？

研究人员全年都在使用图书馆，但有两段时间可以算作"旺季"。我们在奥斯卡金像奖颁布前的几个月总是很忙，因为记者和其他人士都会忙于查阅我们的馆藏，以便撰写关于奥斯卡金像奖某些方面的文章。另外，整个夏季我们

---

① 501（c）（3）组织是指美国税法中的一种非营利组织分类。根据美国国内税收法规的第501（c）（3）条款，这类组织可以享受豁免联邦所得税的待遇。这些组织通常是慈善机构、宗教团体、教育机构和科学研究机构等。——译者注

▲ 鲁道夫·瓦伦蒂诺（Rudolph Valentino）主演的《沙漠情酋》（*The Sheik*）（1921）海报

▲ 玛丽·璧克馥主演的《小爵爷方特勒罗伊》（*Little Lord Fauntleroy*）（1921）俄罗斯版海报

▲ 查理·卓别林主演的《流浪汉》（*The Tramp*）（1915）海报

▲ 朗·钱尼（Lon Chaney）主演的《钟楼怪人》（*The Hunchback of Notre Dame*）（1923）海报

也很忙碌，因为那对于学生、学者和教授们来说是最佳时间，他们前来研究电影史，以便撰写文章、论文和书籍。

请问贵馆的大多数用户是哪些群体？

学生、学者、教授、娱乐圈专业人士、普通公众等。

您能提供贵馆用户典型的参考咨询案例吗？

实际上并没有所谓典型的参考咨询服务。人们会查找过去和现在电影的各个方面的信息。

电影艺术与科学学院图书馆目前的馆藏规模是多大？

图书馆有3万多本与电影相关的书籍，超过4000种与电影相关的期刊，超过1600件独特的特藏，1300余万张照片，超过335个五斗橱的剪报文件，6.4万张海报，6万件电影艺术作品，8万部电影剧本等。

您能描述一下您认为馆藏和服务的亮点是什么吗？

亮点包括主要电影制作人的私人文献，如阿尔弗雷德·希区柯克（Alfred Hitchcock）、约翰·休斯敦（John Huston）、乔治·史蒂文斯（George Stevens）、乔治·丘克（George Cukor）、弗雷德·金尼曼（Fred Zinnemann）、麦克·塞纳特（Mack Sennett）、塞缪尔·高德温（Samuel Goldwyn）、山姆·毕京柏（Sam Peckinpah）、凯瑟琳·赫本（Katharine Hepburn）、玛丽·璧克馥（Mary Pickford）、道格拉斯·范朋克（Douglas Fairbanks）、格里高利·派克（Gregory Peck）、加里·格兰特（Cary Grant）等。有服装设计图纸，出自伊迪丝·海德（Edith Head）、利亚·罗兹（Leah Rhodes）、多萝西·杰金斯（Dorothy Jeakins）、玛约莉·拜斯特（Marjorie Best）；有电影艺术设计图纸，出自罗伯特·博伊尔（Robert Boyle）、亨利·巴姆斯特德（Henry Bumstead）、查尔斯·杰金斯（Charles Jenkins）、阿瑟·马克斯（Arthur Max）；有动画设计手稿，出自弗雷德里克·巴克（Frederic Back）、埃布·勒维投（Abe Levitow）、约翰和菲丝·哈布雷（John and Faith Hubley）、弗兰克·托马斯（Frank Thomas）、布鲁诺·伯茨多（Bruno Bozzetto）；还有亚历克斯·诺斯（Alex North）、杰瑞·戈德史密斯（Jerry Goldsmith）等人的乐谱。

在您的图书馆，有没有计划将一些珍贵的资料数字化，以供在线和公开查阅？

十多年来，我们一直在对资料（照片、手稿、期刊、电影艺术作品、海报）进行数字化处理，而且我们计划继续这样做。我们的网站上设有名为"数字馆藏"的板块①，它使研究人员能够查看我们广泛收藏的资料。在"数字馆藏"下，你可以查看和搜索已被扫描的资料，包括奥斯卡奖照片选集、奥斯卡奖历史档案（最早几年的出版物），以及各种特藏资料：弗雷德·金尼曼（Fred Zinnemann）文献、阿尔弗雷德·希区柯克（Alfred Hitchcock）文献、乔治·丘克（George Cukor）文献、《电影幻想曲》杂志档案、纳特·达林格（Nat Dallinger）影集、美国电影协会电影制作法典委员会档案，塞西尔·B.德米尔（Cecil B. DeMille）影集，野牛档案（Bison Archives）影集，雷电华（RKO）广播电影公司影集，派拉蒙（Paramount）电影公司影集，汤姆·伯汉德和普雷斯顿·考夫曼（Tom B'Hend and Preston Kaufmann）专藏，玛丽·璧克馥（Mary Pickford）文献，乔治·史蒂文斯（George Stevens）文献，麦克·塞纳特（Mack Sennett）文献和乐谱专藏。还有一组好莱坞肖像、玻璃幻灯片、维克多·弗莱明（Victor Fleming）剪贴簿、艾琳（Irene）剪贴簿、电影明星纪念品、电影大堂卡（lobby card）、二战期间的好莱坞文献等，不胜枚举。

400

　　在我们的学院收藏区②，你可以找到大量照片、文献、海报、服装设计图稿、电影艺术图稿和动画艺术作品，查阅它们的信息并浏览图像。

　　我们现在收到的大部分剧本都以数字形式呈现。我们把剧本放在图书馆内的数字设备上供人查阅，但由于版权限制，我们不能把它们放到网上。我们定期对照片进行数字化处理，它们现在可供在馆内查看。我们计划最终将这些照片也放到网上供人浏览。

　　可否请您描述一下电影艺术与科学学院图书馆的人员配备情况？

　　图书馆共有70名工作人员，包括25名图书馆员、档案管理员、高级电影研究专家，以及45名支持人员。图书馆分为8个部门，各部门由主任负责，向我汇报工作。这8个部门分别是：平面艺术部、摄影部、特藏部、权限控制部、核心藏品参考档案部、参考资料和公共服务部、保存部以及技术服务部。

　　您能描述一下典型的工作日情况吗？有没有典型的一天？

　　每一天都相当独特。周一、周二、周四和周五，外来访客会使用图书馆，

---

① http://digitalcollections.oscars.org/。

② http://collections.new.oscars.org/。

他们的项目总是多样而独特的；周三不对公众开放，但通常会有各种员工会议和团体参观。各部门会举行关于各种活动和项目的会议，包括编目项目和数字化项目。我们经常接待来自大学、电影公司和国外的访客。我们经常要协助学院的其他部门进行各种活动，其中可能涉及研究和寻找照片、海报、艺术品、手稿和其他文件。

您能描述一下自己的管理和领导风格吗？

我相信要雇用我能找到的最优秀的人才，然后给予他们充足的自由，让他们按照自己认为合适的方式开展工作。我会提供指导，但不会过度干预。

总的来说，您怎么看待现代技术对管理和服务的影响？

现代技术为我们的工作既带来了挑战又提供了机遇。数字化是一个很好的访问工具，但目前还不清楚它是否真正能提供长期的保存。

您如何保持对行业变化的了解？

我阅读与图书馆发展相关的专业出版物，以及与电影相关的出版物。我会派我的图书馆员参加各种类型的会议和研讨会，以便他们能够及时了解所有领域的变化。

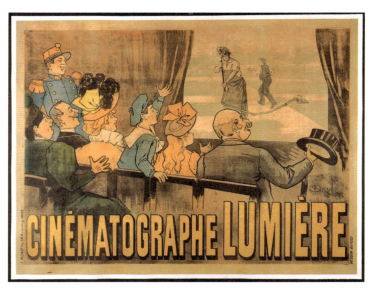

▲ 法国原版海报，宣传卢米埃尔兄弟（Lumière Brothers）的电影和他们发明的电影机Cinématographe；海报描绘了1895年卢米埃尔电影《水浇园丁》（L' Arroseur arrosé）中的一个画面

记得您在一次线上采访中提到，"（招聘员工时，）了解电影史的知识非常重要"。您在这方面的知识如何促进了您目前的工作？为什么它是如此重要？

熟知电影史知识，意味着这个人能真正理解我们馆藏的性质和价值，并能为那些需要这类主题相关信息的人们提供最佳服务。

假设有一位卓有成效的管理者，但对电影行业既没有知识也没有兴趣，您认为这个人能从事类似您目前的工作吗？如果不能，可否请您举例说明您的观点？

虽然有些技术问题可以由既不懂电影也对电影不感兴趣的人来处理，但我坚信，要当这个图书馆的最高管理者，必须对电影行业非常了解。管理者必须服务于这个组织的需求，与外界建立联系，并成为图书馆的代表。如果没有相

▶ 蒂达·巴拉（Theda Bara）主演的电影《埃及艳后》（*Cleopatra*）（1917）海报

关的学科知识，就不可能有效地履行职责。要想获得重要的资料捐赠，馆长必须表现出对特定资料的了解。捐赠者希望知道他们的资料将怎样得到妥善的对待，而向他们展示你对资料性质的理解是至关重要的。

作为电影艺术与科学学院的图书馆馆长，您觉得哪部分工作最有价值？

我喜欢能够获取新的、重要的藏品，并喜欢与捐赠者合作。我也喜欢探索我们独特的资料，与知识渊博、满腔热情的员工一起工作，满足人们的研究需求。

最让您沮丧的事情是什么？

预算限制使我无法雇用所需的人手或开展必要的项目。此外，过去我们曾经收到非常独特的资料，是人们作为礼物赠送的藏品。现在，我们想要拥有的许多物品只能通过购买获得，而且通常过于昂贵，我们负担不起。

在未来五到十年内，您对图书馆的发展有什么战略规划吗？

我们一直在制定五年和十年的规划，以确保有足够的空间、人员和资源来有效地继续我们的工作。

如果一个年轻人受到启迪，想成为与您所在机构类似的图书馆的专业人员，您会给他或她什么样的专业建议？

要获得全面的电影学科知识以及专业的图书馆专业训练。

您从1982年以来，一直在电影艺术与科学学院图书馆工作，在您作为图书馆员的漫长职业生涯中，是否有过后悔或犹豫的想法？

不，我热爱每一分钟，每一个挑战。

如果您没有担任电影艺术与科学学院的图书馆馆长，您还会选择别的什么职业？

我可能会继续在大学教授历史和电影，并写更多关于电影史的某些方面的著作。

延伸阅读

Mehr, L. H.(2011). Contemporary Historians at the Presidio. Available from <http://www.parksconservancy.org/events/presidio-trust/contemporary-historians-1.html?referrer=https://www.google.co.jp/>.

ALCTS Newsletter Online.(2008). Interview with Linda Harris Mehr. Available from <https://www.ala.org/alcts/ano/v19/n2/feat/intmehr>.

第二十八章

迪特里希·内勒博士，德国生命科学信息中心（德国国家医学图书馆）馆长

简介

迪特里希·内勒博士（Dr. Dietrich Nelle）在科学政策领域工作多年，担任过许多不同的职务。在成为德国国家医学图书馆馆长之前，内勒博士担任过德国联邦教育与研究部（BMBF）的研究组织司司长。德国国家医学图书馆—生命科学信息中心（ZB MED）是德国和欧洲生命科学领域信息基础设施的重要组成部分，也是创建互联数字知识库的驱动力。在接下来的访谈中，内勒将会分享德国国家医学图书馆独特而又丰富的馆藏资源，尤其会介绍图书馆为研究人员提供的机会，以方便他们在生命科学领域获取信息和利用研究数据。德国国家

▲ 迪特里希·内勒博士

医学图书馆为生命科学研究提供服务，支持和帮助想用更创新的方式获取、处理和利用科学信息和研究数据的研究人员。在图书馆馆藏方面，内勒还谈到了德国国家医学图书馆为开放获取所做出的努力，以及通过多项举措为开放获取提供的全面支持。

首先，请您做个自我介绍，好吗？比如，谈谈您接受过的专业培训、您的教育背景，以及您在大学期间的学习内容。

接受专业训练后，我成为律师、历史学家和社会科学家。我曾在波恩大学（University of Bonn）[①]和法国国家行政学院（French National School of Administration）[②]求学。我的职业主要围绕着科技政策、科学管理以及德国、欧洲、中亚在柏林墙倒塌后进行的重要改革。

我的职业生涯中，大部分时间就职于德国的州级和联邦政府级的科学部。最重要的是，我觉得自己非常幸运，能够遇到完全意想不到的挑战，有机会处理那些自己都从未料想过的事情。而担任德国国家医学图书馆馆长便是其中之一。

请问您的家庭中是否有人是图书馆员、科学家或信息科学家？

不，我父亲是他们家的第一个大学生。他学物理学，后来我姐姐和弟弟也学这个专业，在这期间，我弟弟实际上已经成为一名信息学专家。通过后来的联姻，我们家才有了医生（我所在的图书馆专注于生命科学，二者算是有点关系）。在写博士论文的时候，我常常流连于欧洲各地的多个图书馆，而也就是在这个过程中，我对图书馆的兴趣变得越来越浓厚。图书馆不仅提供良好环境激励人们工作学习，还提供了一个功能框架，把产生的想法变得系统化。

您一直在图书馆或者信息中心工作吗？您能更详细地讲述一下您是如何成为德国国家医学图书馆馆长的吗？

在我接受这份工作几个月之前，我是从使用者和资助者的视角来了解图书馆的。我曾深入参与了多个研究机构的评估工作，并开发了支持这些机构战略转型的新工具。这也许是德国国家医学图书馆选择我担任馆长的原因——确保这一重要的研究型图书馆在转型中保持正确航向。

请您简要介绍一下德国国家医学图书馆。该馆馆藏规模多大？能谈谈德国国家医学图书馆馆藏以及/或者图书馆服务的亮点吗？该馆的主要用户群体有哪些？

德国国家医学图书馆[③]是德国整个生命科学领域的中心图书馆。在生命科学领域，德国国家医学图书馆被认为是世界上最大的图书馆之一（或者可能是

---

① 波恩大学主页：https://www.uni-bonn.de/the-university。
② 法国国家行政学院主页：http://www.ena.fr/index.php?/en。
③ 德国国家医学图书馆主页：https://www.zbmed.de/en/。

第一大图书馆）。图书馆目前馆藏规模约为200万册，拥有38400种期刊，其中8265种为德国独有。此外，图书馆还拥有超过5500万个高质量保障文献数据集（datasets）。同时，我们还尤其关注较难获取的出版资料，例如所谓的"灰色"文献（"gray" literature），这包括用德语和英语之外的其他语言撰写的研究报告和出版物。现如今，研究数据集的重要性与日俱增，它们作为出版物的附件或作为独立资料越来越重要。

　　我们的年度预算约为1300万欧元（2016年），总部设在科隆和波恩，总员工数约120名。作为"中心图书馆"，我们的使命不仅仅是满足某一区域用户群体的需求，而是满足整个科学系统的全部需求。当然，这并不妨碍图书馆与本地区的高等教育机构保持密切联系。目前，图书馆正准备与科隆大学[①]、波

▲ 波恩大学波普尔多夫校区（University of Bonn Campus Poppeldorf）的德国国家医学图书馆鸟瞰图

---

① 科隆大学主页：https://www.portal.uni-koeln.de/uoc_home.html?&L=1。

▲ 莱布尼茨协会主席马蒂亚斯·克莱纳教授（Prof. Matthias Kleiner）在德国国家医学图书馆参加学术会议期间观看海报展示（poster session）

恩大学[①]以及科隆应用科学大学[②]设置联合教授职位。我们馆的用户群体有来自生命科学各个领域的科学家和研究人员，也有生命科学领域的学生和从业者。"中心图书馆"的地位为我们带来了特殊的资金获取机制，我们拥有联邦政府层面提供的强有力的资金保障。与此同时，也要面临定期的严格评估。从行政的层面来看，德国国家医学图书馆是一个基于国家专项法律的非营利性公共信托机构。2016年的一项评估结果显示，德国国家医学图书馆目前正处在转型阶段（更多关于这方面的信息，详见下一个问题的采访）。

德国国家医学图书馆及其目前服务的主要亮点是搜索门户网站"LIVIVO"（www.livivo.de）以及开放获取（OA）出版门户网站"PUBLISSO"（www.publisso.de）。这两者均于2015年上线。LIVIVO是为生命科学领域打造的跨学科搜索引擎，基于该领域庞大的知识库来开展搜索。此外，LIVIVO的各项功能专为适应生命科学研究需求而打造。它使用基于索引的搜索引擎和专门开发的搜索技术。只需一个搜索请求，就可同时搜索多个相关数据源，例如图书馆

---

① 波恩大学主页：https：//www.uni-bonn.de/the-university。

② 科隆应用科学大学主页：https：//www.th-koeln.de/en/homepage_26.php。

▲ 位于科隆–林登塔尔的科隆大学医院（University of Cologne Campus Medical Hospital Köln–Lindenthal）里的德国国家医学图书馆

目录、数据库以及出版商目录。LIVIVO包含完整的PubMed搜索和生命科学领域其他重要的数据库，如AGRICOLA和AGRIS。LIVIVO的检索词会自动进行语言上的完善与补充，并通过专门为生命科学设计与改编的词汇表进行语义链接（MeSH用于医学领域，UMTHES用于环境科学领域，AGROVOC用于农业科学领域），从而使用户获得精准搜索结果。PUBLISSO[①]是我们面向生命科学领域的开放获取（OA）发布平台，对该领域所有的研究人员开放。它提供有关各个方面的指导并组织研讨会。其中包括与医学协会合作的开放获取期刊——《德国医学科学》[②]，以及科学出版物和研究数据的储存库。它还采用了"活的手册"（Living Handbooks）[③]等创新出版形式，以充分利用数字出版带来的所有可能优势。

您为德国国家医学图书馆未来五到十年制定了什么发展战略规划吗？

我们正在最后敲定未来五年的新战略规划。我们正在实施的所有重大变

① https://www.publisso.de/en/。

② https://www.egms.de。

③ http://www.gms–books.de/。

▲ 德国国家医学图书馆举办关于出版基础设施（Publication Infrastructures）的咖啡讲座
（Coffee Lecture）

革都与科学领域的数字化转型密切相关。我们关注到，当下在全世界的科学系统中，根本性的变革不仅仅体现在研究方式及研究者的合作上，还体现在我们拥有全新的研究工具，新的工具使几年前还无法想象的研究成为可能。与此同时，研究越来越依赖于数据以及经过处理的信息的可用性。人们对信息的需求瞬息万变，潜在可用信息量呈爆炸式增长。所有的科学领域都需要新的信息技能。变化的速度还在不断加快。因此，我们必须陪伴我们的用户群体共同面对这些挑战，正如几个世纪以来一样，这是我们图书馆的一项崇高任务。

在印刷机发明后，书籍和小册子被广泛使用，就要求图书馆不仅要保护这些印刷品免受火灾、雨水、盗窃和虫灾，还要将这些资料系统排序，使它们可以被公开获取，并给这些资料补充元数据（进行图书编目），建立馆际互借系统，为研究人员查找信息提供指导，并为他们提供舒适的工作环境。所有这些在当今的数字时代仍然非常适用，即使图书馆所提供的对象、工具和服务需要不断适应变化，与时俱进。

现如今，德国国家医学图书馆并不是唯一面临此类挑战的机构。但是，作为一个中心图书馆，一味遵循其他人开辟的道路是不够的。相反，我们有义务与科学界和信息技术部门的伙伴们合作，参与必要的变革。我们有责任不断调整相关基础设施，为当前和即将到来的任务探索新的方法，并不断调整和创新我们的服务，同时将重点放在可以在国家和国际层面上做得最好的事情上。这就包括对我们的传统设置进行范式转变。

从这个角度来看，德国国家医学图书馆现在主要关注六个行动领域：（1）信息提供的国家和跨国授权联盟；（2）LIVIVO 和其他创新信息服务；（3）PUBLISSO 和其他开放获取（OA）服务；（4）数字资源的长期保存；（5）围绕研究数据管理的新服务；（6）新工具和方法的应用研究。所有这些内容，不应被理解为只是与技术相关。相反，它们包含多个相互交叉的方面，如法律框架条件、科普宣传、信息素养、能够更好地反映科学质量维度的新科学计量工具的开发。

作为德国国家医学图书馆馆长，您扮演什么角色？您的职责范围是什么呢？

作为馆长，我的主要职责是助力德国国家医学图书馆当前的转型需求。在图书馆内部，我直接负责图书馆的全面管理工作。从所有的人事、预算及其他行政事务，到为生命科学学科开发新的服务和创建一个由信息科学教授们领导

▲ 波恩大学波普尔斯多夫校区的德国国家医学图书馆

▲ 科隆大学医院（位于科隆–林登塔尔）里的德国国家医学图书馆大厅

的研究部门。我的职责不仅仅在图书馆内部，还包括外部事务。我还负责与更广泛的科学界建立新的合作伙伴关系，这一点至关重要。

您是哪些学术协会和专业协会的会员呢？这些协会为您提供了什么样的信息呢？

中心图书馆的领导必须与其他图书馆同行保持密切联系，参加地区性或全国性的相关论坛。一方面，这些关系网络非常重要。另一方面，互动变得越来越必不可少，这包括与科学界关系网络内部的互动（对我们而言就是从医学到农业的多个生命科学领域），与不同层级的信息技术资源负责人互动，以及与科学领域的政策制定者互动。在当今这样的环境下，坐等用户和合作伙伴来找我们已经行不通了。为了与他们携手共塑未来，主动接近他们，主动去找他们，这应该成为我们骨子里的一部分。

请您谈谈德国国家医学图书馆的人员结构。

目前，德国国家医学图书馆的人员结构原则上是传统的研究型图书馆的人员结构，人员由在图书馆事务方面具有高素质的工作人员构成。几年前我们开始人员结构多元化的改革。在未来的几个月里，人员结构会有相当大的变化。在海量数据包围我们的情况下，图书馆员的知识是我们不可或缺的财富，还将更加重要。同时，图书馆也需要加强与科学界的互动，需要提升自己在信息技

▲ 德国国家医学图书馆贾斯明·施米茨博士（Dr. Jasmin Schmitz）在德国国家医学图书馆年会上发表关于开放获取的演讲

术领域的核心竞争力，需要扩大我们的研究范围。

能描述一下您典型的工作日情况吗？工作中是否有典型的一天？

在一家正处在转型阶段的图书馆里工作，没法说哪一天的工作更典型，每天有很多事情要同时处理。现阶段，我很多时间都在馆外，见合作伙伴和用户，收集新想法，推广图书馆服务，了解用户不断变化的需求，以及建立联盟。图书馆转型是可以实现的，因为我们的员工在支持转型方面表现得非常积极。无论身在馆内还是馆外，有一点非常重要，就是要确保我的同事能随时找到我，方便随时联系。所以，比较典型的情况是，我大部分的工作时间都在参加会议和与人商谈，在出行和换乘的时间，我会见缝插针，回复信息和邮件、准备论文和演示文稿等。

担任德国国家医学图书馆馆长与担任某个公立图书馆或专门的研究型图书馆馆长有什么不同呢？

事实上，我所供职的图书馆，就是一家公立的专门图书馆（尽管德国国家医学图书馆的范围很大）。与大多数图书馆不同的是，德国国家医学图书馆的主要职责不是为所在单位的用户群体提供服务，而是要考虑在全国、全欧洲甚至全世界如何更顺畅地进行交互操作。

举个例子来说，这意味着我们很大一部分的产出并不直接面向终端用户，415

而是通过与我们合作的大学图书馆进行传递。与地方或区域图书馆相比，我们还必须付出更多的努力，以跟上国内和国际不断变化的需求。

能讲讲您的管理和领导风格吗？职业指导（包括指导与被指导）是领导力中重要的组成部分。可以说说您在指导与被指导两方面的经历吗？

是的，我完全同意你的看法。说到我的领导风格，我觉得可以总结为以下几点：通过共同的目标进行管理，对新思想和新举措保持开放态度，将责任与更多的人一起分担，鼓励管理团队的成员承担更多责任。在我目前的工作中，同事的建议对我帮助良多。这些同事曾指导某兄弟单位成功度过类似的转型期。此外，我们非常荣幸，拥有一个科学顾问委员会（Scientific Advisory Board），它不仅为我们提供高质量和公正的反馈，还能在任何我们有需要的时候快速给出实用的建议。我们非常幸运，拥有同样优秀的员工。虽然他们已经具备了很高的素质，但仍不断找机会参加培训，为迎接工作中的新挑战做好准备。正是因为这一原因，员工在馆内不同部门间调动，还与之前的同事和上级保持联系，这很常见。此外，我们还有面向新入职员工的馆内轮岗见习机制，并与合作图书馆开展交流。上级和员工之间的定期反馈也在一个制度化的框架内进行。最后，同样重要的一点是，为了员工的发展，我们必须考虑到不同的需求和兴趣，这些需求和兴趣与传统图书馆员的工作、生命科学领域、信息技

▲ 德国国家医学图书馆的乌尔丽克·奥斯金斯基（Ulrike Ostrzinski）在"值得看看"博览会（"Wissenswerte" Fair）上宣讲

术能力、学术生涯等有着不同程度的密切关系。

德国国家医学图书馆馆长的工作中，哪一部分的工作让您觉得最有意义？哪一部分工作最令您沮丧？

事实上，在我来到德国国家医学图书馆工作的这段很短的时间里，除了上下班时火车经常晚点之外，没有什么真正让我感到沮丧的事情。相反，工作中有许多事情让我觉得很有意义，馆里有新的工作挑战、积极性高涨的同事，馆外有乐于合作的工作伙伴，还有德国国家医学图书馆为我提供的珍贵机会，让我能为塑造未来贡献一份力量。

第二十九章

埃琳娜·伊万诺娃，杜布纳联合核子研究所科学图书馆馆长

简介

杜布纳联合核子研究所（Joint Institute for Nuclear Research，JINR，以下简称"联合核子研究所"或"研究所"）①位于俄罗斯莫斯科地区的杜布纳市，是一个国际核科学研究中心。该研究所共有4500名员工，1200名研究人员，现有成员国18个，包括亚美尼亚、阿塞拜疆、白俄罗斯、保加利亚、古巴、捷克、格鲁吉亚、哈萨克斯坦、朝鲜、摩尔多瓦、蒙古、波兰、罗马尼亚、俄罗斯、斯洛伐克、乌克兰、乌兹别克斯坦和越南。该研究所共有7

▲ 埃琳娜·伊万诺娃

个实验室，专业研究范围广泛，涵盖理论物理学、高能物理学（粒子物理学）、重离子物理学、凝聚态物理学、核反应、中子物理学、放射生物学和信息技术。在研究所众多的杰出科学家中，有一位中国科学家王淦昌教授，他与其他

---

① JINR 的中文译名，此据《中国大百科全书》第三版网络版，译为"杜布纳联合核子研究所"。——译者注

研究人员一起发现了一种非常重要的新粒子——反西格玛负超子。王淦昌教授在上世纪50年代末担任该所的副所长。

埃琳娜·伊万诺娃（Elena Ivanova）是研究所科学图书馆的负责人。她毕业于莫斯科国立文化学院，主修图书馆学。在接下来的访谈中，伊万诺娃将与读者分享苏联时期研究所的独特历史，以及研究所图书馆在满足研究所顶尖科学家们的信息与科研需求时发挥的重要作用。

这是您第一次就您担任联合核子研究所科学图书馆馆长的工作接受访谈吗？

是的，这是第一次。

首先，可以请您做个自我介绍吗？比如，谈谈您接受过的专业培训、您的教育背景，也可以谈谈您在大学期间的学习内容。请问您的家庭成员里有图书馆员或者科学家吗？

我叫埃琳娜·伊万诺娃，担任研究所科学图书馆的馆长。1979年，我从莫斯科国立文化学院技术图书馆学院毕业。大学期间，我学习了图书馆学、目录学、编目规则、俄罗斯文学和外国文学、信息系统和信息服务，还学了一点数学和物理等学科。我曾任职于俄罗斯国家科学技术公共图书馆[①]，也曾在位于塔林的爱沙尼亚医学图书馆工作过。我的家人中没有图书馆员。我的父亲是工程师，母亲是教师。自孩童时代起，我就酷爱读书，还很喜欢和别人分享读过的内容。我觉得在图书馆工作非常有趣。

您会几种语言？

我在文化学院读书期间学过英语，后来就试着自学英语。现在我和图书馆里的一些同事一起参加英语学习课程。英语是我仅会的一门外语，但也只是会一点。

可以谈谈您作为研究所科学图书馆馆长的职责及您负责的工作吗？

作为研究所科学图书馆的馆长，我要以非常高效的方式安排图书馆的工作，创造条件来快速满足读者们获取信息的需求。我职责中很重要的一部分是馆藏发展，关注俄罗斯国内和国外出版社的出版情况，以便购买最有用、最有趣的文献与信息资源或提供这些资源的获取。我的职责还包括为图书馆工作人

422

---

① 俄罗斯国家科学技术公共图书馆主页：http://english.gpntb.ru/。

员分配工作。当然，保持图书馆里良好的文化氛围也是我的职责所在。

您一直都在图书馆工作吗？您可以更详细地说说您是如何成为研究所图书馆馆长的吗？

是的，我以前也在图书馆工作。从莫斯科国立文化学院毕业后，我到杜布纳联合核子研究所的科学图书馆担任编目员。我和我的同事就该研究所的研究课题编撰了大量的参考书目和参考文献目录。在20世纪80年代初，还没有电脑可用，我们使用的是打字机，对期刊、书籍、文章和预印本的书目编录信息进行人工录入。这个过程非常艰难，也很烦琐。我们的这些工作服务了许多的读者。科学信息对他们而言非常重要，而图书馆又是唯一他们可以获取这些信息的地方。后来我被任命为图书馆参考书目部主任，管理几位图书馆员，并参与订购物理学、天体物理学和数学方面的外文书籍。我们会收集读者查询书目的结果，选择最有价值的书籍，然后通过莫斯科的一个名叫"国际图书公司"（Mezhdunarodnaya Kniga）的组织来订购这些书籍。

2003年上一届馆长退休，我就接任成为了研究所图书馆的新馆长。

▲ 杜布纳联合核子研究所科学图书馆（A）借阅室；（B）书库；（C）（D）阅览室

您可以简单介绍一下联合核子研究所及其科学图书馆吗？世界上其他地区（俄罗斯境内以及境外）也有类似的核研究机构吗？

研究所是由多个政府支持的国际性科研机构，旨在研究物质的基本性质。1956年3月26日，11个国家的政府代表在莫斯科签署公约，研究所正式成立。该所位于杜布纳市，距离俄罗斯首都莫斯科120公里。研究所建立的历程非常有意思。到20世纪50年代中期，全世界已经认识到核科学不应该是秘密，也认识到，只有广泛的国际合作才能保证核研究的逐步发展和原子能的和平利用。因此，西欧国家于1954年在瑞士日内瓦建立了欧洲核子研究组织[①]。与此同时，在苏联政府的倡议下，社会主义阵营的国家决定共同建立杜布纳联合核子研究所，这些国家包括：中国、朝鲜、蒙古和越南。联合核子研究所所在的杜布纳，从1948年开始一直是苏联科学院水利工程实验室（HTL）所在的地区。该水利工程实验室拥有当时最大的带电粒子加速器（同步回旋加速器），由M. 梅谢里亚科夫（M. Meshcherykov）和V. 杰列波夫（V. Dzhelepov）负责相关研究。1953年，该实验室更名为苏联科学院核子问题研究所。

同年，苏联科学院电子物理实验室也在杜布纳成立。在院士V. 韦克斯勒（V. Veksler）的指导下，该实验室研发了一种具有记录参数功能的新型加速器，即同步稳相加速器。1956年3月，在苏联科学院核子问题研究所（INP）和电子物理实验室（EPLAS）的基础上，联合核子研究所正式成立。D. 布洛欣采夫（D. Blokhintsev）教授是研究所的首任所长。研究所图书馆的建立也颇有故事。1948年，时任负责人的V. 杰列波夫下令在水利工程实验室建立科学图书馆。首任馆长M. 波格伏娃（M. Bogacheva）为图书馆购买了第一批书籍和期刊。1953年，电子物理实验室又成立了一个新的图书馆。联合核子研究所成立后，在这两所图书馆的基础上，正式建立了新的"杜布纳联合核子研究所科学图书馆"。

研究所及其主要科研领域的确立归功于以下这些杰出的物理学家：N. 博戈柳博夫（N. Bogoliubov）、M. 梅谢里亚科夫（M. Meshcheryakov）、V. 杰列波夫（V. Dzhelepov）、G. 弗廖罗夫（G. Flerov）、I. 弗兰克（I. Frank）、B. 蓬泰科尔沃（B. Pontecorvo）、V. 韦克斯勒（V. Veksler）、王淦昌、F. 夏皮罗（F. Shapiro），等等。

------

① 欧洲核子研究组织主页：https://home.cern/about。

如今，杜布纳联合核子研究所是世界知名的科学研究中心。现有18个成员国：亚美尼亚、阿塞拜疆、白俄罗斯、保加利亚、古巴、捷克、格鲁吉亚、哈萨克斯坦、朝鲜、摩尔多瓦、蒙古、波兰、罗马尼亚、俄罗斯、斯洛伐克、乌克兰、乌兹别克斯坦和越南。核物理研究领域有四十项发现均出自联合核子研究所。门捷列夫元素周期表中的第105号元素被命名为 Dubnium，第114号元素被命名为 Flerovium，是因为它们均由杜布纳的科学家合成。这体现了国际社会对杜布纳联合核子研究所科研人员所取得成就的极大认可。

杜布纳联合核子研究所所长是俄罗斯科学院院士维克多·马特维也夫（Viktor Matveev）。研究所共有7个实验室。图书馆位于博戈柳夫理论物理实验室（Bogoliubov Laboratory of Theoretical Physics）。此外，图书馆在韦克斯勒和巴尔丁高能物理实验室（Veksler and Baldin Laboratory of High Energy Physics）设有分馆。也有人把我们图书馆称为研究所的第八实验室。

除了杜布纳联合核子研究所，俄罗斯没有其他类似的核研究机构。这是因为研究所是一个国际政府间组织。在国外，类似组织有之前提到过的欧洲核子研究组织。杜布纳联合核子研究所与欧洲核子研究组织积极合作，在高能物理学的理论和实验研究领域均有合作。杜布纳联合核子研究所的物理学家还参与了欧洲核子研究组织的多个项目。

杜布纳联合核子研究所由苏联建立。在20世纪50年代晚期，研究所的多项核研究项目由中国科学家王淦昌牵头负责。这是为什么呢？

20世纪50年代晚期，王淦昌教授担任研究所副所长。1960年，韦克斯勒院士和王淦昌教授带领一个物理学家团队取得了重大发现。他们发现了一种新粒子，即反西格玛负超子。

苏联解体后，研究所及其科学图书馆经历了许多变动。20世纪90年代，研究所陷入了困境。图书馆面临许多挑战，例如期刊订阅、图书订购，特别是外国图书订购上，困难重重。但在核物理研究领域，我们可以收到最重要的基础期刊。财政上，经费吃紧；研究所的地位，也尚未明确。在那样艰难的条件下，在那样一个庞大的跨国团队中，研究所依然保证了正常的工作运转。之后，在1995年，俄罗斯联邦政府和研究所就所址与科研活动条件签署协议。这意味着研究所地位的最终确定，对研究所意义重大。到21世纪初，一切开始慢慢转变，图书馆也开始收到更多的文献和计算机设备。

▲ 借阅部

联合核子研究所是某个大学的附属研究所吗？还是独立的研究机构？

正如我们之前谈到的，联合核子研究所是独立的研究机构。但研究所科研活动的一个重要方面是与俄罗斯国内外科研机构和大学开展合作。这些科研机构和大学包括（罗蒙诺索夫）莫斯科国立大学（MSU）[①]、莫斯科工程和物理研究所（MIFI 或 MEPhI）[②]、莫斯科物理和技术学院（MIPT）[③]以及其他国内外大学。研究所还设置有大学事务中心。在大学事务中心，来自研究所成员国的学生可以接受研究所顶尖科学家的指导，中心为他们提供培训和实践课程，并且他们可以参与研究所的实验。

联合核子研究所科学图书馆目前的馆藏规模多大？您所在的图书馆馆藏以及图书馆服务的亮点是什么？

目前，研究所图书馆馆藏有 43 万多册图书，其中 40% 是外文图书。馆藏包括专著、文集、会议记录、宣传册、教材、百科全书、期刊、预印本、科学报告和学位论文等，馆藏覆盖了物理学、数学、天体物理学、化学、生物学、

---

① （罗蒙诺索夫）莫斯科国立大学主页：http://www.msu.ru/en/。
② 莫斯科工程和物理研究所主页：http://www.nti.org/learn/facilities/913/。
③ 莫斯科物理和技术学院主页：https://mipt.ru/en/。

技术科学、信息科技、哲学、科学方法论等领域。

在我看来，我们馆藏的亮点包括著名物理学家和数学家发表的文章，杰出科学家的专著和教材，理论与实验物理学和天文物理学等学科诸多领域的外文图书，当然还有学位论文和论文摘要。上述馆藏约有5000册，存放在一个单独的大厅里。图书馆每年订阅近150种俄文和外文期刊，还为用户提供爱思唯尔（Elsevier）、施普林格（Springer）、美国物理学会（American Physical Society）、美国物理研究所（American Institute of Physics）、自然出版集团（Nature Publishing Group）等出版社的期刊电子访问权限。施普林格[1]和剑桥大学出版社[2]出版的电子图书在我们图书馆的阅读量非常大。一些知名的数据库，像科学网（Web of Science）和斯高帕斯（SCOPUS）[3]的使用权，我们馆也有购买。

除此以外，我们馆会每年发布《联合核子研究所工作人员发表论文书目索引》。我们会汇总研究所科学家所有的出版物和发表的文章，并把他们各自的参考书目添加到Absotheque信息系统中。这一电子目录向世界各地研究者开放，他们可以在我们的电子目录中进行搜索，然后找到研究所研究人员发表的著作，还可以搜索其他作者、标题、主题分类，等等。此外，图书馆还负责"书籍、期刊和中央报纸的页面上的联合核子研究所和杜布纳的历史"项目。人们可以通过这个项目，找到联合核子研究所、图书馆和研究所科学家相关的书籍及文章资料。

两年前，我们启动了联合核子研究所馆藏预印本的扫描工作，并创建了预印本全文电子档案库。目前这个档案库的用户很多。

如果读者在我们图书馆找不到所需的文献资料，图书馆可以通过馆际互借服务从莫斯科的其他科学图书馆申请借阅，例如，从俄罗斯科学院自然科学图书馆（Library of Natural Sciences of RAS）[4]或者俄罗斯国立图书馆（Russian

---

① 施普林格主页：http://www.springer.com/。

② 剑桥大学出版社主页：http://www.cambridge.org/。

③ 斯高帕斯主页：https://www.scopus.com/。

④ 俄罗斯科学院自然科学图书馆主页：http://www.gpntb.ru/win/libweb/particip/ben/ben_e.htm。

State Library）[①]借书。

在联合核子研究所科学图书馆，技术和创新发挥了什么作用呢？

技术和创新在我们图书馆中发挥着非常重要的作用。没有技术和创新，任何一所现代图书馆都无法存在。早在1987年，我们收到了第一批计算机，它们是保加利亚产的Pravets-16计算机。以当下标准来看，这些计算机功能原始，但把图书馆的图书编目提升到了一个全新、更高的层次。这让我们能够建立图书数据库、期刊文章数据库和预印本数据库，让书目检索变得更加方便快捷。现在，图书馆员工都配备了性能优良且功能强大的电脑。在阅览室，一些计算机还为图书馆的访客配备了打印机、扫描仪及无线网络。2000年，我们购买了图书馆信息系统"LiberMedia"，它原本是一个法国系统，我们购买的是俄化版。2014年，我们馆开始使用LiberMedia的新版本，即"Absotheque"。在这些技术和创新的帮助下，包括文献流通在内的所有图书馆流程都实现了自动化。

图书馆还有功能强大的扫描仪，这对打造我们自己的图书全文馆藏必不可少。

请您谈谈联合核子研究所科学图书馆的员工结构。

图书馆共有18名员工。设有以下几个部门：用户服务部、科学书目部、加工和编目部以及馆际互借部。每个部门由部门主任负责。图书馆还有一位副馆长。除此以外，图书馆还有一名辅助程序员、一名系统程序员及一名网络管理员。我们的图书馆员大多有高等教育学历，完全能够胜任工作。

能讲讲您典型的工作日情况是怎样的吗？工作中是否有典型的一天？

428

工作日一早，我通常先去管理和会计室，解决行政和财务方面的问题。之后我与员工开会，讨论当前需要处理的事务和遇到的问题，以及如何解决相应的困难。如果有人请病假或休假，我会把他们的工作调配给其他人。午饭后，我会阅读和回复邮件，浏览出版社发来的目录。

以今天为例，我致电爱思唯尔出版社，询问2017年的订阅价格。有时候还接待一些科学家和学生，他们会来图书馆查询某些图书和资源，有时候他们也会给图书馆提供新的资源。每两周我会前往莫斯科，去自然科学图书馆订购书籍，以扩充我们图书馆的馆藏。有些工作日很相似，但有些工作日又很不一样，

---

① 俄罗斯国立图书馆主页：http://www.rsl.ru/en。

▲ 书籍展示角（1956—2016年杜布纳联合核子研究所工作人员出版的书籍）

例如下个月图书馆要开展一些维修工作。换句话说，每天的工作都不太一样。

联合核子研究所科学图书馆及其馆藏对大众开放吗？

图书馆面向研究所的员工、来访宾客、学生、实习生和研究生开放。只有持特别通行证才能进入研究所。

图书馆的主要用户群体是谁？换句话说，哪些人会经常使用图书馆的馆藏、项目和服务？他们大多数是科学家吗？还是在不同大学里学习核科学的学生？

我们的主要用户是研究所实验室里的研究人员以及来自其他科研中心的访问科学家。通常来说，学生和研究生都来自联合核子研究所的大学事务中心。他们来自位于杜布纳的"自然、社会和人"（Nature，Society and Man）大学，或者来自莫斯科以及其他城市的大学。在研究所学习的学生可以前往不同学院，参加各种课程和研讨会，他们常常使用我们图书馆的资源。

职业指导（包括指导与被指导）是领导力中重要的组成部分。可以说说您在指导与被指导两方面的经历吗？现在还有能为您提供指导的导师吗？

我认为领导不可能全知全能，绝对不可能。但很多时候，你确实需要解决图书馆工作领域的某个特定问题。很多问题可以通过互联网找到答案。你不仅仅指导下属，还要向他们学习。我尽力让每一位员工去分享自己的经验和知

429

识。每两周我会去莫斯科的自然科学图书馆，会见到其他科学图书馆的馆长，我们互相讨论，分享经验。我还参加过培训研讨会、图书馆会议和相关课程。例如，去年我参加了图书馆系统"LiberMedia"的培训。此外，在研究所的管理部门我有一位主管。我们会一起讨论当下的事务，他会就如何最好地解决某个问题提出建议。

作为图书馆馆长，您工作的哪一部分让您觉得最有意义？哪一部分工作最令您沮丧？

如果能订购到一种有吸引力的书或者电子资源，之后读者会非常感激并且充分利用这些新资源，我就会非常高兴。那样就说明我们的服务是被大家需要的。如果图书馆团队内部产生矛盾，或者我们与读者关系出现问题时，我会感到非常沮丧。但是我们会尽可能地去解决这些问题。

第三十章

尼古拉·卡列诺夫教授，俄罗斯科学院自然科学图书馆馆长

简介

俄罗斯科学院（Russian Academy of Sciences）总部位于莫斯科，是一个由俄罗斯联邦各地科研机构组成的联合组织，其中还包括图书馆、出版社等其他科研和社会单位。目前，俄罗斯科学院约有650个研究机构和55000名科研人员。俄罗斯科学院自然科学图书馆成立于1973年，由50多个俄罗斯科学院从属机构的图书馆合并而成。目前，俄罗斯科学院自然科学图书馆负责管理俄罗斯最大的中央图书馆系统，该系统包括莫斯

▲ 尼古拉·卡列诺夫教授

科地区所有学术机构的图书馆，为100余所研究机构服务。俄罗斯科学院自然科学图书馆为拥有相当丰富的俄罗斯和外国科学文献而感到非常自豪。

尼古拉·卡列诺夫教授（Professor Nikolay Kalenov）负责管理这个规模庞大的统一管理的图书馆系统。他于1974年开始在俄罗斯科学院自然科学图书馆工作，先后担任研究员、计算机部门的负责人，最终于2004年被任命为俄罗斯科学院自然科学图书馆馆长。接下来的访谈中，尼古拉·卡列诺夫教授将会分享俄罗斯科学院自然科学图书馆独特的员工结构，此外，他还会分享自然科学图书馆的员工处理过的一些典型而又有趣的工作案例。

首先，可以请您先自我介绍吗？比如，谈谈您接受过的专业培训、您的教育背景，也可以谈谈您在大学期间的学习内容。您的家庭中是否有人是图书馆员或科学家？

我叫尼古拉·卡列诺夫。毕业于莫斯科国立大学①力学与数学学院，在那里获得了学士学位和硕士学位。我主要学习数学、力学、控制理论和编程，还学了一些哲学。我的博士论文研究的是地球卫星的数据处理。毕业后我在太空研究领域的一家工业科学研究所工作了5年。

苏联科学院（现俄罗斯科学院）图书馆于1973年建立，是俄罗斯最大的信息中心，为100余所研究机构提供服务。俄罗斯科学院自然科学图书馆牵头领导一个统一管理的图书馆系统，在整个莫斯科地区有50多所分支研究机构。在自然科学图书馆，一个最重要的任务就是实现图书馆和信息处理的自动化。我曾担任该图书馆这一领域的高级研究员。自动化和信息处理是个前沿领域，我对此十分感兴趣。所以，在1974年，我开始了我的"图书馆生涯"。我在自然科学图书馆工作了40多年，先后担任过研究员、自动化部负责人、副馆长和馆长（2004年起担任馆长）。

1992年，我获得了情报科学领域的理学博士学位，并于1994年成为教授。我博士论文的题目是《为自然科学领域的科学家提供信息和图书馆服务的综合自动化》。

我的家人中，既有人是图书馆员，也有人是自然科学领域的科学家。我的外公A.斯坦克维奇是一名语言学家，同样毕业于莫斯科国立大学。他是19世纪晚期俄罗斯图书馆的创始人之一。我的姐姐N. E.多布莱妮娜教授是一位语文学家，毕业于莫斯科国立大学（她去年去世了）。她在俄罗斯国立图书馆（即以前的列宁图书馆）工作了60多年。她还是俄罗斯著名的社会学研究专家，用俄语出版过几本专著。我的父亲E. N.卡列诺夫博士毕业于莫斯科国立大学，是著名的地球物理学专家，主要研究如何利用地球物理学进行石油和天然气的勘探。他写过几本这方面的书籍，这些书已被译成了中文和西班牙文。

您会几种语言？

在中小学阶段以及在莫斯科国立大学读研究生时我会说英语，本科阶段在

① 莫斯科国立大学主页：http://www.msu.ru/en/。

莫斯科国立大学学习的时候还学了一些德语。

在苏联时代，俄罗斯大部分中小学生和大学生必须学习哪些外语呢？苏联解体后，大部分学生在中小学和大学阶段想学什么外语？

从苏联时期到现在，中小学和大学（自然科学和技术科学）的学生主要学习英语。人文学科的大学生可以选择适合他们专业的各种外语（可能他们也会学好几种外语）。

您可以描述一下您作为俄罗斯科学院自然图书馆馆长担任的角色与职责范围吗？

俄罗斯科学院自然科学图书馆是一个国家科研机构。自 2013 年起，自然科学图书馆就不再属于俄罗斯科学院，而隶属于俄罗斯联邦科学组织署（Federal Agency of Scientific Organizations，FANO，2018 年 5 月 FANO 已经被撤销。图书馆现在属于科学与教育部）。联邦科学组织署任命图书馆馆长，向图书馆发布国家任务，提供图书馆的经费，确定它（与俄罗斯科学院）的研究方向，同时要求图书馆提交科学报告和服务报告并进行评估。

作为图书馆馆长，我和联邦科学组织署共同确定图书馆的主要发展方向、年度研究计划、信息和图书馆服务指标，确立图书馆的组织结构和员工结构，分配联邦科学组织署拨付的经费。我作为图书馆科学委员会主席，还要负责管理图书馆内的科研工作，审定科学工作年报和图书馆用户服务年报，同时还要参加一些与计算机科学和图书馆工作有关的联邦科学组织署和俄罗斯科学院理事会。

作为一名计算机科学领域的科学家，我还负责把握图书馆在这个领域的研究方向。

您之前在应用科学领域的背景对您如今担任俄罗斯科学院自然科学图书馆馆长有什么帮助呢？

如今，所有信息和图书馆工作都要应用计算机技术。我以前的教育经历能帮助我高效管理一个基于计算机技术运行的图书馆。

俄罗斯科学院是由苏联建立的吗？如果是，那么苏联解体后俄罗斯科学院和图书馆的任务、组织结构和用户群体方面有没有发生什么重大变化呢？

在使命上，并没有发生太大的变化，因为纯粹的科学不受政治结构的影响。当然，在政治和经济科学领域的研究机构里，有重要的变化。像自然科学

▲ 俄罗斯科学院自然科学图书馆大楼（之一）

图书馆这样的图书馆，基本上没有太大的变化。

您刚才提到，图书馆目前领导着一个统一管理的图书馆系统，这个系统为莫斯科50多个俄罗斯科学院相关机构的图书馆提供服务。您可以简单介绍一下这些成员机构吗？

这些成员机构包括列别捷夫物理研究所[1]、泽连斯基有机化学研究所[2]以及斯特克洛夫数学研究所[3]。你可以在这个网站看到自然科学图书馆的分支机构名单（遗憾的是，只有俄文版）：http://benran.ru/lib_seti1.html。

俄罗斯科学院自然科学图书馆现在馆藏规模有多大？您能否介绍一下俄罗斯科学院自然科学图书馆馆藏和核心服务的亮点？

俄罗斯科学院自然科学图书馆的纸质馆藏超过600万册，包括基础自然科学（包括数学）领域不同语言的出版物。80%的馆藏是科学期刊，其余是俄文和外文专著、参考书、百科全书、会议记录、俄罗斯科学院科学家们的毕业论文，等等。此外，还有一小部分是大学教材。

近些年来，图书馆购买的纸质期刊和书籍更少了，但是通过网络购入的

---

① 列别捷夫物理研究所主页：http://old.lebedev.ru/en/。

② 泽连斯基有机化学研究所主页：http://zioc.ru/?lang=en。

③ 斯特克洛夫数学研究所主页：http://www.mi.ras.ru/index.php?c=&l1。

电子资源更多了。自然科学图书馆提供多种服务——图书采购、编目、读者服务、馆际互借（包括国际馆际互借），它还提供目录提要，向用户提供纸质版和电子版的文章，在馆内举办主题文献展览等活动。

除此以外，图书馆工作人员在用户信息服务方面也下了很多功夫。我们有针对性地给用户发布信息，搜索科学家所需专题方面的信息，创建用户所研究的领域的科学数据库，或为这类数据库提供支持，同时利用科学网（Web of Science）和斯高帕斯（Scopus）等数据库进行文献计量研究。用户可以通过我们的网站（http://benran.ru）获得这些图书馆服务。

在俄罗斯科学院自然科学图书馆内，技术和创新发挥着怎样的作用？

新信息技术在图书馆服务中发挥着非常重要的作用。通过使用我馆专家所开发的应用软件，可以实现所有流程的自动化。中心图书馆与其分支机构之间的联系主要也是通过网络技术实现的。

请您谈谈俄罗斯科学院自然科学图书馆目前的员工结构。

俄罗斯科学院自然科学图书馆有一个总部，并且在科学院各科研机构中有50个部门（分支）。自然科学图书馆有大约350位员工。这些员工中有一半在总部工作，另一半在分支科研机构工作。总部有行政部门，一个大约有100万册馆藏资源的中心图书馆，还有管理、科学和技术部门以及财务和工程服务部门。

图书馆有三位副馆长，分别负责科研工作、图书馆工作和工程服务。研究部门主要负责开发应用软件，开展图书馆学、管理学、语言学、文献计量学等领域的研究。

总部的技术部门负责所有分馆的集中采购、集中编目、文献主题分类、馆际互借和电子文件传递的集中服务、图书馆网站支持、硬件支持和网络结构维护等工作，同时管理设在各机构中的自然科学图书馆分院。

您认为技术对研究型图书馆的运营管理和专业实践有什么影响？

所有的图书馆员都应该熟练操作计算机。图书馆员需要在馆内的图书馆自动化系统中输入信息，使用远程网络资源，并且通过电子邮件或交互式网络技术与用户进行互动。

能讲讲您典型的工作日情况是怎样的吗？工作中是否有典型的一天？

这很难说。我觉得对于图书馆馆长来说，这样的一天是不存在的。为了更好地解决图书馆内出现的问题，我要分析图书馆活动以及图书馆发展中的问题，开展相关科学研究，例如测试新软件以及撰写科研论文等。我发表了350多篇文章，主要发在俄国的期刊上。

我最新的一篇文章是英文文章，发表在《自动文档和数学语言学》（*Automatic Documentation and Mathematical Linguistics*）这本期刊上（2015年，第49卷第2篇，54页至58页）。文章题为"基础研究的信息支持"（The Information Support of Basic Research）。

俄罗斯科学院自然科学图书馆及其馆藏对大众开放吗？

中心图书馆的馆藏是对大众开放的。但是分支机构部门的馆藏和服务仅对内部员工开放。图书馆官网上的所有信息资源也都是对大众开放的。

请您举例说明一下图书馆参考咨询团队通常处理的都是什么样的咨询案例。

你可以在图书馆的网站（http://www.benran.ru/exh/）上看到相关案例。上面每个部分的标题都是俄文，但是里面的子菜单有英文书籍和文章。这个网站包括一些翻译过来的资源，例如"盐水溶液中的共沉淀系数与温度变化的关系""神经和神经内分泌调节""玄武岩和石陶瓷化合物"，等等。

▲ 俄罗斯科学院自然科学图书馆大楼（之二）

俄罗斯自然科学院图书馆的主要用户群体有哪些？换句话说，主要有哪些人使用图书馆的馆藏、项目或服务？他们大多数是科学家吗？还是在不同大学里研究自然科学的学生？

图书馆的主要用户是俄罗斯科学院的科学家和研究生。事实上，超过22000名莫斯科科研机构的员工都是图书馆分馆的固定用户。使用中心图书馆的不仅有俄罗斯科学院的科学家，还有其他科研机构和工业企业的专家。

您认为哪一部分的工作让您觉得最有意义？哪一部分工作最令您沮丧？

我觉得工作中最有意义的部分就是有机会发展并利用新技术，同时能看到这些技术帮助科学家提高效率。在与联邦科学组织署打交道的过程中，总是有许多烦琐的程序，以及分配给图书馆资金的不足，这些让我沮丧。

成功的图书馆馆长都有哪些共同特质和人格特质？

我认为成功的图书馆馆长必须能够规划图书馆的发展，并且能够预测不断发生的变化。他们应该了解图书馆技术的新特点，要能够让图书馆工作人员认同这些务实的目标。此外，图书馆馆长必须能够指导图书馆工作人员的工作，让他们更好地完成任务，并能够在大学机构中捍卫图书馆的利益。

如果年轻人想选择图书馆员作为他/她的终身职业，向您寻求建议，您会给他/她怎样的建议呢？

这取决于这个人是否有图书馆学情报学或自然科学的学士学位或硕士学位。如果都没有，可能我们在招聘图书馆员时就不予考虑。我们为图书馆学领域的专业人员提供信息资源处理和用户服务方面的岗位，同时我们也为自然科学专业的毕业生提供信息支持方面的岗位（在各分馆）。

结　论

　　谁是图书馆的领导，对图书馆的成败至关重要。我们需要的不仅是充满活力的领导者来引领图书馆应对变化和不确定性，同时我们对领导者的要求也在发生迅速变化。谁最合适引领图书馆事业的变革，这种变革不仅是每个图书馆需要的变革，而且是整个行业需要的变革。

——马丁（Martin，2015，391 页）

A.1　图书馆馆长——不可或缺和不可替代的角色

　　传统上，大学图书馆是高校学生和教师的校园生活的枢纽。建设馆藏、回答参考咨询、为不同学术模式提供支持、为学生和老师提供研究支持以及信息素养教育——所有这些都是大学图书馆的核心价值和功能。奥克利夫（Oakleaf，2010）对大学图书馆的定义是，通过馆藏和信息资源开发等为学习、教学、研究和课程提供支撑，服务于所隶属的高等教育组织，并以此为唯一使命的机构。因此，大学图书馆馆长的正式头衔可能因机构而异，可能包括主任、馆长、主席、图书馆总馆长、副教务长、首席执行官或其他。不管头衔名称如何，图书馆馆长不仅是图书馆的领导，在整个大学里也扮演着重要的角色，馆长作为图书馆最高行政负责人，对图书馆整个组织负有最终决策权。正如法甘（Fagan，2012）所说，"当今的大学图书馆通常被定位为学生支持部门（在这种情况下，其领导通常被称为主任）或学术事务部门（在这种情况下，其领导通常被称为院长）"。从这个意义上说，图书馆馆长负责确定图书馆的长期战略方向、阐明发展愿景并参与整个学校的学术活动（DeLong, Garrison & Ryan，2012）。

　　毋庸置疑，在领导和管理中尽职尽责是每位优秀和成功的图书馆馆长应具备的最重要素质。本书的研究结果显示，图书馆馆长的责任是对图书馆进行全面管理、制定战略方向、保证图书馆长远发展和持续壮大。因此，在宣传可用资源、突出其资源影响、提供有效服务、建设社区和伙伴关系以及最大限度地利用人力资源、为馆员实现组织愿景等方面提供建议和支持，图书馆馆长所发挥的作用至关重要。这不仅对图书馆现有工作运转和持续发展来说重要，而且对整个图书馆行业未来的存亡也至关重要。同时，图书馆馆长必须认识到所在大学环境的局限性，并积极抓住大学或社会文化大环境下的机遇。

A.2 本书的目的——意义和价值

本书的出版有多重目的。首先，本书从最高层的执行层面，通过图书馆馆长和图书馆学情报学（LIS）管理的视角，展示了学术界在当前全球化知识经济的大环境中的快速变化。其次，通过与来自全球的受访者的访谈，让读者思考，本土文化和实践对图书馆学情报学管理的过去、现在及未来的影响。最后，本书通过应对数字化的最新趋势来跟踪图情学科的发展（Lo，Cho，Law，Chiu & Allard，2017）。在这个意义上，它为图情学科的文献体系作出了贡献，因为它提供了一个幕后视角，而不仅仅将视角局限于运营环境。本书通过这一幕后视角，呈现了基于不同地区和不同国家的不同情况，学术界如何得到有效的支持，图书馆学情报学管理及相关的学术和研究实践是如何进行的。

本书既可满足希望从事大学图书馆和研究型图书馆馆长职业的人士的需求和兴趣，又可能帮助到图书馆学情报学研究人员及在读学生，有助于他们更好地理解不同社会文化、经济、技术、政治、学术和机构等背景对图书馆领导力发展的影响。上述背景因素对实现有效管理的领导力素质有很大的影响，但在现有的文献中，这些因素尚未得到深入探讨。作者旨在通过本书为有抱负的图书情报业内人士提供方向，为专业分享和讨论搭建平台，以使读者能将自己的能力发展与图书情报领域的一些具体从业经验联系起来。

每隔一年，美国大学与研究型图书馆协会（Association of College and Research Libraries）都会发布一份与大学图书馆事业相关的高等教育重要趋势的文件。《2016年重要趋势报告》（*2016 Top Trends Report*）特别强调了科研数据服务、数字学术、馆藏评估趋势、内容提供商合并、学习证据、替代指标、新兴岗位和开放教育资源。这在我们的意料之中。这些议题在本书中都有所探讨，都通过与图书馆馆长的对话得以讨论。事实上，本书成功地收集了一系列具有代表性的世界顶尖大学和研究机构的图书馆馆长的访谈，这些访谈记录了许多差异颇大的职业轨迹和能力发展历程，这使本书成为迄今为止对大学图书馆馆长的最全面的访谈录。

此外，从培养图书馆馆长最理想的素质、技能和能力的角度来确定领导力发展的最佳职业路径，无疑将使图情专业及其协会能够瞄准未来专业发展的特定领域。最后，尽管图书馆馆长在为整个图书馆提供高瞻远瞩的业务领导和高层战略指导方面发挥着重要作用，但关于图书馆环境中领导力有效性的专业文献和研究实际上是稀缺且零散的。对图书馆的领导力和高层管理的研究数量有限，许多研究甚至没有直接涉及图书馆馆长的视角。

本书选择受访者依据的是每位馆长的管理经验、其所在大学的世界声誉及其肩负的核心使命。这些核心使命包括教学、研究、知识交流和国际视野，例如一所大学的国际职员比例、国际学生人数以及研究成果的质量和比例等。简而言之，本书作为一个重要的窗口，提供了个性化而又重要的见解，有助于人们了解一个曝光率相对较低的专业领域。通过本书，读者可以更深入地了解必要的管理概念、原则和专业实践，以便在目前快速变化的动态信息环境中积极回应不同的服务对象，同时又不偏离高等教育和研究的目的。

A.3　担任图书馆馆长所需的能力和技能

"为实现有效管理，必须成为高效能领导者"（Ammons-Stephens，Cole，Jenkins-Gibbs，Riehle & Weare，2009，70页）。如何才能成为大学图书馆的馆长呢？本书的主要目的之一，是研究成功的大学图书馆馆长的职业道路和领导力发展，并确定领导技能、管理能力和相关专业经验是否因专业职位、机构的性质和规模或利益相关者的构成而有所不同。与其他高等教育机构一样，大学图书馆面临着越来越大的压力，需要评估自己的工作，对投资回报负有更大的责任，要对用户的需求做出更积极的反应。本书的受访者明确指出，发展某些能力和技能，可以让图书馆专业人员在成为顶层管理者的角逐中更有优势。在我们采访的图书馆馆长中，许多位都从他们在图书馆行业之外的经历中获得了宝贵经验。通过本书的访谈，我们塑造了一批成功有为的图书馆馆长形象。他们赖以成功的领导技能不是行政权力，而是他们的说服力。正如扬茨所强调的，图书馆馆长"可以对组织的产出效果和创新能力产生深远的影响"（Jantz，2012，4页）。出现在本书里的许多位馆长都可以被称为"变革型领导者"，因为他们着重强调富有远见的领导力、赋权馆员、组织变革和组织内部人员的培养。这些馆长可能都会同意，图书馆的核心使命是服务于其所在的社区。但如何实现这一使命，各位馆长采用的方法可能截然不同，不同的方法也会带来不同程度的挑战和机遇。这些机遇和挑战涉及图书馆工作的预算编制、员工管理、教师/研究人员合作以及管理和规划所需要的其他方面。成功的图书馆馆长所应具备的能力、通用核心技能和知识可以概括如下：

（1）能通过认可他人的努力和成就来激励他人；

（2）能激励和鼓舞他人实现组织目标，通过创造机会让他们在不同领域最大限度地发挥优势；

（3）能营造一个多元、包容和支持的工作环境（尤其在组织内部）；

（4）能在各个层面有效沟通，包括聆听、观察和适当回应，以提升各层级管理者和工作人员在决策制定中的参与度；

（5）能对自己的组织目标和文化有充分的理解；

（6）能处理内部和外部事务，如战略规划、团队建设、协同管理、建立和维护重要关系、社区外联；

（7）能筹集资金并提升图书馆的形象；

（8）能向利益相关方，尤其是用户展示图书馆的价值。

A.4　图书馆馆长——变革和转型的推动者

本书的多位受访者提到，世界各地的许多图书馆也正面临严重的问题和多重的威胁，不仅仅是经费紧张，他们还在拼命寻找更有效的方式来实现各自的愿景和使命。汤普森指出，变革的压力"不仅来自新技术的潜力，还来自专业上的瘫痪。在这种瘫痪状态下，如今的大多数大型图书馆基本上不可用"（Thompson，1982，118页）。希格斯和罗兰（Higgs & Rowland，2010）认为，变革是困难和复杂的，对组织进行变革的尝试大部分都不成功。变革也对既有社会秩序产生威胁。即使是那些桌面凌乱、办公室乱七八糟的人也希望在一个"有序"的环境中工作，因为这种有序为他们提供了一种安全感和保障（Bailey & Raelin）。对大学图书馆而言，根本性的变革可能意味着因经费削减而大幅减少图书购买数量，逐渐淘汰纸质书，以电子书购买为主，从而为学生提供学习和工作的空间（Walker，Armenakis & Bernerth，2007）。

变化扰乱了组织生活的可预测性、信心和稳定性，但变化不可避免。变化也会带来恐惧、不安全感和焦虑。然而，对图书馆馆长来说，一个组织的不可预测性，尤其是在未来不可知的情况下，同时也提供了许多新的机会。图书馆馆长的职责就是将管理和控制带入他们的领导角色的变化中。为了提高对未来的预测性，馆长可以基于过去的成功经验来制定规划和战略。在21世纪，读者获取和消费信息的方式发生了巨大的变化，尤其是在富有开拓性的高校。这给世界各地的图书馆带来了重大的挑战和机遇。克莱顿指出，变革和创新不再是一种选择，而是一种必然（Clayton，1997）。

本书的出版适逢社会文化大变局，数字技术、全球化、经济衰退和政治动荡给图书馆界带来了各种社会文化变革。本书聚焦于图书馆馆长作为领导者如何履行其职责，创造共同的愿景，激励利益相关方，并在大变革时期提供一个相对稳定的平台。世界各地的图书馆都进入了一个资源稀缺、竞争日益激烈、社会文化和政治问题复杂化的时代。组织合作、更多的决策参与、效率提升和结果评估已经变得至关重要（Gajda，2004）。图书馆馆长需要以身作则，激励所在的组织及其员工面对充满变化和不确定性的未来，张开双臂拥抱未来，而不是害怕未来。

A.5　成功的图书馆馆长的共同特征和个性

"领导力"一词有多种定义，领导风格也有大量不同类型，这导致"领导力"一词常常被人误解，尤其是在图书馆界（Phillips，2014）。事实上，在图书馆管理语境中，领导力远不止是决策制定和发号施令那么简单。正如弗斯特-鲍和鲍尔（Furst-Bowe & Bauer，2007）所解释的那样，图书馆馆长的角色（无论是大学图书馆还是研究型图书馆）非常重要，因为那些创新成功并实现管理变革的机构，是由"直线管辖"的领导者带领着将变革推进下去的。那些成功创新的机构不是由委员会或其他类型的团队结构所领导。显而易见，"个人性格"和态度，以及组织内部人员的领导风格，极大地影响了变革及变革成功的机会。除了核心专业技能和能力外，本书中的受访者还展示出一些能力和个人素质，这些能力和个人素质有助于他们脱颖而出，成为图书馆后备领导的不二人选。事实上，图书馆领导的特征也被拿来与企业领导的特征相比较，无论是哪种类型的图书馆领导，他们都与企业领导很相似。谢尔登（Sheldon）指出，除了投入/热情、优秀的沟通技巧、始终如一（这使追随者产生信任）和自信等共同特征之外，图书馆领导还表现出一种企业领导者通常不具备、但非政府组织领导人所具有的特征——他们所从事工作的"社会价值"给他们带来动力（Sheldon，1992，391页）。

A.6　变革型领导与图书馆绩效的关系

只有在组织内部的所有层面的领导力都发挥作用，组织运转才能有效并获得成功（Mahoney，2000）。在当今技术驱动的信息环境中，图书馆的终端用户非常重视速度、便捷性和灵活性。在数字移动设备赋能之外，不确定性和不可预测性也已成为图书馆专业人员的工作常态。同时，图书馆组织扁平化，使得对具有优秀领导力的图书馆馆长的需求日益增加。人们所期待的，不仅仅是一位有技术能力的馆长。

正如斯通豪斯和彭伯顿（Stonehouse & Pemberton，1999）所指出的，成功的领导者在打造学习型组织文化中发挥着重要的作用。这种组织文化重视知识、鼓励提问、建立信任并促进隐性知识的体验式学习。马奥尼进一步指出，"领导者必须创造出人人都能参与组织过程的环境"（Mahoney，2000，241页）。换句话说，变革型领导者在智力激励型环境的创造上发挥着关键作用，这有利于员工最大限度地发挥他们的才能和优势，来不断提高组织的绩效，或让创新走上正轨。

变革型领导的概念和理论最早是由美国历史学家、政治科学家、总统传记作家、领导力研究的权威人士詹姆斯·麦格雷戈·伯恩斯（James MacGregor Burns）在20世纪70年代提出的。变革型领导与交易型领导（也称为管理型领导）形成鲜明对比。变革型领导风格不是建立在简单的"给予和索取"关系之上，而是建立在领导者的个性、特质和清晰表达愿景的能力之上。这是为了激励员工实现个人具有挑战性的目标。这些目标可能是宏大而长远的。换句话说，交易型领导期望的是下属的服从，而变革型领导则是与下属共建团队，共同合作来确定需要改进或改变的领域或问题。正如彼得森、瓦蒙巴、拜伦和麦罗威茨（Peterson，Walumba，Byron & Myrowitz，2009）进一步解释的那样，变革型领导能够为组织构想未来、将组织的愿景和使命传达给员工、帮助员工发挥最大潜能、与员工一起确定他们的需求并以满足这些需求为目标。从这个意义上说，变革型领导首先改变其追随者的行为，尤其是改变追随者的期待、感知和动机。变革型领导能将他们的愿景与追随者的优势有机结合并为共同的目标努力。根据伯恩斯（Burns，2003）的观点，当"领导者和追随者彼此提升到更高的道德水准、工作动力更大时"，这就是变革型领导在发挥作用的结果。上述定义的言外之意是，变革型领导应为员工提供支持。

A.7　21世纪成功的图书馆馆长是变革型领导

人们发现，变革型领导与高等教育组织和文化组织有着重要关联。这是因为，变革型领导强调发展人力资本。变革型领导方法因其在管理图书馆以应对复杂变化方面有效而得到了广泛的认可（Castiglione，2006；Jantz，2012；McGuigan，2012）。变革型领导有能力激励其下属超越个人利益并向组织利益靠拢（Yukl，1999）。变革型领导创造的这种工作环境会鼓励图书馆专业人士去开发自己的人力资本，即直面挑战和变革所必需的技能、知识和态度。

特定的变革型领导行为与图书馆员或整个图书馆组织的工作绩效有显著关联。本书所访谈的图书馆馆长都是成功的领导者，他们能用不同的策略来激励和启发员工去实现组织目标，这一发现支持了巴斯等人的观点（Bass & Riggio，2006；Bass & Avolio，1995）。本书所呈现的那些馆长的行为和言论，与变革型领导力之间有着明显的联系。他们都展现了以下四种充满领导人魅力的变革型领导行为：理想化的影响行为、励志的激励行为、为员工着想的行为、鼓励员工专业成长的行为。

（1）理想化的影响行为——变革型领导是理想化的，因为人们期望他们是为图书馆甚至更大的行业整体利益而奋斗的榜样或道德楷模。作为领导者，图书馆馆长应为图书馆确立宏观和长远的愿景。更重要的是，应鼓励馆员们即使在不确定的环境下也勇于担当，并支持馆员有效工作以实现图书馆的使命（Nemanich & Keller，2007）。换言之，公平公正地激励图书馆员，让他们拥有更强烈的主人翁意识，再通过培养积极的工作态度，来提升他们对工作的兴趣和投入度。

（2）励志的激励行为——能有效地让图书馆馆长确定不同策略来激励和

鼓舞馆员，从而提高他们的创新思维及个人绩效水平，朝着组织目标而努力（Bass & Riggio，2006）。激励可以极大地提高个人的满意度、投入度和绩效，领导者在增强员工的信心和激励员工方面往往至关重要。

（3）为员工着想的行为——有助于图书馆馆长成为馆员们的导师，为他们提供富有成效的指导。为馆员着想的行为，不同的馆长会有不同，比如很好地倾听，更好地了解馆员的优缺点。为了分配给馆员适合的任务且能让他们有更优表现，馆长必须首先确定馆员的需求并满足这些需求，同时为所有人提供平等的机会与支持（Birasnav，Rangnekar & Dalpati，2011）。职业指导也是这类行为的一部分，有助于图书馆员树立正确的身份认同感，将自己视为图书馆这个集体中的一员。

（4）鼓励员工专业成长的行为——图书馆馆长鼓励馆员继续学习，在专业上有所发展，允许馆员挑战执行任务的方式，允许他们质疑所选择的解决工作问题的方法。从这个意义上说，变革型领导鼓励员工不断学习知识、积累知识。知识是可持续竞争优势的来源。持续的学习、有效的知识积累和知识共享，无疑会带来创新，提高资源利用率，让组织运行更有成效，以提升图书馆整体的工作效率。

这些行为有助于推动图书馆提供及时和可靠的优质服务，并能有效地带来组织绩效的变化（Politis，2002）。

简言之，变革型领导风格的特质包括有能力激励下属、提升工作士气及创新思维水平，以改善下属的工作表现，增强组织的创新力，从而实现组织整体能力的提升。创造积极的工作环境，允许馆员发展必要的技能、学习更多知识，以适应各种挑战和变化，这一点至关重要，它能够让图书馆获得竞争优势并提升运营绩效。本书中的访谈让我们看到，变革型领导力能使图书馆馆长成为变革的称职推动者，以便他们所在的图书馆能够应对科技和互联网的快速发展，在未来的道路上立于不败之地。

A.8　向所在社区展示价值

常常听到老师和学生抱怨，他们作为学校图书馆的使用者，没能充分感受到学校图书馆对研究和学术活动的贡献，也无法体会到对在校生学习和各方面发展的支持。他们有时很困惑，图书馆到底能为他们做什么。这种困惑还加剧了他们对图书馆的不满。教师、研究人员和学生认为，不用亲自去学校图书馆了，因为他们可以很便捷地在网上获得各种资源。但他们没有意识到，实际上这些网络资源中的许多正是来自学校图书馆。此外，大学校长对图书馆投入的资源是否足够，往往取决于他们对图书馆领导层的信心（Adamany，1985）。由于这些原因，图书馆不能理所当然地认为会得到学校的支持，图书馆馆长必须消除用户和利益相关者的困惑和疑虑，确保图书馆对整个大学的贡献得到充分的认可。

人们呼吁进一步评估图书馆对整个学术机构的影响（奥克利夫，2010）。在这样的大环境下，保持图书馆和图书馆员的重要性这一挑战也日益紧迫（Rogers，2011）。因此，战略规划与资源分配之间的匹配，已经成为许多大学图书馆最重要的战略之一（Long & Schonfeld，2011）。换句话说，图书馆馆长必须通过确保并加强图书馆与利益相关者的相关性来继续推动图书馆向前发展，证明自身价值，以便继续争取图书馆在机构经费中所占的份额。

图书馆应当创建以用户为中心的富有创造性、学习性和协作性的图书馆文化，向所在的大学展示自身价值；不断重塑自身，并与利益相关者合作，使图书馆的战略愿景与所在大学的战略愿景保持一致；此外，不断调整战略目标并使服务现代化，这样的图书馆会一直保持不断追求进步的势头，也会保持这样的图书馆文化。这包括，认可图书馆在支持所在大学愿景中的作用，并为这一愿景作出贡献。图书馆馆长还必须能够与大学行政人员、资深教师、图书馆行业的其他人以及大学的利益相关方进行有效的沟通。最后，图书馆馆长在规划目标时必须既有系统性，同时又有灵活性，并提供关键的绩效指标来衡量进展和最终结果。

A.9　图书馆馆员与教师/研究人员之间不断发展的相互关系

高等教育机构是社会人口结构及普遍价值观的缩影。大学图书馆是所在大学的映射（Shiflett，1994），是大学整体使命中不可或缺的组成部分。它为全球化和专业化环境下日益多样化的课程和研究提供了支持。早期，这种变化并非由技术驱动，而是由经济和师生构成情况所驱动。但近年来，学术界技术的引入引起了翻天覆地的变化，这些变化在学术模式和学术交流重点上均有体现。图书馆在提供支持上已存在数百年惯例，在变化的过程中，图书馆馆长正经历前所未有的挑战，即"学术交流的重心从以前以期刊为中心的模式向其他模式的重大转变（例如存放在资源库中以实现开放获取）、跨机构的合作趋势、学者对社交媒体的接受"（OCLC，2014）。及时响应师生需求并提供高质量的服务（灵活的服务和多样的服务），已成为所有成功的大学图书馆的标志。

根据"促进欧洲研究的开放科学培训"（Facilitate Open Science Training for European Research，FOSTER）对开放科学的定义，科学实践是以"其他人可以合作和贡献的方式进行的，研究数据、实验室笔记和其他研究过程可免费获取，这样做的条件是其基础数据和方法可以重新使用、重新分配和进行复制研究"。在当今日益复杂和快速变化的信息环境中，支持教师对资源进行评估、通过开发在线学习资料将技术和信息素养技能整合到他们的课程中，已成为许多大学图书馆馆长工作描述的重要组成部分。正如圣心大学（Sacred Heart University）图书馆馆长加文·费里比博士（Dr. Gavin Ferriby）所说的：

> 通过与各方利益群体合作，图书馆几乎有着得天独厚的优势，成为变革的推动者，在社会、教育和智力方面对大学有越来越大的影响。这不是任何一个大学机构可以做到的，也不是大学任何其他机构的工作范畴。这需要远见、适应都市的生存能力和倾听能力。需要看到的是，图书馆的优先事项并不总是大学的优先事项。但当它们的优先事项不相同的时候，它们需要形成某种共生关系。（Kim，2017）

也就是说，新知识经济的重要性日益增长，同时在线信息、通信技术、价格低廉的移动设备在突飞猛进地发展，都对学生的学习实践产生了不可估量的影响，也对大学图书馆行业的实践产生了巨大影响（Ko, Chiu, Lo & Jo，2015；Lau, Chiu, Ho, Lo & See-To，2017）。在线教育范围不断扩大，为了在此环境下继续提供优质服务，图书馆服务和馆藏越来越以用户为中心（Brewster & Chapman，2009），越来越强调终端用户的满意度和服务的灵活、高速、便捷，越来越强调全天候服务和一站式服务等。毋庸置疑，新的研究实践方式，以及新的学术环境，让许多变化势在必行——这些变化不仅使图书馆的内部组织结构和文化发生变化，也使得大学图书馆馆员的角色随之发生变化。正如布罗菲强调的，"对图书馆员来说，在快速变化的高科技世界里提供服务仍然是个挑战……合作现在已被视为前进的方向"（Brophy，2005，44页）。

　　为应对上述内部和外部影响，馆员与教师的关系在与时俱进地发展。馆员与教师关系的发展，扩大了大学图书馆员的传统服务角色范畴，即通过各种不同形式促进权威信息的发现和传递，例如，越来越强调学术的组织和传播（Nitecki & Davis，2017）。为了实现馆员和教师真正的合作，馆员们需要在他们所服务的学术团体中建立信任。许多高等教育机构能清晰地认识到，图书馆在学校运行和学生学习中发挥着核心作用，但仍然有一些机构不认可这种观点。有一些学者根本不使用图书馆提供的服务，或者甚至不踏入图书馆大楼半步。是因为他们根本不需要这些服务吗？还是服务不够到位？还是这些服务不为他们所知？是他们已经通过谷歌学术或自己院系资料室或阅览室解决了所有问题？抑或是因为他们只想在深夜使用图书馆？很多时候，教师喜欢塑造"自给自足"的形象。这样的形象有时会传递给他们教的学生。我们面对的一个重大挑战是："馆员该如何与教学科研同行沟通，让他们了解，以图书馆为中心的学习实际上可以对学生的教育产生真正的积极影响？"

　　正如克雷塞和斯佩齐指出的那样，"图书馆所带来的成果是无法量化计算的，它以成人之美的方式存在，我们的资源和服务在某种程度上助力了研究人员所做的工作"（Creaser & Spezi，2012，12页）。因此，向老师和他们的学生更好地介绍图书馆的服务、这些服务的优点、其他的替代和潜在服务，是馆员推广图书馆的有效策略。当然不是从馆员的角度出发，而是从用户的角度出发（例如，对学生整体学术学习作出的贡献、为教学/研究人员节省时间等）——而不是简单地概述图书馆的服务范围。

　　在为教师提供研究服务和研究技能发展上，图书馆员一直发挥着重要的作用。然而，图书馆员与教学和研究人员的关系在不同的学术部门以及不同的大学有很大的差异。不同的学科或部门往往有自己独特的学科文化。正如本书采访的加州大学洛杉矶分校图书馆馆长弗吉尼亚·斯蒂尔所指出的，要想成为合格的知识管理者和教育及研究的促进者，馆员需要了解不同的学科文化，理解在研究和出版的整个生命周期中知识的产生和传播方式。本书中的馆长们强调沟通、联络、营销、社区外联、筹款、信息素养教育（例如图书馆员与教师共同进行教学设计）等技能的重要性，并指出馆员和教师之间的密切合作更为重要。费里比（Ferriby）进一步阐述了馆员与教师合作的重要性，"在新的数字环境中，越来越多的馆员正在与教学设计者、教师和其他人合作，创造超越以往的课堂、实验室和实践环境的学习途径"（Kin，2017）。希夫莱特（Shiflett，1996）还认为，图书馆功能与教育的"结合"非常重要，这样才能产生一种以图书馆为中心的混合教育——这种教育依赖于大学图书馆作为学生指导和研究主导学习的主要环境，即使在本科阶段也是如此。

本书的访谈结果表明，由于这种职能转变，大学图书馆员的角色转变为独特且必要的研究和教学伙伴、学术同事、研究参与者和合作项目的参加人，例如参与筹款、馆藏建设、资源评估、数字出版、学术交流、数字人文、机构知识库、电子论文、版权谈判、机构档案、开放获取倡议等。"图书馆员与教师建立合作关系，不是简单地向教师们介绍自己以及将信息素养融入他们课程的计划，而是要精心培养同事友谊，是通过清晰而持续的沟通，让教师明白如何利用我们图书馆员的专业知识和专长来服务于课程开发过程，这是一种坚持和投入，保证我们的可见度、可用度和参与度"（Pritchard，2010，389页）。

本书的访谈结果进一步揭示，今天的大学图书馆正处于根本性的变革之中，图书馆员必须从依赖传统的服务，即提供文献和文献信息，转向更有效的推广和参与方式。正因如此，图书馆员必须更好地了解实际的科研过程，并发展出一套基本的科研技能，以适应新的角色和发展。新的角色和发展旨在支持科研人员的研究工作，为大规模学术研究的过程作出贡献。图书馆员所做的这些协作性和参与性努力应在不同的层面上进行。

图书馆员与教师之间的协作和参与可以而且应该是多维度、多方向和多学科的。培养成功的馆员与教师合作必须有来自图书馆馆长和资深教师的全员支持。为实现这种成功的合作，图书馆馆长必须提升图书馆的形象，并向更多的机构展示其价值。图书馆高层管理人员和资深教师都应随时准备着，在决策制定和机构改革方面开展协作。在有些学校，图书馆员和其他教师一样，也承担相应的科研和教学任务。在这种情况下，他们向其他教师推介图书馆服务时会更容易，因为教师会将他们当作有相似专业能力和知识能力的学术伙伴。因此，为了使人们更好地认识到图书馆的价值，图书馆馆长必须在促进文化变革和在学校层面的行政、财务、人力资源安排等方面的谈判中发挥关键作用。

对于大学图书馆员来说，除了作为信息管理者，我们全新及不断发展的角色还可以是新学术伙伴关系的发起者、研究人员出版网络的合作者、学生学习的促进者以及未来学术的孵化器。我们有必要"寻求新的工作方式和新的伙伴关系"（Broady-Preston，2010，74页）。在为教学和研究人员提供支持的过程中，图书馆员感到压力越来越大。他们需要获得传统图书馆员技能之外的新技能和知识，因此，向馆员及时有效地提供这种支持至关重要。无论这种影响有多大，以何种形式出现，大学图书馆都需要与学校的整体使命保持关联，并且必须继续努力成为整个大学社区的心脏或脊梁。为保持图书馆在学术机构中的中心地位，图书馆馆长必须培养出一种组织文化，这种文化鼓励图书馆员通过不断观察和发展对新的学习和研究实践的认识或理解，来适应新的、不断发展的信息环境。

A.10　图书馆馆长的全球招聘趋势

在当前预算紧张、环境快速变化，以及对增加价值展示、评估、绩效问责制和国际化等需求日益增长的环境下，图书馆领导力已经成为一个紧迫的话题。国际化可以极大地提高教育和研究的质量，来应对这些挑战。近来，这在当前全球化经济中得到了广泛认可。事实上，近年来，对科学研究的国际资助和其他国际交流活动在全球高等教育机构中日益增多。根据牛津大学国际战略办公室（University of Oxford International Strategy Office，2015）发布的《2015年高等教育国际趋势》（*2015 International Trend in Higher Education*）报告，国际化在世界范围内的重要性日益提升。全球范围内，在国外接受高等教育的学生人数持续增加。这种不可阻挡的全球现象也促使许多世界领先的大学为国际学生招生制定相应的国际战略，并在诸多议程中纳入国际化能力建设，如研究的国际合作、教学和研究的国际最优标准、海外教师和学生的交换交流项目、国际教师招聘等。由于这类国际项目的比例越来越大，大学也变得越来越国际化，学生、教师、科研人员以及图情专业人员都在全球范围内工作、研究和学习。

在日益国际化的环境中，全球许多顶尖大学和研究机构都把"具有海外经历"作为选拔新任图书馆馆长的条件。本书中的许多受访者表示，他们为了去国外的图书馆担任馆长而背井离乡。他们为所任职的图书馆带来了无法比拟的洞察力、专业知识和专业经验。最重要的是，他们还带来了在不同地区和不同专业间开展合作的国际视野，以应对当今图情行业和学术交流所面临的更大挑战。

图情专业人士面临的现有问题或挑战，并不是总有先例可循或有现成的解决方案。既然大学和信息环境都具有全球性，那么图书馆馆长需要解决的问题也是全球性的。而解决这些问题通常需要灵活和创新的思维以及跨国和跨文化合作等经验。国际经验让我们能更好地相互理解。用国际化和跨文化的视角，而不是国内的既定范式来战略性地评估和管理人才，可以促使图书馆方方面面更好地发展，并促进更大程度的多样性和包容性。因此，保持文化敏感性对图书馆实践很重要，识别发展机遇和扩大经费来源的能力也同样重要。领导技能的发展也是同向的。从新手到专家，从处理高度结构化、好解决的问题到解决需要创造性思维的、更复杂的、不明确的组织性问题（Mumford，Zaccaro，Harding，Jacobs & Fleishman，2000）。国际化的图书馆馆长可以帮助图书馆搭建广泛的海外关系。此外，多样化的思想和经验也丰富了领导团队的创造和创新能力，这包括激发出馆员最佳绩效的能力。在这种情况下，一个有国际经验的称职的图书馆馆长可能会为现有问题的解决带来新的视角，并能够提升团队成员的士气和参与度及互动水平，提高整个组织的战略定位。

A.11　筹款：大学图书馆生存的必要之恶？

我们不仅需要关注自己的经费需求，还需要在整个学校的筹款中发挥作用——即使协助学校筹募到的资金不一定能直接用于图书馆。

——麦克马斯特大学图书馆馆长　杰弗里·特热恰克（*Jeffrey Trzeciak*）

来源：富施（*Fusch*，2011）

许多年来，世界各地大量的大学图书馆因预算的大幅削减而苦不堪言，此外，还要应对不断增长的用户需求带来的压力。经费形势依然严峻，而书籍采购、数字化、设施升级和人员配备的成本却不断攀升。这种经济环境导致不可阻挡的削减采购预算和强制提前退休的局面，这甚至导致图书馆工作人员自愿买断工龄。在过去，大学图书馆去争取甚至接受非政府/外部资助并不常见。然而近几十年来，越来越多的大学图书馆被迫寻找其他的预算资金来源，美国的高等院校图书馆尤其如此。

在教育、行政和财务系统方面，美国与欧洲或亚洲高等教育机构存在重大差异。在美国，约一半的大学和学院由私人资助，而欧洲和亚洲的大多数高等教育机构则依赖于中央政府拨款。在当今的学术和经济环境下，许多图书馆馆长面临着各种各样的任务。而具讽刺意味的是，这些种类繁多的任务中，许多任务与传统图情行业并不相关。例如，越来越多的图书馆馆长和图书馆资深部门主任将大量员工的时间和精力投入各种与筹款有关的推广和营销活动，以及大额捐赠项目中。一些大学图书馆甚至雇用专业筹款团队来寻求外部资金。正如多恩和莫里斯所强调的，越来越多的图书馆馆长的角色之一，就是"吸引外部捐赠，以支持图书馆的核心任务和日常运转，促成新的服务模式，创造创新的学习空间，并支持新的收藏计划"（Doan & Morris，2012，190页）。同时，几位作者指出，为大学图书馆筹款与为其他类型的组织甚至校园里的其他学术单位筹款有很大的不同。斯蒂尔和埃尔德指出：

> 为图书馆，特别是大学图书馆筹款，和为其他类型的组织筹款存在显著差异。为大学图书馆筹款和为交响乐团或剧院筹款之间的关键区别是：后者主要依靠组织的志愿者领导社区……然而，在为图书馆筹款这件事上，志愿者的领导远不如图书馆的领导重要……发展规划部门的人员可以提供指导、想法和投入精力，但筹款的本质决定了图书馆馆长必须成为这项工作的核心人物。（Steele & Elder，1992，ii页）

斯旺风趣地指出，为任何图书馆筹款都不是"'阿拉丁神灯'。只要你擦三次，就会为你实现三个愿望，让你得到想要的经费"（Swan，1990，1页）。提升图书馆在学校内部和相关领域的可见度、与潜在捐助者建立和维持关系，是成功筹款的关键。这一点萨拉·托马斯博士（哈佛大学图书馆馆长）在她的受访章节中也有所提及。毋庸置疑，建立长期的捐赠关系可以让募捐活动更加顺利，也可以吸引更多的捐赠。换句话说，个人捐助者必须始终是图书馆馆长筹款活动的核心。与此同时，本书的研究结果表明，这一代的图书馆馆长不仅应该能有说服力地谈论愿景，而且能让潜在的捐赠者"兴奋起来"，让他们看到投资能带来什么，"有时是在未提前准备且在非常有限的时间内"做到这一点（Doan & Morris，2012，193页）。

随着成本的增加和资助的减少，图书馆馆长越来越有必要积极参与筹款。随着馆长角色的改变，他/她需要获得非传统的知识和技能，同时必须确保图书馆的顺利运转。

——马丁（Martin，1998，第3页）。

然而，能有效沟通以获得经费支持不是一项天生就能具备的技能。即使对许多经验丰富的图情专业人士来说，这也不是自然而然能获得的技能。很少有人生来就是"筹款者"。事实上，图书馆员中很少有人在进入这个行业时就能预料到，筹款最终会成为他们工作中不可或缺的一部分。然而，这项基本技能确实可以随着时间的推移而学会，并得到锻炼和发展。鉴于目前的经济环境，有志于成为未来领导者的图情专业人员必须培养这种能力，"帮助捐款人清晰看到，他们对图书馆的支持将如何帮助当下的图书馆完成变革，以契合他们对未来的愿景"（Doan & Morris，2012，193页）。因此，筹款是实现图书馆使命的必要之举或敲门砖。与学校的其他学术单位相比，图书馆在筹款竞争中处于劣势，因为不像其他院系，大学图书馆并没有真正意义上的校友，这使得图书馆在筹款上极其艰难。因此，图书馆馆长在领导事业发展和筹款工作上都是至关重要的。他们在宣传图书馆事业、说服校长和支持者优先考虑图书馆方面发挥着关键作用（Huang，2006）。

本书所采访的许多图书馆馆长都充满活力与热情，愿意与不同的内部和外部伙伴合作，为推动图书馆的发展而筹款。坚持不懈也是成功筹款的一个关键策略。"最后，图书馆的成功在很大程度上取决于馆长的态度是否积极主动。既要在大学内部积极主动，以获得学校领导的关注和机构内部的适当优先待遇，又要在与捐助者和潜在捐款人接触时积极主动。"（Martin，1998，10页）任何一家图书馆都不可能拥有无限的资源和发展能力。世界各地的大学中，需要图书馆支持的学术项目都在不断增加，但图书馆行业需要一些时间来应对，需要一些时间来培养下一代的领导人以适应这些新要求、新形势。在最近的一项研究中，55.1%的受访图书馆馆长认为，图书馆学专业研究生阶段的学习内容并没有为他们成为图书馆馆长做好准备（Mackenzie & Smith，2011）。这在世界各地的图情院系仍然是一个常见的问题：若不恰当地培养学生成功所需要的必备技能，我们又如何能培养新一代图书馆的领导者呢？本书只为图情专业院系的课程设置提供了部分解决方案，但仍有许多工作要做。

A.12　图书馆员不是研究人员的仆从

从本书可见，图书馆馆长工作是令人振奋而有意义的。无论是哪里的图书馆，图书馆馆长都必须熟悉日益复杂的学术交流过程和要求，并了解最新的技术发展。由于图书馆馆长的职责涉及公平正义的保障、知识创造和管理以及有效治理理念的传播，因此，对于有志在知识和信息管理领域发挥积极作用的人来说，图书馆馆长的工作特别有意义。

毫无疑问，图书馆馆长和馆员在学术和研究这个严谨的"神经系统"中发挥着核心作用。虽然馆员是学术过程的深度参与者，他们为研究人员尽可能提供了最佳信息，但他们不一定需要从事教学，也通常不会有"没有科研成果就得走人"的周期性压力（Gad-El-Hak，2004；Neill，2008）。由于这个原因，馆员并不总是享有与大学教师或科研人员同等的社会和专业地位，也常常不被看作是教学和科研人员在智力和/或专业上的同行；而是被视为教学和科研人员的下属或研究助理。这也许是造成图书馆员是研究人员"仆从"这一刻板印象的诸多因素之一，这种刻板印象有时不仅在图书馆内部造成负面影响，还在整个大学层面造成负面影响。这不仅歪曲了事实，还呈现出一种扭曲的图书馆员刻板形象，即图书馆员只是在做体力性质的常规工作，这样的工作不需要像研究人员那样具有专业技能和判断。这种错误看法和印象对图书馆员非常不利。

A.13　作者的最后说明

从本书中，读者会找到对图书馆管理方方面面的全面调研，会读到对核心管理技巧的点评总结。这些都可用于大学图书馆使命宣言的成功阐释和实践。图书馆员是否需要有学术研究的追求是存在争议的话题，甚至可能是大学图书馆界的困惑。虽然大多数图书馆员忙于日常参考咨询、教学和馆藏相关的活动，每周花在研究或发表上的时间越来越少，但对一些图书馆员来说，他们仍然需要找到必要的时间来做学术会议发言并偶尔发表研究文章。一些图书馆员善于在他们的日常工作和对专业的贡献之间找到恰当的平衡。研究发现，发表论文的图书馆员更有可能从他们的工作中获得满足感，实现他们的职业目标，并有显著的创造性产出。发表和研究是促进图书馆发展和图书馆员工作进步的两种方式，且这两种方式相互关联。研究为思想传播和经验分享创造了新机会。一些图书馆员通过讨论图书馆服务、版权、资源管理、信息素养教育以及与其专业或兴趣相关的其他方面问题来分享他们的专业知识。另一方面，对图书馆服务和活动的成效进行复杂的测量（如开展用户满意度调查和借阅分析，甚至进行数据挖掘）已成为必然。分享和传播这些经验有助于为学术界带来变革和进步。正如我们书中采访的图书馆馆长所揭示的，当他们更积极地参与并被赋予获得成功的机会时，图书馆员可以分享他们对学生的关注以及他们对图情领域的观点。

本书中的访谈不仅表明了图书馆馆长的重要作用，还传递了令图书馆业界更加自立自信的信息，这一信息促使我们进行重要的反思，以照亮图情领域未来的职业道路。为保证图书馆顺利运转，即使面临经济衰退或全球化的各种表现所带来的挑战，图书馆馆长也必须有更大的格局，让图书馆的发展紧紧围绕所在学校的愿景。这本书的撰写视角是目前在世界领先的大学和研究机构任职的图书馆馆长们的视角。

随着这一代图书馆馆长退休，各机构需要寻找合格的继任者，对图书馆领导层的规划将成为组织稳定的关键。因此，为下一代图书馆领导层培养一支有效的骨干队伍就变得至关重要。例如，英国图书馆与情报专家学会（CILIP）对他们所认证的项目提出要求，在其课程中必须包含领导力和对图书馆提供支持的相应内容。大多数图书馆员在从事管理工作之前很少接触到管理问题。此外，大多数图情专业的学生在开始学习时并不认为他们需要了解管理，但他们很快发现，对管理的了解是胜任几乎所有图书馆工作的必要前提（Moniz，2010）。

本书邀请到了来自世界各地、经验丰富的图书馆馆长与读者分享他们宝贵的专业经验和真知灼见。这本书阐释了基本概念，并提供了大量翔实的真实案例研究，旨在为从业的图书馆馆长和有志之士提供基石，他们可以从中了解各种领导技能、专业机会，再相应地对自己的职业道路进行规划。无论是新晋图书馆馆长，还是拥有明确目标的图情专业人员，都需要采取具体措施以获得和加强不同领域的领导技能，以便在当前以变化和不确定性为特征的信息环境中开展工作。毋庸置疑，本书对于初涉管理的图情专业人员和那些需要更新管理理念和技能的人员来说，都同样适用。对经验丰富的图情管理人员来说，这本书也可以作为指南，为他们提供有用的参考，以及在当代大学图书馆背景下涵盖多种管理主题的案例研究。大学的管理者还可以通过本书了解到图书馆馆长如何才能更有效地促进图书馆的整体成功和整个大学的发展。毫无疑问，对有志于从事图书馆事业、有志于未来发展成为图书馆馆长，以及有志于为此打磨相应的必备领导力技能、能力和人格特质的人来说，本书都是一份宝贵而实用的参考指南。

参考文献

Adamany, D. W.(1985). Research libraries from a presidential perspective. In P. Spyers-Duran, & T. W. Mann (Eds.), Issues in academic librarianship：Views and case studies for the 1980's and 1990's. Westport, CT：Greenwood Press.

Ammons-Stephens, S., Cole, H. J., Jenkins-Gibbs, K., Riehle, C. F. & Weare, W. H. (2009). Developing core leadership competencies for the library profession. Library Leadership and Management, 23(2), 63-74.

Bailey, J. & Raelin, J.(23 November, 2010). Employees see death when you change their routines. Harvard Business Review Blog Network. Available from <https：//hbr. org/2010/11/employees-see-death-when-you-c.html>.

Bass, B. M. & Avolio, B. J.(1995). The multifactor leadership questionnaire. Redwood City, CA：Mind Garden.

Bass, B. M. & Riggio, R. E.(2006). Transformational leadership. Mahwah, NJ：Lawrence Erlbaum Associates.

Birasnav, M., Rangnekar, S. & Dalpati, A.(2011). Transformational leadership and human capital benefits：The role of knowledge management. Leadership & Organization Development Journal, 32, 106-168.

Brewster, L. & Chapman, L.(2009). LIS Education—What's changed since the 60s?. Library & Information Update, 44-46.

Broady-Preston, J.(2010). The information professional of the future：Polymath or dino-saur?. Library Management, 30(1/2), 66-78.

Brophy, P.(2005). The academic library (2nd ed). London：Facet.

Burns, J. M.(2003). Transforming leadership. New York：Grove Press.

Castiglione, J.(2006). Organizational learning and transformational leadership in the library environment. Library Management, 27(4/5), 289-299.

CILIP, (n.d.). CILIP accredited qualifications. Available from <https：//www.cilip.org. uk/cilip/cilip-accredited-qualifications>.

Clayton, P.(1997). Implementation of organizational innovation：Studies of academic and research libraries. San Diego, CA：Academic Press.

Creaser, C. & Spezi, V.(2012). Working together: Evolving value for academic libraries. Loughborough: Loughborough University. Available from https://dspace.lboro. ac.uk/dspace-jspui/bitstream/2134/13476/3/NDM%205709%20LISU%20final%20report_ WEB.pdf.

DeLong, K., Garrison, J. & Ryan, M.(2012). Changing role of senior administrators. Washington, DC: Association of Research Libraries.

Doan, T. & Morris, S. L.(2012). Middle managers and major gifts: Fundraising for academic librarians. The Bottom Line, 25(4), 190-195.

Fagan, J. C.(2012). The effectiveness of academic library deans and directors: A literature review. Library Leadership & Management, 26(1), 1-18.

FOSTER, (n.d.). Open science definition. Available from <https://www.fosteropenscience. eu/foster-taxonomy/open-science-definition>.

Furst-Bowe, J. A. & Bauer, R. A.(2007). Application of the Baldridge model for innova-tion in higher education. In T. S. Glickman, & S. C. White (Eds.), Managing for inno-vation. New directions for higher education (No. 137, pp. 5-14). San Francisco, CA: Jossey-Bass.

Fusch, D.(2011). Fundraising for the library: Building shared purpose. Academicimpressions. com. Available from, https://www.academicimpressions.com/fundraising-for-the library- building-shared-purpose/.

Gad-El-Hak, M.(2004). Publish or perish—An ailing enterprise?. Physics Today, 57(3), 61-64.

Gajda, R.(2004). Utilizing collaboration theory to evaluate strategic alliances. American Journal of Evaluation, 25(1), 65-77.

Higgs, M. & Rowland, D.(2010). Emperors with clothes on: The role of self-awareness in developing effective change leadership. Journal of Change Management, 10(4), 369-385.

Huang, S. T.(2006). Where there's a will, there's a way: Fundraising for the academic library. The Bottom Line, 19(3), 146-147.

Jantz, R. C.(2012). Innovation in academic libraries: An analysis of university librarians' perspectives. Library & Information Science Research, 34(1), 3-12.

Kim, J.(4 May, 2017). 11 Answers from a university librarian: An exchange with Sacred Heart University's Gavin Ferriby. Available from, https://www.insidehighered.com/blogs/ technology-and-learning/11-answers-university-librarian.

Ko, E., Chiu, D., Lo, P. & Jo, K.(2015). Comparative study on m-learning usage among LIS students. The Journal of Academic Librarianship, 41(5), 567-577.

Lau, K. P., Chiu, D. K., Ho, K. K., Lo, P. & See-To, E. W.(2017). Educational usage of mobile devices: Differences between postgraduate and undergraduate students. The Journal of Academic Librarianship,43(3),201-208.

　　Lo,P.,Cho,A.,Law,B. K. K.,Chiu,D. K. & Allard,B.(2017). Progressive trends in electronic resources management among academic libraries in Hong Kong. Library Collections, Acquisitions, & Technical Services,40(1-2),28-37.

　　Long,M. P. & Schonfeld,R. P.(2011). Ithaka S+R library survey 2010:Insights from U.S. Academic Library Directors. New York:Ithaka S+R.

　　Mackenzie,M. L. & Smith,J. P.(2011). How does the library profession grow managers? It doesn't—They grow themselves. In Advances in Librarianship (pp. 51-71). Emerald Group Publishing Limited.

　　Mahoney,R.(2000). Leadership and learning organization. The Learning Organization, 7(5),241-243.

　　Martin,J.(2015). Leadership in academic libraries:Exploratory research on the use of transformational and transactional leadership styles. In ACRL 2015 proceedings (pp. 391-397).

　　Martin,S. K.(1998). The changing role of the library director:Fund-raising and the academic library. Journal of Academic Librarianship,24(1),3-10.

　　McGuigan,G. S.(2012). Addressing change in academic libraries:A review of classical organizational theory and implications for academic libraries. Library Philosophy and Practice 2012, paper 755.

　　Moniz,R.(2010). Practical and effective management of libraries:Integrating case studies, general management theory and self-understanding. Oxford, U.K:Chandos.

　　Mumford,M. D.,Zaccaro,S. J.,Harding,F. D.,Jacobs,T. O. & Fleishman,E. A.(2000). Leadership skills for a changing world:Solving complex social problems. The Leadership Quarterly,11(1),11-35.

　　Neill,U. S.(2008). Publish or perish, but at what cost?. Journal of Clinical Investigation, 118-(7),2368.

　　Nemanich,L. A. & Keller,R. T.(2007). Transformational leadership in an acquisition: A field study of employees. The Leadership Quarterly,18(1),49-68.

　　Nitecki,D. A. & Davis,M. E.(2017). Expanding librarians' roles in the research life-cycle. In IFLA WLIC 2017. Available from, http://library.ifla.org/1798/1/S06-2017-nitecki-en.pdf.

　　Oakleaf,M. J.(2010). The value of academic libraries:A comprehensive research review and report. Chicago, IL:Association of College and Research Libraries, American Library Association.

　　OCLC.(2014). OCLC research. Available from, http://www.oclc.org/research/activities/scholarcomm.html.

Peterson, S. J., Walumba, F. O., Byron, K. & Myrowitz, J.(2009). CEO positive psychological traits, transformational leadership, and firm performance in high-technology start-up and established firms. Journal of Management, 35(2), 348-368.

Phillips, A.(2014). What do we mean by library leadership? Leadership in LIS education. Journal of Education in Library and Information Science, 55(4), 336-344.

Politis, J. D.(2002). Transformational and transactional leadership enabling (disabling) knowledge acquisition of self-anaged teams: the consequences for performance. Leadership & Organization Development Journal, 23(4), 186-197.

Pritchard, P. A.(2010). The embedded science librarian: Partner in curriculum design and delivery. Journal of Library dministration, 50(4), 373-396.

Rogers, J. P.(7 April, 2011). My peers are not my tribe. Leadership, Libraries, The Profession. Available from, http://www.attemptingelegance.com/?p 5-1025.

Sheldon, B. E.(1992). Library leaders: Attributes compared to corporate leaders. Library Trends, 40(3), 391-401.

Shiflett, L.(1996). Louis shores: Defining educational librarianship. Metuchen, NJ: Scarecrow Press.

Shiflett, O. L.(1994). Academic libraries. In J. W. A. Wiegand, & D. G. Davis (Eds.), Encyclopedia of library history. New York: Garland.

Steele, V. & Elder, S. D.(1992). Becoming a fundraiser: The principles and practice of library development. Chicago, IL: American Library Association.

Stonehouse, G. H. & Pemberton, J. A.(1999). Learning and knowledge management in the intelligent organization. Participation and Empowerment: An International Journal, 7(5), 131-144.

Swan, J.(1990). Fundraising for the small public library: A how-to-do-it manual for librarians. New York: NEAL-Schumann Publishers, Inc.

Thompson, J.(1982). The end of libraries. London: Scarecrow Press.

University of Oxford International Strategy Office.(2015). 2015 International Trend in Higher Education. Oxford, UK: University of Oxford.

Walker, J., Armenakis, A. & Bernerth, J. B.(2007). Factors influencing organizational change efforts: An integrative investigation of change content, context, process, and individual differences. Journal of Organizational Change Management, 20(6), 761-773.

Yukl, G.(1999). An evaluation of conceptual weaknesses in transformational and charismatic leadership theories. The Leadership Quarterly, 10(2), 285-305.

索　引

本索引所标页码为英文版页码，即中文版边码。

A

阿伯丁大学图书馆 University of Aberdeen Library　215,217,220
　—邓肯·赖斯爵士图书馆 Sir Duncan Rice Library　221
　—"及时"获取资源 "just-in-time" access to resources　217
　—乔治·华盛顿·威尔逊专藏 George Washington Wilson Collection　221
　—特藏中心 Special Collections Centre　221
　—图书馆服务 library services　217
　—沃尔特·司各特爵士专藏 Sir Walter Scott Collection　221
阿曼森基金会 Ahmanson Foundation　49
阿莫斯，霍华德 Amos, Howard　265
　—管理和领导风格 management and leadership style　271
　—技术对图书馆服务的影响 impacts of technology on library services　272
　—开放图书馆环境全球开放知识库项目 Kuali OLE GoKB project　279
　—学术环境下的技术和变化 technology and changes in academic landscape　273
　　—对标评估活动 benchmarking activities　274
　　—平衡计分卡方法 balanced scorecard approach　274
　　—质量保证和质量管理 quality assurance and quality management　273-274
艾利贝斯公司 Ex Libris　154-155
奥塔哥大学 University of Otago　265,268
　—馆藏 collections　268-269
　—可持续发展中心 Centre for Sustainability (CSAFE)　279-280
　—研究档案库 Research Archive　279
　—用户服务部门 Client Services Unit　270
　—"自助服务"和自我发现服务 "self-service" and self-discovery services　270
奥文登，理查德 Ovenden, Richard　127
　—筹款工作 fundraising work　134
　—给年轻馆员的建议 advice for young librarians　135
　—领导和管理风格 leadership and management style　133
　—学术和专业协会会员 membership in scholarly and professional associations　134
　—作为大学图书馆馆长的职责 responsibilities as University Librarian　129
　　—运营或筹款 operations and fundraising　130

B

巴尔,拉斐尔(博士) Ball, Dr. Rafael 181
—关于当代技术的影响力 about impact of contemporary technologies 186
—在职培训 "on-the-job" traineeship 182
—专业协会会员 membership in professional organizations 186
—作为科学史学家 as science historian 182-183
巴思,克里斯托弗·D. Barth, Christopher D. 373
—作为《安克雷奇每日新闻报》网络编辑 as Online Editor for *Anchorage Daily News* 374
—作为美国军事学院图书馆馆长兼副系主任 as Librarian and Associate Dean of USMA 374-375
北京大学 Peking University Library 289,297-298
—发展阶段 stages of development 299
—馆藏 collection 309
—经费支持 funding support 301
—历史和发展 history and development of 309
—人员结构 staffing structure 306
—使命 missions of 308
—数字图书馆 digital library 308
—图书馆功能 library functions 307
—文献资源服务中心 Resources Development Center 307
—学习支持中心 Learning Support Unit 307-308
—研究支持中心 Research Support Unit 307-308
—战略变革和组织架构调整 strategic changes and organizational restructuring 307-308
—组织结构调整和改革 organizational restructuring and reforms 300-301

波格伏娃 M. Bogacheva, M. 424
波洛斯基基金会 Polonsky Foundation 141-142
柏林-勃兰登堡图书馆合作网 Berlin-Brandenburg Library-Network (KOBV) 160-161, 169
柏林洪堡大学 Humboldt University of Berlin 165
—馆藏 collection 168
柏林自由大学 Free University of Berlin 153, 156
—馆藏 collection 158
—门户网站 Primo Primo portal 158
—人员结构 staffing structure 158
—图书馆系统 library system 158
—校园图书馆 Campus Library 159
—信息素养提升 promotion of information literacy 160
—与洪堡大学比较 vs Humboldt University 157-158
—语言学图书馆 Philological Library 159-160
博德利图书馆 Bodleian Librarys 7,127, 130-131
—馆藏 collections 131-132
—在线目录系统和访问系统 online catalog system and access system 131,133
博德利,托马斯(爵士) Bodley, Sir Thomas 131
博伊尔,罗伯特 Cushman, Robert 397-398
布鲁克斯沃特,黛安娜 Bruxvoort, Diane 215
—对公共图书馆的态度和期待,美国和英国比较 attitudes and expectations towards Public Libraries, Americans vs British 220-221,224
—儿童图书馆员或中小学图书馆员的价值 values of children's librarian or school librarian 219
—服务型领导的优点 merits of servant

leadership 224

　—管理和领导风格 management and leadership style 223-224

　—美国的工作经历 working experiences in United States 219-220

　—学术和专业协会会员 membership in scholarly and professional associations 223

　—职业指导关系 mentorship relationship 224

布洛欣采夫, D. Blokhintsev, D. 424

D

代尔夫特理工大学 Delft University of Technology (TU Delft) 189

　—建筑设计 architectural design of 195

　—科学和技术馆藏 scientific and technical collection 192-193

　—人员结构 staffing structure 193

　—图书馆服务 library services 193-194

　—学生的需求、期待和态度 students' needs, expectations, and attitudes towards 196

德国生命科学信息中心（德国国家医学图书馆）German National Library of Medicine (ZB MED) 409

　—发展战略规划 strategic plans for development of 412-413

　—历史 history 410-411

　—年度预算 annual budget for 411

　—人员结构 staffing structure 414

　—生命科学领域的开放获取发布平台"PUBLISSO" OA Publishing-Portal "PUBLISSO" 411-412

　—搜索门户网站"LIVIVO" Discovery-Portal "LIVIVO" 411-412

德国图书馆员 German library professionals 155-156

德国研究基金会 German Research Foundation 166

德克维茨, 安德烈亚斯（博士）Degkwitz, Dr. Andreas 165

　—成功图书馆长的特质 traits for successful librarianship 169

　—给年轻馆员的建议 advice for young librarians 169-179

　—管理和领导风格 management and leadership style 168

德·西莫内, 丹尼尔 De Simone, Daniel 383

　—给年轻馆员的建议 advice for young librarians 391-392

　—关于书目研究 on studying bibliography 392

　—管理和领导风格 management and leadership style 385-386

　—莎士比亚的作品 about Shakespeare's works 389-390

　—学术和专业协会会员 membership in scholarly and professional associations 388

迪卡尔布历史中心 DeKalb History Center 32

电子法定缴存立法 E-legal deposit legislation 204

都柏林圣三一学院 Trinity College Dublin 130

杜布纳联合核子研究所 Joint Institute for Nuclear Research (JINR) 421

　—成员国 member states 424

　—科学图书馆 Scientific Library 421

　　—馆藏和服务 collection and services 426, 428

　　—技术和创新的角色 role of technology and innovation at 427

　　—人员结构 staffing structure 427

　　—用户 users of 428

　—历史 history of 423-424

　—实验室 laboratories 424

　—与科学中心和大学合作 collaboration and cooperation with scientific centers and universities 425–426

杜克大学图书馆 Duke University Library 75
　—版权和学术交流 Copyright and Schol-
　　arly Communications 82
　—馆藏 collections 79
　—合作项目 collaborative projects 82–83
　—人员结构 staffing structure at 79–80
　—图书馆服务 library services 79

E

俄罗斯科学院自然科学图书馆 Library for
　Natural Sciences of the Soviet (Russian)
　Academy of Sciences (LNS RAS) 434
　—参考咨询 reference enquiries 438
　—馆藏和服务 collection and services
　　437–438
　—技术和创新的角色 role of technology and
　　innovation at 437
　—人员结构 staffing structure 437–438
　—用户 users of 438–439

F

法定缴存图书馆 Legal deposit libraries 130
费曼，理查德 Feynman, Richard 39–40
服务型领导 servant leadership 366
福尔杰莎士比亚图书馆 Folger Shakespeare
　Library 383
　—馆藏 collection 387
　—历史 history 386–387
　—人员结构 staffing structure 388
　—推广和教育举措 outreach and education
　　initiatives 389

G

甘德尔，保罗 Gandel, Paul 332
戈尔曼，迈克尔 Gorman, Michael 119
　—关于图书馆学专业课程 about curricu-
　　lum of library schools 120–121
　—《图书馆生活拾零：1941—1978》Bro-
　　ken Pieces: A Library Life, 1941–1978

119–120
　—图书馆职业 librarian career 125–126
　—20世纪60年代伦敦用户对公共图书
　　馆的期待 users' expectations at pub-
　　lic library, London, 1960s 121–122
　—20世纪60年代在英国成为图书馆员
　　的途径 path to librarianship in United
　　Kingdom, 1960s 122
　—管理和领导风格 management and
　　leadership style 124
　—图书馆事业中的原则 principles of
　　librarianship 125
　—在英国国家书目局 at British Na-
　　tional Bibliography 122
国际Aleph用户联盟 International Consortium
　of Aleph Users (ICAU) 154
国际图书馆事业 international librarianship
　99

H

哈佛大学图书馆 Harvard University Library
　8, 201
　—服务 services at 8
　—馆藏 collections at 8
　—人员结构 staffing structure at 8
　—数字存储服务 Digital Repository Serv-
　　ice (DRS) 11
　—与康奈尔大学和牛津大学比较 vs Cor-
　　nell University and Oxford 10
亨利·马登图书馆 Henry Madden Library
　119

J

J. N.巴特菲尔德精品书店 J. N. Bartfield Fine
　Books 384–385
基欧汉，南 Keohane, Nan 80
吉本斯，苏珊（博士）Gibbons, Dr. Susan 15
　—领导和管理风格 leadership and manage-
　　ment style 22
　—数字人文的理念 idea of digital humani-

ties 24

—数字素养 digital literacy 25

—图书馆职业 career in librarianship 16

　—大学图书馆事业的未来 future of aca-
　demic librarianship 26

　—个性特征或特质 personality traits or
　attributes for 23-24

　—给年轻馆员的建议 advice for young
　libiarians 26

　—图书馆用户培训人员 library user
　education staff 25

　—为图书馆筹款 fundraising for library
　17

　—在学术或大学出版社 in academic or
　university presses 26-29

　—在耶鲁大学的角色和职责范围 roles
　and areas of responsibility at Yale Uni-
　versity 16

　—"专属图书馆员"项目 Personal Librar-
　ian program 25

加勒特图书馆 Garrett Library 106-107

加州大学洛杉矶分校 University of Califor-
nia, Los Angeles(UCLA) 43

—教学和研究 teaching and research 43

—全球化的教师队伍 global faculty 54

—图书馆系统 library system 47

　—筹款和资助 funding and sponsors of
　48-49

　—服务和运营 services and operations of
　43, 50

　—馆藏 collections 48-49

　—馆际互借 interlibrary loan 51

　—平价课程资料倡议 Affordable Course
　Materials Initiative 52

　—数字人文举措 digital humanities ini-
　tiatives 50

　—同伴查询专家 Peer Inquiry Special-
　ists 48

　—图书馆员的工作职责 job responsi-
　bilities of librarians 54-55

　—学生馆员 student employees at 48

　—用户的期待和态度 users' expecta-
　tions and attitudes 52, 55

　—学科门类 subject disciplines 49-50

　—学术交流 scholar community 43

剑桥大学 Cambridge University 130

剑桥大学图书馆 Cambridge University Library
139, 141-142

—大学图书馆系统 academic library sys-
tem 144

—馆藏 collections 145-146

—人员结构 staffing structure 146

—数字馆藏 digital collections 148

—图书馆服务 library services 148

—图书馆员地位 status of librarians 145

—线上服务 online services 148

—学生们的需求、期待和态度 students'
needs, expectations, and attitudes to-
wards 147

—学术交流 scholarly communications at
147

—研究馆藏 research collections 144

—有机图书馆结构 organic library struc-
ture 145

—作为移动客户端友好型机构 as mobile-
friendly institution 148

K

卡列诺夫, 尼古拉 Kalenov, Nikolay 433

—成功图书馆馆长的特征和人格特质 at-
tributes and personality traits of success-
ful library directors 439

—给年轻馆员的建议 advice for young
librarians 439-440

—角色和责任, 作为俄罗斯科学院自然科
学图书馆馆长 roles and responsibilities
as Director of LNS RAS 435-436

克里布, 古尔辛 Cribb, Gulcin 347

—管理和领导风格 management and lead-
ership style 354

—管理资质 management qualifications
348

—教育机构战略规划方面的观点 idea of
strategic planning for educational institute
350

—社交媒体 about social media 356—357

—学生和教师对大学图书馆的期待和看
法 students' and faculty's expectations
and perceptions of university library
355

—在亚非学院图书馆 at School of Oriental
and African Studies (SOAS) Library
349

—专业图书馆员 professional librarians
353

—专业协会会员 membership in profes-
sional associations 353—354

—作为新加坡管理大学图书馆馆长的角
色 和 职 责 roles and responsibilities as
library director of SMU 350

肯德,伊尔卡 Kende, Jirka 153

—给年轻馆员的建议 advice for young li-
brarians 162—164

—管理和领导风格 management and lead-
ership style 161

—作为柏林自由大学图书馆馆长 as Di-
rector of Free University Berlin Library
155

肯特,菲利普·格雷戈里 Kent, Philip Gre-
gory 251

—成功的图书馆馆长的特质和特征 traits
and attributes of successful library direc-
tors 258—259

—给年轻馆员的建议 advice for young
librarians 261

—管理和领导风格 management and lead-
ership style 257

—全球化对大学图书馆的影响 globaliza-
tion, impact on academic library 259

—职业指导项目 mentoring program 258

—作为大学图书馆馆长 as University Li-
brarian 252—253

—角色和职责范围 roles and areas of
responsibility 254—255

—制定战略规划 formulation of strate-
gic plans 253—254

M

麻省理工学院 Massachusetts Institute of Tech-
nology (MIT) 31

—阿加汗文献中心 Aga Khan Documenta-
tion Center 36—37

—多元、包容和社会公平的价值观 val-
ues of diversity, inclusion, and social
justice 38

—图书馆馆藏 library collections 36

马塔里基大学网络 Matariki Network of Uni-
versities 274—276

马特维也夫,维克多 Matveev, Viktor 424

玛格丽特·赫里克图书馆(学院图书馆)Mar-
garet Herrick Library (Academy Library) 395

—对电影行业的支持 support to film in-
dustry 397

—发展战略规划 strategic plans for devel-
oping 402

—馆藏和服务 collection and services 399

—数字馆藏 Digital Collections 399—400

—人员结构 staffing structure 400

—用户 users of 399

—资料数字化 digitizing of materials 399—
400

梅尔,琳达·哈里斯(博士) Mehr, Dr. Linda
Harris 395

—管理和领导风格 management and lead-
ership style 400

—现代技术对图书馆服务的影响 impact
of contemporary technologies on library
services 401

—作为编目专家 as cataloging specialist
397

美国电影艺术与科学学院 Academy of Motion Picture Arts and Science 398

美国军事学院/西点军校 United States Military Academy (USMA)/West Point 373, 375
　—学术项目 academic program at 375-376
　—信息素养技能工作坊 Information Literacy Skills workshops 376
　—图书馆 library 376
　　—对教学、学习和其他活动的支持 support to teaching, learning, and other activities 376-377
　　—发展战略规划 strategic plans for developing 378
　　—馆藏 collection 377
　　—人员结构 staffing structure 377
　　—与普通大学图书馆比较 vs regular college library 376

美国士官生军团 United States Corps of Cadets 373

密歇根大学图书馆 University of Michigan Libraries 85
　—服务 library services 89-91
　—馆藏 collection 87,90
　—历史 history 89-90
　—MOOC（大型开放式网络课程）MOOC (Massive Open Online Course) 88
　—密歇根数字化项目 Michigan Digitization Project 87-88
　—人员结构 staffing structure at 91

墨尔本大学图书馆 University of Melbourne Library 251
　—技术的影响 impacts of technology 260
　—人员结构 staffing structure 255
　—图书馆服务和馆藏 library services and collections 255
　—学习或信息共享空间 Learning or Information Commons initiatives 255
　—用户对图书馆服务的需求、期待和态度 users' need, expectations, and attitudes to library services 256
　—与悉尼大学和皇家墨尔本理工大学比较 comparison with University of Sydney and RMIT 256

姆班博-塔塔，布勒（博士）Mbambo-Thata, Dr. Buhle 361
　—成功图书馆馆长的特质 traits of successful library directors 366-367
　—给年轻馆员的建议 advice for young librarians 368
　—管理和领导风格 management and leadership style 366
　—作为大学图书馆馆长 as University Librarian 362-363,367-368
　　—多模态的图书馆服务 multimodal library services 364
　　—角色和责任 roles and responsibilities 363-364
　—作为非洲图书馆员 being librarian in Africa 368-372
　—作为社会科学图书馆员 as Social Sciences Librarian 362-363

N

南非大学 University of South Africa (UNISA) 361,364
　—电子书馆藏 e-book collections 364
　—图书馆 library 365-366
　　—馆藏和特藏 collections and special collections 365
　　—人员结构 staffing structure 366
　—学生情况 student profile 365
　—与欧洲和北美的大学图书馆比较 vs academic libraries in Europe and North America 366

内勒，迪特里希（博士）Nelle, Dr. Dietrich 409
　—管理和领导风格 management and leadership style 415
　—学术和专业协会会员 membership in

scholarly and professional associations 414

—作为德国医学图书馆馆长 as Director of ZB MED 410

　—角色和责任 roles and responsibilities 413

牛津大学 University of Oxford 130

—馆藏 collections 131-132

—人员结构 staffing structure 132

—图书馆服务 library services 131

—与剑桥大学,哈佛大学和耶鲁大学比较 comparison with University of Cambridge, Harvard University and Yale University 134

—在线目录系统和访问系统 online catalog system and access system 131

O

欧洲核子研究组织 European Organization for Nuclear Research (CERN) 423-424

欧洲研究型大学联盟 League of European Research Universities (LERU) 206-207

P

珀塞尔,马克 Purcell, Mark 139

—对历史馆藏进行整理和编目 managing and cataloging historic collections 141

—给年轻馆员的建议 advice for young librarians 149-152

—管理和领导风格 management and -leadership style 147

—图书馆职业生涯 library career 142

　—主管研究型馆藏的副馆长 Deputy Director for Research Collections 142-144, 148

Q

琼斯,路易丝 Jones, Louise 335

—成功图书馆馆长的特质 traits of successful library directors 343

—管理和领导风格 management and leadership style 343

—图书馆员生涯 librarianship career 336

　—作为大学图书馆馆长 as University Librarian 337

R

瑞士苏黎世联邦理工学院 Swiss Federal Institute of Technology Zurich (ETH) 181

—馆藏和档案 collections and archives 184

—国际用户 international clientele 183

—教师质量 quality of faculty members 183

—模拟和数字资源 analog and digital resources 184-185

—人员结构 staffing structure 185

—瑞士图书馆和档案馆的数字化手写资料 e-manuscripta.ch 184-185

—学生群体 student population 184

—学术项目或研究部门 academic programs or research departments 183-184

—研究成果 research achievements 183

S

三角研究图书馆网络 Triangle Research Libraries Network (TRLN) 80

上议院图书馆 House of Lords Library 128-129

申顿,海伦 Shenton, Helen 199

—给年轻馆员的建议 advice for young librarians 209-213

—关于合作馆藏开发 about collaborative collection development 205

—管理和领导风格 management and leadership style 207

—技术对图书馆服务的影响 impact of technologies on library services 207-208

—图书馆的未来 future of library 208-209

—在英国国家图书馆 at the British Library 200-201

—作为哈佛大学图书馆执行馆长 as Deputy
Director and Executive Director at Harvard
University Library 204

圣三一学院 Trinity College 199
　—馆藏和服务 library collections and serv-
　ices 205-206
　—人员结构 staffing structure 206

史密森尼学会档案馆 Smithsonian Institute
Archives 32

书目专家,职责 Bibliographer, responsibilities
of 33-34

斯德哥尔摩大学图书馆 Stockholm Univer-
sity Library 235
　—馆藏 collection 238-239
　—人员结构 staffing structure 239
　—斯德哥尔摩大学出版社 Stockholm Uni-
　versity Press(SUP) 237-238,243
　—图书馆服务 library services 237-238
　—学术交流 scholarly communications 243

斯蒂尔,弗吉尼亚 Steel, Virginia 43
　—参考咨询馆员 reference librarian 55
　—给年轻馆员的建议 advice for young li-
　brarians 58
　—关于本科生和研究生的学术研究 about
　undergraduate and graduate research 57
　—管理和领导风格 management and lead-
　ership style 55-56
　—联络工作 liaison work 51
　—为图书馆募集资金和做营销 fundrais-
　ing and marketing for library 54
　—学术出版过程 academic publishing proc-
　ess 45-46
　—作为专业图书馆员 as professional librar-
　ian 46
　　—职责和角色 responsibilities and roles
　　47

斯蒂芬森,珍妮特（博士） Stephenson, Dr.
Jane 279-280

斯科特,贾尔斯·吉尔伯特 Scott, Giles Gil-
bert 144

斯坦克维奇,A Stankevich, A. 434

苏格兰国家图书馆 National Library of Scot-
land 128,130

苏联科学院电子物理实验室 Electrophysical
Laboratory of the USSR Academy of Sci-
ences (EPLAS) 424

苏联科学院核子问题研究所 Institute of Nu-
clear Problems (INP) 423-424

苏联科学院水利工程实验室 Hydrotechnical
Laboratory (HTL) 423-424

T

塔布,温斯顿 Tabb, Winston 99
　—成功馆长的特质和特征 traits and at-
　tributes of successful library directors 111
　—给年轻馆员的建议 advice for young li-
　brarians 115
　—关于筹款和慈善事业的课程 about cours-
　es on fund-raising and philanthropy 103
　—关于协作学习和移动学习 about collabo-
　rative learning and mobile learning 113-
　114
　—领导和管理风格 leadership and manage-
　ment style 110
　—美国国会图书馆的职责 library respon-
　sibilities at the Library of Congress 102
　—西蒙斯学院的董事会成员 on Board of
　Trustees at Simmons College 102-103
　—在美国国会图书馆工作 as mentor at the
　Library of Congress 103-104
　—在国际图联的工作 work at International
　Federation of Library Associations and
　Institutions (IFLA) 99,104-105
　—在一些国家的国家图书馆做咨询工作
　的经历 experiences for advising national
　libraries 114
　—作为约翰·霍普金斯大学图书馆馆长 as
　Dean of JHU 101-102,105

替代收购制度 Acquisition in Lieu (AIL) sys-
tem 141-142

图书馆集成系统 Integrated library system (ILS) 154

图书馆能力成熟度评估模型 Libraries Assessment Capability Maturity Model (LACMM) 276–278

图书馆质量成熟度模型 library quality maturity model (QMM) 277–278

图书情报硕士项目,美国和英国比较 MLIS degree programs, Americans vs British 123–124

托马斯,萨拉(博士) Thomas, Dr. Sarah 1

—馆长的职责 responsibilities as librarian 4

—领导和管理风格 leadership and management style 9

—图书馆经历 experience with libraries 3–4

—多元化的学生群体 diverse student body and 5

—机构筹款 fundraising at institutions 6

—牛津大学馆藏现代化改造 modernization of collections at Oxford 6–7

—图书分类 classification of books 7

—在博德利图书馆 at Bodleian Library 7

—作为大学图书馆员 as an academic librarian 3

—作为图书馆馆长 as library director 5

W

王淦昌 Ganchang, Wang 425

威尔士国家图书馆 National Library of Wales 130

维德马克,威廉 Widmark, Wilhelm 235

—电子书项目 e-book project 236–237

—管理和领导风格 management and leadership style 240

—《Metalib 和谷歌学术:一项用户研究》 *Metalib and Google Scholar: a User Study* 236

—数字化和应对变革技能 digitization and changing skills 240–241

—图书馆系统的开发 development of library systems 242

—编目图书馆员与元数据编目专家 Cataloguing Librarians vs Metadata Specialists 242

—图书馆专业人员的沟通技巧 communication skills of library professionals 241–242

—未来图书馆员教育准备 educational preparation of future librarians 243

—研究周期和研究数据管理的趋势 trends in research cycles and research data management 241

—作为斯德哥尔摩大学图书馆馆长 as Director of Stockholm University Library 236–237

维森比克,维尔玛·范 Wezenbeek, Wilma van 189

—关于图书馆员从业资质要求 about qualification requirement on professional librarians 192

—管理和领导风格 management and leadership style 194–195

—技术对图书馆服务的影响 impact of technologies on library services 194

—欧洲研究型图书馆协会领导力项目 LIBER leadership program 195

—作为大学图书馆员 as academic librarian 191

—作为代尔夫特理工大学图书馆馆长 as Director of TU Delft Library 190, 195

—角色和职责范围 roles and scope of responsibilities 190–191

翁,格雷戈里(博士) Eow, Dr. Greg 31

—给年轻馆员的建议 advice for young librarians 39–40

—管理和领导风格 management and leadership style　37

—职业轨迹　about career trajectory　40

—作为负责美国历史馆藏的卡普拉诺夫图书馆员　as Kaplanoff Librarian for American History　32-33

—作为麻省理工学院的管理者　as an administrator at MIT　35

—作为麻省理工学院图书馆副馆长　as Associate Director at MIT Library　32-33,36

乌舍尔图书馆　Ussher Library　207-208

X

西多科,彼得　Sidorko, Peter　266,319

—电子书项目　e-book project　329

—管理和领导风格　management and leadership style　321

—协作学习　collaborative learning　332-333

—作为图书馆馆长　as Director/Head Librarian　321,330-331

希尔顿,詹姆斯(博士)　Hinton　Dr. James L.　85

—成功的图书馆管理者的特质和特征　traits and attributes of successful library managers　93

—谷歌图书数字化项目　Google Books digitization project　86

—馆长的角色和职责范围　current roles and areas of responsibility as librarian　86-87

—领导和管理风格　leadership and management style　92

—密歇根数字化项目　Michigan Digitization Project　87-88

—Sakai项目　Sakai Project　85

—职业指导的重要性　importance of mentorship　92-93

—作为大学图书馆馆长　as academic librarian　89

—作为信息主管　as information officer　89

香港大学　University of Hong Kong (HKU) Library　319

—参与式管理　participative aproach to library management　321-322

—筹款　funding　329-330

—馆藏　collections　324-325

—教学和学习中的角色　role in teaching and learning　327-328

—设施　facilities　328

—协作学习　collaborative learning　330, 332-333

—在线学习　e-learning　328-329

—战略规划　strategic plans　331-332

—组织文化　organizational culture　322

香港中文大学　Chinese University of Hong Kong (CUHK)　324-325,335,337-338

—筹款　fundraising at　337

—读者需求和期待或态度　users' needs and expectations or attitudes towards　344-346

—馆藏　collection　338-339

—进学园　Learning Garden　339-340

　　—服务或活动　services or programs at　340

　　—公共项目机会和合作　opportunities for public programming and collaboration　341-342

　　—与研究共享空间比较　vs research commons　342

—人员结构　staffing structure　342

—数字项目　digitization projects　339

—未来计划　future plans　341-342

—香港特别行政区大学图书馆长联席会　Joint University Librarians Advisory Committee (JULAC)　344-346

新加坡管理大学　Singapore Management University (SMU)　347

—图书馆　Library　347

　　—服务和馆藏　services and collections　351-353

　　—空间规划　space planning　351

—人员结构 staffing structure 352

—"馆员头年工作经历"创新项目 "FYE (First Year Experience) librarians" initiative 352

—未来的发展方向 future directions 356

—学生情况 student profiles 351

新南威尔士大学 University of New South Wales (UNSW) 266

Y

雅库布斯,黛博拉(博士)Jakubs, Dr. Deborah 75

—成功图书馆馆长的特质和特征 traits and attributes of successful library directors 81

—给年轻馆员的建议 advice for young librarians 83

—管理和领导风格 management and leadership style 80

—角色和职责范围 roles and areas of responsibility 77

—作为大学图书馆员 as academic librarian 77

—作为全球资源项目主任 as Director, Global Resources Program (GRP) 78-79

耶鲁大学 Yale University 15

—筹款 fundraising practices of 17

—基辛格特藏 Kissinger collection 20

—历史学家或档案管理员 historians or archivists 20

—美术馆 Art Gallery 18

—人员结构 staffing structure 21

—图书馆服务 library services 18-19

—图书馆馆藏 library collections 19

—用户期待、需求和态度 users' expectations, needs, and attitudes 20-21

伊利诺伊大学 University of Illinois 301-302

伊万诺娃,埃琳娜 Ivanova, Elena 421

—角色和责任,在杜布纳联合核子研究所科学图书馆 roles and responsibilities at

JINR Scientific Library 422-423

—职业指导 mentorship 428-429

英国国家名胜古迹信托图书馆 UK National Trust Libraries 140

英国图书馆与情报专家学会 Chartered Institute of Library and Information Professionals (CILIP) 134

英中了解协会 Society for Anglo-Chinese Understanding (SACU) 335

约翰·霍普金斯大学 Johns Hopkins University (JHU) 99

—博物馆 museums at 105

—人员结构 staffing structure at 107-108

—图书馆的潜在捐赠者 potential donors for library 109-110

—图书馆馆藏 library collections 106-107

Z

中国高等教育文献保障系统与中国教育和科研计算机网 CALIS and CERNET 310

中小学图书馆 school libraries 123

朱强 Zhu, Qiang 289

—成功图书馆馆长的特点和素质 characteristics and qualities for successful library director 313

—大学图书馆专业人员面临的挑战 challenges for academic library professionals 313

—给年轻馆员的建议 advice for young librarians 313-317

—图书馆管理理念 philosophy for managing libraries 311-312

—图书馆学情报学相关的课程 LIS-related course 302-303

—专业水平和服务态度 level of professionalism and service attitude 304-305

—作为北京大学图书馆馆长 as General Director of Peking University Library 291-292, 305-306

译后记

　　凡有大学必有图书馆。哈佛大学前校长查尔斯·威廉·艾略特（Charles William Eliot）曾说过："图书馆是大学的心脏。"（The Library is the heart of the University.）几个世纪以来，大学图书馆始终承担着为渴求知识和从事知识创新的师生提供学术服务的使命。互联网时代，海量信息唾手可得，信息查询方便快捷，师生读者还需要图书馆吗？随着知识生产、传播与服务方式的改变，图书馆的角色又发生了怎样的变化？大学图书馆作为教学科研重要的参与者和支持者该如何应对国际学术交流的新趋势？……《对话世界一流大学图书馆馆长》通过对世界一流大学和研究机构30位图书馆馆长的访谈，从馆长们的视角对上述问题给予了回答。该书采用对话方式，轻松有趣，深入浅出，为读者了解大学图书馆和研究型图书馆提供了全新的角度。

　　本书由我、冯佳、徐红霞三位译者共同翻译完成。其中冯佳翻译了第3—6、11、14、17、23、25、28—30章。徐红霞翻译了第7—8、12—13、15—16、18—19、22、24、26—27章。我作为主译负责整本书的统筹、译文审读和编校工作，并翻译了第1—2、9—10、20—21章以及序言、结论和索引等各章以外的文字。

　　在各类翻译软件大行其道的今天，文字翻译似乎更加成为一件吃力不讨好的事情。我们在翻译实践中发现，尽管随着机器训练的不断发展，翻译软件译文准确率已经有了长足进步，对快速理解原文起到了很大的辅助作用；但无论在词汇的精准选择、语法的准确转换还是文化对应的正确理解上，翻译软件仍然存在诸多问题，尤其是在书面表达规范方面，显然是达不到出版要求的。

　　原著中的访谈对象涉及的国家多达13个，在翻译的过程中，为确保译文的准确性和对所在国家文化的正确理解，作为主译，我除积极查阅各机构官网、与原著第一作者卢敬之博士保持持续沟通外，还多次向美国匹兹堡大学东亚图书馆前馆长张海惠研究馆员、北京外国语大学德语系张晏副教授和中国人民大学俄语系黄晓敏副教授请教。感谢上述师友的热情相助！

国家图书馆出版社邓咏秋编审担任本书的责编，她以其一贯的专业精神和严谨态度，不断对译文和配图提出修改意见。她不仅通过辛勤的编辑工作尽可能保障了中文译文的专业性和准确性，更凭借出版人对国内读者阅读习惯和审美需求的了解，改善了图文排版方式。英文版中每章图片统一放在文后，中文版则将图片插入正文，使图片与文字相互映衬，便于读者在阅读的同时能欣赏这些中外著名图书馆的精美建筑与空间。除此之外，她还提出增加对索引部分的中英文对译，索引按中文拼音排序，方便中文读者利用。同时，鉴于第20章英文版配图不够理想，邓老师主动联络了北京大学图书馆王波研究馆员，获得了他所拍摄的多张北京大学图书馆照片，以此完善了本章图文。邓老师还一直向美国圣何塞州立大学信息学院罗丽丽教授咨询，核实相关专业术语的翻译。在此，向他们致以衷心的感谢！

"靡不有初，鲜克有终。"在本书终于付梓之际，回看从选书、立项、译者团队组建到翻译、校对、编审……的前后历程，每个阶段都得到了众多师友的鼎力相助。要特别感谢中国人民大学杰出学者信息资源管理学院索传军教授（吴玉章讲席教授），英文版2019年刚一出版他就把这本书推介给我。阅读之后，我的兴奋和喜悦之情，久久不能平静；为让更多中国同行开阔眼界，从中获益，便产生了翻译出版这本书的想法。索老师作为曾经的国家图书馆首席专家，又向我引荐了国家图书馆出版社。感谢中国人民大学外国语学院原院长郭英剑教授，在他的帮助下，我们顺利组建了翻译团队。感谢中国人民大学图书馆祝小静副馆长，她是我翻译中不断"查阅"的图情专业词典。感谢中国人民大学出版社原副编审龙明明，她不仅校对了最终提交稿的大部分译文，更重要的是提供了许多出版规范方面的建议。更要把最诚挚的感谢送给和我一起并肩战斗了三年之久的两位翻译合作者：中国人民大学外语学院冯佳副教授和徐红霞副教授。由于疫情等原因本书的出版工作受到延宕，2023年末，也就是第一次提交译文20个月后，为加速审校与出版进程，确保更高的译文质量，我们对照英文原书，从头至尾逐句逐段修改了一遍。这三年中，我们在完成本职工作的同时，克服重重困难利用业余时间完成翻译。在不断研讨和相互启发中，我们不仅获得了更优的译文质量，更结下了深厚的合作情谊。

　　原著作者卢敬之等人主要通过电子邮件和 Skype（每次约 60 分钟）的方式对本书中的30位馆长进行了访谈，前后经历了12 个月（采访时间大致在2017—2018年），英文版出版于2019年。中文译本出版中的"慢工出细活"也导致了一定程度上的时效损失。当中文版面世时，一些馆长已经离任。即便如此，我仍然相信，无论您是对大学图书馆和研究型图书馆感兴趣，还是对成为图书馆的一员感兴趣，通过阅读本书，集中获知世界一流大学图书馆和研究型图书馆的全景概貌，一定会让您受益良多。

　　翻译终究是一门遗憾的艺术，尽管译者已全力以赴，但水平所限，不当之处仍不可避免。读者如有发现，还望不吝赐告，我的邮箱是 chengxin@ruc.edu.cn。

程　鑫

2024年5月于中国人民大学